一流本科专业一流本科课程建设系列教材
工程管理与工程造价专业新形态教材

工程招投标与合同管理

主　编　金国辉
副主编　赵　娜
参　编　田包文　董文秀　王黎明
郭晓文　陈　蓉　王宏斌　刘　伟

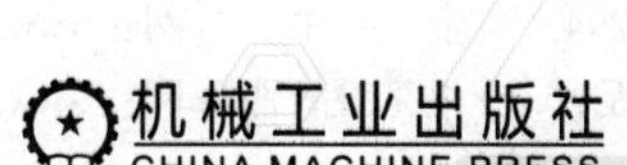

本书是国家级一流本科课程的配套教材。本书根据现行的法律法规，结合工程招投标与合同管理课程教学改革的具体要求和工程实践的典型案例，详细介绍了我国工程合同管理法律制度及工程招标投标法律法规的主要内容。全书共分 12 章，主要内容包括工程合同法律基础、工程招标投标相关法律基础、工程招标投标管理与实务、建设工程勘察设计合同、工程监理合同、建设工程施工合同、工程总承包合同、全过程工程咨询服务合同、FIDIC 合同条件、工程合同风险与履约管理、建设工程索赔管理、工程合同争议处理。

本书主要作为工程管理专业、工程造价专业和土木工程专业及相近专业的本科教材，也可供从事工程建设和工程管理的专业人员学习、参考。

图书在版编目（CIP）数据

工程招投标与合同管理 / 金国辉主编. -- 北京 ：机械工业出版社，2025. 6. -- (一流本科专业一流本科课程建设系列教材) (工程管理与工程造价专业新形态教材). -- ISBN 978-7-111-78785-3

Ⅰ. TU723

中国国家版本馆 CIP 数据核字第 2025XW4930 号

机械工业出版社（北京市百万庄大街22号　邮政编码100037）
策划编辑：冷　彬　　　　责任编辑：冷　彬　施　红
责任校对：贾海霞　张昕妍　　封面设计：张　静
责任印制：单爱军
北京华宇信诺印刷有限公司印刷
2025年8月第1版第1次印刷
184mm × 260mm · 24.75印张 · 579千字
标准书号：ISBN 978-7-111-78785-3
定价：79.00 元

电话服务　　网络服务
客服电话：010-88361066　　机　工　官　网：www.cmpbook.com
010-88379833　　机　工　官　博：weibo.com/cmp1952
010-68326294　　金　书　网：www.golden-book.com
封底无防伪标均为盗版　　机工教育服务网：www.cmpedu.com

前　言

近年来，随着国家实施新型城镇化战略、推动“一带一路”倡议，建筑业改革创新步伐加快，大力推行工程总承包、全过程工程咨询、BIM 等信息技术，快速推动建筑产业的工业化、信息化、智能化、绿色化、国际化等建筑产业现代化进程及建筑业产业转型升级。建筑产业从中低端向现代化转变过程中，迫切需要大批高素质、创新型工程建设管理人才，对高等学校人才培养目标和人才培养质量等提出了更高的要求，具体到教学过程中的知识结构、课程体系、教学内容等方面及实践环节也要相应地进行改革与创新。因此，相关专业的教材建设也必须适应建筑产业现代化发展的需要，反映建筑产业现代化的最佳实践。

本书编者基于建筑业的发展趋势和市场人才需求的新动向，面向新工科建设，以“淘汰‘水课’、打造‘金课’”等高等教育教学改革的具体实践经验为基础，结合工程管理、工程造价专业教育教学规律及“工程招投标与合同管理”的课程性质、特点和任务，确定了本书的内容体系和编写要求。根据《高等学校工程管理（工程造价）本科专业规范》的培养目标和规格，以及核心知识领域、知识单元、知识点等要求，结合国家现行的法律法规、现行的建设工程合同示范文本及 FIDIC 新的系列合同条件，对本书工程招标投标所涉及的合同法律基本原理及工程招标投标与合同管理实务进行了全面系统的介绍。

本书注重立德树人，在编写过程中，编者深入挖掘教学内容中的思想政治教育融入点，将社会主义核心价值观和党的二十大精神等思政教育内容与专业教育有机衔接和融合，方便教师开展课程思政教学。

本书理论体系完整、要点清晰，理论与实践紧密结合，充分反映国家及行业现行的法律法规，以及工程招标投标与合同管理的相关科研成果和优秀工程实践经验，突出体现实务性、可操作性和系统性。为方便学生理解掌握相关重要知识点，本书不仅配有多个工程实践案例，编者还制作了微课视频，读者可以扫描书中二维码观看并深入学习。同时，本书配备了丰富的辅助教学资源，有需要的授课教师可登录机械工业教育服务网（www. cmpedu. com）下载获取。

本书由内蒙古科技大学金国辉担任主编。具体编写分工为：金国辉编写第 5、7、

8、10章，内蒙古科技大学赵娜编写第1、6章，内蒙古科技大学王黎明编写第2章，内蒙古科技大学董文秀编写第3章，内蒙古科技大学田包文编写第4、12章，内蒙古科技大学郭晓文和内蒙古科技大学陈蓉共同编写第9章，金国辉、中国二冶集团有限公司王宏斌和内蒙古中恒信工程造价咨询公司刘伟共同编写第11章。

在本书编写过程中，得到了内蒙古科技大学李斌教授和刘香教授的大力帮助与热心指导，在此表示诚挚的谢意！

受编写时间和编者学识水平所限，书中难免有错漏之处，欢迎广大读者批评指正。

编　者

目　录

第1章 工程合同法律基础

本章导读

本章主要介绍合同概念和特征、《民法典合同编》的基本原则、合同法律关系、合同效力、合同履行等相关内容。

1.1 合同法律概论

1.1.1 合同概念和合同法律特征

1. 合同概念

合同是指平等主体的自然人、法人、其他组织之间设立、变更、终止民事权利义务关系的协议。合同的含义非常广泛。广义上的合同是指以确定权利、义务为内容的协议，除了包括民事合同外，还包括行政合同、劳动合同等。

2. 合同法律特征

1）合同是一种民事法律行为。民事法律行为是指民事主体实施的能够设立、变更、终止民事权利义务关系的合法行为。民事法律行为以意思表示为核心，并且按照意思表示的内容产生法律后果。作为民事法律行为，合同应当是合法的，即只有在合同当事人所做出的意思表示符合法律要求，才能产生法律约束力，受到法律保护。如果当事人的意思表示违法，即使双方已经达成协议，也不能产生当事人预期的法律效果。

2）合同是两个以上当事人意思表示一致的协议。合同的成立必须有两个以上的当事人相互之间做出意思表示，并达成共识。因此，只有当事人在平等自愿的基础上意思表示完全一致时，合同才能成立。

3）合同以设立、变更、终止民事权利义务关系为目的。当事人订立合同都有一定的目的，即设立、变更、终止民事权利义务关系。无论当事人订立合同是为了什么目的，只有当事人达成的协议生效以后，才能对当事人产生法律上的约束力。

1.1.2 合同分类

在市场经济活动中，交易的形式千差万别，合同的种类也各不相同。根据性质不同，合同有以下几种分类方法：

1. 按照合同表现形式分类

按照合同表现形式，合同可以分为书面合同、口头合同及默示合同。

1）书面合同是指当事人以书面文字有形地表现内容的合同。传统的书面合同的形式为合同书和信件，随着科技的进步和发展，书面合同的形式也越来越多，如电报、电传、传真、电子数据交换及电子邮件等已成为高效快速的书面合同的形式。书面合同有以下优点：一是它可以作为双方行为的证据，便于检查、管理和监督，有利于双方当事人按约执行，当发生合同纠纷时，有凭有据，举证方便；二是可以使合同内容更加详细、周密，当事人在将其意思表示通过文字表现出来时，往往会更加审慎，对合同内容的约定也更加全面、具体。

2）口头合同是指当事人以口头语言的方式（如当面对话、电话联系等）达成协议而订立的合同。口头合同简便易行，迅速及时，但缺乏证据，当发生合同纠纷时，难以举证。因此，口头合同一般只适用于即时清结的情况。

3）默示合同是指当事人并不直接用口头或者书面形式进行意思表示，而是通过实施某种行为或者以不作为的沉默方式进行意思表示而达成的合同。如房屋租赁合同约定的租赁期满后，双方并未通过口头或者书面形式延长租赁期限，但承租人继续交付租金，出租人依然接受租金，从双方的行为可以推断双方的合同仍然有效。建筑工程合同所涉及的内容特别复杂，合同履行期较长，为便于明确各自的权利和义务，减少履行困难和争议，《民法典》第七百八十九条规定，“建设工程合同应当采用书面形式”。

2. 按照给付内容和性质不同分类

按照给付内容和性质的不同，合同可以分为转移财产合同、完成工作合同和提供服务合同。

1）转移财产合同是指以转移财产权利，包括所有权、使用权和收益权为内容的合同。此合同标的为物质。《民法典》规定的买卖合同，供电、水、气、热力合同，赠予合同，借款合同，租赁合同和部分技术合同等均属于转移财产合同。

2）完成工作合同是指当事人一方按照约定完成一定的工作并将工作成果交付给对方，另一方接受成果并给付报酬的合同。《民法典》规定的承揽合同、建筑工程合同均属于此类合同。

3）提供服务合同是指依照约定，当事人一方提供一定方式的服务，另一方给付报酬的合同。《民法典》中规定的运输合同、行纪合同和部分技术合同均属于此类合同。

3. 按照当事人是否相互负有义务分类

按照当事人是否相互负有义务，合同可以分为双务合同和单务合同。

1）双务合同是指当事人双方相互承担对待给付义务的合同。双方的义务具有对等关系，一方的义务即另一方的权利，一方承担义务的目的是为了获取对应的权利。《民法典》中规定的绝大多数合同如买卖合同、建筑工程合同、承揽合同和运输合同等均属于此类合同。

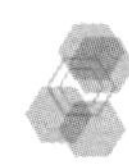

2）单务合同是指只有一方当事人承担给付义务的合同。即双方当事人的权利义务关系并不对等，而是一方享有权利而另一方承担义务，不存在具有对待给付性质的权利义务关系。

4. 按照当事人之间权利义务关系分类

按照当事人之间权利义务关系是否存在对价关系，合同可以分为有偿合同和无偿合同。

1）有偿合同是指当事人一方享有合同约定的权利必须向对方当事人支付相应对价的合同，如买卖合同、保险合同等。

2）无偿合同是指当事人一方享有合同约定的权利无须向对方当事人支付相应对价的合同，如赠予合同等。

5. 按照合同成立是否以递交标的物为必要条件分类

按照合同的成立是否以递交标的物为必要条件，合同可分为诺成合同和要物合同。

1）诺成合同是指只要当事人双方意思表示达成一致即可成立的合同，它不以标的物的交付为成立的要件。我国《民法典》中规定的绝大多数合同都属于诺成合同。

2）要物合同是指除了要求当事人双方意思表示达成一致外，还必须实际交付标的物以后才能成立的合同。如承揽合同中的来料加工合同在双方达成协议后，还需要由供料方交付原材料或者半成品，合同才能成立。

6. 按照相互之间的从属关系分类

按照相互之间的从属关系，合同可以分为主合同和从合同。

1）主合同是指不以其他合同的存在为前提而独立存在和独立发生效力的合同，如买卖合同、借贷合同等。

2）从合同又称附属合同，是指不具备独立性，以其他合同的存在为前提而成立并发生效力的合同。如在借贷合同与担保合同中，借贷合同属于主合同，因为它能够单独存在，并不因为担保合同不存在而失去法律效力；而担保合同则属于从合同，它仅仅是为了担保借贷合同的正常履行而存在的，如果借贷合同因为借贷双方履行完合同义务而宣告合同效力解除后，担保合同就因为失去存在条件而失去法律效力。主合同和从合同的关系为：主合同和从合同并存时，两者发生互补作用；主合同无效或者被撤销时，从合同也将失去法律效力；而从合同无效或者被撤销时一般不影响主合同的法律效力。

7. 按照法律对合同形式是否有特别要求分类

按照法律对合同形式是否有特别要求，合同可分为要式合同和不要式合同。

1）要式合同是指法律规定必须采取特定形式的合同。《民法典》中规定：“法律、行政法规规定采用书面形式的，应当采用书面形式。”

2）不要式合同是指法律对形式未做出特别规定的合同。合同究竟采用何种形式，完全由双方当事人自己决定，可以采用口头形式，也可以采用书面形式、默示形式。

8. 按照是否有法律确定的特定名称分类

按照是否有法律确定的特定名称，合同可分为有名合同和无名合同。

1）有名合同又称典型合同，是指法律确定了特定名称和规则的合同。如《民法典》分则中所规定的 19 种基本合同即为有名合同。

2）无名合同又称非典型合同，是指法律没有确定一定的名称和相应规则的合同。

1.1.3 合同法律简介

1. 合同法律立法历程

合同法律是指根据法律的实质内容，调整合同关系的所有的法律法规的总称。在我国，合同法律立法历经过程如下：

1）《中华人民共和国经济合同法》是为保障社会主义市场经济的健康发展，保护经济合同当事人的合法权益，维护社会经济秩序，促进社会主义现代化建设而制定的法律。于1981年12月13日第五届全国人民代表大会第四次会议通过，于1999年10月1日废止。

2）《中华人民共和国涉外经济合同法》于1985年3月21日颁布，1985年7月1日开始实施，1999年10月1日废止。

3）《中华人民共和国技术合同法》于1987年6月23日，第六届全国人民代表大会常务委员会第二十一次会议通过，1987年6月23日中华人民共和国主席令第五十三号公布，1987年12月1日起施行，于1999年10月1日废止。

4）为了保护合同当事人的合法权益，维护社会经济秩序，促进社会主义现代化建设，《中华人民共和国合同法》由中华人民共和国第九届全国人民代表大会第二次会议于1999年3月15日通过，于1999年10月1日起施行。

5）2020年5月28日，第十三届全国人民代表大会会议表决通过了《中华人民共和国民法典》（简称《民法典》），自2021年1月1日起施行。《中华人民共和国婚姻法》《中华人民共和国继承法》《中华人民共和国民法通则》《中华人民共和国收养法》《中华人民共和国担保法》《中华人民共和国合同法》《中华人民共和国物权法》《中华人民共和国侵权责任法》《中华人民共和国民法总则》同时废止。

2.《民法典》结构

《民法典》共7编，依次为总则编、物权编、合同编、人格权编、婚姻家庭编、继承编、侵权责任编，以及附则，共计1260条。其中，涉及合同法律的第三编合同编共包括三个分编。第一分编通则编共8章132条，分别阐述了一般规定、合同的订立、合同的效力、合同的履行、合同的保全、合同的变更和转让、合同的权利义务终止、违约责任，主要叙述了合同法律的基本原理和基本原则。第二分编典型合同编共19章384条，主要对各种不同类型的合同做出专门的规定，分别阐述了买卖合同，供用电、水、气、热力合同，赠与合同，借款合同，保证合同，租赁合同，融资租赁合同，保理合同，承揽合同，建设工程合同，运输合同，技术合同，保管合同，仓储合同，委托合同，物业服务合同，行纪合同，中介合同，合伙合同等19种包括经济、技术和其他民事等有名合同。第三分编准合同编共两章10条，分别阐述了无因管理和不当得利方面的法律规定。

3. 合同法律基本原则

（1）平等原则

在合同法律关系中，当事人之间的法律地位平等，任何一方都有权独立做出决定，一方不得将自己的意愿强加给另一方。

合同法律基本原则

(2) 合同自由原则

即只有在双方当事人经过协商，意思表示完全一致时，合同才能成立。合同自由包括缔结合同自由、选择合同相对人自由、确定合同内容自由、选择合同形式自由、变更和解除合同自由。

(3) 公平原则

即在合同的订立和履行过程中，公平、合理地调整合同当事人之间的权利义务关系。

(4) 诚实信用原则

即在合同的订立和履行过程中，合同当事人应当诚实守信，以善意的方式履行其义务，不得滥用权力及规避法律或合同规定的义务。同时，还应当维护当事人之间的利益及当事人利益与社会利益之间的平衡。

(5) 遵守法律、尊重社会公德原则

即当事人订立、履行合同应当遵守法律、行政法规及尊重社会公认的道德规范。

(6) 合同严守原则

即依法成立的合同在当事人之间具有相当于法律的效力，当事人必须严格遵守，不得擅自变更和解除合同，不得随意违反合同规定。

(7) 鼓励交易原则

即鼓励合法正当的交易。如果当事人之间的合同订立和履行符合法律及行政法规的规定，则当事人各方的行为应当受到鼓励和法律的保护。

1.1.4　合同法律关系

法律关系是指人与人之间的社会关系为法律规范调整时所形成的权利和义务关系，即法律上的社会关系。合同法律关系又称为合同关系，是指当事人相互之间在合同中形成的权利义务关系。合同法律关系由主体、内容和客体三个基本要素构成。主体是客体的占有者、支配者和行为的实施者，客体是主体合同债权和合同债务指向的目标，内容是主体和客体之间的连接纽带，三者缺一不可，共同构成合同法律关系。

1. 合同法律关系主体

合同法律关系主体又称为合同当事人，是指在合同关系中享有权利或者承担义务的人，包括债权人和债务人。在合同关系中，债权人有权要求债务人根据法律规定和合同的约定履行义务，而债务人则负有实施一定行为的义务。在实际工作中，债权人和债务人的地位往往是相对的，因为大多数合同都是双务合同，当事人双方互相享有权利、承担义务，因此，双方互为债权人和债务人。合同法律关系主体主要有：

(1) 自然人

自然人是指基于出生而成为民事法律关系主体的人。自然人包括具有中华人民共和国国籍的自然人、具有其他国家国籍的自然人和无国籍自然人。但是，作为合同主体，自然人必须具备相应的民事权利能力和民事行为能力。

民事权利能力是指法律赋予民事法律关系主体享有民事权利和承担民事义务的资格。它是民事主体取得具体的民事权利和承担具体民事义务的前提条件，只有具有民事权利能力，

才能成为独立的民事主体，参加民事活动。根据我国宪法和民法典的规定，公民的民事权利能力一律平等，民事权利能力始于出生、终于死亡。

民事行为能力是指民事法律关系主体能够以自己的行为取得民事权利和承担民事义务的能力或资格。它既包括合法的民事行为能力，也包括民事主体对其行为应承担责任的能力，如民事主体因侵权行为而应承担损失赔偿责任等。

民事行为能力是民事权利能力得以实现的保证，民事权利能力必须依赖具有民事行为能力的行为，才能得以实现。公民具有民事行为能力，必须具备两个条件：第一，必须达到法定年龄；第二，必须智力正常，可以理智地辨认自己的行为。我国《民法典》规定，年满18周岁的公民为完全民事行为能力人；16周岁以上不满18周岁的公民，以自己的劳动收入为主要生活来源的，视为具有完全民事行为能力；8周岁以上的未成年人或不能完全辨认自己行为的精神病人是限制民事行为能力人；不满8周岁的未成年人或不能辨认自己行为的精神病人为无民事行为能力人。

（2）法人

法人是指具有民事权利能力和民事行为能力，依法独立享有民事权利和承担民事义务的组织。我国的法人可分为：

1）企业法人，是指以营利为目的，独立从事商品生产和经营活动的法人。

2）机关法人，是指国家机关，包括立法机关、行政机关、审判机关和检察机关。这些法人不以营利为目的。

3）事业单位和社会团体法人。一般不以营利为目的，但按照企业法人登记法规登记后可从事营利活动。

作为法人，应具备以下四个法定条件：

1）依法成立。法人必须按照法定程序，向国家主管机关提出申请，经审查合格后，才能取得法人资格。

2）有必要的财产和经费。法人必须具有独立的财产或独立经营管理的财产和活动经费。

3）有自己的名称、组织机构和场所。

4）能够独立承担民事责任。

（3）其他组织

其他组织是指具有有限的民事权利能力和民事行为能力，在一定程度上能够享有民事权利和承担民事义务，但不能独立承担民事责任的不具备法人资格的组织。主要包括以下几种类型：

1）企业法人的分支机构。即由企业法人进行登记并领取营业执照的组织，如分公司、企业派出机构等。

2）依法登记并领取营业执照的私营独资企业、合伙企业。

3）依法登记并领取营业执照的合伙型联营企业。

4）依法登记并领取营业执照但无法人资格的中外合作经营企业、外商独资企业。

5）经核准登记并领取营业执照的乡镇、街道、村办企业。

6）符合上述非法人组织特征的其他经济组织。

2. 合同法律关系客体

合同法律关系客体又称为合同的标的，是指在合同法律关系中，合同法律关系的主体的权利义务关系所指向的对象。在合同交往过程中，由于当事人的交易目的和合同内容千差万别，合同客体也各不相同。根据标的物的特点，客体可分为：

（1）行为

行为是指合同法律关系主体为达到一定的目的而进行的活动，如完成一定的工作或提供一定劳务的行为，如工程监理等。

（2）物

物是指民事权利主体能够支配的具有一定经济价值的物质财富，包括自然物、劳动创造物及充当一般等价物的货币和有价证券等。物是应用最为广泛的合同法律关系客体。

（3）智力成果

智力成果也称为无形财产，是指脑力劳动的成果，它可以适用于生产，转化为生产力，主要包括商标权、专利权、著作权等。

3. 合同法律关系内容

合同法律关系内容是指债权人的权利和债务人的义务，即合同债权和合同债务。合同债权又称为合同权利，是债权人依据法律规定和合同约定而享有的要求债务人为一定给付的权利。合同债务又称为合同义务，是指债务人根据法律规定和合同约定向债权人履行给付及与给付相关的其他行为的义务。合同债权具有以下特点：

（1）合同债权是请求权

即债权人请求对方为一定行为的权利。在债务人给付前，债权人不能直接支配标的，更不允许直接支配债务人的人身，只能通过请求债务人为给付行为，以达到自己的目的。

（2）合同债权是给付受领权

即有效地接受债务人的给付并予以保护。

（3）合同债权是相对权

因为合同只在债权人和债务人之间产生法律约束力，除了在由第三者履行的合同中，合同债权人可有权要求第三人履行合同义务外，债权人只能向合同债务人请求给付，无权向其他人提出要求。

（4）合同债权主要的权能

1）请求债务人履行的权利，即债权人有权要求债务人按照法律的规定和合同的约定履行其义务。

2）接受履行的权利，当债务人履行债务时，债权人有权接受并永久保持因履行所得的利益。

3）请求权，又称为请求保护债权的权利，即当债务人不履行或未正确履行债务时，债权人有权请求法院予以保护，强制债务人履行债务或承担违约责任。

4）处分债权的权利，即债权人具备决定债权命运的权利。

1.2 合同主要条款

1.2.1 一般规定

《民法典》遵循合同自由原则，仅仅列出合同的主要条款，具体合同的内容由当事人约定。主要条款一般包括以下内容：

（1）当事人的名称（或姓名）和住所

合同中记载的当事人的姓名或者名称是确定合同当事人的标志，而住所则在确定合同债务履行地、法院对案件的管辖等方面具有重要的法律意义。

（2）标的

标的即合同法律关系的客体，是指合同当事人权利义务指向的对象。合同中的标的条款应当标明标的的名称，以使其特定化，并能够确定权利义务的范围。合同的标的因合同类型的不同而变化，总体来说，合同标的包括有形财物、行为和智力成果。

（3）数量

合同标的的数量是衡量合同当事人权利义务大小的尺度。因此，合同标的的数量一定要确切，应当采用国家标准或者行业标准中确定的或者当事人共同接受的计量方法和计量单位。

（4）质量

合同标的质量是指检验标的内在素质和外观形态优劣的标准。它和标的数量一样是确定合同标的的具体条件，是这一标的区别于同类另一标的的具体特征。因此，在确定合同标的的质量标准时，应当采用国家标准或者行业标准。如果当事人对合同标的的质量有特别约定时，在不违反国家标准和行业标准的前提下，可双方约定标的的质量要求。合同中的质量条款包括标的的规格、性能、物理和化学成分、款式和质感。

（5）价款和报酬

价款和报酬是指在以物、行为和智力成果为标的的有偿合同中，取得利益的一方当事人作为取得利益的代价而应向对方支付的金钱。价款是取得有形标的物应支付的代价；报酬是获得服务应支付的代价。

（6）履行的期限、地点和方式

履行的期限是指合同当事人履行合同和接受履行的时间。它直接关系到合同义务的完成时间，涉及当事人的期限利益，也是确定违约与否的因素之一。履行地点是指合同当事人履行合同和接受履行的地点。履行地点是确定交付与验收标的地点的依据，有时是确定风险由谁承担的依据，以及标的物所有权是否转移的依据。履行方式是合同当事人履行合同和接受履行的方式，包括交货方式、实施行为方式、验收方式、付款方式、结算方式、运输方式等。

（7）违约责任

违约责任是指当事人不履行合同义务或者履行合同义务不符合约定时应当承担的民事责

任。违约责任是促使合同当事人履行债务，使守约方免受或者少受损失的法律救济手段，对合同当事人的利益关系重大，合同对此应予明确。

（8）解决争议的方法

解决争议的方法是指合同当事人解决合同纠纷的手段、地点。合同订立、履行中一旦产生争执，明确合同双方是通过协商、仲裁还是通过诉讼解决其争议，有利于合同争议的管辖和尽快解决，并最终从程序上保障了当事人的实质性权益。

1.2.2　建设工程合同主要条款

《民法典》第七百九十四条规定："勘察、设计合同的内容一般包括提交有关基础资料和概预算等文件的期限、质量要求、费用以及其他协作条件等条款。"《民法典》第七百九十五条规定："施工合同的内容一般包括工程范围、建设工期、中间交工工程的开工和竣工时间、工程质量、工程造价、技术资料交付时间、材料和设备供应责任、拨款和结算、竣工验收、质量保修范围和质量保证期、相互协作等条款。"

基于合同自愿原则，合同的内容可由当事人自由决定并约定。为规范合同当事人的签约行为和经营行为，保护合同当事人的合法权益，健全社会主义法制，国家及地方发布了有关合同示范文本，如《建设工程施工合同（示范文本）》（GF—2017—0201）、《建设工程监理合同（示范文本）》（GF—2012—0202）、《北京市商品房现房买卖合同》（BF—2016—0120）、《北京市物业服务合同》（BF—2021—2713）等，合同示范文本内容比较详细，具体条款完备，为签订合同提供了范本，不仅能够减轻当事人撰写合同条款的负担，还有利于促进交易的尽快达成。合同示范文本具有平等性，它基于合同平等原则规定各方权利和义务，杜绝"霸王条款"等各种形式的显失公平条款的出现；另外，合同示范文本具有合法性，其各项条款完全依据《民法典》等有关法规制定，当事人按照这一格式签订合同可以避免出现违法条款。

1.3　合同订立

1.3.1　合同订立和成立

合同的订立是指缔约人做出意思表示并达成合意的行为和过程。合同成立是指合同订立过程的完成，即合同当事人经过平等协商对合同基本内容达成一致意见，合同订立阶段宣告结束，它是合同当事人合意的结果。合同作为当事人从建立到终止权利义务关系的一个动态过程，始于合同的订立，终结于适当履行或者承担责任。任何一个合同的签订都需要当事人双方进行一次或者多次协商，最终达成一致意见，而签订合同则意味着合同的成立。合同成立是合同订立的重要组成部分。合同的成立必须具备以下条件。

1. 订约主体存在双方或者多方当事人

订约主体即缔约人，是指参与合同谈判并且订立合同的人。作为缔约人，他必须具有相应的民事权利能力和民事行为能力，有下列几种情况：

（1）自然人的缔约能力

自然人能否成为缔约人，要根据其民事行为能力来确定。具有完全行为能力的自然人可以订立一切法律允许自然人作为合同当事人的合同。限制行为能力的自然人只能订立一些与自己的年龄、智力、精神状态相适应的合同，其他合同只能由其法定代理人代为订立或者经法定代理人同意后订立。无行为能力的自然人通常不能成为合同当事人，如果要订立合同，一般只能由其法定代理人代为订立。

（2）法人和其他组织的缔约能力

法人和其他组织一般都具有行为能力，但是他们的行为能力是有限制的，因为法律往往对法人和其他组织规定了各自的经营和活动范围。因此，法人和其他组织在订立合同时要考虑到自身的行为能力。超越经营或者活动范围订立的合同，有可能不能产生法律效力。

（3）代理人的缔约能力

当事人除了自己订立合同外，还可以委托他人代订合同。在委托他人代理时，应当向代理人进行委托授权，即出具授权委托书。在委托书中注明代理人的姓名（或名称）、代理事项、代理的权限范围、代理权的有效期限、被代理人的签名盖章等内容。如果代理人超越代理权限或者无权代理，则所订立的合同可能不能产生法律效力。

2. 对主要条款达成合意

合同成立的根本标志在于合同当事人的意思表示一致。但是在实际交易活动中常常因为相距遥远，时间紧迫，不可能就合同的每一项具体条款进行仔细磋商；或者因为当事人缺乏合同知识而造成合同规定的某些条款不明确或者缺少某些具体条款。当事人就合同的标的、数量、质量等主要条款协商一致，合同就可以成立。《民法典》第四百七十一条规定：“当事人订立合同，可以采取要约、承诺方式或者其他方式。”

1.3.2 要约

1. 要约概念

要约也称为发价、发盘、出盘、报价等，是希望和他人订立合同的意思表示。即一方当事人以缔结合同为目的，向对方当事人提出合同条件，希望对方当事人接受的意思表示。构成要约必须具备以下条件：

1）要约必须是特定人所为的意思表示。要约是要约人向相对人（受约人）所做出的含有合同条件的意思表示，旨在得到对方的承诺并订立合同。只有要约人是具备民事权利能力和民事行为能力的特定的人，受约人才能对他做出承诺。

2）要约必须向相对人发出。要约必须经过受约人的承诺，合同才能成立，因此，要约必须是要约人向受约人发出的意思表示。受约人一般为特定人，但是，在特殊情况下，对不确定的人做出无碍要约时，受约人可以为不特定人。

3）要约的内容应当具体确定。要约的内容必须明确，不应该含糊不清，否则受约人便不能了解要约的真实含义，难以承诺。同时，要约的内容必须完整，必须具备合同的主要条件或者全部条件，受约人一旦承诺后，合同就能成立。

4）要约必须具有缔约目的。要约人发出要约的目的是订立合同，即在受约人承诺时，

要约人即受该意思表示的约束。凡是不是以缔结合同为目的而进行的行为，尽管表达了当事人的真实意愿，但不是要约。是否以缔结合同为目的，是区别要约与要约邀请的主要标志。

2. 要约法律效力

要约的法律效力是指要约的生效及对要约人、受约人的约束力，包括：

（1）对要约人的拘束力

即指要约一经生效，要约人即受到要约的拘束，不得随意撤回、撤销或者对要约加以限制、变更和扩张，从而保护受约人的合法权益，维护交易安全。不过，为了适应市场交易的实际需要，法律允许要约人在一定条件下，即在受约人承诺前有限度地撤回、撤销要约或者变更要约的内容。

（2）对受约人的拘束力

是指受约人在要约生效时即取得承诺的权利，取得依其承诺而成立合同的法律地位。正是因为这种权利，所以受约人可以承诺，也可以不予承诺。这种权利只能由受约人行使，不能随意转让，否则承诺对要约人不产生法律效力。如果要约人在要约中明确规定受约人可以将承诺的资格转让，或者受约人的转让得到要约人的许可，这种转让是有效的。

（3）要约的生效时间

即要约产生法律约束力的时间。《民法典》规定，以对话方式做出的意思表示，相对人知道其内容时生效；以非对话方式做出的意思表示，到达相对人时生效；以非对话方式做出的采用数据电文形式的意思表示，相对人指定特定系统接收数据电文的，该数据电文进入该特定系统时生效；未指定特定系统的，相对人知道或者应当知道该数据电文进入其系统时生效。当事人对采用数据电文形式的意思表示的生效时间另有约定的，按照其约定。

（4）要约的存续期间

要约的存续期间是指要约发生法律效力的期限，也即受约人得以承诺的期间。一般而言，要约的存续期间由要约人确定，受约人必须在此期间内做出承诺，要约才能对要约人产生拘束力。如果要约人没有确定，则根据要约的具体情况，考虑受约人能够收到要约所必需的时间、受约人做出承诺所必需的时间和承诺到达要约人所必需的时间而确定一个合理的期间。

3. 要约邀请

要约邀请又称为要约引诱，是指希望他人向自己发出要约的意思表示，其目的在于邀请对方向自己发出要约。如寄送的价目表、拍卖公告、招标公告、商业广告等为要约邀请。在工程建设中，工程招标即要约邀请，投标报价属于要约，中标函则是承诺。要约邀请是当事人订立合同的预备行为，它既不能因相对人的承诺而成立合同，也不能因自己做出某种承诺而约束要约人。要约与要约邀请两者之间主要有以下区别：

1）要约是当事人自己主动愿意订立合同的意思表示；而要约邀请则是当事人希望对方向自己提出订立合同的意思表示。

2）要约中含有当事人表示愿意接受要约约束的意旨，要约人将自己置于一旦对方承诺，合同即宣告成立的无可选择的地位；而要约邀请则不含有当事人表示愿意承担约束的意旨，要约邀请人希望将自己置于一种可以选择是否接受对方要约的地位。

4. 要约撤回与撤销

（1）要约撤回

要约的撤回是指在要约发生法律效力之前，要约人取消要约的行为。根据要约的形式拘束力，任何一项要约都可以撤回，只要撤回的通知先于或者与要约同时到达受要约人，都能产生撤回的法律效力。允许要约人撤回要约，是尊重要约人的意志和利益。由于撤回是在要约到达受要约人之前做出的，所以此时要约并未生效，撤回要约也不会影响到受要约人的利益。

（2）要约撤销

要约的撤销是指在要约生效后，要约人取消要约，使其丧失法律效力的行为。在要约到达后、受要约人做出承诺之前，可能会因为各种原因如要约本身存在缺陷和错误、发生了不可抗力、外部环境发生变化等，促使要约人撤销其要约。允许撤销要约是为了保护要约人的利益，减少不必要的损失和浪费。但是，《民法典》第四百七十六条规定，有下列情况之一的，要约不得撤销：

1）要约人以确定承诺期限或者以其他形式明示要约不可撤销。

2）受要约人有理由认为要约是不可撤销的，并已经为履行合同做了合理准备工作。

（3）要约失效

要约失效也叫要约消灭，即要约丧失了法律拘束力，不再对要约人和受约人产生约束。要约消灭后，受约人也丧失了承诺的效力，即使向要约人发出承诺，合同也不能成立。《民法典》规定，有下列情况之一的要约失效：

1）要约被拒绝。

2）要约被依法撤销。

3）承诺期限届满，受要约人未做出承诺。

4）受要约人对要约的内容做出实质性变更。

1.3.3 承诺

1. 承诺概念

承诺是指受要约人同意要约的意思表示。承诺的法律效力在于要约一经受要约人承诺并送达要约人，合同便宣告成立。承诺必须具备以下条件，才能产生法律效力：

1）承诺必须是受要约人发出。根据要约所具有的法律效力，只有受要约人才能取得承诺的资格，因此，承诺只能由受要约人发出。如果要约是向一个或者数个特定人发出时，则特定人具有承诺的资格。受要约人以外的任何人向要约人发出的都不是承诺而只能视为要约。如果要约是向不特定人发出时，则该不特定人中的任何人都具有承诺的资格。

2）承诺必须向要约人发出。承诺是指受要约人向要约人表示同意接受要约的全部条件的意思表示，在合同成立后，要约人是合同当事人之一，因此，承诺必须是向特定人即要约人发出的，这样才能达到订立合同的目的。

3）承诺应当在确定的或者合理的期限内到达要约人。如果要约规定了承诺的期限，则承诺应当在规定的期限内做出；如果要约中没有规定期限，则承诺应当在合理的期限内做出。如果承诺人超过了规定的期限做出承诺，则视为承诺迟到，或者称为逾期承诺。一般来

说，逾期承诺被视为新的要约，而不是承诺。

4）承诺的内容应当与要约的内容一致。因为承诺是受要约人愿意按照要约的全部内容与要约人订立合同的意思表示，即承诺是对要约的同意，其同意内容必须与要约内容完全一致，合同才能成立。

5）承诺必须表明受要约人的缔约意图。同要约一样，承诺必须明确表明与要约人订立合同，此时合同才能成立。这就要求受要约人做出的承诺必须清楚明确，不能含糊。

6）承诺的传递方式应当符合要约的要求。如果要约要求承诺采取某种方式做出，则不能采取其他方式。如果要约未对此做出规定，承诺应当以合理的方式做出。

2. 承诺方式

承诺的方式是指受要约人通过何种形式将承诺的意思送达给要约人。如果要约中明确规定承诺必须采取何种形式做出，则承诺人必须按照规定发出承诺。如果要约没有对承诺方式做出特别规定，受约人可以采用以下方式做出承诺：

（1）通知

在一般情况下，承诺应当以通知的方式做出，即以口头或者书面的形式将承诺明确告知要约人。要约中有明确规定的，则按照要约的规定做出承诺；如果要约没有做出明确规定，通常采用与要约相同的方式做出承诺。

（2）行为

如果根据交易习惯或者要约明确规定可以通过行为做出承诺的，则可以通过行为进行承诺，即以默示方式做出承诺，包括作为与不作为两种方式。

3. 承诺生效时间

承诺的生效时间是指承诺何时产生法律效力。以通知方式做出的承诺，生效时间适用《民法典》第一百三十七条的约定。承诺不需要通知的，根据交易习惯或者要约的要求做出承诺的行为时生效。

但是，承诺必须在承诺期限内做出。分为以下几种情况：

1）承诺必须在要约确定的期限内做出。

2）如果要约没有确定承诺期限，承诺应当按照下列规定到达：①要约以对话方式做出的，应当及时做出承诺的意思表示；②要约以非对话方式做出的，承诺应当在合理期限内到达要约人。

4. 对要约内容变更的处理

按照承诺成立的条件，承诺的内容必须与要约的内容保持一致，即承诺必须是无条件的承诺，不得限制、扩张或者变更要约的内容。如果对要约内容进行变更，就有可能不能成为承诺。变更分为以下两种情况：

1）承诺如果对要约的内容进行实质性变更，此时，不能构成承诺而应该视为新的要约。有关合同的标的、数量、质量、价款和酬金、履行期限、履行地点和方式、违约责任和争议解决方法的变更，是对要约内容的实质性变更。因为这些条款是未来合同内容所必须具备的条款，如果缺少这些条款，未来的合同便不能成立。因此，当这些变更后的承诺到达要约人时，合同并不能成立，必须等到原要约人无条件同意这些经变更后而形成的新要约，再

向新要约人发出承诺时，合同方可成立。

2）承诺对要约的内容做出非实质性变更时，承诺一般有效。《民法典》第四百八十九条规定，如果承诺对要约的内容做出非实质性变更的，除要约人及时表示反对或者要约明确表示承诺不得对要约的内容做出任何变更外，该承诺有效，合同的内容以承诺的内容为准。

对要约的非实质性内容的更改包括：

1）对非主要条款做出了改变。

2）承诺人对要约的主要条款未表示异议，然而在对这些主要条款承诺后，又添加了一些建议或者表达了一些愿望。如果在这些建议和意见中并没有提出新的合同成立条件，则认为承诺有效。

3）如果承诺中添加了法律规定的义务，承诺仍然有效。

1.3.4 缔约过失责任

缔约过失责任的概念

1. 概念

缔约过失责任是一种合同前的责任，是指在合同订立过程中，一方当事人违反诚实信用原则的要求，因自己的过失而引起合同不成立、无效或者被撤销而给对方造成损失时所应当承担的损害赔偿责任。

2. 特点

缔约过失责任具有以下特点：

1）缔约过失责任是发生在订立合同过程中的法律责任。缔约过失责任与违约责任最重要的区别在于发生的时间不同。违约责任是发生在合同成立以后，合同履行过程中的法律责任；而缔约过失责任则是发生在缔约过程中当事人一方因其过失行为而应承担的法律责任。只有在合同还未成立，或者虽然成立，但不能产生法律效力而被确定无效或者被撤销时，有过错的一方才能承担缔约过失责任。

2）承担缔约过失责任的基础是违背了诚实信用原则。诚实信用原则是《民法典》的基本原则。根据诚实信用原则的要求，在合同订立过程中，应当承担先合同义务，包括使用方法的告知义务、瑕疵告知义务、重要事实告知义务、协作与照顾义务等。《民法典》第五百条规定，当事人在订立合同过程中有下列情形之一，造成对方损失的，应当承担赔偿责任：①假借订立合同，恶意进行磋商；②故意隐瞒与订立合同有关的重要事实或者提供虚假情况；③有其他违背诚信原则的行为。

3）责任人的过失导致他人信赖利益的损害。缔约过失行为直接破坏了与他人的缔约关系，损害的是他人因为信赖合同的成立和有效，但实际上合同是不成立和无效的而遭受的损失。

3. 缔约过失责任的类型

缔约过失责任的类型包括：

1）擅自撤回要约时的缔约过失责任。

2）缔约之际未尽通知等项义务给对方造成损失时的缔约过失责任。

3）缔约之际未尽保护义务侵害对方权利时的缔约过失责任。

4）合同不成立时的缔约过失责任。

5）合同无效时的缔约过失责任。

6）合同被变更或者撤销时的缔约过失责任。

7）无权代理情况下的缔约过失责任。

1.4　合同效力

1.4.1　合同生效

1. 合同生效概念

合同的成立只是意味着当事人之间已经就合同的内容达成了意思表示一致，但是合同能否产生法律效力还要看它是否符合法律规定。合同的生效是指已经成立的合同因符合法律规定而受到法律保护，并能够产生当事人所预想的法律后果。《民法典》第五百零二条规定："依法成立的合同，自成立时生效，但是法律另有规定或者当事人另有约定的除外。"如果合同违反法律规定，即使合同已经成立，而且可能当事人之间还进行了合同的履行，该合同及当事人的履行行为也不会受到法律保护，甚至还可能受到法律的制裁。

2. 合同生效与合同成立的区别

合同生效与合同成立是两个完全不同的概念。合同成立制度主要表现了当事人的意志，体现了合同自由的原则；而合同生效制度则体现了国家对合同关系的认可与否，它反映了国家对合同关系的干预。两者区别如下：

1）合同不具备成立或生效要件，承担的责任不同。在合同订立过程中，一方当事人违反诚实信用原则的要求，因自己的过失给对方造成损失时所应当承担的损害赔偿责任，其后果仅仅表现为当事人之间的民事赔偿责任；而合同不具备生效要件而产生合同无效的法律后果，除了要承担民事赔偿责任以外，往往还要承担行政责任和刑事责任。

2）在合同形式方面的不同要求。在法律、行政法规或者当事人约定采用书面形式订立合同而没有采用，而且也没有出现当事人一方已经履行主要义务、对方接受的情况，则合同不能成立；但是，如果法律、行政法规规定合同只有在办理批准、登记等手续才能生效的，当事人未办理相关手续则会导致合同不能生效，但并不影响合同的成立。

3）国家的干预与否不同。有些合同往往由于其具有非法性，违反了国家的强制性规定或者社会公共利益而成为无效合同，此时，即使当事人不主张合同无效，国家也有权干预；合同不成立仅仅涉及当事人内部的合意问题，国家往往不能直接干预，而应当由当事人自己解决。

3. 合同生效时间

《民法典》规定，依法成立的合同，自成立时起生效。即依法成立的合同，其生效时间一般与合同的成立时间相同。如果法律、行政法规规定应当办理批准、登记等手续生效的，则在当事人办理了相关手续后合同生效。未办理手续的合同尽管合同成立，但是不能生效。如果当事人约定应当办理公证、鉴证或者登记手续生效的，当事人未办理，并不影响合同的生效，合同仍然自成立时起生效。

1.4.2　无效合同

1. 无效合同概念和特征

无效合同是指合同虽然已经成立，但因违反法律、行政法规的强制性规定或者社会公共利益，自始不能产生法律约束力的合同。无效合同具有以下法律特征：

1）合同已经成立，这是无效合同产生的前提。

2）合同不能产生法律约束力，即当事人不受合同条款的约束。

3）合同自始无效。

2. 民事法律行为包含合同无效的情形

《民法典》第五百零八条规定，本编（合同编）对合同的效力没有规定的，适用本法第一编（总则编）第六章（民事法律行为）的有关规定。因此，民事法律行为中包含的合同无效的情形如下：

1）无民事行为能力人签订的合同无效。

2）合同双方以虚假意思签订的合同无效。

3）违反法律、行政法规的强制性规定的合同无效。

4）违背公序良俗的合同无效。

5）恶意串通，损害他人合法权益的合同无效。

6）部分无效、部分有效的合同。

《民法典》第一百五十六条规定：“民事法律行为部分无效，不影响其他部分效力的，其他部分仍然有效。”

3.《司法解释（一）》关于合同无效的规定

在工程实践中，由于工程标的大，履行时间长，涉及面广，工程合同是否无效界定较为困难。针对此情况，最高人民法院于 2020 年 12 月 29 日出台了《最高人民法院关于审理建设工程施工合同纠纷案件适用法律问题的解释（一）》（简称《司法解释（一）》），并于 2021 年 1 月 1 日起正式施行。《司法解释（一）》对建设工程施工合同的效力、合同的解除及工程质量的责任等法律问题做出了详细的规定。

1）《司法解释（一）》第一条规定，建设工程施工合同具有下列情形之一的，应当根据民法典第一百五十三条第一款的规定，认定无效：①承包人未取得建筑企业资质或者超越资质等级的；②没有资质的实际施工人借用有资质的建筑施工企业名义的；③建设工程必须进行招标而未招标或者中标无效的。承包人因转包、违法分包建设工程与他人签订的建设工程施工合同，应当依据民法典第一百五十三条第一款及第七百九十一条第二款、第三款的规定，认定无效。

2）《司法解释（一）》第二条规定，招标人和中标人另行签订的建设工程施工合同约定的工程范围、建设工期、工程质量、工程价款等实质性内容，与中标合同不一致，一方当事人请求按照中标合同确定权利义务的，人民法院应予支持。招标人和中标人在中标合同之外就明显高于市场价格购买承建房产、无偿建设住房配套设施、让利、向建设单位捐赠财物等

另行签订合同，变相降低工程价款，一方当事人以该合同背离中标合同实质性内容为由请求确认无效的，人民法院应予支持。

3）《司法解释（一）》第三条规定，当事人以发包人未取得建设工程规划许可证等规划审批手续为由，请求确认建设工程施工合同无效的，人民法院应予支持，但发包人在起诉前取得建设工程规划许可证等规划审批手续的除外。发包人能够办理审批手续而未办理，并以未办理审批手续为由请求确认建设工程施工合同无效的，人民法院不予支持。

4）《司法解释（一）》第四条规定，承包人超越资质等级许可的业务范围签订建设工程施工合同，在建设工程竣工前取得相应资质等级，当事人请求按照无效合同处理的，人民法院不予支持。

5）《司法解释（一）》第五条规定，具有劳务作业法定资质的承包人与总承包人、分包人签订的劳务分包合同，当事人请求确认无效的，人民法院依法不予支持。

4. 免责条款无效的法律规定

免责条款是指合同当事人在合同中预先约定的，旨在限制或免除其未来责任的条款。《民法典》第五百零六条规定，合同中下列免责条款无效：

1）造成对方人身伤害的。

2）因故意或者重大过失造成对方财产损失的。

法律之所以规定以上两种情况的免责条款无效，是因为：①这两种行为都具有一定的社会危害性和法律的谴责性；②这两种行为都可以构成侵权行为，即使当事人之间没有合同关系，当事人也可以追究对方当事人的侵权行为责任，如果当事人约定这种侵权行为免责的话，等于以合同的方式剥夺了当事人的合同以外的法定权利，违反了民法的公平原则。

5. 无效合同的法律后果

无效合同一经确认，即可决定合同的处置方式。但并不说明合同当事人的权利义务关系全部结束。《民法典》第一百五十七条规定："民事法律行为无效、被撤销或者确定不发生效力后，行为人因该行为取得的财产，应当予以返还；不能返还或者没有必要返还的，应当折价补偿。有过错的一方应当赔偿对方由此所受到的损失；各方都有过错的，应当各自承担相应的责任。法律另有规定的，依照其规定。"由此可见无效合同的处置原则为：

1）制裁有过错方。即对合同无效负有责任的一方或者双方应当承担相应的法律责任。过错方所应当承担的损失赔偿责任必须符合以下条件：被损害人有损害事实；赔偿义务人有过错；接受损失赔偿的一方当事人必须无故意违法而使合同无效的情况；损失与过错之间有因果关系。

2）无效合同自始没有法律效力。无论确认合同无效的时间是在合同履行前，还是履行过程中，或者是在履行完毕，该合同一律从合同成立之时就不具备法律效力，当事人即使进行了履行行为，也不能取得履行结果。

3）合同部分无效并不影响其他部分效力，其他部分仍然有效。合同部分无效时会产生两种不同的法律后果：①因无效部分具有独立性，没有影响其他部分的法律效力，此时，其他部分仍然有效；②无效部分内容在合同中处于至关重要的地位，从而导致整个合同无效。

4）合同无效并不影响合同中解决争议条款的法律效力。《民法典》第五百零七条规定：

“合同不生效、无效、被撤销或者终止的，不影响合同中有关解决争议方法的条款的效力。”

5）以返还财产为原则，折价补偿为例外。无效合同自始就没有法律效力，因此，当事人根据合同取得的财产就应当返还给对方；如果所取得的财产不能返还或者没有必要返还的，则应当折价补偿。

6）对无效合同，有过错的当事人除了要承担民事责任以外，还可能承担行政责任甚至刑事责任。

7）《司法解释（一）》对无效合同的处理如下：

①《民法典》第七百九十三条规定，建设工程施工合同无效，但是建设工程经验收合格的，可以参照合同关于工程价款的约定折价补偿承包人。建设工程施工合同无效，且建设工程经验收不合格的，按照以下情形处理：a. 修复后的建设工程经验收合格的，发包人可以请求承包人承担修复费用；b. 修复后的建设工程经验收不合格的，承包人无权请求参照合同关于工程价款的约定折价补偿。发包人对因建设工程不合格造成的损失有过错的，应当承担相应的责任。

②《司法解释（一）》第六条规定，建设工程施工合同无效，一方当事人请求对方赔偿损失的，应当就对方过错、损失大小、过错与损失之间的因果关系承担举证责任。损失大小无法确定，一方当事人请求参照合同约定的质量标准、建设工期、工程价款支付时间等内容确定损失大小的，人民法院可以结合双方过错程度、过错与损失之间的因果关系等因素做出裁判。

③《司法解释（一）》第七条规定，缺乏资质的单位或者个人借用有资质的建筑施工企业名义签订建设工程施工合同，发包人请求出借方与借用方对建设工程质量不合格等因出借资质造成的损失承担连带赔偿责任的，人民法院应予支持。

④《司法解释（一）》第二十四条规定，当事人就同一建设工程订立的数份建设工程施工合同均无效，但建设工程质量合格，一方当事人请求参照实际履行的合同关于工程价款的约定折价补偿承包人的，人民法院应予支持。实际履行的合同难以确定，当事人请求参照最后签订的合同关于工程价款的约定折价补偿承包人的，人民法院应予支持。

⑤《司法解释（一）》第四十三条规定，实际施工人以转包人、违法分包人为被告起诉的，人民法院应当依法受理。实际施工人以发包人为被告主张权利的，人民法院应当追加转包人或者违法分包人为本案第三人，在查明发包人欠付转包人或者违法分包人建设工程价款的数额后，判决发包人在欠付建设工程价款范围内对实际施工人承担责任。

⑥《司法解释（一）》第四十四条规定，实际施工人依据《民法典》第五百三十五条规定，以转包人或者违法分包人怠于向发包人行使到期债权或者与该债权有关的从权利，影响其到期债权实现，提起代位权诉讼的，人民法院应予支持。

1.4.3 可撤销合同

1. 可撤销合同概念和特征

可撤销合同是指因当事人在订立合同的过程中意思表示不真实，经过撤销人请求，由人民法院或者仲裁机构变更合同的内容，或者撤销合同，从而使合同自始消灭的合同。可撤销

合同具有以下特点：

1）可撤销合同是当事人意思表示不真实的合同。

2）可撤销合同在未被撤销之前，仍然是有效合同。

3）对可撤销合同的撤销，必须由撤销人请求人民法院或者仲裁机构做出。

4）当事人可以撤销合同，也可以变更合同的内容，甚至可以维持原合同保持不变。

2. 可撤销合同的法律规定

1）《民法典》第一百四十七条规定，基于重大误解实施的民事法律行为，行为人有权请求人民法院或者仲裁机构予以撤销。

2）《民法典》第一百四十八条规定，一方以欺诈手段，使对方在违背真实意思的情况下实施的民事法律行为，受欺诈方有权请求人民法院或者仲裁机构予以撤销。

3）《民法典》第一百四十九条规定，第三人实施欺诈行为，使一方在违背真实意思的情况下实施的民事法律行为，对方知道或者应当知道该欺诈行为的，受欺诈方有权请求人民法院或者仲裁机构予以撤销。

4）《民法典》第一百五十条规定，一方或者第三人以胁迫手段，使对方在违背真实意思的情况下实施的民事法律行为，受胁迫方有权请求人民法院或者仲裁机构予以撤销。

5）《民法典》第一百五十一条规定，一方利用对方处于危困状态、缺乏判断能力等情形，致使民事法律行为成立时显失公平的，受损害方有权请求人民法院或者仲裁机构予以撤销。

3. 可撤销合同与无效合同的区别

可撤销合同与无效合同的相同之处在于合同都会因被确认无效或者被撤销后而使合同自始不具备法律效力。可撤销合同与无效合同的区别如下：

1）合同内容的不法性程度不同。可撤销合同是由于当事人意思表示不真实造成的，法律将合同的处置权交给受损害方，由受损害方行使撤销权；而无效合同的内容明显违法，不能由合同当事人决定合同的效力，而应当由法院或者仲裁机构做出，即使合同当事人未主张合同无效，法院也可以主动干预，认定合同无效。

2）当事人权限不同。可撤销合同在合同未被撤销之前仍然有效，撤销权人享有撤销权和变更权，当事人可以向法院或者仲裁机构申请行使撤销权和变更权，也可以放弃该权利，法律把决定这些合同的权利给了当事人；而无效合同始终不能产生法律效力，合同当事人无权选择处置合同的方式。

3）期限不同。对于可撤销合同，撤销权人必须在法定期限内行使撤销权，超过法定期限未行使撤销权的，合同即为有效合同，当事人不得再主张撤销合同；无效合同属于法定无效，不会因为超过期限而使合同变为有效合同。

4）撤销权消灭。《民法典》第一百五十二条规定，有下列情形之一的，撤销权消灭：

① 当事人自知道或者应当知道撤销事由之日起一年内、重大误解的当事人自知道或者应当知道撤销事由之日起九十日内没有行使撤销权。

② 当事人受胁迫，自胁迫行为终止之日起一年内没有行使撤销权。

③ 当事人知道撤销事由后明确表示或者以自己的行为表明放弃撤销权。

当事人自民事法律行为发生之日起五年内没有行使撤销权的，撤销权消灭。

1.4.4 效力待定合同

1. 效力待定合同概念

效力待定合同是指合同虽然已经成立，但因其不完全符合合同的生效要件，因此其效力能否发生还不能确定，一般须经权利人确认才能生效的合同。

2. 效力待定合同类型

(1) 限制民事行为能力人依法不能独立订立的合同

《民法典》第一百四十五条规定："限制民事行为能力人实施的纯获利益的民事法律行为或者与其年龄、智力、精神健康状况相适应的民事法律行为有效；实施的其他民事法律行为经法定代理人同意或者追认后有效。相对人可以催告法定代理人自收到通知之日起三十日内予以追认。法定代理人未作表示的，视为拒绝追认。民事法律行为被追认前，善意相对人有撤销的权利。撤销应当以通知的方式作出。"限制民事行为能力人订立的合同可分为两种类型：

1) 纯利益合同或者与其年龄、智力、精神健康状况相适应的合同，如获得报酬、奖励、赠予等。这些合同不必经法定代理人同意。

2) 未经法定代理人同意而订立的其他合同。这些合同只能是效力待定合同，必须经过其法定代理人的追认，合同才能产生法律效力。

(2) 无民事行为能力人订立的合同

一般来讲，无民事行为能力人只能由其法定代理人代理签订合同，他们不能自己订立合同，否则合同无效。如果他们订立合同，该合同必须经过其法定代理人的追认，合同才能产生法律效力。

(3) 无权代理订立的合同

无权代理分为狭义无权代理、表见代理两种情况。狭义无权代理是指行为人没有代理权或超越代理权限而以他人的名义进行民事、经济活动。其表现形式为：

1) 无合法授权的代理行为。代理权是代理人进行代理活动的法律依据，未经当事人的授权而以他人的名义进行的代理活动是最主要的无权代理的表现形式。

2) 代理人超越代理权限而为的代理行为。在代理关系形成过程中，关于代理人代理权的范围均有所界定，特别是在委托代理中，代理权的权限范围必须明确规定，代理人应依据代理权限进行代理活动，超越此权限的活动即越权代理，这也属于无权代理。

3) 代理权终止后的代理行为。代理权终止后，代理人的身份随之消灭，从而无权再以被代理人的名义进行代理活动。

《民法典》第五百零三条规定："无权代理人以被代理人的名义订立合同，被代理人已经开始履行合同义务或者接受相对人履行的，视为对合同的追认。"

《民法典》第五百零四条规定："法人的法定代表人或者非法人组织的负责人超越权限订立的合同，除相对人知道或者应当知道其超越权限外，该代表行为有效，订立的合同对法人或者非法人组织发生效力。"

《民法典》第五百零五条规定：“当事人超越经营范围订立的合同的效力，应当依照本法第一编第六章第三节和本编的有关规定确定，不得仅以超越经营范围确认合同无效。”

3. 效力待定合同权力

（1）被代理人的追认权

根据《民法典》规定，无权代理一般对被代理人不发生法律效力，但是，在无权代理行为发生后，如果被代理人认为无权代理行为对自己有利，或者出于某种考虑而同意这种行为，则有权做出追认的意思表示。无权代理行为一经被代理人追认，则对被代理人发生法律效力。

（2）被代理人的拒绝权

在无权代理行为发生后，被代理人为了维护自身的合法权益，对此行为及由此而产生的法律后果享有拒绝的权利。被代理人没有进行追认或拒绝追认的义务。但是，如果被代理人知道他人以自己的名义实施代理行为而不做出否认表示的，则视为同意。

（3）无权代理人的催告权

在无权代理行为发生后，无权代理人可向被代理人催告，要求被代理人对此行为是否有效进行追认，如果被代理人在规定期限内未做出答复，则视为拒绝。

（4）无权代理人的撤回权

即向被代理人提出撤回已做出的代理表示的法律行为。但是，如果被代理人已经追认了其无权代理行为，则代理人就不得撤回。如果无权代理人已经行使撤回权，则被代理人就不能行使追认权。

（5）相对人的催告权

在无权代理行为发生后，相对人有权催告被代理人在合理的期限内对行为人的无权代理行为予以追认，被代理人在规定期限内未做出追认，视为拒绝追认。

（6）善意相对人的撤销权

善意相对人是指不知道或者不应当知道无权代理人没有代理权的相对人。善意相对人在被代理人追认前，享有撤销的权利。

1.5　合同履行

1.5.1　合同履行原则

合同订立并生效后，合同便成为约束和规范当事人行为的法律依据。合同当事人必须按照合同约定的条款全面、适当地完成合同义务，如交付标的物、提供服务、支付报酬或者价款、完成工作等。合同的履行是合同当事人订立合同的根本目的，也是实现合同目的的最重要和最关键的环节，直接关系到合同当事人的利益，而履行问题往往最容易出现争议和纠纷。因此，合同的履行成为合同法律中的核心内容。

为了保证合同当事人依约履行合同义务，必须规定一些基本原则，以指导当事人具体地去履行合同，处理合同履行过程中发生的各种情况。合同履行的基本原则构成了履行合同过程中总的和基本的行为准则，成为合同当事人是否履行合同及履行是否符合约定的基本判断标准。《民法典》第五百零九条规定：“当事人应当按照约定全面履行自己的义务。当事人应当遵循诚信原则，根据合同的性质、目的和交易习惯履行通知、协助、保密等义务。当事人在履行合同过程中，应当避免浪费资源、污染环境和破坏生态。”

在合同履行过程中必须遵循以下基本原则：

（1）全面履行原则

全面履行是指合同当事人应当按照合同的约定全面履行自己的义务，不能以单方面的意思改变合同义务或者解除合同。全面履行原则要求当事人保质、保量、按期履行合同义务，否则即应承担相应的责任。根据全面履行原则可以确定当事人在履行合同中是否有违约行为及违约的程度，对合同当事人应当履行的合同义务予以全面制约，充分保护合同当事人的合法权益。

（2）诚实信用原则

诚实信用原则是指在合同履行过程中，合同当事人讲究信用，恪守信用，以善意的方式履行其合同义务，不得滥用权力及规避法律或者合同规定的义务。合同的履行应当严格遵循诚实信用原则。一方面，要求当事人除了应履行法律和合同规定的义务外，还应当履行依据诚实信用原则所产生的各种附随义务，包括相互协作和照顾义务、瑕疵的告知义务、使用方法的告知义务、重要情事的告知义务、忠实的义务等。另一方面，在法律和合同规定的内容不明确或者欠缺规定的情况下，当事人应当依据诚实信用原则履行义务。

（3）与合同履行有关的其他原则

与合同履行有关的其他原则有以下三项：

1）协作履行原则。协作履行原则要求合同当事人在合同履行过程中相互协作，积极配合，完成合同的履行。当事人适用协作履行原则不仅有利于全面、实际地履行合同，也有利于增强当事人之间彼此相互信赖、相互协作的关系。

2）效益履行原则。效益履行原则是指履行合同时应当讲求经济效益，尽量以最小的成本，获得最大的效益，以及合同当事人为了谋求更大的效益或者为了避免不必要的损失，变更或解除合同。

3）情事变更原则。情事变更原则是指在合同订立后，如果发生了订立合同时当事人不能预见并且不能克服的情况，改变了订立合同时的基础，使合同的履行失去意义或者履行合同将使当事人之间的利益发生重大失衡，应当允许当事人变更合同或者解除合同。

1.5.2 合同履行中的义务

1. 通知义务

通知义务是指合同当事人负有将与合同有关的事项通知给对方当事人的义务。包括有关履行标的物到达对方的时间、地点、交货方式的通知，合同提存的有关事项的通知，后履行抗辩权行使时要求对方提供充分担保的通知，情事变更的通知，不可抗力的通知等。

2. 协助义务

协助义务是指合同当事人在履行合同过程中应当相互给予对方必要的和能够的协助和帮

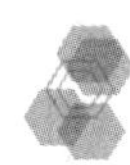

助的义务。

3. 保密义务

保密义务是指合同当事人负有为对方的秘密进行保守，使其不为外人知道的义务。如果因为未能为对方保守秘密，使外人知道对方的秘密，给对方造成损害的，应当对此承担责任。

1.5.3　合同履行中约定不明情况的处置

1）合同生效后，合同的主要内容包括质量、价款或者报酬、履行地点等，没有约定或者约定不明确的，当事人可以通过协商确定合同的内容。不能达成补充协议的，按照合同有关条款或者交易习惯确定。

2）如果合同当事人双方不能达成一致意见，又不能按照合同的有关条款或者交易习惯确定，可以适用下列规定：

① 质量要求不明确的，按照国家标准、行业标准履行；没有国家标准、行业标准的，按照通常标准或者符合合同目的的特定标准履行。所谓的通常标准是指在同类的交易中，产品应当达到的质量标准；符合合同目的的特定标准是指根据合同的目的、产品的性能、产品的用途等因素确定质量标准。

② 价款或者报酬不明确的，按照订立合同时履行地市场价格履行；依法执行政府定价或者政府指导价的，按照规定执行。此处所指的市场价格是市场中的同类交易的平均价格。对于一些特殊的物品，由国家确定价格的，应当按照国家的定价来确定合同的价款或者报酬。

③ 履行地点不明确，给付货币的，在接受货币一方所在地履行；交付不动产的，在不动产所在地履行；其他标的，在履行义务一方所在地履行。

④ 履行期限不明确，债务人可以随时履行，债权人也可以随时要求履行，但应当给对方必要的准备时间。

⑤ 履行方式不明确的，按照有利于实现合同目的的方式履行。

⑥ 履行费用的负担不明确的，由履行义务一方负担。

1.5.4　电子合同标的交付时间

通过互联网等信息网络订立的电子合同的标的为交付商品并采用快递物流方式交付的，收货人的签收时间为交付时间。电子合同的标的为提供服务的，生成的电子凭证或者实物凭证中载明的时间为提供服务时间；前述凭证没有载明时间或者载明时间与实际提供服务时间不一致的，以实际提供服务的时间为准。电子合同的标的物为采用在线传输方式交付的，合同标的物进入对方当事人指定的特定系统且能够检索识别的时间为交付时间。

1.5.5　合同中执行政府定价或者指导价的法律规定

在发展社会主义市场经济的过程中，政府对经济活动的宏观调控和价格管理十分必要。《民法典》第五百一十三条规定：“执行政府定价或者政府指导价的，在合同约定的交付期限内政府价格调整时，按照交付时的价格计价。逾期交付标的物的，遇价格上涨时，按照原价格执行；价格下降时，按照新价格执行。逾期提取标的物或者逾期付款的，遇价格上涨时，按照新价格执行；价格下降时，按照原来的价格执行。”

《民法典》相关条款规定，执行国家定价的合同当事人，由于逾期不履行合同遇到国家调整物价时，在原价格和新价格中，执行对违约方不利的那种价格，这是对不按期履行合同的一方从价格结算上给予的一种惩罚。这样的规定有利于促进双方按规定履行合同。需要注意的是，这种价格制裁只适用于当事人因主观过错而违约，不适用因不可抗力所造成的情况。

1.5.6 《司法解释（一）》关于垫资的规定

垫资承包是指建设单位未全额支付工程预付款或未按工程进度按月支付工程款（不含合同约定的质量保证金），由建筑业企业垫款施工。2019 年 7 月 1 日起施行的《政府投资条例》（国令第 712 号）第二十二条规定：“政府投资项目所需资金应当按照国家有关规定确保落实到位。政府投资项目不得由施工单位垫资建设。”

对于非政府投资工程，《司法解释（一）》第二十五条规定：“当事人对垫资和垫资利息有约定，承包人请求按照约定返还垫资及其利息的，人民法院应予支持，但是约定的利息计算标准高于垫资时的同类贷款利率或者同期贷款市场报价利率的部分除外。当事人对垫资没有约定的，按照工程欠款处理。当事人对垫资利息没有约定，承包人请求支付利息的，人民法院不予支持。”

1.5.7 合同履行规则

1. 向第三人履行债务的规则

合同履行过程中，由于客观情况变化，有可能会引起合同中债权人和债务人之间债权债务履行的变更。法律规定债权人和债务人可以变更债务履行，这并不会影响当事人的合法权益。从一定意义上来讲，债权人与债务人依法约定变更债务履行，有利于债权人实现其债权及债务人履行其债务。

《民法典》第五百二十二条规定：“当事人约定由债务人向第三人履行债务，债务人未向第三人履行债务或者履行债务不符合约定的，应当向债权人承担违约责任。法律规定或者当事人约定第三人可以直接请求债务人向其履行债务，第三人未在合理期限内明确拒绝，债务人未向第三人履行债务或者履行债务不符合约定的，第三人可以请求债务人承担违约责任；债务人对债权人的抗辩，可以向第三人主张。”从该规定中可以看出，三方的权力关系如下：

（1）债权人

合同的债权人有权按照合同约定要求债务人向第三人履行合同，如果债务人未履行或者未正确履行合同义务，债权人有权追究债务人的违约责任，包括债权人和第三人的损失。

（2）债务人

债务人应当按照约定向第三人履行合同义务。如果合同本身已经因为某种原因无效或者

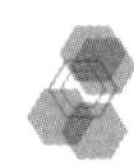

被撤销，债务人可以依此解除自己的义务。如果债务人未经第三人同意或者违反合同约定，直接向债权人履行债务，并不能解除自己的义务。需要说明的是，一般来说，向第三人履行债务原则上不能增加履行的难度及履行费用。

（3）第三人

第三人是合同的受益人，他有以自己的名义直接要求债务人履行合同的权力。但是，如果债务人不履行义务或者履行义务不符合约定，第三人不能请求损害赔偿或者申请法院强制执行，因为债务人只对债权人承担责任。此外，合同的撤销权或解除权只能由合同当事人行使。

2. 由第三人履行债务的规则

《民法典》第五百二十三条规定："当事人约定由第三人向债权人履行债务，第三人不履行债务或者履行债务不符合约定的，债务人应当向债权人承担违约责任。"第五百二十四条规定："债务人不履行债务，第三人对履行该债务具有合法利益的，第三人有权向债权人代为履行；但是，根据债务性质、按照当事人约定或者依照法律规定只能由债务人履行的除外。债权人接受第三人履行后，其对债务人的债权转让给第三人，但是债务人和第三人另有约定的除外。"从这两条规定中可以看出，第三人、债务人和债权人三者的关系如下：

（1）第三人

合同约定由第三人代为履行债务，除了必须经债权人同意外，还必须事先征得第三人的同意。同时，在没有事先征得债务人同意的情况下，第三人一般也不能代为履行合同义务，否则，债务人对其行为将不负责任。

（2）债务人

第三人向债权人履行债务，并不等于债务人解除了合同的义务，而只是免除了债务人亲自履行的义务。如果第三人不履行债务或履行债务不符合约定，债务人应当向债权人承担违约责任。

（3）债权人

当合同约定由第三人履行债务后，债权人应当接受第三人的履行而无权要求债务人自己履行。但是，如果第三人不履行债务或履行债务不符合约定，债权人有权向债务人主张自己的权利。

3. 提前履行规则

《民法典》第五百三十条规定："债权人可以拒绝债务人提前履行债务，但是提前履行不损害债权人利益的除外。债务人提前履行债务给债权人增加的费用，由债务人负担。"

4. 部分履行规则

《民法典》第五百三十一条规定："债权人可以拒绝债务人部分履行债务，但是部分履行不损害债权人利益的除外。债务人部分履行债务给债权人增加的费用，由债务人负担。"部分履行规则是针对可分标的的履行而言，如果部分履行并不损害债权人的利益，债权人有义务接受债务人的部分履行。债务人部分履行必须遵循诚实信用原则，不能增加债权人的负担，如果因部分履行而增加了债权人的费用，应由债务人承担。

5. 中止履行规则

《民法典》第五百二十九条规定："债权人分立、合并或者变更住所没有通知债务人，致使履行债务发生困难的，债务人可以中止履行或者将标的物提存。”本条规定指明了债权人情况不明时的履行规则。债权人因自身的情况发生变化，可能对债务履行产生影响的，债权人应负有通知债务人的附随义务。如果债权人分立、合并或者变更住所时没有履行该义务，债务人可以采取中止履行的措施，当阻碍履行的原因消灭以后再继续履行。

6. 债务人同一性规则

《民法典》第五百三十二条规定："合同生效后，当事人不得因姓名、名称的变更或者法定代表人、负责人、承办人的变动而不履行合同义务。"合同生效后，债务人的情况往往会发生变化，有的债务人以某一变动为理由拒绝履行原合同，这是错误的。因为这些变化仅仅是合同的外在表现形式的变更而非履行主体的变更，债务人与名称变动前相比具有同一性，因此不构成合同变更和解除的理由，新的代表人应当代表原债务人履行合同义务，拒绝履行的，应承担违约责任。

1.5.8 合同履行中的抗辩权

1. 抗辩权的概念和特点

合同法律中的抗辩权是指在合同履行过程中，债务人对债权人的履行请求权加以拒绝或者反驳的权利。抗辩权是为了维护合同当事人双方在合同履行过程中的利益平衡而设立的一项权利。作为对债务人的一种有效的保护手段，合同履行中的抗辩权要求对方承担及时履行和提供担保等义务，可以避免自己在履行合同义务后得不到对方履行的风险，从而维护了债务人的合法权益。抗辩权具有以下特点：

（1）抗辩权的被动性

抗辩权是合同债务人针对债权人根据合同约定提出的要求债务人履行合同的请求而做出拒绝或者反驳的权利，如果这种权利经过法律认可，抗辩权便宣告成立。由此可见，抗辩权属于一种被动防护的权利，如果没有请求权，便没有抗辩权。

（2）抗辩权仅仅产生于双务合同中

双务合同双方的权利义务是对等的，双方当事人既是债权人，又是债务人，既享有债权又承担债务，享有债权是以承担债务为条件的，为了实现债权不得不履行各自的债务。造成合同履行的关联性，即要求合同当事人双方履行债务。一方不履行债务或者对方有证据证明他将不能履行债务，另一方原则上也可以停止履行。一方当事人在请求对方履行债务时，如果自己未履行债务或者将不能履行债务，则对方享有抗辩权。

2. 同时履行抗辩权

（1）同时履行抗辩权的概念

同时履行抗辩权是针对合同当事人双方的债务履行没有先后顺序情况下的一种抗辩制度。同时履行抗辩权即指双务合同的当事人一方在对方未履行义务之前，有权拒绝对方请求自己履行合同要求的权利。如果双方当事人的债务关系没有先后顺序，双方当事人应当同时履行合同义务，一方当事人在请求对方履行合同债务时，如果自己没有履行合同义务，则对方享有暂时不履行自己的债务的抗辩权。同时履行抗辩权的目的不在于完全消除或者改变自己的债务，只是延期履行自己的债务。

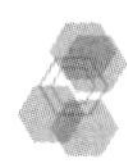

《民法典》第五百二十五条规定："当事人互负债务，没有先后履行顺序的，应当同时履行。一方在对方履行之前有权拒绝其履行请求。一方在对方履行债务不符合约定时，有权拒绝其相应的履行请求。"

（2）同时履行抗辩权的构成条件

1）双方当事人互负对待给付。同时履行抗辩权只适用于双务合同，而且必须是双方当事人基于同一个双务合同互负债务，承担对待给付的义务。如果双方的债务是因两个或者两个以上的合同产生的，则不能适用同时履行抗辩权。

2）双方当事人负有的对待债务没有约定履行顺序。如果合同中明确约定了当事人的履行顺序，就必须按照约定履行，应当先履行债务的一方不能对后履行一方行使同时履行抗辩权。只有在合同中未对双方当事人的履行顺序进行约定的情况下，才发生合同的履行顺序问题。正是由于当事人对合同的履行顺序产生了歧义，所以才应按照一定的方式来确定当事人谁先履行谁后履行，以维护双方当事人的合法权益。

3）须对方未履行债务或未完全履行债务。这是一方能行使其同时履行抗辩权的关键条件之一，其适用的前提就是双方当事人均没有履行各自的到期债务。其中一方已经履行其债务的，则不再出现同时履行抗辩权适用的情况，另一方也应当及时对其债务做出履行，对方向其请求履行债务时，不得拒绝。

4）双方当事人的债务已届清偿期。合同的履行以合同履行期已经届满为前提，如果合同的履行期还未到期，则不会产生履行合同义务问题，自然就不会涉及同时履行抗辩权适用问题。

（3）同时履行抗辩权的效力

同时履行抗辩权具有以下效力：

1）阻却违法的效力。阻却违法是指因其存在，使本不属于合法的行为失去其违法的根据，而变为一种合理的为法律所肯定的行为。同时履行抗辩权是法律赋予双务合同的当事人在同时履行合同债务时，保护自己利益的权利。如果对方未履行或者未完全履行债务而拒绝向对方履行债务，该行为不构成违约，而是一种正当行为。

2）对抗效力。同时履行抗辩权是一种延期的抗辩权，可以对抗对方的履行请求，而不必为自己的拒绝履行承担法律责任。因此，它不具有消灭对方请求权的效力，在被拒绝后，不影响对方再次提出履行请求。同时，同时履行抗辩权的目的不在于完全消除或者改变自己的债务，只是延期履行自己的债务。

3. 后履行抗辩权

（1）后履行抗辩权的概念

后履行抗辩权是指按照合同约定或者法律规定负有先履行债务的一方当事人，届期未履行债务或履行债务严重不符合约定条件时，相对人为保护自己的到期利益或为保证自己履行债务的条件而中止履行合同的权利。《民法典》第五百二十六条规定："当事人互负债务，有先后履行顺序，应当先履行债务一方未履行的，后履行一方有权拒绝其履行请求。先履行一方履行债务不符合约定的，后履行一方有权拒绝其相应的履行请求。"

后履行抗辩权属于负有后履行债务一方享有的抗辩权，它的本质是对先期违约的对抗，因此，后履行抗辩权可以称为违约救济权。如果先履行债务方是出于属于免责条款范围内（如发生了不可抗力）的原因而无法履行债务的，该行为不属于先期违约，因此，后履行债务方不能行使后履行抗辩权。

（2）后履行抗辩权构成条件

后履行抗辩权的适用范围与同时履行抗辩权相似，只是在履行顺序上有所不同，具体有：

1）由同一双务合同互负债务，互负的债务之间具有相关性。

2）债务的履行有先后顺序。当事人可以约定履行顺序，也可以由合同的性质或交易习惯决定。

3）先履行一方不履行或者不完全履行债务。

4. 不安抗辩权

（1）不安抗辩权的概念

不安抗辩权，又称保证履约抗辩权，是指按照合同约定或者法律规定负有先履行债务的一方当事人，在合同订立之后，履行债务之前或者履行过程中，有充分的证据证明后履行一方将不会履行债务或者不能履行债务时，先履行债务方可以暂时中止履行，通知对方当事人在合理的期限内提供适当担保，如果对方当事人在合理的期限内提供担保，中止方应当恢复履行；如果对方当事人未能在合理期限内提供适当的担保，中止履行一方可以解除合同。

《民法典》第五百二十七条规定，应当先履行债务的当事人，有确切证据证明对方有下列情形之一的，可以中止履行：

1）经营状况严重恶化。

2）转移财产、抽逃资金，以逃避债务。

3）丧失商业信誉。

4）有丧失或者可能丧失履行债务能力的其他情形。

（2）不安抗辩权的适用条件

1）由同一双务合同互负债务并具有先后履行顺序。不安抗辩权同样也产生于双务合同中，与双务合同履行上的关联性有关。互负债务并具有先后履行顺序是不安抗辩权的前提条件。

2）后履行一方有不履行债务或者可能丧失履行债务能力的情形。不安抗辩权设立的目的就是保证先履行一方当事人在履行其债务后，不会因为对方不履行或者不能履行合同债务而受到损失。《民法典》中规定了四种情形，可概括为不履行或者丧失履行能力的情形。如果这些情形出现，就可能危及先履行一方的债权。

3）先履行一方有确切的证据。作为享有的权利，先履行一方在主张不安抗辩时，必须有充分的证据证明对方当事人确实存在不履行或者不能履行其债务的情形。这主要是防止先履行一方滥用不安抗辩权。如果先履行一方无法举出充分证据来证明对方丧失履行能力，则不能行使不安抗辩权，其拒绝履行合同义务的行为即为违约行为，应当承担违约责任。

（3）不安抗辩权的效力

1）中止履行。不安抗辩权能够适用的原因在于由于可归责于对方当事人的事由，可能

给先履行一方造成不能得到对待给付的危险，先履行债务一方最可能的就是暂时不向对方履行债务。所以，中止履行是权利人首先能够采取的手段，而且，这种行为是一种正当行为，不构成违约。

2）要求对方提供适当的担保。不安抗辩权的适用并不消灭先履行一方的债务，只是因特定的情况，暂时中止履行其债务，双方当事人的债权债务关系并未解除。因此，先履行一方可要求对方在合理的期限内提供担保来消除可能给先履行债务一方造成损失的威胁，并以此决定是继续维持还是中止债权债务关系。

3）恢复履行或者解除合同。中止履行只是暂时性的保护措施，并不能彻底保护先履行债务一方的利益。所以，为及早解除双方当事人之间的不确定的法律状态，有两种处理结果：如果对方在合理期限内提供担保，则中止履行一方继续履行其债务；否则，可以解除合同关系。

4）不安抗辩权的附随义务。《民法典》第五百二十八条规定："当事人依据前条规定中止履行的，应当及时通知对方。对方提供适当担保的，应当恢复履行。中止履行后，对方在合理期限内未恢复履行能力且未提供适当担保的，视为以自己的行为表明不履行主要债务，中止履行的一方可以解除合同并可以请求对方承担违约责任。"

① 通知义务。先履行债务一方主张不安抗辩时，应当及时通知对方当事人，以避免对方因此而遭受损失，同时也便于对方获知后及时提供充分保证来消灭抗辩权。

② 举证义务。先履行债务一方主张不安抗辩时，负有举证义务，即必须能够提出充分证据来证明对方将不履行或者丧失履行债务能力的事实。如果提供不出证据或者证据不充分而中止履行的，该行为构成违约，应当承担违约责任。如果后履行一方本可以履行债务，而因对方未举证或者证据错误而导致合同被解除，由此造成的损失由先履行债务一方承担。

1.5.9　合同的保全制度

1. 代位权

（1）代位权的概念

代位权是相对于债权人而言的，它是指当债务人怠于行使其权利而危害债权人的债权时，债权人可以取代债务人的地位，行使债务人的权利。代位权的核心是以自己的名义行使债务人对第三人的债权。

（2）代位权的成立条件

1）债务人对第三人享有债权。债务人对第三人享有的债权是代位权的标的，它应当是合法有效的债权，但是该权利专属债务人自身除外。

2）债务人怠于行使其到期债权。怠于行使债权是指债务人在债权可能行使并且应该行使的情况下消极地不行使。债务人消极地不行使权利，就可能产生债权因时效届满而丧失诉权等不利后果，可能会给债权人的债权造成损害，所以，才有行使代位权的必要。

3）债务人不行使债权，有造成债权消灭或者丧失的危险。债务人如果暂时消极地不行使债权，对其债权的存在的法律效力没有任何影响的，因而没有构成对债务人的债权消灭或者丧失的危险，就没有由债权人代为行使债权的必要，债权人的代位权也就没有适用的

余地。

4）债务人的行为对债权人造成损害。债务人怠于行使债权的行为已经对债权人的债权造成现实的损害，是指因为债务人不行使其债权，造成债务人应当增加的财产没有增加，导致债权人的债权到期时，会因此而不能全部清偿。

2. 撤销权

（1）撤销权的概念

撤销权是相对于债权人而言的，它是指债权人在债务人实施减少其财产而危及债权人的债权的积极行为时，请求法院予以撤销的权利。

（2）撤销权的成立条件

1）债务人实施了处分财产的法定行为。包括放弃到期债权、无偿转让财产的行为或者以明显不合理的低价转让财产的行为。这些会对债权人的债权产生不利的影响，因此，债权人可以行使撤销权以保护自己的债权。如果债务人没有产生上述行为，对债权人的债权未造成不利影响，债权人无权行使撤销权。

2）债务人的行为已经产生法律效力。对于没有产生法律效力的行为，因为在法律上不产生任何意义，对债权人的债权不产生现实影响，所以债权人不能对此行使撤销权。

3）债务人的行为是法律行为，具有可撤销性。债务人的行为必须是可以撤销的，否则，如果财产的消灭是不可以回转的，债权人行使撤销权也于事无补，此时就没有必要行使撤销权。

4）债务人的行为已经或者将要严重危害到债权人的债权。只有在债务人的行为对债权人的债权的实现产生现实的危害时，债权人才能行使撤销权，以消除因债务人的行为带来的危害。

3. 撤销权的法律效力

（1）债权人

债权人有权代债务人要求第三人向债务人履行或者返还财产，并在符合条件的情况下将受领的履行或财产与对债务人的债权作抵消。如果不符合抵消条件，则应当将收取的利益加入债务人的责任财产，作为全体债权的一般担保。

（2）债务人

债务人的行为被撤销后，行为将自始无效，不发生行为的效果，意图免除的债务或转移的财产仍为债务人的责任财产，应当以此清偿债权。同时，应当承担债权人行使撤销权的必要费用和向第三人返还因有偿行为获得的利益。

（3）相对人

《民法典》第五百三十九条规定：“债务人以明显不合理的低价转让财产、以明显不合理的高价受让他人财产或者为他人的债务提供担保，影响债权人的债权实现，债务人的相对人知道或者应当知道该情形的，债权人可以请求人民法院撤销债务人的行为。”如果相对人对债务人负有债务，则免除债务的行为不产生法律效力，相对人应当继续履行。如果相对人已经受领了债务人转让的财产，应当返还财产。原物不能返还的，应折价赔偿。但相对人有权要求债务人偿还因有偿行为而得到的利益。

债务人影响债权人的债权实现的行为被撤销的，自始没有法律约束力。

（4）撤销权的行使期限

《民法典》第五百四十一条规定："撤销权自债权人知道或者应当知道撤销事由之日起一年内行使。自债务人的行为发生之日起五年内没有行使撤销权的，该撤销权消灭。"

1.6　合同变更、转让和终止

1.6.1　合同变更

1. 合同变更概念

合同变更有两层含义，广义的合同变更包括合同三个构成要素的变更：合同主体的变更、合同客体的变更及合同内容的变更。但是，考虑到合同的连贯性，合同的主体不能与合同的客体及内容同时变更，否则，变化前后的合同就没有联系的基础，就不能称之为合同的变更，而是一个旧合同的消灭与一个新合同的订立。

《民法典》规定，合同当事人的变化为合同的转让。因此，狭义的合同变更专指合同成立以后履行之前或者在合同履行开始之后尚未履行完之前，当事人不变而合同的内容、客体发生变化的情形。合同的变更通常分为协议变更和法定变更两种。协议变更又称为合意变更，是指合同双方当事人以协议的方式对合同进行变更；法定变更是指合同的变更必须有法律依据，当事人不得有意变更合同。我国《民法典》中所指的合同变更即指协议变更。

2. 合同变更的条件

1）当事人之间原已经存在合同关系。合同的变更是新合同对旧合同的替代，所以必然在变更前就存在合同关系。如果没有这一作为变更基础的现存合同，就不存在合同变更，只是单纯订立了新合同，发生新的债务。另外，原合同必须是有效合同，如果原合同无效或者被撤销，则合同自始就没有法律效力，不发生变更问题。

2）合同变更必须有当事人的变更协议。当事人达成的变更合同的协议也是一种民事合同，因此也应符合《民法典》有关合同的订立与生效的一般规定。合同变更应当是双方当事人的自愿与真实的意思表示。

3）原合同内容发生变化。合同变更按照《民法典》的规定仅为合同内容的变更，所以合同的变更应当能起到使合同的内容发生改变的效果，否则不能认为是合同的变更。合同的变更包括：合同性质的变更、合同标的物的变更、履行条款的变更、合同担保的变更、合同所附条件的变更等。

4）合同变更必须按照法定的方式。合同当事人协议变更合同，应当遵循自愿互利原则，给合同当事人以充分的合同自由。国家对合同当事人协议变更合同应当加以保护，但也必须从法律上实行有条件的约束，以保证当事人对合同的变更不至于危及他人、国家和社会利益。

3. 合同变更的效力

双方当事人应当按照变更后的合同履行。合同变更后有下列效力：

1）变更后的合同部分，原有的合同失去效力，当事人应当按照变更后的合同履行。合同的变更就是在保持原合同统一性的前提下，使合同有所变化。合同变更的实质是以变更后的合同取代原有的合同关系。

2）合同的变更只对合同未履行部分有效，不对合同中已经履行部分产生效力，除了当事人约定以外，已经履行部分不因合同的变更而失去法律依据。即合同的变更不产生追溯力，合同当事人不得以合同发生变更而要求已经履行的部分归于无效。

3）合同的变更不影响当事人请求损害赔偿的权利。合同变更以前，一方因可归责于自己的原因而给对方造成损害的，另一方有权要求责任方承担赔偿责任，并不因合同变更而受到影响。但是合同的变更协议已经对受害人的损害给予处理的除外。合同的变更本身给一方当事人造成损害的，另一方当事人也应当对此承担赔偿责任，不得以合同的变更是双方当事人协商一致的结果为由而不承担赔偿责任。

4. 合同变更内容约定不明的法律规定

合同变更内容约定不明是指当事人对合同变更的内容约定含义不清，令人难以判断约定的新内容与原合同的内容的本质区别。《民法典》第五百四十四条规定："当事人对合同变更的内容约定不明确的，推定为未变更。"有效的合同变更，必须有明确的合同内容的变更，即在保持原合同的基础上，通过对原合同做出明显的改变，而成为一个与原合同有明显区别的合同。否则，就不能认为原合同进行了变更。

1.6.2 合同转让

合同转让是指合同成立后，当事人依法可以将合同中的全部或部分权利（或者义务）转让或者转移给第三人的法律行为。也就是说合同的主体发生了变化，由新的合同当事人代替了原合同当事人，而合同的内容没有改变。合同转让有两种基本形式：债权让与和债务承担。

1. 债权让与

（1）债权让与的概念及法律特征

债权让与即合同权利转让，是指合同的债权人通过协议将其债权全部或者部分转移给第三人的行为。债权的转让是合同主体变更的一种形式，它是在不改变合同内容的情况下，合同债权人的变更。债权转让的法律特征有：

1）合同权利的转让是在不改变合同权利内容的基础上，由原合同的债权人将合同权利转移给第三人。

2）合同债权的转让只能是合同权利，不应包括合同义务。

3）合同债权的转让可以是全部转让也可以是部分转让。

4）转让的合同债权必须是依法可以转让的债权，否则不得进行转让，转让不得进行转让的合同债权协议无效。

（2）债权让与的构成条件

《民法典》规定，债权让与的成立与生效的条件包括：

1）让与人与受让人达成协议。债权让与实际上就是让与人与受让人之间订立了一个合同，让与人按照约定将债权转让给受让人。合同当事人包括债权人与第三人，不包括债务

人。该合同的成立、履行及法律效力必须符合法律规定，否则不能产生法律效力，转让合同无效。合同一旦生效，债权即转移给受让人，债务人对债权让与同意与否，并不影响债权让与的成立与生效。

2）原债权有效存在。转让的债权必须具有法律上的效力，任何人都不能将不存在的权利让与他人。所以，转让的债权应当是为法律所认可的具有法律约束力的债权。对于不存在或者无效的合同债权的转让协议是无效的，如果因此而造成受让人利益损失，让与人应当承担赔偿责任。

3）让与的债权具有可转让性。并非所有的债权都可以转让，必须根据合同的性质，遵循诚实信用原则及具体情况判断是否可以转让。其标准为是否改变了合同的性质，是否改变了合同的内容，增加了债务人的负担等。

（3）债权让与的限制

《民法典》规定，不得进行转让的合同债权主要包括以下几种类型：

1）根据合同性质不得转让的合同债权。主要有合同的标的与当事人的人身关系相关的合同债权；不作为的合同债权及与第三人利益有关的合同债权。

2）按照当事人的约定不得转让的债权。即债权人与债务人对债权的转让做出了禁止性约定，只要不违反法律的强制性规定或者公共利益，这种约定都是有效的，债权人不得将债权进行转让。

3）依照法律规定不得转让的债权。是指法律明文规定不得让与或者必须经合同债务人同意才能让与的债权。如《担保法》中规定，最高额抵押的主合同债权不得转让。

（4）债权让与的效力

1）债权让与的内部效力。合同债权转让协议一旦达成，债权就发生了转移。如果合同债权进行了全部转让，则受让人取代了让与人而成为新的债权人；如果是部分转让，则受让人加入了债的关系，按照债的份额或者连带地与让与人共同享有债权。同时，受让人还享有与债权有关的从权利。所谓合同的从权利是指与合同的主债权相联系，但自身并不能独立存在的合同权利。大部分是由主合同的从合同所规定的，也有本身就是主合同内容的一部分。如被担保的权利就是主权利，担保权则为从权利。常见的从权利除了保证债权、抵押权、质押权、留置权、定金债权等外，还有违约金债权、损害赔偿请求权、合同的解除权、债权人的撤销权及代位权等属于主合同的规定或者依照法律规定所产生的债权人的从权利。《民法典》第五百四十七条规定：“债权人转让债权的，受让人取得与债权有关的从权利，但是该从权利专属于债权人自身的除外。受让人取得从权利不因该从权利未办理转移登记手续或者未转移占有而受到影响。”

2）债权让与的外部效力。债权让与通知债务人后即对债务人产生效力，包括让与人与债务人之间及受让人与债务人之间的效力。对让与人与债务人来说，就债权转让部分，债务人不再对让与人负有任何债务，如果债务人向让与人履行债务，债务人并不能因债权清偿而解除对受让人的债务；让与人也无权要求债务人向自己履行债务，如果让与人接受了债务人的债务履行，应负返还义务。对受让人与债务人来说，就债权转让部分，债务人应当承担让与人转让给受让人的债务，如果债务人不履行其债务，应当承担违约责任。

（5）债权让与时让与人的义务

让与人必须对受让人承担下列义务：

1）将债权证明文件交付受让人。让与人对债权凭证保有利益的，由受让人自付费用取得与原债权证明文件有同等证据效力的副本。

2）将占有的质物交付受让人。

3）告知受让人行使债权的一切必要情况。

4）应受让人的请求做成让与证书，其费用由受让人承担。

5）承担因债权让与而增加的债务人履行费用。

6）提供其他为受让人行使债权所必需的合作。

同时，《民法典》第五百四十六条规定："债权人转让债权，未通知债务人的，该转让对债务人不发生效力。债权转让的通知不得撤销，但是经受让人同意的除外。"

（6）债权抵消

债权抵消是指当双方互负债务时，各以其债权以充当债务的清偿，而使其债务与对方的债务在相同数额内相互消灭，不再履行。《民法典》第五百四十九条规定，有下列情形之一的，债务人可以向受让人主张抵销：

1）债务人接到债权转让通知时，债务人对让与人享有债权，且债务人的债权先于转让的债权到期或者同时到期。

2）债务人的债权与转让的债权是基于同一合同产生。

2. 债务承担

（1）债务承担的概念

债务承担又称为合同义务的转移，是指经债权人同意，债务人将债务转移给第三人的行为。债务的转移可分为全部转移和部分转移。全部转移是指由新的债务人取代原债务人，即合同的主体发生变化，而合同内容保持不变；债务的部分转移则是指债务人将其合同义务的一部分转交给第三人，由第三人对债权人承担一部分债务，原债务人并没有退出合同关系，而是又加入了一个债务人，该债务人就其接受转让的债务部分承担责任。

《民法典》第七百九十一条规定，总承包人或者勘察、设计、施工承包人经发包人同意，可以将自己承包的部分工作交由第三人完成。第三人就其完成的工作成果与总承包人或者勘察、设计、施工承包人向发包人承担连带责任。承包人不得将其承包的全部建设工程转包给第三人或者将其承包的全部建设工程肢解以后以分包的名义分别转包给第三人。由此可见，在建设工程中，法律明确规定，承包商的债务转移只能是部分转移。

（2）债务承担的构成条件

债务承担生效与成立的条件包括：

1）承担人与债务人订立债务承担合同。

2）存在有效债务。

3）拟转移的债务具有可转移性，即性质上不能进行转让，或者法律、行政法规禁止转让的债务，不得进行转让。

4）合同债务的转移必须取得债权人的同意。《民法典》第五百五十一条规定："债务人

将债务的全部或者部分转移给第三人的，应当经债权人同意。债务人或者第三人可以催告债权人在合理期限内予以同意，债权人未作表示的，视为不同意。”本法第五百五十二条规定：“第三人与债务人约定加入债务并通知债权人，或者第三人向债权人表示愿意加入债务，债权人未在合理期限内明确拒绝的，债权人可以请求第三人在其愿意承担的债务范围内和债务人承担连带债务。”

转移必须经债权人同意既是债务承担的生效条件，也是债务承担与债权让与最大的不同。因为债务承担直接影响到债权人的利益。债务人的信用、资历是债权人利益得以实现的保障，如果债务人不经债权人同意而将债务转移，则债权人的利益将难以确定，有可能会因为第三人履行债务能力差而使债权人的利益受损。所以，为了保护债权人的利益，债务承担必须事先征得债权人的同意。

（3）债务承担的效力

债务承担的效力主要表现在以下几方面：

1）承担人代替了原债务人承担债务，原债务人免除债务。由于实行了债务转让，转移后的债务应当由第三人承担，债权人只能要求承担人履行债务且不得拒绝承担人的履行。同时，承担人以自己的名义向债权人履行债务并承担未履行或者不适当履行债务的违约责任，原债务人对承担人的履行不承担任何责任。需要说明的是，此处所说的债务是指经债权人同意后转让的债务，否则不能产生法律效力；同时，该债务仅仅限于转让部分，对部分转让的，原债务人不能免除未转移部分的债务。

2）承担人可以主张原债务人对债权人的抗辩。《民法典》第五百五十三条规定：“债务人转移债务的，新债务人可以主张原债务人对债权人的抗辩；原债务人对债权人享有债权的，新债务人不得向债权人主张抵销。”既然承担人经过债务转让而处于债务人的地位，所有与所承担的债务有关的抗辩，都应当同时转让给承担人并由其向债权人提出。承担人拥有的抗辩权包括法定的抗辩事由，如不可抗力，以及在实际订立合同后发生的债务人可以对抗债权人的一切事由。

3）承担人同时负担从债务。《民法典》第五百五十四条规定：“债务人转移债务的，新债务人应当承担与主债务有关的从债务，但是该从债务专属于原债务人自身的除外。”

（4）债权债务的概括转移

1）债权债务的概括转移是指由原合同的当事人一方将其债权债务一并转移给第三人，由第三人概括地继受这些权利和义务。《民法典》第五百五十五条规定：“当事人一方经对方同意，可以将自己在合同中的权利和义务一并转让给第三人。”合同的权利和义务一并转让的，适用债权转让、债务转移的有关规定。

债权债务的概括转移一般由合同当事人一方与合同以外的第三人通过签订转让协议，约定由第三人取代合同转让人的地位，享有合同中转让人的一切权利并承担转让人在合同中的一切义务。

2）债权债务的概括转移成立条件如下：

① 转让人与承受人达成合同转让协议。这是债权债务的概括转移的关键。

② 原合同必须有效。原合同无效的不能产生法律效力，更不能转让。

③ 原合同为双务合同。只有双务合同才可能将债权债务一并转移，否则只能为债权让与或者是债务承担。

④ 必须经原合同对方当事人的同意。

1.6.3 合同终止

1. 合同终止的基本内容

(1) 合同终止的概念

合同终止又称为合同的消灭，是指合同关系不再存在，合同当事人之间的债权债务关系终止，当事人不再受合同关系的约束。合同的终止也就是合同效力的完全终结。

(2) 合同终止的条件

《民法典》第五百五十七条规定，有下列情形之一的，合同终止：

1) 债务已经按照约定履行。

2) 债务相互抵消。

3) 债务人依法将标的物提存。

4) 债权人免除债务。

5) 债权债务归于一人。

6) 法律规定或者当事人约定终止的其他情形。

合同解除的，该合同的权利义务关系终止。

(3) 合同终止的效力

合同终止因终止原因的不同而发生不同的效力。根据《民法典》规定，除上述第五百五十七条中的第六项和因合同解除而终止条件以外，在消灭因合同而产生的债权债务的同时，也产生了下列效力：

1) 消灭从权利。债权的担保及其他从属的权利，随合同终止而同时消灭，如为担保债权而设定的保证、抵押权或者质权，事先在合同中约定的利息或者违约金因此而消灭。

2) 返还负债字据。负债字据又称为债权证书，是债务人负债的书面凭证。合同终止后，债权人应当将负债字据返还给债务人。如果因遗失、毁损等原因不能返还的，债权人应当向债务人出具债务消灭的字据，以证明债务的了结。

3) 债务人对同一债权人负担的数项债务种类相同，债务人的给付不足以清偿全部债务的，除当事人另有约定外，由债务人在清偿时指定其履行的债务。债务人未作指定的，应当优先履行已经到期的债务；数项债务均到期的，优先履行对债权人缺乏担保或者担保最少的债务；均无担保或者担保相等的，优先履行债务人负担较重的债务；负担相同的，按照债务到期的先后顺序履行；到期时间相同的，按照债务比例履行。

4) 债务人在履行主债务外还应当支付利息和实现债权的有关费用，其给付不足以清偿全部债务的，除当事人另有约定外，应当按照下列顺序履行：实现债权的有关费用，利息，主债务。

根据《民法典》规定，因该法第五百五十七条中所规定的合同解除的情形而合同终止的，将消灭当事人之间的合同关系及合同规定的权利义务，但并不完全消灭相互间的债务关

系，对此，将适用下列条款：

1）结算与清理。《民法典》第五百六十七条规定："合同的权利义务终止，不影响合同中结算与清理条款的效力。"由此可见，合同终止后，尽管消灭了合同，如果当事人在事前对合同中所涉及的金钱或者其他财产约定了清理或结算的方法，则应当以此方法作为合同终止后的处理依据，以彻底解决当事人之间的债务关系。

2）争议的解决。《民法典》第五百零七条规定："合同不生效、合同无效、被撤销或者终止的，不影响合同中有关解决争议方法的条款的效力。"这表明了争议条款的相对独立性，即使合同的其他条款因无效、被撤销或者终止而失去法律效力，但是争议条款的效力仍然存在。这充分尊重了当事人在争议解决问题上的自主权，有利于争议的解决。

（4）合同终止后的义务

后合同义务又称后契约义务，是指在合同关系因一定的事由终止以后，出于对当事人利益保护的需要，合同双方当事人依据诚实信用原则所负有的通知、协助、保密等义务。后契约义务产生于合同关系终止以后，它与合同的履行中所规定的附随义务一样，也是一种附随义务。

2. 合同的解除

（1）合同解除的概念

合同的解除是指合同的一方当事人按照法律规定或者双方当事人约定的解除条件使合同不再对双方当事人具有法律约束力的行为或者合同各方当事人经协商消灭合同的行为。合同的解除是合同终止的一种特殊的方式。

合同解除有两种方式：一种称为约定解除，是双方当事人协议解除，即合同双方当事人通过达成协议，约定原有的合同不再对双方当事人产生约束力，使合同归于终止；另一种方式称为法定解除，即在合同有效成立以后，由于产生法定事由，当事人依据法律规定行使解除权而解除合同。

（2）合同解除的要件

1）存在有效合同并且尚未完全履行。合同解除是合同终止的一种异常情况，即在合同有效成立以后、履行完毕之前的期间内发生了异常情况，或者因一方当事人违约，以及发生了影响合同履行的客观情况，致使合同当事人可以提前终止合同。

2）具备了合同解除的条件。合同有效成立后，如果出现了符合法律规定或者合同当事人之间约定的解除条件的事由，则当事人可以行使解除权而解除合同。

3）有解除合同的行为。解除合同需要一方当事人行使解除权，合同才能解除。

4）解除产生消灭合同关系的效果。合同解除将使合同效力消灭。如果合同并不消灭，则不是合同解除而是合同变更或者合同中止。

（3）约定解除

按照达成协议的时间的不同，可以分为以下两种形式：

1）约定解除。即在合同订立时，当事人在合同中约定合同解除的条件，在合同生效后履行完毕之前，一旦这些条件成立，当事人则享有合同解除权，从而可以以自己的意思表示通知对方而终止合同关系。

2）协议解除。即在合同订立以后，且在合同未履行或者尚未完全履行之前，合同双方当事人在原合同之外，又订立了一个以解除原合同为内容的协议，使原合同被解除。这不是单方行使解除权而是双方都同意解除合同。

（4）法定解除

法定解除就是直接根据法律规定的解除权解除合同，它是合同解除制度中最核心、最重要的问题。《民法典》第五百六十三条规定，有下列情形之一的，当事人可以解除合同：

1）因不可抗力致使不能实现合同目的。

2）在履行期限届满前，当事人一方明确表示或者以自己的行为表明不履行主要债务。

3）当事人一方迟延履行主要债务，经催告后在合理期限内仍未履行。

4）当事人一方迟延履行债务或者有其他违约行为致使不能实现合同目的。

5）法律规定的其他情形。

以持续履行的债务为内容的不定期合同，当事人可以随时解除合同，但是应当在合理期限之前通知对方。由此可见，法定解除可以分为以下三种情况：

1）不可抗力解除权。不可抗力是指不能预见、不可避免并不能克服的客观情况。发生不可抗力，就可能造成合同不能履行。这可以分为三种情况：①如果不可抗力造成全部义务不能履行，发生解除权。②如果造成部分义务不能履行，且部分义务履行对债权人无意义的，发生解除权。③如果造成履行迟延，且迟延履行对债权人无意义的，发生解除权。对不可抗力造成全部义务不能履行的，合同双方当事人均具有解除权。其他情况，只有相对人拥有解除权。

2）违约解除权。当一方当事人违约，相对人在自己的债权得不到履行的情况下，依照《民法典》第五百六十三条规定，可以行使解除权而单方解除合同，同时对因对方当事人未履行其债务而给自身造成的损失，由违约方承担违约责任。所以，解除合同常常作为违约的一种救济方法。

3）其他解除权。其他解除权是指除上述情形以外，法律规定的其他解除权。如在合同履行时，一方当事人行使不安抗辩权，而对方未在合理期限内提供保证的，抗辩方可以行使解除权而将合同归于无效。在《民法典》分则中就具体合同对合同解除也做出了特别规定。对于有特别规定的解除权，应当适用特别规定而不适用上述规定。

（5）解除权的行使

1）解除权行使的方式。《民法典》第五百六十五条规定："当事人一方依法主张解除合同的，应当通知对方。合同自通知到达对方时解除；通知载明债务人在一定期限内不履行债务则合同自动解除，债务人在该期限内未履行债务的，合同自通知载明的期限届满时解除。对方对解除合同有异议的，任何一方当事人均可以请求人民法院或者仲裁机构确认解除行为的效力。当事人一方未通知对方，直接以提起诉讼或者申请仲裁的方式依法主张解除合同，人民法院或者仲裁机构确认该主张的，合同自起诉状副本或者仲裁申请书副本送达对方时解除。"

2）解除权行使的期限。《民法典》第五百六十四条规定："法律规定或者当事人约定解除权行使期限，期限届满当事人不行使的，该权利消灭。法律没有规定或者当事人没有约定

解除权行使期限，自解除权人知道或者应当知道解除事由之日起一年内不行使，或者经对方催告后在合理期限内不行使的，该权利消灭。”这条规定主要是为了维护债务人的合法权益。解除权人迟迟不行使解除权对债务人十分不利，因为债务人的义务此时处于不确定的状态，如果继续履行，一旦对方解除合同，就会给自己造成损失；如果不履行，可是合同又没有解除，他此时仍然有履行的义务。所以，解除权要尽快行使，尽量缩短合同的不确定状态。

（6）合同解除后的法律后果

合同解除后，将产生终止合同的权利义务、消灭合同的效力。合同的效力消灭分为以下三种情况：

1）合同尚未履行的，终止履行。尚未履行合同的状态与合同订立前的状态基本相同，因而解除合同仅仅只是终止了合同的权利义务。但是，除非合同解除是因不可归责于双方当事人的事由或者不可抗力所造成的，否则，对合同解除有过错的一方，应当对另一方承担相应的损害赔偿责任。

2）合同已经履行的，要求恢复原状。恢复原状是指恢复到订立合同以前的状态，它是合同解除具有溯及力的标志和后果。恢复原状一般包括如下内容：返还原物；受领的标的物为金钱的，应当同时返还自受领时起的利息；受领的标的物生有孳息的，应当一并返还；就应当返还之物支出了必要的或者有益的费用，可以在对方得到返还时和所得利益限度内，请求返还；应当返还之物因毁损、灭失或者其他原因不能返还的，应当按照该物的价值以金钱返还。

3）合同已经履行的，采取其他补救措施。这种情形的发生，可能有三方面原因：合同的性质决定了不可能恢复原状、合同的履行情况不适合恢复原状（如建筑工程合同），以及当事人对清理问题经协商达成协议。这里所说的补救措施主要是指要求对方付款、减少价款的支付或者请求返还不当得利等。

（7）合同解除后的损害赔偿

如果合同解除是由于一方当事人违反规定或者构成违约而造成的，对方在解除合同的同时，可以要求损害赔偿，赔偿范围包括：

1）债务不履行的损害赔偿，包括履行利益和信赖利益。

2）因合同解除而产生的损害赔偿。包括：①债权人订立合同所支出的必要的费用；②债权人因相信合同能够履行而作准备所支出的必要费用；③债权人因失去同他人订立合同的机会所造成的损失；④债权人已经履行合同义务，债务人因拒不履行返还给付物的义务而给债权人造成的损失；⑤债权人已经受领债务人的给付物时，因返还该物而支出的必要的费用。

（8）《司法解释》[⊖]关于合同解除的规定

1）《司法解释》第八条规定，承包人具有下列情形之一，发包人请求解除建设工程施工合同的，应予支持：明确表示或者以行为表明不履行合同主要义务的；合同约定的期限内

⊖ 2004 年 9 月 29 日最高人民法院审判委员会第 1327 次会议通过的《最高人民法院关于审理建设工程施工合同纠纷案件适用法律问题案件的解释》（法释〔2004〕14 号），以下简称《司法解释》。

没有完工，且在发包人催告的合理期限内仍未完工的；已经完成的建设工程质量不合格，并拒绝修复的；将承包的建设工程非法转包、违法分包的。

2）《司法解释》第九条规定，发包人具有下列情形之一，致使承包人无法施工，且在催告的合理期限内仍未履行相应义务，承包人请求解除建设工程施工合同的，应予支持：未按约定支付工程价款的；提供的主要建筑材料、建筑构配件和设备不符合强制性标准的；不履行合同约定的协助义务的。

3）《司法解释》第十条规定，建设工程施工合同解除后，已经完成的建设工程质量合格的，发包人应当按照约定支付相应的工程价款；已经完成的建设工程质量不合格的，参照本解释第三条规定处理。因一方违约导致合同解除的，违约方应当赔偿因此而给对方造成的损失。

4）建设工程施工合同关于合同解除的规定。

①《民法典》第八百零六条规定，承包人将建设工程转包、违法分包的，发包人可以解除合同。发包人提供的主要建筑材料、建筑构配件和设备不符合强制性标准或者不履行协助义务，致使承包人无法施工，经催告后在合理期限内仍未履行相应义务的。承包人可以解除合同。合同解除后，已经完成的建设工程质量合格的，发包人应当按照约定支付相应的工程价款；已经完成的建设工程质量不合格的，参照本法第七百九十三条的规定处理。

②《民法典》第七百九十三条规定，建设工程施工合同无效，但是建设工程经验收合格的，可以参照合同关于工程价款的约定折价补偿承包人。建设工程施工合同无效，且建设工程经验收不合格的，按照以下情形处理：修复后的建设工程经验收合格的，发包人可以请求承包人承担修复费用；修复后的建设工程经验收不合格的，承包人无权请求参照合同关于工程价款的约定折价补偿。发包人对因建设工程不合格造成的损失有过错的，应当承担相应的责任。

3. 抵消

（1）法定抵消的概念

法定抵消是指合同双方当事人互为债权人和债务人时，按照法律规定，各自以自己的债权充抵对方债权的清偿，而在对方的债权范围内相互消灭。

（2）法定抵消的要件

1）双方当事人互享债权、互负债务，这是法定抵消的首要条件。

2）互负的债权的种类要相同。即合同的给付在性质上及品质上是相同的。

3）互负债权必须为到期债权。即双方当事人各自的债权均已经到了清偿期，只有这样，双方才负有清偿债务的义务。

4）不属于不能抵消的债务。不能抵消的债务包括：①按照法律规定不得抵消的债务，可分为禁止强制执行的债务、因故意侵权行为所发生的债务、约定应当向第三人给付的债务、为第三人利益的债务；②依合同的性质不得抵消的债务；③当事人特别约定不得抵消的债务。

（3）法定抵消的行使与效力

《民法典》规定，当事人主张抵消的，应当通知对方，通知自到达对方时生效。抵消不得附条件或者附期限。

4. 提存

(1) 提存的概念

提存是指由于债权人的原因而使债务人无法向其交付合同的标的物时，债务人将该标的物提交提存机关而消灭债务的制度。

(2) 提存的条件

1) 提存人具有行为能力，意思表示真实。

2) 提存的债务真实、合法。

3) 存在提存的原因。包括债权人无正当理由拒绝受领、债权人下落不明、债权人失踪或死亡未确定继承人或者丧失民事行为能力未确定监护人，以及法律规定的其他情形。

4) 存在适宜提存的标的物。

5) 提存标的物与债的标的物相符。

(3) 提存的方法与效力

提存人应当首先向提存机关申请提存，提存机关收到申请以后，需要按照法定条件对申请进行审查，符合条件的，提存机关应当接受提存标的物并采取必要的措施加以保管。标的物提存后，除了债权人下落不明外，债务人应当及时通知债权人或者债权人的继承人、监护人。无论债权人是否受领提存物，提存都将消灭债务，解除担保人的责任，债权人只能向提存机关收取提存物，不能再向债务人请求清偿。在提存期间，发生一切的提存物的毁损、灭失的风险由债权人承担。同时，提存的费用也由债权人承担。

5. 债权人免除债务

(1) 免除债务的概念

免除债务是指债权人以消灭债务人的债务为目的而抛弃或者放弃债权的行为。

(2) 免除债务的条件

1) 免除人应当对免除的债权拥有处分权并且不损害第三人的利益。

2) 免除应当由债权人向债务人做出抛弃债权的意思表示。

3) 免除应当是无偿的。

(3) 免除的效力

免除债务发生后，债权债务关系消灭。免除部分债务的，部分债务消灭；免除全部债务的，全部债务消灭，与债务相对应的债权也消灭。因债务消灭的结果，债务的从债务也同时归于消灭。

1.7　合同违约责任

1.7.1　合同违约责任的特点

1. 合同违约责任的概念

合同违约责任是指合同当事人因违反合同约定而不履行债务所应当承担的责任。

合同违约
责任的概念

2. 合同违约责任的特点

合同违约责任和其他民事责任相比，有以下一些特点：

（1）是一种单纯的民事责任

民事责任可分为侵权责任和违约责任两种。尽管违约行为可能导致当事人必须承担一定的行政责任或者刑事责任，但违约责任仅仅限于民事责任。违约责任的后果承担形式有继续履行、采取补救措施、赔偿损失、支付违约金、定金罚则等。

（2）是当事人违反合同义务产生的责任

违约责任是合同当事人不履行合同义务或者履行合同义务不符合约定而产生的法律责任，它以合同的存在为基础。这就要求合同本身必须有效，这样合同的权利义务才能受到法律的保护。对合同不成立、无效合同、被撤销合同都不可能产生违约责任。

（3）具有相对性

违约责任的相对性体现在：

1）违约责任仅仅产生于合同当事人之间，一方违约的，由违约方向另一方承担违约责任；双方都违约，各自就违约部分向对方承担违约责任。违约方不得将责任推卸给他人。

2）在因第三人造成债务人不能履行合同义务或者履行合同义务不符合约定的情况下，债务人仍然应当向债权人承担违约责任，而不是由第三人直接承担违约责任。

3）违约责任不涉及合同以外的第三人，违约方只向债权人承担违约责任，而不向国家或者第三人承担责任。

（4）具有法定性和任意性的双重特征

违约责任的任意性体现在合同当事人可以在法律规定的范围内，通过协议对双方当事人的违约责任事先做出规定，其他人对此不得进行干预。违约责任的法定性表现在：

1）在合同当事人事先没有在合同中约定违约责任条款的情况下，在合同履行过程中，如果当事人不履行或者履行不符合约定时，违约方并不能因合同中没有违约责任条款而免除责任。《民法典》规定，当事人一方不履行合同义务或者履行合同义务不符合约定的，应当承担继续履行、采取补救措施或者赔偿损失等违约责任。

2）当事人约定的违约责任条款作为合同内容的一部分，也必须符合法律关于合同的成立与生效要件的规定，如果事先约定的违约责任条款不符合法律规定，则这些条款将被认定为无效或者被撤销。

（5）具有补偿性和惩罚性的双重属性

1）违约责任的补偿性是指违约责任的主要目的在于弥补或者补偿非违约方因对方违约行为而遭受的损失，违约方通过承担损失的赔偿责任，弥补违约行为给对方当事人造成的损害后果。

2）违约责任的惩罚性体现在如果合同中约定了违约金或者法律直接规定了违约金的，当合同当事人一方违约时，即使并没有给相对方造成实际损失，或者造成的损失没有超过违约金的，违约方也应当按照约定或者法律规定支付违约金，这完全体现了违约金的惩罚性；如果造成的损失超过违约金的，违约方还应当对超过的部分进行补偿，这体现了补偿性。

1.7.2 违约责任的构成要件

违约责任的构成要件是确定合同当事人是否应当承担违约责任、承担何种违约责任的依

据，这对于保护合同双方当事人的合法权益有着重要意义。违约责任的构成要件包括一般构成要件和特殊构成要件。

1. 一般构成要件

合同当事人必须有违约行为。违约责任实行严格责任制度，违约行为是违约责任的首要条件，只要合同当事人有不履行合同义务或者履行合同义务不符合约定的事实存在，除了发生符合法定的免责条件的情形外，无论他主观是否有过错，都应当承担违约责任。

2. 特殊构成要件

除了一般构成要件以外，对于不同的违约责任形式还必须具备一定的特定条件。违约责任的特殊构成要件因违约责任形式的不同而不同。

（1）损害赔偿责任的特殊构成要件

1）有因违约行为而导致损害的事实。一方面，损害必须是实际发生的损害，对于尚未发生的损害，不能赔偿；另一方面，损害是可以确定的，受损方可以通过举证加以确定。

2）违约行为与损害事实之间必须有因果关系。违约方在实施违约行为时必然会引起某些事实结果发生，如果这些结果中包括对方当事人因违约方的违约行为而遭受损失，则违约方必须对此承担损失赔偿责任以补偿对方的损失。如果违约行为与损害事实之间并没有因果关系，则违约方不需要对该损害承担赔偿责任。

（2）违约金责任形式的特殊构成要件

1）当事人在合同中事先约定了违约金，或者法律对违约金做出了规定。

2）当事人对违约金的约定符合法律规定，违约金是有效的。

（3）强制实际履行的特殊构成要件

1）非违约方在合理的期限内要求违约方继续履行合同义务。非违约方必须在合理的期限内通知对方，要求对方继续履行。否则超过了期限规定，违约方不能以继续履行来承担违约责任。

2）违约方有继续履行的能力。如果违约方因客观原因而失去了继续履行能力，非违约方也不得强迫违约方实际履行。

3）合同债务可以继续履行。《民法典》第五百八十条规定，当事人一方不履行非金钱债务或者履行非金钱债务不符合约定的，对方可以请求履行，但是有下列情形之一的除外：①法律上或者事实上不能履行；②债务的标的不适于强制履行或者履行费用过高；③债权人在合理期限内未请求履行。有前款规定的除外情形之一，致使不能实现合同目的的，人民法院或者仲裁机构可以根据当事人的请求终止合同权利义务关系，但是不影响违约责任的承担。

1.7.3　违约行为的种类

违约行为是违约责任产生的根本原因，没有违约行为，合同当事人一方就不应当承担违约责任。而不同的违约行为所产生的后果又各不相同，从而导致违约责任的形式也有所不同。我国《民法典》规定，违约行为可分为预期违约和实际违约两种形式。预期违约又可分为明示毁约和默示毁约，明确地向对方表示不履行的为明示毁约，以自己的行为表明不履行的为默示毁约；实际违约可分为不履行合同义务和履行合同义务不符合约定。

1. 预期违约

（1）预期违约的概念

预期违约又称为先期违约，是指在合同履行期限届满之前，一方当事人无正当理由而明确地向对方表示，或者以自己的行为表明将来不履行合同义务的行为。

（2）预期违约的构成要件

1）在合同履行期限届满之前有将不履行合同义务的行为。在明示毁约的情况下，违约方必须明确做出将不履行合同义务的意思表示。在默示毁约情况下，违约方的行为必须能够使对方当事人预料到在合同履行期限届满时违约方将不履行合同义务。

2）毁约行为必须发生在合同生效后履行期限届满之前。预期违约是针对违约方在合同履行期限届满之前的毁约行为，如果在合同有效成立之前发生，则合同不会成立；如果是在合同履行期限届满之后发生，则为实际违约。

3）毁约必须是对合同中实质性义务的违反。如果当事人预期违约的行为仅仅是不履行合同中的非实质性义务，则该行为不会造成合同的根本目的不能实现，而仅仅是实现的目标出现了偏差，这样的行为不属于预期违约。

4）违约方不履行合同义务无正当理由。如果债务人有正当理由拒绝履行合同义务的，如诉讼时效届满、发生不可抗力等，则他的行为不属于预期违约。

（3）预期违约的法律后果

1）解除合同。当合同一方当事人以明示或者默示的方式表明他将在合同的履行期限届满时不履行或者不能履行合同义务，另一方当事人即享有法定的解除权，他可以单方面解除合同同时要求对方承担违约责任。但是，解除合同的意思表示必须以明示的方式做出，在该意思表示到达违约方时即产生合同解除的效力。

2）债权人有权在合同的履行期限届满之前要求预期违约责任方承担违约责任。在预期违约情况下，为了使自己尽快从已经不能履行的合同中解脱出来，债权人有权要求违约方承担违约责任。《民法典》第五百七十九条规定：“当事人一方未支付价款、报酬、租金、利息，或者不履行其他金钱债务的，对方可以请求其支付。”

3）履行期限届满后要求对方承担违约责任。预期违约是在合同履行期限届满之前的行为，这并不代表违约方在履行期限届满时就一定不会履行合同义务，他仍然有履行合同义务的可能性。所以，债权人也可以出于某种考虑，等到履行期限届满后，对方的预期违约行为变为实际违约时再要求违约方承担违约责任。

2. 不履行合同义务

不履行合同义务是指在合同生效后，当事人根本不按照约定履行合同义务，可分为履行不能、拒绝履行两种情况。履行不能是指合同当事人一方出于某些特定的事由而不履行或者不能履行合同义务。这些事由分为客观事由与主观事由。如果不履行或者不能履行是由于不可归责于债务人的事由产生的，则可以就履行不能的范围免除债务人的违约责任。拒绝履行是指在履行期限届满后，债务人能够履行却在无抗辩事由的情形下拒不履行合同义务的行为。这是一种比较严重的违约行为，是对债权的积极损害。

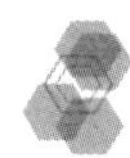

（1）拒绝履行的构成要件

1）存在合法有效的债权债务关系。

2）债务人向债权人拒不履行合同义务。

3）拒绝履行合同义务无正当理由。

4）拒绝履行是在履行期限届满后做出。

（2）拒绝履行的法律后果

如果违约方拒绝履行合同义务，则他必须承担以下法律后果：

1）实际履行。如果违约方不履行合同义务，无论他是否已经承担损害赔偿责任或者违约金责任，都必须根据相对方的要求，并在能够履行的情况下，按照约定继续履行合同义务。

2）解除合同。违约方拒绝履行合同义务，表明了他不愿意继续受合同的约束，此时，相对方也有权选择解除合同的方式，同时可以向违约方主张要求其承担损失赔偿责任或者违约金责任。

3）赔偿损失或者支付违约金、承担定金罚则。违约方拒绝履行合同义务，相对方根据实际情况可以选择强制实际履行或者解除合同后，相对人仍然有因违约方违约而遭受损害时，要求违约方继续履行损失赔偿责任的权利。也可以根据约定要求违约方按照约定，向相对人支付违约金或者定金罚则。

3. 履行合同义务不符合约定

履行合同义务不符合约定又称不适当履行或者不完全履行，是指虽然当事人一方有履行合同义务的行为，但是其履行违反了合同约定或者法律规定。按照其特点，不适当履行又分为以下几种：

1）迟延履行。即违约方在履行期限届满之后才做出的履行行为，或者履行未能在约定的履行期限内完成。

2）瑕疵给付。是指债务人没有完全按照合同的约定履行合同义务。

3）提前履行。是指债务人在约定的履行期限尚未届满时就履行完合同义务。

对于以上这些不适当履行，债务人都应当承担违约责任，但对于提前履行，法律另有规定或者当事人另有约定的除外。

1.7.4　违约责任的承担形式

当合同当事人一方在合同履行过程中出现违约行为时，在一般情况下他必须承担违约责任。违约责任的承担形式有继续履行、采取补救措施、赔偿损失、违约金、定金、价格制裁等。

1. 继续履行

（1）继续履行的概念

如果违约方不履行合同义务，无论他是否已经承担损害赔偿责任或者违约金责任，都必须根据相对方的要求，并在能够履行的情况下，按照约定继续履行合同义务。继续履行又称强制继续履行，即如果违约方出现违约行为，非违约方可以借助国家强制力使其继续按照约

定履行合同义务。要求违约方继续履行是合同法赋予债权人的一种权利，其目的主要是维护债权人的合法权益，保证债权人在违约方违约的情况下，还可以实现订立合同的目的。

（2）继续履行的构成要件

1）违约方在履行合同义务的过程中有违约行为。

2）非违约方在合理期限内要求违约方继续履行合同义务。

3）违约方能够继续履行合同义务，一方面违约方有履行合同义务的能力；另一方面合同义务是可以继续履行的。

（3）继续履行的例外

由于合同的性质等原因，有些债务主要是非金钱债务，当违约方出现违约行为后，该债务不适合继续履行。对此，《民法典》做出了专门的规定，包括：

1）法律上或者事实上不能履行。

2）债务的标的不适于强制履行或者履行费用过高。

3）债权人未在合理期限内要求违约方继续履行合同义务。

《民法典》第五百八十一条规定：“当事人一方不履行债务或者履行债务不符合约定，根据债务的性质不得强制履行的，对方可以请求其负担由第三人替代履行的费用。”

2. 采取补救措施

（1）采取补救措施的含义

补救措施是指在发生违约行为后，为防止损失的发生或者进一步扩大，违约方按照法律规定或者约定及双方当事人的协商，采取修理、更换、重作、退货、减少价款或者报酬、补充数量、物资处置等手段，弥补或者减少非违约方的损失的一种违约责任形式。

采取补救措施有两层含义：一是违约方通过对已经做出的履行予以补救，如修理、更换、维修标的物等使履行符合约定；二是采取措施避免或者减少债权人的违约损失。

（2）采取补救措施的条件

1）违约方已经完成履行行为但履行质量不符合约定。

2）采取补救措施必须具有可能性。

3）补救对于债权人来讲是可行的，即采取补救措施并不影响债权人订立合同的根本目的。

4）补救行为必须符合法律规定、约定或者经债权人同意。

3. 赔偿损失

（1）赔偿损失的含义

赔偿损失是指违约方不履行合同义务或者履行合同义务不符合约定而给对方造成损失时，按照法律规定或者合同约定，违约方应当承担受损害方的违约损失的一种违约责任形式。

《民法典》第五百八十三条规定：“当事人一方不履行合同义务或者履行合同义务不符合约定的，在履行义务或者采取补救措施后，对方还有其他损失的，应当赔偿损失。”

《民法典》第五百八十九条规定：“债务人按照约定履行债务，债权人无正当理由拒绝受领的，债务人可以请求债权人赔偿增加的费用。在债权人受领迟延期间，债务人无须支付利息。”

（2）损害赔偿的适用条件

1）违约方在履行合同义务过程中发生违约行为。

2）债权人有损害的事实。

3）违约行为与损害事实之间必须有因果关系。

（3）损害赔偿的基本原则

1）完全赔偿原则。完全赔偿原则是指违约方应当对其违约行为所造成的全部损失承担赔偿责任。设置完全赔偿原则的目的是补偿债权人因债务人违约所造成的损失，所以，损害的赔偿范围除了包括该违约行为给债权人所造成的直接损害外，还包括该违约行为给债权人的可得利益的损害。

2）合理限制原则。完全赔偿原则是为了保护债权人免于遭受违约损失，因此是完全站在债权人的立场上，根据公平合理原则，债权人也不能擅自夸大损害事实而给违约方造成额外损失。对此，《民法典》也对债权人要求赔偿的范围进行了限制性规定，包括：①应当预见规则。《民法典》第五百八十四条规定，当事人一方不履行合同义务或者履行合同义务不符合约定，造成对方损失的，损失赔偿额应当相当于因违约造成的损失，包括合同履行后可以获得的利益；但是，不得超过违约一方订立合同时预见到或者应当预见到的因违反合同可能造成的损失。②减轻损害规则。《民法典》第五百九十一条规定，当事人一方违约后，对方应当采取适当措施防止损失的扩大；没有采取适当措施致使损失扩大的，不得就扩大的部分要求赔偿。当事人因防止扩大而支出的合理费用，由违约方承担。③损益相抵规则。损益相抵规则是指受违约损失方基于违约行为而发生违约损失的同时，又由于违约行为而获得一定的利益或者减少了一定的支出，受损方应当在其应得的损害赔偿额中，扣除其所得的利益部分。

（4）损害赔偿的计算

1）法定损害赔偿。即法律直接规定违约方应当向受损方赔偿损失时损害赔偿额的计算方法。如上文中所说的应当预见规则、减轻损害规则及损益相抵规则都属于《民法典》对于损害赔偿的直接规定。

2）约定损害赔偿。即合同当事人双方在订立合同时预先约定违约金或者损害赔偿金额的计算方法。《民法典》第五百八十五条规定：当事人可以约定一方违约时应当根据违约情况向对方支付一定数额的违约金，也可以约定因违约产生的损失赔偿额的计算方法。

4. 违约金

（1）违约金的概念

违约金是指当事人在合同中或订立合同后约定的，或者法律直接规定的，违约方发生违约行为时向另一方当事人支付一定数额的货币。

（2）违约金的特点

1）违约金具有约定性。对于约定违约金来说，是双方当事人协商一致的结果，是否约定违约金、违约金的具体数额都是由当事人双方协商确定的。对于法定违约金来说，法律仅仅规定了违约金的支付条件及违约金的大小范围，至于违约金的具体数额还是由双方当事人另行商定。

2）违约金具有预定性。约定违约金的数额是合同当事人预先在订立合同时确定的，法定违约金也是由法律直接规定了违约金的上下浮动的范围。一方面，由于当事人知道违约金的情况，这样在合同履行过程中，违约金可以对当事人起着督促作用；另一方面，一旦违约行为发生，双方对违约责任的处理明确简单。

3）违约金是独立于履行行为以外的给付。违约金是违约方不履行合同义务或者履行合同义务不符合约定时向债权人支付的一定数额的货币，它并不是主债务，而是一种独立于合同义务以外的从债务。如果违约行为发生后，债权人仍然要求违约方履行合同义务而且违约方具有继续履行的可能性，违约方不得以支付违约金为由而免除继续履行合同义务的责任。

4）违约金具有补偿性和担保性双重作用。违约金可以分为赔偿性违约金和惩罚性违约金。赔偿性违约金的目的是补偿债权人因债务人违约而造成的损失，这表现了违约金的补偿性；惩罚性违约金的目的是对违约行为进行惩罚和制裁，与违约造成的实际损失没有必然联系，违约金的支付是以当事人有违约行为为前提，而不必证明债权人的实际损失究竟有多大，这体现了违约金具有明显的惩罚性。这是违约金不同于一般的损失赔偿金的最显著的地方，也正是违约金担保作用的具体体现。

（3）约定违约金的构成要件

1）违约方存在违约行为。

2）有违约金的约定。

3）约定的违约金条款或者补充协议必须有效。

4）约定违约金的数额不得与违约造成的实际损失有着悬殊的差别。

《民法典》第五百八十五条规定，约定的违约金低于造成的损失的，人民法院或者仲裁机构可以根据当事人的请求予以增加；约定的违约金过分高于造成的损失的，人民法院或者仲裁机构可以根据当事人的请求予以适当减少。当事人就延迟履行违约金的，违约方支付违约金后，还应当履行债务。

5. 定金

（1）定金的概念

定金是指合同双方当事人约定的，为担保合同的顺利履行，在订立合同时，或者订立后履行前，按照合同标的的一定比例，由一方当事人向对方给付一定数额的货币或者其他替代物。

（2）定金的特点

1）定金属于金钱担保。

2）定金的标的物为金钱或其他替代物。

3）定金是预先交付的。

4）定金同时也是违约责任的一种形式。

（3）定金与工程预付款的区别

定金与预付款都是当事人双方约定的，在合同履行期限届满之前由一方当事人向对方给付的一定数额的金钱，合同履行结束后可以抵作合同价款。两者的本质区别如下：

1）定金的作用是担保；而预付款的主要作用是为对方顺利履行合同义务在资金上提供帮助。

2）交付定金的合同是从合同；而预付款的协议是合同内容的组成部分。

3）定金合同只有在交付定金时才能成立；预付款主要在合同中约定合同生效时即可成立。

4）定金合同的双方当事人在不履行合同义务时适用定金罚则；预付款交付后，不履行合同不会发生被没收或者双倍返还的效力。

5）定金适用于以金钱或者其他替代物履行义务的合同；预付款只适用于以金钱履行合同义务的合同。

6）定金一般为一次性给付；预付款可以分期支付。

7）定金有最高限额，《民法典》规定，定金不得超过主合同标的额的 20%；而预付款除了不得超过合同标的总额以外，没有最高限额的规定。

（4）定金的构成要件

1）相应的主合同及定金合同有效存在。定金合同是担保合同，其目的在于保证主债合同能够实现，所以定金合同是一种从合同，以主债合同的存在为存在的前提，并随着主合同的消灭而消灭。同时，定金必须是当事人双方完全一致的意思表示，并且定金合同必须采用书面形式。

2）有定金的支付。定金具有先行支付性，定金的支付一定早于合同的履行期限，这是定金能够具备担保作用的前提条件。

3）一方当事人有违约行为。当违约方的违约行为构成拒绝履行或者预期违约的，适用定金罚则。对于履行不符合约定的，只有在违约行为构成根本违约的情况下，才适用定金罚则。

4）不履行合同一方不存在不可归责的事由。如果不履行合同义务是由于不可抗力或者其他法定的免责事由而造成的，不履行一方不承担定金责任。

5）定金数额不得超过规定。《担保法》中规定，定金的数额不得超过主合同标的的 20%。

（5）定金的效力

1）所有权的转移。定金一旦给付，即发生所有权的转移。收受定金一方取得定金的所有权是定金给付的首要效力，也是定金具备预付款性质的前提。

2）抵作权。在合同完全履行以后，定金可以抵作价款或者收回。

3）没收权。如果支付定金一方因发生可归责于其的事由而不履行合同义务时，则适用定金罚则，收受定金一方不再负返还义务。

4）双倍返还权。如果收受定金一方因发生可归责于其的事由而不履行合同义务时，则适用定金罚则，收受定金一方必须承担双倍返还定金的义务。

6. 价格制裁

价格制裁是指执行政府定价或者政府指导价的合同当事人，由于逾期履行合同义务而遇到价格调整时，在原价格和新价格中执行对违约方不利的价格。《民法典》规定，逾期交付标的物的，遇价格上涨时，按照原价格执行；价格下降时，按照新价格执行。逾期提取标的物或者逾期付款的，遇价格上涨时，按照新价格执行；遇价格下降时，按照原价格执行。由此可见，价格制裁对违约方来说，是一种惩罚；对债权人来说，是一种补偿其因违约所遭受损失的措施。

7. 违约责任各种形式相互之间的适用情况

（1）继续履行与采取补救措施

继续履行与采取补救措施是两种相互独立的违约责任承担方式，在实际操作中，一般不被同时适用。强制继续履行是以最终保证合同的全部权利得到实现、全部义务得到履行为目的的，适用于债务人不履行合同义务的情形。

采取补救措施主要是通过补救措施，使被履行而不符合约定的合同义务能够完全得到或者基本得到履行。采取补救措施主要适用于债务人履行合同义务不符合约定的情形，尤其是质量达不到约定的情况。

（2）继续履行、采取补救措施与解除合同

无论是继续履行还是采取补救措施，其目的都是使合同的权利义务最终得到实现，它们都属于积极的承担违约责任的形式。而解除合同属于消极的违约责任承担方式，一般适用于违约方的违约行为导致合同的权利义务已经不可能实现或者实现合同目的已经没有实际意义的情况。因此，继续履行及采取补救措施与解除合同之间属于两种相矛盾的违约责任形式，两者不能被同时适用。

（3）继续履行（或采取补救措施）与赔偿损失（违约金或定金）

违约金的基本特征与赔偿损失一样，体现在它的补偿性，主要适用于当违约方的违约行为给非违约方造成损害时而提供的一种救济手段，这与继续履行（或采取补救措施）并不矛盾。所以，在承担违约责任时，赔偿损失（或违约金）可以与继续履行（或采取补救措施）同时采用。

违约金在特殊情况下与定金一样，体现在它的惩罚性，这是对违约方违约行为的一种制裁手段。但无论是继续履行还是采取补救措施都不具备这一功能，而且两者之间并不矛盾。所以，在承担违约责任时，定金（或违约金）可以与继续履行（或采取补救措施）同时采用。

需要说明的是，如果违约金是可以替代履行的，即当违约方按照约定交付违约金后即可以免除违约方的合同履行责任，则违约金与继续履行或者采取补救措施不能同时并存；同样，如果定金是解约定金，则定金同样与继续履行或者采取补救措施不能同时并存。

（4）赔偿损失与违约金

在违约金的性质体现赔偿性的情况下，违约金被视为损害赔偿额的预定标准，其目的在于补偿债权人因债务人的违约行为所造成的损失。因此，违约金可以替代损失赔偿金，当债务人支付违约金以后，债权人不得要求债务人再承担支付损失赔偿金的责任。所以，违约金与损害赔偿不能同时并用。

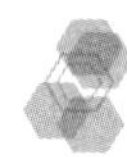

（5）定金与违约金

《民法典》第五百八十八条规定："当事人既约定违约金，又约定定金的，一方违约时，对方可以选择适用违约金或者定金条款。定金不足以弥补一方违约造成的损失的，对方可以请求赔偿超过定金数额的损失。"当定金属于违约定金时，其性质与违约金相同。因此，两者不能同时并用。当定金属于解约定金时，其目的是解除合同，而违约金不具备此功能。因此，解约定金与违约金可以同时使用。当定金属于证约定金或成约定金时，与违约金的目的、性质和功能上俱不相同，所以两者可以同时使用。

（6）定金与损害赔偿

定金可以与损害赔偿同时使用，并可以独立计算。但在实际操作中可能会出现定金与损害赔偿的并用超过合同总价的情况，因此必须对定金的数额进行适当限制。

1.7.5 《民法典》及《司法解释（一）》关于工程承包违约行为的责任承担

1.《民法典》关于工程承包违约行为的责任承担

（1）《民法典》第八百条的规定

勘察、设计的质量不符合要求或者未按照期限提交勘察、设计文件拖延工期，造成发包人损失的，勘察人、设计人应当继续完善勘察、设计，减收或者免收勘察、设计费并赔偿损失。

（2）《民法典》第八百零一条的规定

因施工人的原因致使建设工程质量不符合约定的，发包人有权要求施工人在合理期限内无偿修理或者返工、改建。经过修理或者返工、改建后，造成逾期交付的，施工人应当承担违约责任。

（3）《民法典》第八百零二条的规定

因承包人的原因致使建设工程在合理使用期限内造成人身和财产损失的，承包人应当承担赔偿责任。

（4）《民法典》第八百零三条的规定

发包人未按照约定的时间和要求提供原材料、设备、场地、资金、技术资料的，承包人可以顺延工程日期，并有权要求赔偿停工、窝工等损失。

（5）《民法典》第八百零四条的规定

因发包人的原因致使工程中途停建、缓建的，发包人应当采取措施弥补或者减少损失，赔偿承包人因此造成的停工、窝工、倒运、机械设备调迁、材料和构件积压等损失和实际费用。

（6）《民法典》第八百零五条的规定

因发包人变更计划，提供的资料不准确，或者未按照期限提供必需的勘察、设计工作条件而造成勘察、设计的返工、停工或者修改设计，发包人应当按照勘察人、设计人实际消耗的工作量增付费用。

（7）《民法典》第八百零七条的规定

发包人未按照约定支付价款的，承包人可以催告发包人在合理期限内支付价款。发包人逾期不支付的，除根据建设工程的性质不宜折价、拍卖外，承包人可以与发包人协议将该工程折价，也可以请求人民法院将该工程依法拍卖。建设工程的价款就该工程折价或者拍卖的价款优先受偿。

(8)《民法典》第一千二百五十二条的规定

建筑物、构筑物或者其他设施倒塌、塌陷造成他人损害的，由建设单位与施工单位承担连带责任，但是建设单位与施工单位能够证明不存在质量缺陷的除外。建设单位、施工单位赔偿后，有其他责任人的，有权向其他责任人追偿。

2.《司法解释（一）》关于工程承包违约行为的责任承担

(1)《司法解释（一）》第十二条的规定

因承包人的原因造成建设工程质量不符合约定，承包人拒绝修理、返工或者改建，发包人请求减少支付工程价款的，人民法院应予支持。

(2)《司法解释（一)》第十三条的规定

发包人具有下列情形之一，造成建设工程质量缺陷，应当承担过错责任：

1）提供的设计有缺陷。

2）提供或者指定购买的建筑材料、建筑构配件、设备不符合强制性标准。

3）直接指定分包人分包专业工程。

承包人有过错的，也应当承担相应的过错责任。

(3)《司法解释（一)》第十四条的规定

建设工程未经竣工验收，发包人擅自使用后，又以使用部分质量不符合约定为由主张权利的，人民法院不予支持；但是承包人应当在建设工程的合理使用寿命内对地基基础工程和主体结构质量承担民事责任。

(4)《司法解释（一)》第十六条的规定

发包人在承包人提起的建设工程施工合同纠纷案件中，以建设工程质量不符合合同约定或者法律规定为由，就承包人支付违约金或者赔偿修理、返工、改建的合理费用等损失提出反诉的，人民法院可以合并审理。

(5)《司法解释（一)》第十八条的规定

因保修人未及时履行保修义务，导致建筑物毁损或者造成人身损害、财产损失的，保修人应当承担赔偿责任。保修人与建筑物所有人或者发包人对建筑物毁损均有过错的，各自承担相应的责任。

(6)《司法解释（一)》第二十三条的规定

发包人将依法不属于必须招标的建设工程进行招标后，与承包人另行订立的建设工程施工合同背离中标合同的实质性内容，当事人请求以中标合同作为结算建设工程价款依据的，人民法院应予支持，但发包人与承包人因客观情况发生了在招标投标时难以预见的变化而另行订立建设工程施工合同的除外。

(7)《司法解释（一)》第三十五条的规定

与发包人订立建设工程施工合同的承包人，依据民法典第八百零七条的规定请求其承建工程的价款就工程折价或者拍卖的价款优先受偿的，人民法院应予支持。

(8)《司法解释（一）》第三十六条的规定

承包人根据民法典第八百零七条规定享有的建设工程价款优先受偿权优于抵押权和其他债权。

(9)《司法解释（一）》第三十七条的规定

装饰装修工程具备折价或者拍卖条件，装饰装修工程的承包人请求工程价款就该装饰装修工程折价或者拍卖的价款优先受偿的，人民法院应予支持。

(10)《司法解释（一）》第三十八条的规定

建设工程质量合格，承包人请求其承建工程的价款就工程折价或者拍卖的价款优先受偿的，人民法院应予支持。

(11)《司法解释（一）》第三十九条的规定

未竣工的建设工程质量合格，承包人请求其承建工程的价款就其承建工程部分折价或者拍卖的价款优先受偿的，人民法院应予支持。

(12)《司法解释（一）》第四十条的规定

承包人建设工程价款优先受偿的范围依照国务院有关行政主管部门关于建设工程价款范围的规定确定。承包人就逾期支付建设工程价款的利息、违约金、损害赔偿金等主张优先受偿的，人民法院不予支持。

(13)《司法解释（一）》第四十一条的规定

承包人应当在合理期限内行使建设工程价款优先受偿权，但最长不得超过十八个月，自发包人应当给付建设工程价款之日起算。

(14)《司法解释（一）》第四十二条的规定

发包人与承包人约定放弃或者限制建设工程价款优先受偿权，损害建筑工人利益，发包人根据该约定主张承包人不享有建设工程价款优先受偿权的，人民法院不予支持。

1.8　合同纠纷的解决

1.8.1　当事人对合同文件的解释

合同应当是合同当事人双方完全一致的意思表示。但是，在实际操作中，由于各方面的原因，如当事人的经验不足、素质不高、出于疏忽或是故意，对合同应当包括的条款未作明确规定，或者对有关条款用词不够准确，从而导致合同内容表达不清楚。表现在：合同中出现错误、矛盾及两义性解释；合同中未做出明确解释，但在合同履行过程中发生了事先未考虑到的事件；合同履行过程中出现超出合同范围的事件，使合同全部或者部分归于无效，等等。

一旦在合同履行过程中产生上述问题，合同当事人双方往往就可能会对合同文件的理解出现偏差，从而导致合同争议。因此，如何对内容表达不清楚的合同进行正确的解释就显得尤为重要。

《民法典》第四百六十六条规定：“当事人对合同条款的理解有争议的，应当依据本法

第一百四十二条第一款的规定，确定争议条款的含义。合同文本采用两种以上文字订立并约定具有同等效力的，对各文本使用的词句推定具有相同含义。各文本使用的词句不一致的，应当根据合同的相关条款、性质、目的及诚信原则等予以解释。”

《民法典》第一百四十二条第一款规定：“有相对人的意思表示的解释，应当按照所使用的词句，结合相关条款、行为的性质和目的、习惯及诚信原则，确定意思表示的含义。”由此可见，合同的解释原则主要有以下几种：

(1) 词句解释

这种解释原则是首先应当确定当事人双方的共同意图，据此确定合同所使用的词句和可能做出的理解来进行解释。词句解释的规则有：

1) 排他规则。如果合同中明确提及属于某一特定事项的某些部分而未提及该事项的其他部分，则可以推定为其他部分已经被排除在外。例如，某承包商与业主就某酒楼的装修工程达成协议。该酒楼包括 2 个大厅、20 个包厢和 1 个歌舞厅。在签订的合同中没有对该酒楼是全部装修还是部分装修做出具体规定，在招标文件的工程量表中仅仅开列了包括大厅和包厢在内的工程的装修要求，对歌舞厅未作要求。在工程实施过程中双方产生争议，根据上述规则，应当认为该装修合同中未包含歌舞厅的装修在内。

2) 对合同条款起草人不利规则。虽然合同是经过双方当事人平等协商而做出的一致意思表示，但是在实际操作过程中，合同往往是由当事人一方提供的，提供方可以根据自己的意愿对合同提出要求，对合同条款的理解一般也更为全面。如果因合同的词义而产生争议，则起草人应当承担由于选用词句的含义不清而带来的风险。

3) 主张合同有效的解释优先规则。双方当事人订立合同的根本目的就是正确完整地享有合同权利，履行合同义务，即希望合同最终能够得以实现。如果在合同履行过程中双方产生争议，其中有一种解释可以从中推断出若按照此解释合同仍然可以继续履行，而从其他各种对合同的解释中可以推断出合同将归于无效而不能履行，此时，应当按照主张合同仍然有效的方法来对合同进行解释。

(2) 整体解释

这种解释原则是指当双方当事人对合同产生争议后，应当从合同整体出发，联系合同条款上下文，从总体上对合同条款进行解释，而不能断章取义，割裂合同条款之间的联系来进行片面解释。整体解释原则包括：

1) 同类相容规则。即如果有两项以上的条款都包含同样的语句，而前面的条款又对此赋予特定的含义，则可以推断其他条款所表达的含义和前面一样。

2) 非格式条款优先于格式条款规则。即当格式合同与非格式合同并存时，如果格式合同中的某些条款与非格式合同相互矛盾，应当按照非格式条款的规定执行。

(3) 合同目的解释

这种解释原则的要义是肯定符合合同目的的解释，排除不符合合同目的的解释。例如，在某装修工程合同中没有对材料的防火阻燃等要求进行事先约定，在施工过程中，承包商采用了易燃材料，业主对此产生异议。在此案例中，虽然业主未对材料的防火性能做出明确规

定，但是，根据合同目的，装修好的工程必须符合我国《消防法》的规定。所以，承包商应当采用防火阻燃材料进行装修。

（4）交易习惯解释

这种解释原则是指按照该国家、该地区、该行业所采用的惯例进行解释。

（5）诚实信用原则解释

诚实信用原则是合同订立和合同履行的最根本的原则，因此，无论对合同的争议采用何种方法进行解释，都不能违反诚实信用原则。

1.8.2 《司法解释（一）》关于合同争议的规定

（1）《司法解释（一）》第八条的规定

当事人对建设工程开工日期有争议的，人民法院应当分别按照以下情形予以认定：

1）开工日期为发包人或者监理人发出的开工通知载明的开工日期；开工通知发出后，尚不具备开工条件的，以开工条件具备的时间为开工日期；因承包人原因导致开工时间推迟的，以开工通知载明的时间为开工日期。

2）承包人经发包人同意已经实际进场施工的，以实际进场施工时间为开工日期。

3）发包人或者监理人未发出开工通知，也无相关证据证明实际开工日期的，应当综合考虑开工报告、合同、施工许可证、竣工验收报告或者竣工验收备案表等载明的时间，并结合是否具备开工条件的事实，认定开工日期。

（2）《司法解释（一）》第九条的规定

当事人对建设工程实际竣工日期有争议的，人民法院应当分别按照以下情形予以认定：

1）建设工程经竣工验收合格的，以竣工验收合格之日为竣工日期。

2）承包人已经提交竣工验收报告，发包人拖延验收的，以承包人提交验收报告之日为竣工日期。

3）建设工程未经竣工验收，发包人擅自使用的，以转移占有建设工程之日为竣工日期。

（3）《司法解释（一）》第十条的规定

当事人约定顺延工期应当经发包人或者监理人签证等方式确认，承包人虽未取得工期顺延的确认，但能够证明在合同约定的期限内向发包人或者监理人申请过工期顺延且顺延事由符合合同约定，承包人以此为由主张工期顺延的，人民法院应予支持。当事人约定承包人未在约定期限内提出工期顺延申请视为工期不顺延的，按照约定处理，但发包人在约定期限后同意工期顺延或者承包人提出合理抗辩的除外。

（4）《司法解释（一）》第十一条的规定

建设工程竣工前，当事人对工程质量发生争议，工程质量经鉴定合格的，鉴定期间为顺延工期期间。

（5）《司法解释（一）》第十五条的规定

因建设工程质量发生争议的，发包人可以以总承包人、分包人和实际施工人为共同被告提起诉讼。

(6)《司法解释（一）》第十七条的规定

有下列情形之一，承包人请求发包人返还工程质量保证金的，人民法院应予支持：

1）当事人约定的工程质量保证金返还期限届满。

2）当事人未约定工程质量保证金返还期限的，自建设工程通过竣工验收之日起满两年。

3）因发包人原因建设工程未按约定期限进行竣工验收的，自承包人提交工程竣工验收报告九十日后当事人约定的工程质量保证金返还期限届满；当事人未约定工程质量保证金返还期限的，自承包人提交工程竣工验收报告九十日后起满两年。

发包人返还工程质量保证金后，不影响承包人根据合同约定或者法律规定履行工程保修义务。

(7)《司法解释（一）》第十九条的规定

当事人对建设工程的计价标准或者计价方法有约定的，按照约定结算工程价款。因设计变更导致建设工程的工程量或者质量标准发生变化，当事人对该部分工程价款不能协商一致的，可以参照签订建设工程施工合同时当地建设行政主管部门发布的计价方法或者计价标准结算工程价款。建设工程施工合同有效，但建设工程经竣工验收不合格的，依照民法典第五百七十七条规定处理。

(8)《司法解释（一）》第二十条的规定

当事人对工程量有争议的，按照施工过程中形成的签证等书面文件确认。承包人能够证明发包人同意其施工，但未能提供签证文件证明工程量发生的，可以按照当事人提供的其他证据确认实际发生的工程量。

(9)《司法解释（一）》第二十一条的规定

当事人约定，发包人收到竣工结算文件后，在约定期限内不予答复，视为认可竣工结算文件的，按照约定处理。承包人请求按照竣工结算文件结算工程价款的，人民法院应予支持。

(10)《司法解释（一）》第二十二条的规定

当事人签订的建设工程施工合同与招标文件、投标文件、中标通知书载明的工程范围、建设工期、工程质量、工程价款不一致，一方当事人请求将招标文件、投标文件、中标通知书作为结算工程价款的依据的，人民法院应予支持。

(11)《司法解释（一）》第二十四条的规定

当事人就同一建设工程订立的数份建设工程施工合同均无效，但建设工程质量合格，一方当事人请求参照实际履行的合同关于工程价款的约定折价补偿承包人的，人民法院应予支持。实际履行的合同难以确定，当事人请求参照最后签订的合同关于工程价款的约定折价补偿承包人的，人民法院应予支持。

(12)《司法解释（一）》第二十五条的规定

当事人对垫资和垫资利息有约定，承包人请求按照约定返还垫资及其利息的，人民法院应予支持，但是约定的利息计算标准高于垫资时的同类贷款利率或者同期贷款市场报价利率的部分除外。当事人对垫资没有约定的，按照工程欠款处理。当事人对垫资利息没有约定，承包人请求支付利息的，人民法院不予支持。

(13)《司法解释（一)》第二十六条的规定

当事人对欠付工程价款利息计付标准有约定的，按照约定处理。没有约定的，按照同期同类贷款利率或者同期贷款市场报价利率计息。

(14)《司法解释（一)》第二十七条的规定

利息从应付工程价款之日开始计付。当事人对付款时间没有约定或者约定不明的，下列时间视为应付款时间：

1）建设工程已实际交付的，为交付之日。

2）建设工程没有交付的，为提交竣工结算文件之日。

3）建设工程未交付，工程价款也未结算的，为当事人起诉之日。

(15)《司法解释（一)》第二十八条的规定

当事人约定按照固定价结算工程价款，一方当事人请求对建设工程造价进行鉴定的，人民法院不予支持。

1.8.3　合同争执的解决

1. 合同争执的解决方式

当双方当事人在合同履行过程中发生争执后，首先应当按照公平合理和诚实信用原则由双方当事人依据上述合同的解释方法自愿协商解决争端，或者通过调解解决争端。如果仍然不能解决争端的，则可以寻求司法途径解决。司法途径可分为仲裁和诉讼两种方式。当事人如果采用仲裁方式解决争端，应当是双方协商一致，达成仲裁协议。没有仲裁协议，一方提出申请仲裁，仲裁机关不予受理。合同争端产生后，如果双方有仲裁协议的，不应当向法院起诉，而应当通过仲裁方式解决，即使向法院起诉，法院也不应当受理。当事人没有仲裁协议或仲裁协议无效的情况下，当事人的任何一方都可以向法院起诉。

2.《司法解释（一)》关于合同争执的规定

(1)《司法解释（一)》第二十九条的规定

当事人在诉讼前已经对建设工程价款结算达成协议，诉讼中一方当事人申请对工程造价进行鉴定的，人民法院不予准许。

(2)《司法解释（一)》第三十条的规定

当事人在诉讼前共同委托有关机构、人员对建设工程造价出具咨询意见，诉讼中一方当事人不认可该咨询意见申请鉴定的，人民法院应予准许，但双方当事人明确表示受该咨询意见约束的除外。

(3)《司法解释（一)》第三十一条的规定

当事人对部分案件事实有争议的，仅对有争议的事实进行鉴定，但争议事实范围不能确定，或者双方当事人请求对全部事实鉴定的除外。

(4)《司法解释（一)》第三十二条的规定

当事人对工程造价、质量、修复费用等专门性问题有争议，人民法院认为需要鉴定的，应当向负有举证责任的当事人释明。当事人经释明未申请鉴定，虽申请鉴定但未支付鉴定费用或者拒不提供相关材料的，应当承担举证不能的法律后果。一审诉讼中负有举证责任的当事人未申请鉴定，虽申请鉴定但未支付鉴定费用或者拒不提供相关材料，二审诉讼中申请鉴定，人民法院认为确有必要的，应当依照民事诉讼法第一百七十条第一款第三项的规定处理。

（5）《司法解释（一）》第三十三条的规定

人民法院准许当事人的鉴定申请后，应当根据当事人申请及查明案件事实的需要，确定委托鉴定的事项、范围、鉴定期限等，并组织当事人对争议的鉴定材料进行质证。

（6）《司法解释（一）》第三十四条的规定

人民法院应当组织当事人对鉴定意见进行质证。鉴定人将当事人有争议且未经质证的材料作为鉴定依据的，人民法院应当组织当事人就该部分材料进行质证。经质证认为不能作为鉴定依据的，根据该材料做出的鉴定意见不得作为认定案件事实的依据。

（7）《司法解释（一）》第四十三条的规定

实际施工人以转包人、违法分包人为被告起诉的，人民法院应当依法受理。实际施工人以发包人为被告主张权利的，人民法院应当追加转包人或者违法分包人为本案第三人，在查明发包人欠付转包人或者违法分包人建设工程价款的数额后，判决发包人在欠付建设工程价款范围内对实际施工人承担责任。

（8）《司法解释（一）》第四十四条的规定

实际施工人依据民法典第五百三十五条规定，以转包人或者违法分包人怠于向发包人行使到期债权或者与该债权有关的从权利，影响其到期债权实现，提起代位权诉讼的，人民法院应予支持。

本章小结

本章主要介绍合同概念和特征、《民法典合同编》的基本原则、合同法律关系、合同效力、合同履行、违反合同的责任等相关内容。

本章的重点是合同履行。

本章的难点是违反合同的责任。

思考题

1. 《民法典合同编》的适用范围和基本原则有哪些？
2. 订立合同可以采用哪些形式？合同有哪些主要条款？
3. 什么是要约和承诺？其构成要件有哪些？
4. 试用合同要约、承诺理论分析工程施工招标投标过程。
5. 什么是效力待定合同、无效合同和可撤销合同？相互之间有哪些区别？
6. 试述合同无效的种类和法律后果。
7. 合同的履行原则有哪些？
8. 合同履行中有哪些抗辩权？其构成要件及效力有哪些？在施工合同中如何应用？
9. 合同内容约定不明时应当如何处理？

10. 当事人变更合同应当注意哪些问题？施工合同变更主要有哪些？
11. 合同转让有哪些形式？其构成要件和效力有哪些？
12. 合同终止和解除的条件与法律后果如何？
13. 代位权、撤销权成立的条件和法律效力有哪些？
14. 什么是违约行为？违约责任承担形式有哪些？试分析违约责任在施工合同中的具体应用。
15. 违约责任与缔约过失责任有哪些区别？
16. 试述定金与预付款的异同。
17. 合同争议条款的解释原则有哪些？
18. 发生了合同争议应通过哪些途径加以解决？

第2章 工程招标投标相关法律基础

本章导读

本章的主要内容包括招标投标的基本概念，招标投标制度的基本原则、招标的条件、强制招标项目的范围和规模标准；招标投标的方式、基本特点及招标投标的一般程序；招标投标活动的行政监督和法律责任等。通过本章的学习，可以熟悉招标投标的相关法律法规，掌握招标的基本原则、招标的主要形式、招标投标的基本程序，了解招标投标的行政监督和相关法律责任。

2.1 概述

2.1.1 工程项目招标投标的基本概念

招标投标是在市场经济条件下进行工程建设、货物买卖、财产出租、中介服务等经济活动的一种竞争形式和交易方式，是引入竞争机制订立合同的一种法律形式。它是指招标人在货物、工程和服务的采购行为中，事先公布选择采购的条件和要求，吸引众多投标人按照招标文件进行平等竞争，招标人按照规定的程序和办法择优选定中标人的活动。

建设工程招标投标是指建设单位或个人（即业主或项目法人）通过招标的方式，将工程建设项目的勘察、设计、施工、材料设备供应、监理等业务一次或分次发包，由具有相应资质的承包单位通过投标竞争的方式承接的活动。

从法律意义上讲，建设工程招标一般是建设单位（或业主）就拟建的工程发布通告，用法定方式吸引建设项目的承包单位参加竞争，进而通过法定程序从中选择条件优越者来完成工程建设任务的法律行为。建设工程投标主体一般是经过特定审查而获得投标资格的建设项目承包单位，按照招标文件的要求，在规定的时间内向招标单位填报投标书，并争取中标的法律行为。

2.1.2　工程招标投标的法律性质

招标投标的目的在于选择中标人，并与之签订合同。因此，招标投标是签订合同的具体行为，是要约与承诺的特殊表现形式。招标投标中主要的具体法律行为有招标行为、投标行为和确定中标人行为。

1. 招标行为的法律性质是要约邀请

我国法学界一般认为，建设工程招标是要约邀请，而投标是要约，中标通知书是承诺。依据合同订立的一般原理，招标人发布招标公告或投标邀请书的直接目的于邀请投标人投标，投标人投标之后并不一定能订立合同，因此，招标行为仅仅是要约邀请，一般没有法律约束力。招标人可以修改招标公告和招标文件。实际上，各国政府采购规则都允许对招标文件进行澄清和修改。但是由于招标行为的特殊性，采购机构为了保证采购的效率及公平性，在对招标文件进行修改时也往往要遵循一些基本原则，比如各国政府采购规则都规定，招标文件的修改应在投标截止日期前进行，应向所有的投标人提供相同的修改信息，并不得在此过程中对投标人有歧视行为。

2. 投标行为的法律性质是要约行为

投标文件中包含有将来订立合同的具体条款，只要招标人承诺（宣布中标）就可签订合同。作为要约的投标行为具有法律约束力，表现在投标是一次性的、同一投标人不能就同一投标项目进行一次以上的投标；各个投标人对自己的报价负责；在投标有效期内，投标人不得随意修改投标文件的内容和撤回投标文件。

3. 确定中标人行为的法律性质是承诺行为

招标人一旦宣布确定中标人，就是对中标人的承诺。招标人和中标人各自都有权利要求对方签订合同，也有义务与对方签订合同。另外，在确定中标结果和签订合同前，双方不能就合同的内容进行谈判。

2.1.3　我国招标投标的法律、法规框架

我国从 20 世纪 80 年代初开始在建设工程领域引入招标投标制度。1984 年，国家计委、城乡建设环境保护部联合下发了《建设工程招标投标暂行规定》，倡导实行建设工程招标投标，我国由此开始推行招标投标制度。为了推行和规范招标投标活动，我国政府有关部委先后发布多项相关法规。1999 年 3 月 15 日，全国人大通过了《中华人民共和国合同法》（简称《合同法》），并于同年 10 月 1 日起生效实施，由于招标投标是合同订立过程中的两个阶段，因此，该法对招标投标制度产生了重要的影响。2021 年 1 月 1 日，《民法典》生效，《合同法》废止。

此外，为了规范招标投标活动，保护国家利益、社会公共利益和招标投标活动当事人的合法权益，提高经济效益，保证项目质量，全国人大于 1999 年 8 月 30 日颁布了《中华人民共和国招标投标法》（简称《招标投标法》）。《招标投标法》的实施，标志着我国正式以法律形式确立了招标投标制度。

国务院及其有关部门陆续颁布了一系列招标投标方面的规定，地方人大及其常委会、人

民政府及其有关部门也结合本地区的特点和需要，相继制定了招标投标方面的地方性法规、规章和规范性文件。其中，工程项目招标投标的主要规定有：

1）2000 年 4 月 4 日国务院批准，2000 年 5 月 1 日国家发展计划委员会发布的《工程建设项目招标范围和规模标准规定》。此规定随国务院批复的《必须招标的工程项目规定》的实施而废止。

2）2001 年 7 月 5 日起施行的由国家发展计划委员会、国家经济贸易委员会、建设部、铁道部、交通部、信息产业部、水利部联合发布的《评标委员会和评标办法暂行规定》。2013 年 3 月 11 日国家发展改革委等九部委颁布第 23 号令对此进行了修订。

3）2003 年 5 月 1 日起施行的由国家发展计划委员会、建设部、铁道部、交通部、信息产业部、水利部、中国民用航空总局联合发布的《工程建设项目施工招标投标办法》。2013 年对此办法进行了修正，并于 2013 年 5 月 1 日起实施。

4）2003 年 8 月 1 日起施行的由国家发展和改革委员会、建设部、铁道部、交通部、信息产业部、水利部、中国民用航空总局、广电总局联合发布的《工程建设项目勘察设计招标投标办法》。2013 年对此办法进行了修正，并于 2013 年 5 月 1 日起实施。

5）2005 年 3 月 1 日起施行的由国家发展和改革委员会、建设部、铁道部、交通部、信息产业部、水利部、中国民用航空总局联合发布的《工程建设项目货物招标投标办法》。2013 年对此办法进行了修正，并于 2013 年 5 月 1 日起实施。

6）2008 年 5 月 1 日起施行的由国家发展和改革委员会、财政部、建设部、铁道部、交通部、信息产业部、水利部、民用航空总局、广播电影电视总局等国务院有关部委发布的《〈标准施工招标资格预审文件〉和〈标准施工招标文件〉试行规定》。2013 年对此规定进行了修正，并于 2013 年 5 月 1 日起实施。

7）2011 年 12 月 20 日，国家发展和改革委员会联合工业和信息化部、财政部、住房和城乡建设部、交通运输部、铁道部、水利部、广电总局、中国民用航空局共同颁布的《简明标准施工招标文件》和《标准设计施工总承包招标文件》。

8）2012 年 4 月 14 日，国务院办公厅转发国家发展和改革委员会、法制办、监察部《关于做好招标投标法实施条例贯彻实施工作意见的通知》。

9）2013 年 2 月 4 日，国家发展和改革委员会等八部委联合发布《电子招标投标办法》及其附件《电子招标投标系统技术规范》，自 2013 年 5 月 1 日起实施。

10）2018 年 6 月 1 日起实施的由国家发展和改革委员会发布的《必须招标的工程项目规定》。随着社会主义市场经济的发展，现在不仅在工程建设的勘察、设计、施工、监理、重要设备和材料采购等领域实行了必须招标制度，而且在政府采购、机电设备进口及医疗器械药品采购、科研项目服务采购、国有土地使用权出让等方面也广泛采用了招标方式。2012 年 2 月 1 日《中华人民共和国招标投标法实施条例》（国务院令第 613 号，简称《招标投标法实施条例》）施行，以配套行政法规形式进一步完善了招标投标制度。这标志着我国招标投标制度从此走上法制化的轨道，进入了全面实施的新阶段。为推进“放管服”改革的部署，根据 2017 年 3 月 1 日国务院令第 676 号、2018 年 3 月 19 日国务院令第 698 号、2019 年 3 月 2 日国务院令第 709 号对《招标投标法实施条例》先后进行了三次修订。

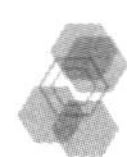

2.1.4　工程项目招标投标的意义

推行工程招标投标制度是我国建筑市场趋向规范化、完善化的重要举措，对于择优选择承包单位、全面降低工程造价，进而使工程造价得到合理有效的控制，具有十分重要的意义。

1. 形成了由市场定价的价格机制

建设工程的招标投标已基本形成了由市场定价的价格机制，使工程价格更加趋于合理。若干投标人之间出现激烈竞争，这种市场竞争最直接、最集中的表现就是在价格上的竞争。通过竞争确定出工程价格，使其趋于合理或下降，这将有利于节约投资、提高投资效益。

2. 不断降低社会平均劳动消耗水平

在建筑市场中，不同投标人的个别劳动消耗水平是有差异的。通过招标投标活动的筛选，最终将是那些个别劳动消耗水平最低或接近最低的投标人获胜，这样便实现了对社会资源的优化配置，也对不同投标人实行了优胜劣汰。面对激烈竞争的压力，为了自身的生存与发展，每个投标人都必须切实在降低自己个别劳动消耗水平下功夫，这样将逐步而全面地降低社会平均劳动消耗水平，使工程价格更为合理。

3. 工程价格更加符合价值基础

实行建设工程招标投标制度，便于供求双方更好地相互选择，使工程价格更加符合价值基础，进而更好地控制工程造价。采用招标投标方式为供求双方在较大范围内进行相互选择创造了条件，为需求者（如建设单位、业主）与供给者（如勘察设计单位、施工企业）在最佳点上结合提供了可能。需求者对供给者选择（即建设单位、业主对勘察设计单位和施工单位等的选择）的基本出发点是“择优选择”，即选择那些报价较低、工期较短、具有良好业绩和管理水平的供给者，为合理控制工程造价奠定了基础。

4. 能够减少交易费用

我国目前从招标、投标、开标、评标直至定标，均在统一的建筑市场中进行，并有较完善的一些法律、法规规定，已进入制度化操作。在招标投标中，若干投标人在同一时间、地点报价竞争，在专家支持系统的评估下，以群体决策方式确定中标人，必然减少交易过程的费用，这本身就意味着招标人收益的增加，对降低工程造价必然产生积极的影响。

建设工程招标投标活动包含的内容十分广泛，具体包括建设工程强制招标的范围、建设工程招标的种类与方式、建设工程招标的程序、建设工程招标投标文件的编制、标底编制与审查、投标报价及开标、评标、定标等。所有这些环节的工作均应按照国家有关法律、法规规定认真执行并落实。

2.2　《招标投标法》的基本规定

2.2.1　招标投标活动遵循的原则

招标投标制度是市场经济的产物，并随着市场经济的发展而逐步推广，必然要遵循市场经济活动的基本原则。《招标投标法》第五条明确规定：“招标投标活动应当遵循公开、公平、公正和诚实信用的原则。”

1. 公开原则

公开原则即“信息透明”，就是要求招标投标活动具有较高的透明度。招标程序、投标人的资格条件、评标标准和办法及中标结果等信息都要公开，使每一个投标人能够及时获得同等的信息，从而平等地参与投标竞争，依法维护自身的合法权益。同时将招标投标活动置于公开透明的环境中，也为当事人和社会各界的监督提供了重要条件。从这个意义上讲，公开是公平、公正的基础和前提。

2. 公平原则

公平原则即“机会均等”，就是要求给予所有投标人平等的机会，使其享有同等的权利并履行相应的义务，不歧视或者排斥任何一个投标人。招标投标属于民事法律行为，公平是指民事主体的平等。按照这个原则，招标人不得在招标文件中要求或者标明特定的生产供应者及含有倾向或者排斥潜在投标人的内容，不得以不合理的条件限制或者排斥潜在投标人，不得对潜在投标人实行歧视待遇。否则，将承担相应的法律责任。

3. 公正原则

公正原则即“程序规范，标准统一”，就是要求所有招标投标活动必须按照规定的时间和程序进行，以尽可能保障招标投标各方的合法权益，做到程序公正；招标评标标准应当具有唯一性，对所有投标人实行同一标准，确保标准公正。按照这个原则，《招标投标法》及其配套规定对招标、投标、开标、评标、中标、签订合同等都规定了具体程序和法定时限，明确了废标和否决投标的情形，评标委员会必须按照招标文件事先确定并公布的评标标准和方法评审、打分、推荐中标候选人，招标文件中没有规定的标准和方法不得作为评标和中标的依据。

公正，即社会公平和正义，是社会主义核心价值观社会层面的价值取向，是国家、社会的根本价值理念。

党的二十大报告中指出：“公正司法是维护社会公平正义的最后一道防线。”这一重要论述深刻指出公正司法对于全面依法治国、维护社会公平正义的重大意义，就做好新时代司法工作、深化司法体制改革指明了方向、提出了要求。

4. 诚实信用原则

诚实信用是所有民事活动都应遵循的基本原则之一。它要求招标投标当事人应以诚实、守信的态度行使权利、履行义务，保证彼此都能得到自己应得的利益，同时不得损害第三人和社会的利益，不得规避招标、串通投标、泄露标底、骗取中标、转包合同等。

诚实信用是所有民事活动都应遵循的基本原则之一，也是社会主义核心价值观的内容，以及社会主义道德建设的重点内容。诚信即诚实守信，就是强调诚实劳动、信守承诺、诚恳待人，强调公民之间应该相互尊重、互相关心、互相帮助、友好和睦，努力形成社会主义新型的人际关系。党的二十大报告提出：“弘扬诚信文化，健全诚信建设长效机制。”

当今世界正经历百年未有之大变局，面对以中国式现代化实现中华民族伟大复兴的使命任务，面对构建高水平社会主义市场经济体制的新要求，迫切需要进一步夯实社会诚信基

石，推进新时代的诚信文化建设。

2.2.2　招标采购应具备的条件

1. 招标人应具备的条件

《招标投标法》规定，招标人是提出招标项目，进行招标的法人或者其他组织。法人或者其他组织必须具备能够依法提出招标项目和依法进行招标两个条件后，才能成为招标人。

1）依法提出招标项目。招标人依法提出招标项目，是指招标人提出的招标项目必须符合《招标投标法》第九条规定的两个基本条件：一是招标项目按照国家有关规定需要履行项目审批手续的，应当先履行审批手续，取得批准；二是招标人应当有进行招标项目的相应资金或者资金来源已经落实，并应当在招标文件中如实载明。

2）依法进行招标。《招标投标法》及《招标投标法实施条例》对招标、投标、开标、评标、中标和签订合同等程序做出了明确的规定，法人或者其他组织只有按照法定程序进行招标才能称为招标人。

2. 招标代理机构应具备的条件

《招标投标法》第十三条规定，招标代理机构是依法设立、从事招标代理业务并提供相关服务的社会中介组织。招标代理机构应当具备下列条件：

1）有从事招标代理业务的营业场所和相应资金。

2）有能够编制招标文件和组织评标的相应专业力量。

《招标投标法实施条例》第十二条还规定，招标代理机构应当拥有一定数量的具备编制招标文件、组织评标等相应能力的专业人员。

3. 招标项目应具备的条件

《招标投标法》第九条规定，招标项目按照国家有关规定需要履行项目审批手续的，应当先履行审批手续，取得批准。招标人应当有进行招标项目的相应资金或资金来源已经落实，并应当在招标文件中如实载明。即履行项目审批手续和落实资金来源是招标项目进行招标前必须具备的两项基本条件。

《工程建设项目施工招标投标办法》第八条规定，依法必须招标的工程建设项目，应当具备下列条件才能进行施工招标：

1）招标人已经依法成立。

2）初步设计及概算应当履行审批手续的，已经批准。

3）有相应资金或资金来源已经落实。

4）有招标所需的设计图及技术资料。

施工招标可以采用项目的全部工程招标、单位工程招标、特殊专业工程招标等办法，但不得对单位工程的分部、分项工程进行招标。

4. 投标人应具备的条件

《招标投标法》第二十五条规定，投标人是响应招标、参加投标竞争的法人或者其他组织。依法招标的科研项目允许个人参加投标的，投标的个人必须具备响应招标和参与投标竞争两个条件后，才能成为投标人。

法人或其他组织对特定招标项目有兴趣，愿意参加竞争，并按合法途径获取招标文件，但这时法人或其他组织还不是投标人，只是潜在投标人。所谓响应招标是指潜在投标人获得招标信息或投标邀请书后，购买招标文件，并编制投标文件，按照招标人的要求参加投标的活动。参与投标竞争是指潜在投标人按照招标文件约定，在规定时间和地点递交投标文件，对订立合同正式提出要约。潜在投标人一旦正式递交了投标文件，就成为投标人。

法人或其他组织响应招标、参加投标竞争，是成为投标人的一般条件。要成为合格投标人，还必须满足两项资格条件，一是国家对不同行业及不同主体的投标人资格条件的不同规定；二是招标人根据项目本身要求，在招标文件或资格预审文件中规定的投标人资格条件。

依据《工程建设项目施工招标投标办法》第二十条规定，投标人参加工程建设项目施工投标应当符合五个条件：

1）具有独立订立合同的权利。

2）具有履行合同的能力，包括专业、技术资格和能力，资金、设备和其他物质设施状况，管理能力，经验、信誉和相应的从业人员。

3）没有处于被责令停业，投标资格被取消，财产被接管、冻结，破产状态。

4）在最近三年内没有骗取中标和严重违约及重大工程质量问题。

5）国家规定的其他资格条件。

2.2.3 工程招标的适用范围和规模标准

世界各国和主要国际组织都规定对某些工程建设项目必须实行招标投标。我国有关的法律、法规和部门规章依据工程建设项目的投资性质、工程规模等因素，也对工程建设项目招标范围和规模进行了具体规定，在此范围内的项目，必须通过招标进行发包，而在此范围之外的项目，业主可自愿选择是否进行招标。

1. 强制招标的范围

《招标投标法》第三条规定，在中华人民共和国境内进行下列工程建设项目的勘察、设计、施工、监理及与工程建设有关的重要设备、材料等的采购，必须进行招标：

1）大型基础设施、公用事业等关系社会公共利益、公众安全的项目。

2）全部或者部分使用国有资金投资或者国家融资的项目。

3）使用国际组织或者外国政府贷款、援助资金的项目。

2018 年 3 月，经国务院批准公布的《必须招标的工程项目规定》进一步规定：

1）全部或者部分使用国有资金投资或者国家融资的项目包括：

① 使用预算资金 200 万元人民币以上，并且该资金占投资额 10%以上的项目。

② 使用国有企业事业单位资金，并且该资金占控股或者主导地位的项目。

2）使用国际组织或者外国政府贷款、援助资金的项目包括：

① 使用世界银行、亚洲开发银行等国际组织贷款、援助资金的项目。

② 使用外国政府及其机构贷款、援助资金的项目。

3）不属于以上两条规定情形的大型基础设施、公用事业等关系社会公共利益、公众安全的项目，必须招标的具体范围由国务院发展改革部门会同国务院有关部门按照确有必要、严格限定的原则制定，报国务院批准。

2. 强制招标的规模标准

《必须招标的工程项目规定》第五条规定，前述招标范围内的各类工程建设项目，其勘察、设计、施工、监理及与工程建设有关的重要设备、材料等的采购，达到下列标准之一的，必须进行招标：

1）施工单项合同估算价在 400 万元人民币以上。

2）重要设备、材料等货物的采购，单项合同估算价在 200 万元人民币以上。

3）勘察、设计、监理等服务的采购，单项合同估算价在 100 万元人民币以上。

同一项目中可以合并进行的勘察、设计、施工、监理及与工程建设有关的重要设备、材料等的采购，合同估算价合计达到前款规定标准的，必须招标。

应当注意的是，在执行上述这些规模标准时，无论何种类型的招标项目，任何单位和个人不得将依法必须进行招标的项目化整为零或以其他任何方式规避招标。

3. 经审批可以不进行招标的情形

1）《招标投标法》第六十六条规定，涉及国家安全、国家秘密、抢险救灾或者属于利用扶贫资金实行以工代赈、需要使用农民工等特殊情况，不适宜进行招标的项目，按照国家规定可不进行招标。

2）《招标投标法实施条例》第九条规定，除《招标投标法》第六十六条规定的可以不进行招标的特殊情况外，有下列情形之一的，可以不进行招标：

① 需要采用不可替代的专利或者专有技术。

② 采购人依法能够自行建设、生产或者提供。

③ 已通过招标方式选定的特许经营项目投资人依法能够自行建设、生产或者提供。

④ 需要向原中标人采购工程、货物或者服务，否则将影响施工或者功能配套要求。

⑤ 国家规定的其他特殊情形。

3）可以不进行招标的工程施工项目。按《工程建设项目施工招标投标办法》第十二条规定，依法必须进行施工招标的工程建设项目有下列情形之一的，可以不进行施工招标：

① 涉及国家安全、国家秘密、抢险救灾或者属于利用扶贫资金实行以工代赈需要使用农民工等特殊情况，不适宜进行招标。

② 施工主要技术采用不可替代的专利或者专有技术。

③ 已通过招标方式选定的特许经营项目投资人依法能够自行建设。

④ 采购人依法能够自行建设。

⑤ 在建工程追加的附属小型工程或者主体加层工程，原中标人仍具备承包能力，并且其他人承担将影响施工或者功能配套要求。

⑥ 国家规定的其他情形。

2.2.4 工程招标的方式

为了规范招标投标活动，保护国家利益和社会公共利益及招标投标活动当事人的合法权益，《招标投标法》第十条规定招标方式有两种，即公开招标和邀请招标。

1. 公开招标

（1）公开招标的概念

公开招标的概念

公开招标又称无限竞争性招标，是指招标人按照法定程序，在指定的报刊、电子网络和其他媒介上发布招标公告，向社会公示其招标项目要求，吸引众多潜在投标人参加投标竞争，招标人按事先规定的程序和办法从中择优选择中标人的招标方式。

（2）公开招标的优缺点

公开招标是工程招标通常适用的方式。其优点是：公开招标是最具竞争性的招标方式。由于公开招标参与竞争的投标人数量较多，招标人有较大选择余地，有利于降低工程造价、保证工程质量和缩短工期。公开招标是程序最完整、最规范、最典型的招标方式。公开招标形式严密，步骤完整，运作环节环环相扣。在国际上，谈到招标通常都是指公开招标。在某种程度上，公开招标已成为招标的代名词。其缺点是：公开招标所需费用较高、花费时间较长。由于投标人较多，竞争激烈，程序复杂，组织招标和参加投标需要做的准备工作和需要处理的实际事务比较多，因而公开招标工作量大，组织工作复杂，需投入较多的人力、物力，招标过程需要耗费的时间较长。

2. 邀请招标

（1）邀请招标的概念

邀请招标的概念

邀请招标又称有限竞争性招标。是由招标人通过市场调查，根据承包商或供应商的资信、业绩等条件，选择一定数量法人或其他组织（不能少于三家），向其发出投标邀请书，邀请其参加投标竞争，招标人按事先规定的程序和办法从中择优选择中标人的招标方式。

（2）邀请招标的优缺点

邀请招标的优点是：参加竞争的投标人数目可由招标人控制，目标集中，招标的组织工作较容易，工作量比较小。其缺点是：由于参加的投标人相对较少，竞争性范围较小，使招标人对投标人的选择余地较少，如果招标人在选择被邀请的投标人前所掌握信息资料不足，则有可能得不到最适合的承包商和获得最佳竞争效益。

3. 邀请招标和公开招标的区别

邀请招标和公开招标这两种方式的区别主要在于：

1）发布信息的方式不同。公开招标采用公告的形式发布，邀请招标采用邀请书的形式发布。

2）竞争的范围不同。公开招标使所有符合条件的法人或者其他组织都有机会参加投标，竞争的范围较广，竞争性体现得也比较充分，招标人拥有绝对选择余地，容易获得最佳

招标效果；邀请招标中投标人的数目有限，邀请招标参加人数是经过选择限定的，被邀请的承包商数目在 3~10 个，由于参加人数相对较少，易于控制，因此其竞争范围没有公开招标大，竞争程度也明显不如公开招标强。

3）公开的程度不同。公开招标的所有活动都必须严格按照预先指定并为大家所知的程序和标准公开进行，大大减少了作弊的可能；相比而言，邀请招标的公开程度逊色一些，产生不法行为的机会也就多一些。

4）时间和费用不同。公开招标的程序比较复杂，从发布公告，投标人做出反应，评标，到投标人签订合同，有许多时间上的要求，要准备许多文件，因而耗时较长，费用也比较高。邀请招标可以省去发布招标公告、资格审查和可能发生的更多的评标时间和费用。

4. 依法应当公开招标的项目

《招标投标法》第十一条及《招标投标法实施条例》第八条规定以下项目应当公开招标：

1）国务院发展计划部门确定的国家重点项目。

2）国有资金控股或者占主导地位的依法必须进行招标的项目。

5. 经审批可进行邀请招标的条件

1）《招标投标法》第十一条规定，国务院发展计划部门确定的国家重点项目和省、自治区、直辖市人民政府确定的地方重点项目不适宜公开招标的，经国务院发展计划部门或者省、自治区、直辖市人民政府批准，可以进行邀请招标。

2）《招标投标法实施条例》第八条规定，国有资金占控股或者主导地位的依法必须进行招标的项目，应当公开招标；但有下列情形之一的，可以邀请招标：

① 技术复杂、有特殊要求或者受自然环境限制，只有少量潜在投标人可供选择。

② 采用公开招标方式的费用占项目合同金额的比例过大。

有前款第二项所列情形，属于按照国家有关规定需要履行项目审批、核准手续的依法必须进行招标的项目，由项目审批、核准部门在审批、核准项目时做出认定；其他项目由招标人申请有关行政监督部门做出认定。

2.2.5　招标与投标的基本程序

招标投标最显著的特点就是招标投标活动具有严格规范的程序。《招标投标法》规定，一个完整的招标投标程序，必须包括招标、投标、开标、评标、中标和签订合同六大环节。

1. 招标

招标是指招标人按照国家有关规定履行项目审批手续、落实资金来源后，依法发布招标公告或投标邀请书，编制并发售招标文件等具体环节。根据项目特点和实际需要，有些招标项目还要委托招标代理机构，组织现场踏勘、进行招标文件的澄清与修改等。由于这些是招标投标活动的起始程序，招标项目条件、投标人资格条件、评标标准和方法、合同主要条款等各项实质性条件和要求都是在招标环节得以确定，因此，对于整个招标投标过程是否合法、科学，能否实现招标目的，具有基础性影响。

2. 投标

投标是指投标人根据招标文件要求，编制并提交投标文件，响应招标活动。投标人参与竞争并进行一次性投标报价是在投标环节完成的，在投标截止时间结束后，不能再接受新的投标，投标人也不得再更改投标报价及其他实质性内容。因此，投标情况确定了竞争格局，是决定投标人能否中标、招标人能否取得预期招标效果的关键。

3. 开标

开标是招标人按照招标文件确定的时间和地点，邀请所有投标人到场，当众开启投标人提交的投标文件，宣布投标人名称、投标报价及投标文件中其他重要内容。开标最基本的要求和特点是公开，保障所有投标人的知情权，这也是维护各方合法权益的基本条件。

4. 评标

招标人依法组建评标委员会，依据招标文件中的规定和要求，对投标文件进行审查、评审和比较，确定中标候选人。评标是审查确定中标人的必经程序。对于依法必须招标的项目招标人必须根据评标委员会提出的书面评标报告和推荐的中标候选人确定中标人，因此，评标是否合法、规范、公平、公正，对于招标结果具有决定性作用。

5. 中标

中标也称定标，即招标人从评标委员会推荐的中标候选人中确定中标人，并向中标人发出中标通知书，同时将中标结果通知所有未中标的投标人。中标既是竞争结果的确定环节，也是发生异议、投诉举报的环节，有关行政监督部门应当依法进行处理。

中标的概念

6. 签订合同

中标通知书发出后，招标人和中标人应当按照招标文件和中标人的投标文件在规定时间内订立书面合同，中标人按合同约定履行义务，完成中标项目。依法必须进行招标的项目，招标人应当从确定中标人之日起 15 日内，向有关行政监督部门提交招标投标情况的书面报告。

2.3 招标投标活动的行政监督

2.3.1 招标投标活动监督体系

《招标投标法》第七条规定："招标投标活动及其当事人应当接受依法实施的监督。"在招标投标法规体系中，对于行政监督、司法监督、当事人监督、社会监督都有具体规定，构成了招标投标活动的监督体系。

1. 当事人监督

当事人监督是指招标投标活动当事人的监督。招标投标活动当事人包括招标人、投标人、招标代理机构等。由于当事人直接参与，并且与招标投标活动有直接利害关系，因此，当事人监督往往最积极、最深切，是行政监督和司法监督的重要基础。国家发展改

革委等七部委联合制定的《工程建设项目招标投标活动投诉处理办法》具体规定了投标人和其他利害关系人投诉及有关行政监督部门处理投诉的要求，这种投诉就是当事人监督的重要方式。

2. 行政监督

行政机关对招标投标活动的监督，是招标投标活动监督体系的重要组成部分。依法规范和监督市场行为，维护国家利益、社会公共利益和当事人的合法权益，是市场经济条件下政府的重要职能。《招标投标法》对有关行政监督部门依法监督招标投标活动、查处招标投标活动中的违法行为作了具体规定。如第七条规定有关行政监督部门依法对招标投标活动实施监督，依法查处招标投标活动中的违法行为。

3. 司法监督

司法监督是指国家司法机关对招标投标活动的监督。《招标投标法》具体规定了招标投标活动当事人的权利和义务，同时也规定了有关违法行为的法律责任。如招标投标活动当事人认为招标投标活动存在违反法律、法规、规章规定的行为，可以起诉，由法院依法追究有关责任人的法律责任。

4. 社会监督

社会监督是指除招标投标活动当事人以外的社会公众的监督。“公开，公平，公正”原则之一的公开原则就是要求招标投标活动必须向社会透明，以便社会公众监督。任何单位和个人认为招标投标活动违反招标投标法律、法规、规章时，都可以向有关行政监督部门举报，由有关行政监督部门依法调查处理。因此，社会公众、社会舆论及新闻媒体对招标投标活动的监督是一种第三方监督，在现代信息公开的社会具有越来越重要的作用。

2.3.2　行政监督的基本原则

政府对招标投标活动实施行政监督必须遵循依法行政的基本要求。其基本原则有：

（1）职权法定原则

政府对招标投标活动实施行政监督，应当在法定职责范围内依法实行。任何政府部门、机构和个人都不能超越法定权限，直接参与或干预招标投标活动。

（2）合理行政原则

政府对招标投标活动实施行政监督，应当遵循公平、公正的原则。要平等对待招标投标活动当事人，不偏私、不歧视，所采取的措施和手段应当是必要、适当的。

（3）程序正当原则

政府对招标投标活动实施行政监督，应当严格遵循法定程序，依法保障当事人的知情权、参与权和救济权。

（4）高效便民原则

政府对招标投标活动实施行政监督，无论是核准招标事项，还是受理投诉举报案件，都应当遵守法定时限，积极履行法定职责，提高办事效率，切实维护当事人的合法权益。

2.3.3 行政监督的内容

从监督内容看，政府针对招标投标活动实施行政监督主要分为程序监督和实体监督两方面。程序监督是指政府针对招标投标活动是否严格执行法定程序实施的监督；实体监督是指政府针对招标投标活动是否符合《招标投标法》及有关配套规定的实体性要求实施的监督。具体内容主要包括：

1）依法必须招标项目的招标方案（含招标范围、招标组织形式和招标方式）是否经过项目审批部门核准。

2）依法必须招标项目是否存在以化整为零或其他任何方式规避招标等违法行为。

3）公开招标项目的招标公告是否在国家指定媒体上发布。

4）招标人是否存在以不合理的条件限制或者排斥潜在投标人，或者对潜在投标人实行歧视待遇，强制要求投标人组成联合体共同投标等违法行为。

5）招标代理机构是否存在泄露应当保密的与招标投标活动有关情况和资料，或者与招标人、投标人串通损害国家利益、社会公共利益或者他人合法权益等违法行为。

6）招标人是否存在向他人透露已获取招标文件的潜在投标人的名称、数量或可能影响公平竞争的有关招标投标的其他情况的，或泄露标底，或违法与投标人就投标价格、投标方案等实质性内容进行谈判等违法行为。

7）投标人是否存在相互串通投标或与招标人串通投标，或以向招标人或评标委员会成员行贿的手段谋取中标，或者以他人名义投标或以其他方式弄虚作假骗取中标等违法行为。

8）评标委员会的组成、产生程序是否符合法律规定。

9）评标活动是否按照招标文件预先确定的评标方法和标准在保密的条件下进行的。

10）招标人是否有在评标委员会依法推荐的中标候选人以外确定中标人的违法行为。

11）招标投标的程序、时限是否符合法律规定。

12）中标合同签订是否及时、规范，合同内容是否与招标文件和投标文件相符，是否存在违法分包、违法转让。

13）实际执行的合同是否与中标合同内容一致等。

2.3.4 违法行为与法律责任

法律责任是指法律关系中行为人因违反法律规定或合同约定义务而应当强制性承担的某种不利后果。法律责任是招标投标法律的重要组成部分，是对招标投标活动中当事人违反招标投标的法律法规行为的强制性处罚。

《招标投标法》规定的法律责任主体有招标人、投标人、招标代理机构、有关行政监督部门、评标委员会成员、有关单位对招标投标活动直接负责的主管人员和其他直接责任人员，以及任何干涉招标投标活动正常进行的单位或个人。招标投标活动相关方的主要法律责任见表 2-1。

表 2-1　招标投标活动相关方的主要法律责任

主体	违法行为	处罚	备注
招标人	必须进行招标的项目不招标；将必须进行招标的项目化整为零或者以其他任何方式规避招标	责令限期改正；可以处以项目合同金额 5‰以上 10‰以下的罚款 对全部或者部分使用国有资金的项目，可以暂停项目执行或者暂停资金拨付 对单位责任人依法给予处分	（1）强制招标项目违反《招标投标法》规定，中标无效，应当依照规定的中标条件从其余投标人中重新确定中标人或者依照法律重新进行招标 （2）任何单位违反法律规定，限制或者排斥本地区、本系统以外的法人或者其他组织参加投标的，为招标人指定招标代理机构的，强制招标人委托招标代理机构办理招标事宜的，或者以其他方式干涉招标投标活动的，责令改正；对单位责任人依法给予警告、记过、记大过的处分，情节较重的，依法给予降级、撤职、开除的处分 （3）本表中的“单位责任人”指的是单位直接负责的主管人员和其他直接责任人
	以不合理的条件限制或者排斥潜在投标人；对潜在投标人实行歧视待遇；强制要求投标人组成联合体共同投标，或者限制投标人之间竞争	责令改正；可以处 1 万元以上 5 万元以下的罚款	
	强制招标项目，招标人向他人透露已获取招标文件的潜在投标人的名称、数量或者可能影响公平竞争的有关招标投标的其他情况，或者泄露标底	给予警告；可以并处 1 万元以上 10 万元以下的罚款；对单位责任人依法给予处分；构成犯罪的，依法追究刑事责任。影响中标结果的，中标无效	
	强制招标项目，招标人与投标人就投标价格、投标方案等实质性内容进行谈判	给予警告；对单位责任人依法给予处分；影响中标结果的，中标无效	
	在评标委员会依法推荐的中标候选人以外确定中标人的；强制招标项目在所有投标被否决后自行确定中标人	责令改正；可以处以中标项目金额 5‰以上 10‰以下的罚款；对单位责任人依法给予处分；影响中标结果的，中标无效	
	不按招标文件和中标人的投标文件订立合同的；与中标人订立背离合同实质性内容的协议	责令改正；可以处以中标项目金额 5‰以上 10‰以下的罚款	
投标人	相互串通投标或者与招标人串通投标的；以向招标人或者评标委员会成员行贿的手段谋取中标	中标无效；处中标项目金额 5‰以上 10‰以下的罚款；对单位责任人处单位罚款数额 5%以上 10%以下的罚款，并没收违法所得；情节严重的，取消其 1~2 年内参加依法必须进行招标项目的投标资格并予以公告，直至吊销营业执照；构成犯罪的，依法追究刑事责任；给他人造成损失的，依法承担赔偿责任	

（续）

<table>
<tr><th>主体</th><th>违法行为</th><th>处罚</th><th>备注</th></tr>
<tr><td rowspan="3">投标人</td><td>以他人名义投标或者以其他方式弄虚作假，骗取中标</td><td>中标无效，处中标项目金额5‰以上10‰以下的罚款；对单位责任人处单位罚款数额5%以上10%以下的罚款，并没收违法所得；情节严重的，取消其1~3年内参加依法必须进行招标项目的投标资格并予以公告，直至吊销营业执照；给招标人造成损失的，依法承担赔偿责任；构成犯罪的，依法追究刑事责任</td><td rowspan="6">（1）强制招标项目违反《招标投标法》规定，中标无效，应当依照规定的中标条件从其余投标人中重新确定中标人或者依照法律重新进行招标
（2）任何单位违反法律规定，限制或者排斥本地区、本系统以外的法人或者其他组织参加投标的，为招标人指定招标代理机构的，强制招标人委托招标代理机构办理招标事宜的，或者以其他方式干涉招标投标活动的，责令改正；对单位责任人依法给予警告、记过、记大过的处分，情节较重的，依法给予降级、撤职、开除的处分
（3）本表中的“单位责任人”指的是单位直接负责的主管人员和其他直接责任人</td></tr>
<tr><td>将中标项目转让；将中标项目肢解后分别转让；将中标项目的部分主体、关键性工作分包；分包人再次分包、转让</td><td>转让、分包无效；处转让、分包项目金额5‰以上10‰以下的罚款；并没收违法所得；可以责令停业整顿；情节严重的，吊销营业执照</td></tr>
<tr><td>不履行与招标人订立的合同</td><td>履约保证金不予退还，给招标人造成的损失超过履约保证金数额的，还应当对超过部分予以赔偿；没有提交履约保证金的，应当对招标人的损失承担赔偿责任；情节严重的，取消其2~5年内参加依法必须进行招标的项目的投标资格并予以公告，直至吊销营业执照；因不可抗力不能履行合同的除外</td></tr>
<tr><td>评标委员</td><td>收受投标人的好处；向他人透露对投标文件的评审和比较、中标候选人的推荐及与评标有关的其他情况</td><td>给予警告；没收收受的财物，可以并处3000元以上5万元以下的罚款；取消担任评标委员会成员的资格，不得再参加任何依法必须进行招标项目的评标；构成犯罪的，依法追究刑事责任</td></tr>
<tr><td>招标代理机构</td><td>泄露应当保密的与招标投标活动有关的情况和资料；与招标人、投标人串通损害国家利益、社会公共利益或者他人合法权益</td><td>处5万元以上25万元以下的罚款；对单位责任人处单位罚款数额5%以上10%以下的罚款；有违法所得的，没收违法所得；情节严重的，禁止其1~2年内代理依法必须进行招标的项目并公告，直至吊销营业执照；构成犯罪的，依法追究刑事责任；给他人造成损失的，负赔偿责任；影响中标结果的，中标无效</td></tr>
<tr><td>监督人</td><td>徇私舞弊、滥用职权或者玩忽职守</td><td>构成犯罪的，依法追究刑事责任；不构成犯罪的，依法给予行政处分</td></tr>
</table>

1. 背景

某办公楼的招标人 2022 年 10 月 11 日向具备承担该项目能力的 A、B、C、D、E 共 5 家承包商发出投标邀请书。其中说明，10 月 17 日至 18 日的 9:00~16:00 在该招标人总工程师室领取招标文件，11 月 8 日 14:00 为投标截止时间。在投标截止日期前 10 天，业主书面通知各投标单位，由于某种原因，决定将铝合金窗工程从原投标范围内删除。5 家承包商接受邀请，并按规定时间递交了投标文件。但承包商 A 在送出投标文件后发现报价估算有较严重的失误，遂赶在投标截止时间前 10 分钟递交了一份书面说明，撤回了已提交的投标文件。开标时，由招标人委托的市公证处人员检查投标文件的密封情况，确认无误后，由工作人员当众拆封。由于承包商 A 已撤回投标文件，故招标人宣布有 B、C、D、E 承包商投标，并宣读了这 4 位投标人的投标价格、工期和其他主要内容。

评标委员会委员由招标人直接确定，共由 7 人组成，其中招标人代表 2 人，经济专家 2 人，本系统技术专家 2 人，外系统技术专家 1 人。

在投标过程中，评标委员会要求 B、D 两投标人分别对其施工方案做详细说明，并针对若干技术要点和难点提出问题，要求其提出具体、可靠的实施措施。作为评标委员会的招标人代表希望承包商 B 再适当考虑一下降低报价的可能性。

按照招标文件中确定的综合评标标准，4 个投标人综合得分从高到低依次为 B、D、C、E，故评标委员会确定 B 为中标人。由于承包商 B 为外地企业，招标人于 11 月 10 日将中标通知书发出，B 于 11 月 14 日收到中标通知书。

4 家投标人的报价从低到高依次为 D、C、B、E，因此，从 11 月 16 日到 12 月 11 日，招标人又与承包商 B 就合同价格进行了多次谈判，结果承包商 B 将价格降到略低于 C 的报价水平，最终双方于 12 月 12 日签订了书面合同。

2. 分析要点

1）从招标的性质来看，本例中的要约邀请、要约和承诺的具体表现是什么？

2）从所介绍的背景资料看，该项目的招标投标程序中在哪些方面不符合《招标投标法》的有关规定？

3. 分析结果

1）希望别人向自己发出要约的意思表示称为要约邀请，如招标公告、拍卖公告、投标邀请书、招标文件等均属于要约邀请。要约是一方当事人希望和他人订立合同的意思表示。承诺是受要约人同意要约的意思表示。承诺应当以通知的方式做出。因此本例中要约邀请是招标人投标邀请书，要约是投标人的投标文件，承诺是招标人发出的中标通知书。

2）不符合相关规定的有以下几方面：

① 若招标人改变招标范围或变更招标文件，应当在投标截止日期至少 15 天（本例为 10 天）前以书面通知所有投标人。若迟于这一时限发出变更招标文件的通知，则应将原定投标截止日期适当延长，以便投标人有足够的时间充分考虑这种变更对报价的影响，并在投标文件中反映出来。

② 投标人不应仅宣布4家承包商参加投标。《招标投标法》规定：招标人在招标文件要求提交投标文件的截止时间前收到的所有投标文件，开标时都应当众拆封、宣读。虽然承包商A在投标截止时间前已撤回投标文件，但仍应作为投标人宣读其名称，但不宣读其投标文件的内容。

③ 评标委员会不应全部由招标人直接确定。按规定，评标委员会中的技术、经济专家，一般应采取从专家库中随机抽取方式，特殊招标项目可以由招标人直接确定。本例显然属于一般招标项目。

④ 评标过程中不应要求承包商考虑降价问题。按规定，评标委员会可以要求投标人对投标文件中含义不明确的内容做必要的澄清或说明，但是澄清或说明不得超出投标文件的范围或改变投标文件的实质性内容。在确定中标人前，招标人不得与投标人就投标价格、投标方案的实质性内容进行谈判。

⑤ 中标通知书发出后，招标人不应与中标人就价格进行谈判。按规定，招标人和中标人应按照招标文件和投标文件订立书面合同，不得再订立背离合同实质性内容的其他协议。

⑥ 订立合同的时间过迟。按规定，招标人和中标人应当自中标通知书发出之日（不是中标人收到中标通知书之日）起30天内签订书面合同，本例为32天。

本章小结

本章主要介绍了招标投标的法律性质，《招标投标法》的基本规定，招标投标活动的行政监督和法律责任。

工程招标投标是一种具有自身特色的市场交易形式，它具有以下基本特征：竞争的激烈性、组织的严密性、信息的公开性、报价的一次性、价格的合理性、管理的法治性、过程的公正性、程序的规范性。

招标投标过程必须严格按照《招标投标法》的有关规定进行操作，并遵循招标投标相关的各级法律法规的规定。招标投标的程序大致可以分为招标阶段、投标阶段、评标与中标阶段、签约阶段。《招标投标法》中还对工程招标的适用范围和规模标准进行了详细规定，明确了强制招标项目的范围、类型和规模。

工程招标的方式主要有公开招标、邀请招标。各级行政主管部门会对是否招标、采用哪种招标方式、招标投标过程中的每个环节进行监督管理。在招标投标过程中各方当事人都必须严格按照《招标投标法》的有关规定进行操作，否则将要承担行政处分或者追究刑事责任等相应的法律责任。

本章的重点是招标投标的法律性质，工程招标的原则、条件，工程招标、投标的要求及程序，工程招标投标的行政监督和法律责任。

本章的难点是工程招标投标的行政监督和法律责任。

思考题

1. 什么是建设工程招标投标？它应遵循的原则是什么？
2. 招标人必须具备的条件有哪些？

3. 投标人应具备什么条件？
4. 我国强制性进行招标投标的建设工程项目有哪些？
5. 招标的方式有哪些？它们之间的主要区别是什么？
6. 招标投标活动的基本程序包括哪些步骤？
7. 在招标投标活动中，行政监督的主要内容有哪些？
8. 招标投标活动中的违法行为和法律责任有哪些？

第3章 工程招标投标管理与实务

本章导读

本章的主要内容包括工程招标投标的基本概念，工程招标投标全过程中各阶段的主要工作内容及具体要求。通过对本章内容的学习，可以熟悉招标方案、招标文件的编制原则和内容，资格预审的方法，掌握投标文件的内容构成、编制及递交要求，评标的原则、方法和程序，了解中标人确定的原则和步骤，签订合同的要求。

3.1 概述

3.1.1 工程招标的概念与类型

1. 工程招标的概念

工程建设项目是指工程及与工程建设有关的货物、服务。其中工程是指各类建设工程，包括建筑工程、土木工程、设备和管道安装工程的新建、改建、扩建及其相关的装修、拆除修缮等。

工程招标是招标人用招标方式发包各类土木工程、建筑工程、设备和管道安装工程、装饰装修工程等，选择工程施工总承包或工程总承包企业的行为。

2. 工程招标的类型

（1）工程施工招标

建设工程施工招标是指招标人通过招标选择具有相应工程施工承包资质的企业，按照招标要求对工程建设项目的施工、试运行、竣工等实行承包，并承担工程建设项目施工质量、进度、造价、安全等控制责任和相应的风险责任。

工程产品具有唯一性、一次性、产品固定性的特点。工程招标人通过对比施工企业，选择工程施工承包人，再按照合同的特定要求施工和验收工程，不可能“退货和更换”。而货物产品供应商通常先按标准批量生产，采购人通过对比现成货物选择供应商。这就决定了工

程施工招标区别于货物采购招标的特点，主要是选择一个达到资格能力要求的中标承包人和合理、可行的承包价格及工程施工组织设计，而不是选择一个现成的产品。

因此，工程施工评标主要是考察投标人报价竞争的合理性，工程施工质量、造价、进度、安全等控制体系的完备性和施工方案与技术管理措施的可行性与合理性，组织机构的完善性及其实施能力、信誉的可靠性。小型简单工程则在施工组织设计可行的基础上，以投标价格作为选择中标人的主要因素。

（2）工程总承包招标

工程建设项目招标人通过招标选择具有相应资格能力的企业，在其资质等级许可的承包范围内，按照招标要求对工程建设项目的勘察、设计、招标采购、施工、试运行、竣工等实行全过程或若干阶段的总承包，全面负责工程建设项目建设总体协调、管理职责，并承担工程建设项目质量、进度、造价、环境、安全等控制责任和相应的风险责任。工程总承包招标主要以“投标报价竞争合理性、工程总承包技术管理方案的可行性、工程技术经济和管理能力及信誉可靠性”作为选择中标人的综合评标因素。工程总承包的主要方式有设计采购施工（EPC）/交钥匙总承包、设计—施工一体化总承包（D+B）等。

3.1.2　工程招标投标的程序及工作要求

建设工程招标投标一般要经历招标准备阶段，招标投标阶段，开标、评标和中标阶段，签订合同阶段等四个阶段。

1. 招标准备阶段

招标准备阶段的工作主要包括确定招标组织形式，选择招标方式、范围，落实招标条件，编制招标方案。

（1）确定招标组织形式

根据招标人是否具有招标资质，可以将组织招标形式分为两种情况：

1）自行组织招标。由于工程招标是一项经济性、技术性较强的专业民事活动，因此招标人自己组织招标，必须具备一定的条件，设立专门的招标组织，经招标投标管理机构审查合格，确认其具有编制招标文件和组织评标的能力，能够自己组织招标后，可自行组织招标、自行办理招标事宜。

2）委托代理招标。招标人如不具备自行组织招标的能力，应当委托招标代理机构代为办理招标事宜。招标人应根据招标项目的行业和专业类型、规模标准，自主选择具有相应资格的招标代理机构，委托其代理招标采购业务。

招标人委托招标代理机构代理招标，必须与之签订招标代理合同，明确委托招标代理的内容范围、权限、义务和责任。招标代理机构不得无权代理、越权代理和违法代理，不得接受同一招标项目的投标咨询服务。

（2）选择招标方式、范围

1）根据工程特点和招标人的管理能力确定发包范围。

2）依据工程建设总进度计划确定项目建设过程中的招标次数和每次招标的工作内容，如监理招标、设计招标、施工招标、设备供应招标等。

3）按照每次招标前准备工作的完成情况，选择合同的计价方式。如施工招标时，已完成施工图设计的中小型工程，可采用总价合同；若为初步设计完成后的大型复杂工程，则应采用单价合同。

4）依据工程项目的特点、招标前准备工作的完成情况、合同类型等因素的影响程度，最终确定招标方式。

（3）落实招标条件

工程施工招标需要落实的条件主要包括工程建设项目初步设计、工程招标设计或工程施工图设计已经完成，并经有关政府部门对立项、规划、用地、环境评估等进行审批、核准或备案；工程建设项目具有满足招标投标和工程连续施工所必需的设计图及有关技术标准、规范和其他技术资料；工程建设项目用地拆迁、场地平整、道路交通、水电、排污、通信及其他外部条件已经落实。

工程总承包招标需要落实的条件主要包括按照工程总承包不同开始阶段和总承包方式，应分别具有工程可行性研究报告、实施性工程方案设计或工程初步设计已经完成等相应的条件。

（4）编制招标方案

为有序、有效地组织实施招标工作，招标人应在上述准备工作的基础上，根据招标项目的特点和自身需求，依据有关规定编制招标方案，确定招标内容范围、招标组织形式、招标方式、标段划分、合同类型、投标人资格条件、安排招标工作目标、顺序和计划、分解落实招标工作任务和措施、需要的资源、技术与管理条件。其中，依法必须招标的工程建设项目的招标范围、招标方式与招标组织形式应报项目审批部门核准或招标投标监督部门备案。

2. 招标投标阶段

公开招标时，从发布招标公告（资格预审公告）开始，若为邀请招标，则从发出投标邀请函开始，到投标截止日期为止的期间称为招标投标阶段。在此阶段，招标人应做好招标的组织工作，投标人则应按照招标文件的规定程序和具体要求进行投标报价竞争。招标人应当合理确定投标人编制投标文件所需的时间，自招标文件开始发出之日起到投标截止日止，最短不得少于 20 日。这期间的主要工作包括以下几个方面：

（1）发布招标公告或者发出投标邀请书

招标人要在指定的报纸、杂志、网络等媒体上发布招标公告。招标公告目的是让潜在投标人获得招标信息，确定是否参与竞争。招标公告（资格预审公告）或投标邀请函的具体格式可由招标人自定，内容一般包括招标人的名称和地址、招标项目的性质、数量、实施地点和时间、投标截止日期及获取招标文件的办法等事项，做到内容真实、表达准确、完整不漏项。

（2）资格预审

资格预审是指投标前对获取资格预审文件并提交资格预审申请文件的潜在投标人进行资格审查的一种方式。资格预审对于那些不具备竞标条件、将来肯定会被淘汰的投标人来说也是有好处的，这样可使他们节省不必要的投标报价的费用。同时，资格预审也能使有能力的投标人参加投标，确保投标具有竞争性。通过评审优选出综合实力较强的投标人，再请他们

参加投标竞争，以减小评标的工作量。

资格预审文件是招标人公开告知潜在投标人参加招标项目投标竞争应具备的资格条件、标准和方法的重要文件，是对投标申请人进行资格评审和确定合格投标人的依据。按照《标准施工招标资格预审文件》，工程施工招标项目资格预审文件的内容构成应包括资格预审公告，申请人须知，资格审查办法，资格预审申请文件格式，资格预审文件的澄清与修改，项目建设概况等。

（3）发放招标文件

招标文件是招标人向潜在投标人发出的要约邀请文件，是向投标人发出的旨在向其提供为编写投标文件所需的资料，并向其通报招标投标将依据的规则、标准、方法和程序等内容的书面文件。

招标文件应当包括招标项目的技术要求、对投标人资格审查的标准、投标报价要求和评标标准等所有实质性要求和条件及拟签订合同的主要条款。国家对招标项目的技术、标准有规定的，招标人应当按照其规定在招标文件中提出相应要求。招标项目需要划分标段、确定工期的，招标人应当合理划分标段、确定工期，并在招标文件中载明。编制好招标文件，是招标人在组织整个招标投标过程中最重要和最关键的工作之一。

招标文件发出后，招标人不得擅自变更其内容。确需进行必要的澄清、修改或补充的，应当在招标文件要求提交投标文件截止时间至少 15 天前，以书面形式通知所有获得招标文件的投标人，以便于他们修改投标书。该澄清、修改或补充的内容是招标文件的组成部分，对招标人和投标人都有约束力。

（4）现场踏勘

招标人可以根据招标项目的特点和招标文件的约定，集体组织潜在投标人对项目实施现场的地形地质条件、周边和内部环境进行实地踏勘了解，并介绍有关情况。现场踏勘的主要目的是让潜在投标人了解工程现场和周围环境情况，获取必要的信息，潜在投标人应自行负责据此做出的判断和投标决策。

（5）投标预备会

投标预备会是招标人为了澄清、解答潜在投标人在阅读招标文件和现场踏勘后提出的疑问，按照招标文件规定时间组织的投标预备会议。但所有的澄清、解答均应当以书面方式发给所有购买招标文件的潜在投标人，并属于招标文件的组成部分。招标人同时可以利用投标预备会对招标文件中有关重点、难点内容主动做出说明。

（6）递交投标文件

投标人在阅读招标文件时产生疑问和异议的，可以按照招标文件约定的时间提出书面澄清要求，招标人应当及时书面答复进行澄清，对于投标文件编制有影响的，应该根据影响的时间延长相应的投标截止时间。投标人或其他利害人如果对招标文件的内容有异议，应当在投标截止时间 10 天前向招标人提出。

潜在投标人应严格依据招标文件要求的格式和内容，编制、签署、装订、密封、标识投标文件，按照规定的时间、地点、方式递交投标文件，并按照招标文件规定的方式和金额提交投标保证金。投标人在提交投标截止时间之前，可以撤回、补充或者修改已提交的投标文件。

3. 开标、评标和中标阶段

（1）组建评标委员会

招标人应当在开标前依法组建评标委员会。依法必须进行招标的项目，评标委员会由招标人及其招标代理机构熟悉相关业务的代表和不少于成员总数 2/3 的技术、经济等方面的专家组成，成员人数为 5 人以上单数。依法必须进行招标的一般项目，评标专家可以从依法组建的评标专家库中随机抽取；特殊招标项目可以由招标人从评标专家库中或库外直接确定。

（2）开标

公开招标和邀请招标均应举行开标会议，体现招标的公平、公正和公开原则。开标应当在招标文件确定的提交投标文件截止时间的同一时间公开进行，开标地点应当为招标文件中预先确定的地点。

参加开标会议的人员，包括招标人或其代表人、招标代理人、投标人法定代表人或其委托代理人、招标投标管理机构的监管人员和招标人自愿邀请的公证机构的人员，并可邀请项目有关主管部门、当地计划部门、经办银行等代表出席。

（3）评标

评标由招标人依法组建的评标委员会负责。评标委员会应当在充分熟悉、掌握招标项目的主要特点和需求，认真阅读研究招标文件及其相关技术资料、评标方法、因素和标准、主要合同条款、技术规范等，并按照初步评审、详细评审的先后步骤对投标文件进行分析、比较和评审，评审完成后，评标委员会应当向招标人提交书面评标报告并推荐中标候选人。

（4）中标

招标人按照评标委员会提交的评标报告和推荐的中标候选人及公示结果，根据法律法规和招标文件规定的定标原则确定中标人；中标人确定后，招标人向中标人发出中标通知书，同时将中标结果通知所有未中标的投标人并退还未中标投标人的投标保证金或保函。中标通知书对招标人和中标人具有法律效力，招标人改变中标结果或中标人拒绝签订合同均要承担相应的法律责任。

4. 签订合同阶段

中标人收到中标通知书后，招标人、中标人双方应具体协商谈判签订合同事宜，形成合同草案。合同草案一般需要先报招标投标管理机构审查。经审查后，招标人与中标人应当自中标通知书发出之日起 30 天内，依据中标通知书、招标文件、投标文件中的合同构成文件正式签订书面合同。招标人和中标人不得再另行订立背离合同实质性内容的其他协议。同时，双方要按照招标文件的约定相互提交履约保证金或者履约保函，招标人还要退还中标人的投标保证金。招标人如拒绝与中标人签订合同需赔偿有关损失。中标人如果拒绝在规定的时间内提交履约担保和签订合同，招标人报请招标投标管理机构批准同意后取消其中标资格，按规定不退还其投标保证金，并考虑在其余投标人中重新确定中标人，与之签订合同或重新招标。

依法必须进行招标的项目，招标人应当自确定中标人之日起 15 日内，向有关行政监督部门提交招标投标情况的书面报告。合同订立后，应将合同副本分送有关部门备案，以便合同受到保护和监督。至此，招标投标工作全部结束。招标投标工作结束后，应将有关文件资

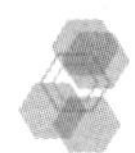

料整理归档，以备考查。

建设工程招标投标工作流程如图 3-1 所示。

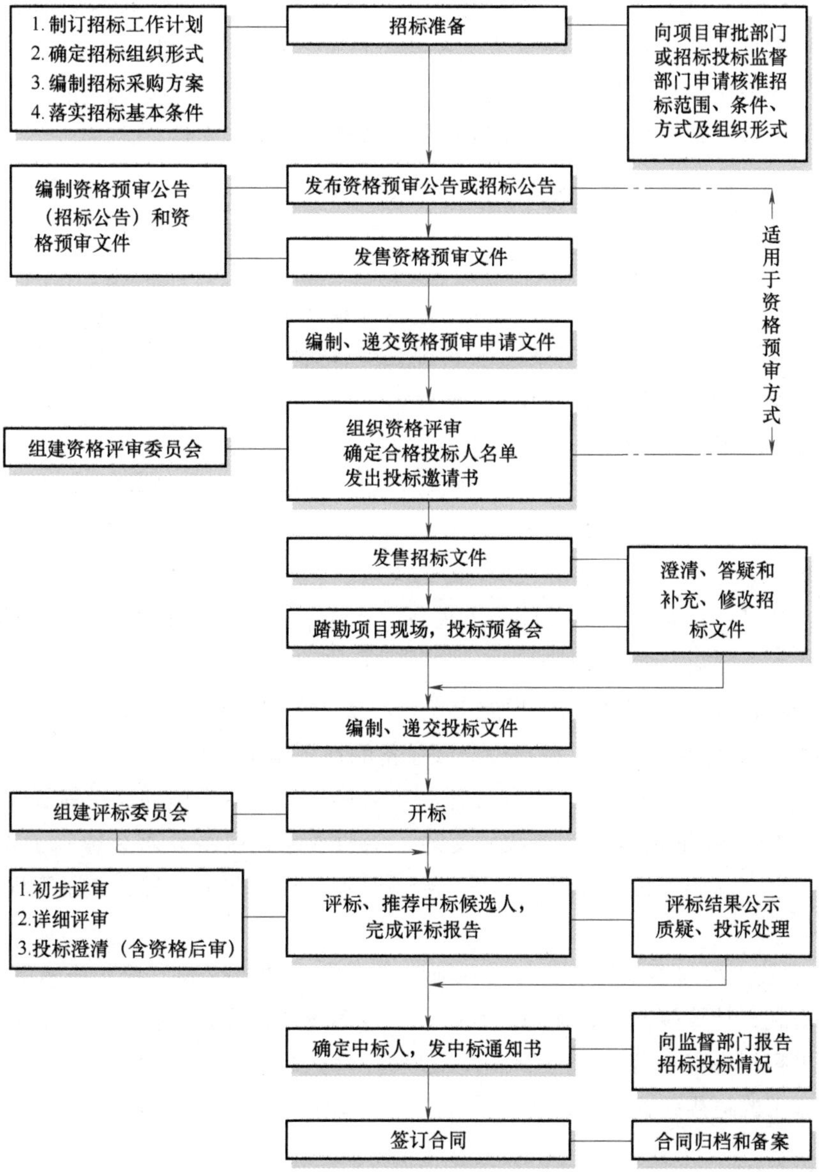

招标准备
- 1. 制订招标工作计划
- 2. 确定招标组织形式
- 3. 编制招标采购方案
- 4. 落实招标基本条件
- 向项目审批部门或招标投标监督部门申请核准招标范围、条件、方式及组织形式

发布资格预审公告或招标公告
- 编制资格预审公告（招标公告）和资格预审文件

发售资格预审文件

编制、递交资格预审申请文件

组织资格评审　确定合格投标人名单　发出投标邀请书
- 组建资格评审委员会

（适用于资格预审方式：发布资格预审公告或招标公告 → 组织资格评审 确定合格投标人名单 发出投标邀请书）

发售招标文件

踏勘项目现场，投标预备会
- 澄清、答疑和补充、修改招标文件

编制、递交投标文件

开标
- 组建评标委员会

评标、推荐中标候选人，完成评标报告
- 1.初步评审
- 2.详细评审
- 3.投标澄清（含资格后审）
- 评标结果公示　质疑、投诉处理

确定中标人，发中标通知书
- 向监督部门报告招标投标情况

签订合同
- 合同归档和备案

图 3-1　建设工程招标投标工作流程

3.2　工程招标方案

工程招标要正确分析和掌握工程建设项目的使用功能、规模、标准、节能、环保影响和质量、造价、工期等技术经济和管理特征以及相应的采购需求目标，并据此编制科学、合理、可行的招标方案，选择确定招标的各项评审因素和标准，并通过招标选择合适的承包人

及合理可行的工程施工组织设计，实现工程建设项目的需求目标。

招标方案是招标人为了规范、有序地实施招标工作，在实施招标工作之前，通过分析和掌握招标项目的技术特点、经济特性、管理特征及招标项目的功能、规模、质量、价格、进度、服务等需求目标，调查市场供应情况及竞争格局，依据有关法律政策、技术标准和规范，科学合理地设定、安排项目招标实施的条件、范围、目标、方式、组织形式、工作计划、措施等方面的综合计划，是编制招标相关具体计划的指导文件。

3.2.1 工程建设项目招标方案内容

1. 工程建设项目背景概况

主要介绍工程建设项目的名称、用途、建设地址、项目业主、资金来源、规模、标准、主要功能等基本情况，工程建设项目投资审批、规划许可、勘察设计及其相关核准手续等有关依据，已经具备或正待落实的各项招标条件。

2. 工程招标范围和标段划分及投标资格

工程招标一般是指工程施工招标或工程设计施工一体化总承包招标。本书主要介绍工程施工招标。

（1）工程招标范围和标段划分

要依据法律、法规确定必须招标的工程施工内容和范围，并根据项目的特点合理划分标段。

1）工程招标内容和范围包括工程施工现场准备、土木建筑工程和设备安装工程等。

① 工程施工现场准备是指工程建设必须具备的现场施工条件，包括通路、通水、通电、通信，乃至通气、通热，以及施工场地平整，各种施工和生活设施的建设等。

② 土木建筑工程是指房屋、市政、交通、水利水电、铁路等永久性的土木建筑工程，包括土石方工程、基础工程、混凝土工程、金属结构工程、装饰工程、道路工程、构筑物工程等。

③ 设备安装工程包括机械、化工、冶金、电气、自动化仪表、给水排水等通用和专用设备及管线安装，计算机网络、通信、消防、声像系统及检测、监控系统的安装等。

工程施工招标内容和范围应正确描述工程施工范围、数量、工作内容、施工边界条件等，其中，施工的边界条件包括地理边界条件及与周边工程承包人的工作分工、衔接、协调配合等内容。

2）工程施工招标标段划分。工程项目的招标可以是全部工作一次性发包，也可以把工作分解成几个独立的内容分别发包。如果招标人不擅管理，则招标人可将项目全部施工任务发包给一个招标人，仅与一个中标人签订合同，这样施工过程中管理工作比较简单，但有能力参与竞争的投标人较少。如果招标人有足够的管理能力，也可以将全部施工内容分解成若干个单位工程和特殊专业工程分别发包，一则可以发挥不同投标人的专业特长，增强投标的竞争性；二则每个独立合同比总承包合同更容易落实，即使出现问题也易于纠正或补救。但招标发包的数量多少要适当，标段太多会给招标工作和施工阶段的管理协调带来困难。因此，分标段招标的原则是有利于吸引更多投标者来参加投标，以发挥各个承包商的特长，降

低工程造价，保证工程质量，加快工程进度，同时又要考虑到便于工程管理，减少施工干扰，使工程能有条不紊地进行。

招标标段划分主要应考虑以下相关因素：

① 工程特点。准备招标的工程如果场地比较集中，工程量不大，技术上不是特别复杂，一般不用分标。而当工作场面分散、工程量较大，或有特殊的工程技术要求时，则可以考虑分标，如高速公路、灌溉工程等大多是分段发包的。

② 对工程造价的影响。一般来说，一个工程由一家承包商施工，不但干扰少、便于管理，而且由于临时设施少，人力、机械设备可以统一调配使用，可以获得比较低的工程报价。但是，如果是一个大型的、复杂的工程项目，则对承包商的施工经验、施工能力、施工设备等方面都要求很高。在这种情况下，如果不分标就有可能使有能力参加此项目投标的承包商数大大减少，投标竞争对手的减少，很容易导致报价上涨，不能获得合理的报价。

③ 专业化问题。分标时应尽可能按专业划分标段，以利于发挥承包商的特长，增加对承包商的吸引力。

④ 施工现场的施工管理问题。工程进度的衔接很重要，特别是关键线路上的项目一定要选择施工水平高、能力强、信誉好的承包商，以保证能按期或提前完成任务，防止影响其他承包的工程进度，避免引起不必要的索赔。从现场布置角度看，承包商越少越好。确定招标范围时一定要考虑施工现场的布置，彼此不能有过强的干扰。对各个承包商的料场分配、附属企业、生活区域、交通运输甚至弃渣场地等都应在事先有所考虑。

⑤ 其他因素。影响工程招标范围的因素还有很多，如资金问题，当资金筹措不足时，只有实行分标，先进行部分工程招标。

总之，确定招标范围时对上述因素要综合考虑，可以拟定几个招标方案，进行综合比较后确定，但不允许将单位工程肢解成分部、分项工程进行招标。

（2）投标资格要求

按照招标项目及其标段的专业、规模、范围与承包方式，依据有关建筑业企业资质管理规定初步拟定投标人的资质、业绩标准。

3. 工程招标顺序

工程施工招标前应首先安排相应工程的项目管理、工程设计、监理或设备监造招标，为工程施工项目管理奠定组织条件。工程施工招标顺序应按工程设计、施工进度的先后次序和其他条件，以及各单项工程的技术管理关联度安排工程招标顺序。

根据工程施工总体进度顺序确定工程招标顺序。一般是：施工准备工程在前，主体工程在后；制约工期关键线路的工程在前，施工时间比较短的工程在后；土建工程在前，设备安装在后；结构工程在先，装饰工程在后；制约后续的工程在前，紧前的工程在后；工程施工在前，工程货物采购在后，但部分主要设备采购应在工程施工之前招标，以便据此确定工程设计或施工的技术参数。工程招标的实际顺序应根据工程施工的特点、条件和需要安排确定。

4. 工程质量、造价、进度需求目标

招标人员必须全面、正确地分析把握招标工程建设项目的功能、特点和条件，依据有关

法规、标准、规范、项目审批和设计文件及实施计划等总体要求，科学合理设定工程建设项目的质量、造价、进度和安全、环境管理的需求目标。这是编制和实施招标方案的主要内容，也是设置和选择工程招标的投标资格条件、评标方法、评标因素和标准、合同条款等相关内容的主要依据。其中工程建设项目的质量、造价、进度三大控制目标之间具有相互依赖和相互制约的关系：工程进度加快，工程投资就要增加，但项目的提前投产可提前实现投资效益；同时，工程进度加快，也可能影响工程质量；提高工程质量标准和采取严格控制措施，又可能影响工程进度，增加工程投资。因此，招标人应根据工程特点和条件，合理处理好三大需求目标之间的关系，提高工程建设的综合效益。

（1）工程质量需求目标

招标工程建设项目质量必须依据招标人的使用功能要求，满足工程使用的适用性、安全性、经济性、可靠性、环境的协调性等要求设定工程质量等级目标和保证体系的要求；工程质量必须符合国家有关法规和设计、施工质量及验收标准、规范。

（2）工程造价控制目标

招标工程施工造价通常以工程建设投资限额为基础，编制确定工程建设项目的参考标底价格或招标控制价（投标报价的最高控制价格）作为控制目标。工程参考标底是依据招标工程建设项目一致的发包范围的工程量清单，一般参考工程定额的平均消耗量和人工、材料、机械的市场平均价格，结合常规施工组织设计编制。

（3）工程进度需求目标

招标人应根据工程建设项目的总体进度计划要求、工程发包范围和标段、工程设计的进度安排和相关条件及可能的变化因素，在招标文件中明确提出招标工程施工进度的目标要求，包括总工期、开工日期、阶段目标工期、竣工日期及各阶段工作计划。

5. 工程招标方式、方法

根据招标项目的特点和需求，依法选择公开招标或邀请招标方式，选择国内招标或国际招标，选择合适的招标方法和手段，包括传统纸质招标或电子招标、一阶段一次招标或二阶段招标、框架协议招标等。

6. 工程承包模式与合同类型

（1）承包模式

根据招标工程的特点和招标人需要，按承包人义务范围大小，可分别选择两种承包方式：施工承包方式和设计施工一体化承包方式。

（2）合同类型

根据招标工程的特点和招标人使用的计价方式，合同类型一般有固定总价合同、固定单价合同、可调价合同（包括可调单价和总价）、成本加酬金合同。

7. 工程招标方案实施的措施

为有效实施工程招标方案，实现工程招标工作目标、计划，应结合工程招标工作的特点和需要，研究采取相应的组织管理和技术保证措施。

工程总承包招标方案可以结合工程总承包的类型特点、内容范围，抓住设计施工紧密结合的根本要求，参照工程施工招标方案做相应调整。

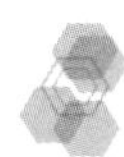

3.2.2　编制招标方案应该注意的问题

招标的目的是在符合国家法律法规和政策的强制性规定的前提下，通过合理设定招标条件，吸引数量众多的投标人参与竞争，并借此以较低的成本采购到满足需求的工程、货物或服务。招标人应当通过制订招标方案，营造出有利于投标人充分竞争的环境。

在招标投标过程中，潜在投标人或投标人越多，则投标人之间的竞争会越激烈。在激烈竞争的条件下，投标人为了在投标中胜出，被迫以提供更低的价格、更好的质量、更完善的服务为目标，编制投标文件响应招标，使招标人有可能以最有利的条件采购到满意的工程、货物或服务。一般情况下，当满足招标要求的投标人数量达到或超过三家时，可以满足最低限度的竞争；当满足招标要求的投标人数量越多时，投标人之间的竞争会越发充分。

因此，招标人在编制招标方案时，应当正确分析掌握招标项目的特征、需求，合理设定招标条件，选择适当的招标方式和招标组织形式，尽可能让足够多的潜在投标人参与投标竞争。招标人（招标代理机构）在编制招标方案时，应注意以下一些问题：

（1）选择适当的招标组织形式

招标组织形式有自行组织招标和委托代理招标两种。组织招标投标活动是一项需要非常强专业知识的技术工作，选择合适的招标组织形式是开展招标投标活动的前提。招标人具有与招标项目规模和复杂程度相适应的技术、经济等方面的专业人员的，经行政监督部门备案，可以自行办理招标事宜。

自行组织招标便于协调管理，但容易受招标人认识水平和法律、技术专业水平的限制而影响投标竞争的成效。因此即使招标人具有自行组织招标的能力条件，也可优先考虑选择委托代理招标。

对于没有设立专门招标机构或没有足够数量具备专业知识和职业资格的专职招标人员的招标人，应当委托专业招标代理机构来办理招标事宜。

（2）尽可能选择公开招标采购方式

招标方式有公开招标和邀请招标两种。采用公开招标，可以为投标人提供公开、公平的竞争条件，同时招标人借助市场竞争这个经济杠杆取得节约项目资金的效果。公开招标的各个环节是在各方面监督之下进行的，可以最大限度地减少招标投标争议。除了法律法规规定的客观特殊情形，只能采用邀请招标外，国有资金控股或占主导地位的依法必须招标项目应当采用公开招标，禁止利用邀请招标进行虚假招标。但是，邀请招标也有降低社会成本，投标竞争可比性强，投标人重视及投标方案针对性强的特点，可以根据实际情况合法和正确地运用。

依法必须招标的项目，招标人应当按核准的招标方式进行招标。核准的招标方式为公开招标的，必须采用公开招标方式；核准的招标方式为邀请招标的，可以采用邀请招标方式，也可以采用公开招标方式，但涉及国家安全和国家秘密的项目除外。对于其他项目，适合公开招标的应尽量选择公开招标方式。

（3）制订科学合理的招标工作计划

招标是一项程序要求和时间要求很强的工作，每个招标环节都有其自身的工作内容和程序。招标人（招标代理机构）应当根据项目工期和采购进度，合理安排招标计划，科学制

定招标方案。在招标程序和项目进度出现矛盾时，应当以招标程序符合法律法规为原则，绝不能为了满足项目进度的要求而牺牲招标程序的合法性。

（4）科学合理地确定标段或标包划分

在确定标段或标包划分时，应当遵守招标投标法的有关规定，坚持不肢解工程的原则，保持工程的整体性和专业性，禁止利用划分标段限制或者排斥潜在投标人或者化整为零规避招标。对于一般工业和民用建筑工程施工项目，各项工程内容的技术关联性较强，应采用施工总承包的方式进行招标，将施工项目交给一家总承包单位承包，禁止肢解单位工程施工；对于公路、铁路等施工项目，由于各个单位工程涉及的专业类别不同，为了缩短工期，可以将一条公路或铁路的施工划分为若干标段，由不同专业优势的施工单位承包。

（5）注意招标的经济性和效率

相对于谈判采购而言，招标过程程序复杂，采购人往往需要额外付出组织招标的经济成本和时间成本。但是与通过招标节约的采购成本相比，这种付出是值得的。根据统计，我国实行招标投标制度以来，招标节约的采购成本平均达到采购金额的18%，远远高于组织招标支出的费用。

但是，并不是所有项目通过招标节约的开支都是值得的。对于金额较小的项目，招标付出的费用成本往往会大于招标节约的资金。因此，对于依法必须招标的项目，国家相关法规都规定了实行招标的最低限额标准。对于低于招标的最低限额标准的采购项目，由于招标付出的程序费用成本可能超过招标节约的资金，可以采用其他更加简单的采购方式进行采购，也可以通过合并组包，把具有相关性的采购内容合并成一个较大的标包进行招标。

某些特殊项目，供应商数量有限不能形成有效竞争的，招标就不能起到节约资金的目的，只能浪费采购费用和时间。国家法规规定，这类项目经核准可以采用竞争性谈判、询价、单一来源采购等方式进行采购。

3.3 资格审查

资格审查是指招标人对申请人或潜在投标人的经营资格、专业资质、财务状况、技术能力、管理能力、业绩、信誉等方面评估审查，以判定其是否具有投标、订立和履行合同的资格及能力。资格审查既是招标人的权利，也是大多数招标项目的必要程序，它对于保障招标人和投标人的利益具有重要作用。

3.3.1 资格审查的原则方法

1. 资格审查的原则

资格审查在坚持公开、公平、公正和诚实信用的基础上，应遵守科学、合法和择优原则。

（1）科学原则

为了保证申请人或潜在投标人具有合法的投标资格和相应的履约能力，招标人应根据招标采购项目的规模、技术管理特性要求，结合国家企业资质等级标准和市场竞争及其投标人

状况，科学、合理地设立资格评审方法、条件和标准。招标人务必慎重对待投标资格的条件和标准，这将直接影响合格投标人的质量和数量，进而影响到投标的竞争程度和项目招标的期望目标的实现。

（2）合法原则

资格审查的标准、方法、程序应当符合法律规定。

（3）择优原则

通过资格审查，选择资格能力、业绩、信誉优秀的潜在投标人参加投标。

2. 资格审查的方法

资格审查分为资格预审和资格后审两种方法。

（1）资格预审

资格预审是招标人通过发布资格预审公告，向不特定的潜在投标人发出投标邀请，由招标人或者由其组织的资格审查委员会按照资格预审文件确定的资格预审条件、标准和方法，对申请人的经营资格、专业资质、财务状况、类似项目业绩、履约信誉、企业认证体系等条件进行评审，确定合格的申请人。未通过资格预审的申请人，不具有参加投标的资格。资格预审的办法包括合格制和有限数量制，一般情况下应采用合格制，潜在投标人过多的，可采用有限数量制。

资格预审可以减少评标阶段的工作量、缩短评标时间、避免不合格的申请人进入投标阶段，从而节约投标成本。同时，可以提高投标人投标的针对性、竞争性，提高评标的科学性、可比性，但因设置了资格预审环节，延长了招标投标的过程，增加了招标人组织资格预审和潜在投标人进行资格预审申请的费用。资格预审比较适合于技术难度较大，或投标文件编制费用较高，或潜在投标人数量较多的招标项目。

（2）资格后审

资格后审是在开标后对投标人进行的资格审查。采用资格后审方式时，招标人应当在开标后由评标委员会按照招标文件规定的标准和方法对投标人的资格进行审查。资格后审是评标工作的一个重要内容。对资格后审不合格的投标人，评标委员会应否决其投标。

采用资格后审可以省去招标人组织资格预审和潜在投标人进行资格预审申请的工作环节，从而节约相关费用，缩短招标投标过程，有利于增加投标人数量，加大串标围标的难度，但会降低投标人投标的针对性和积极性，在投标人过多时会增加社会成本和评标工作量。资格后审方法比较适合潜在投标人数量不多的通用性、标准化招标项目。

3.3.2　资格预审

1. 资格预审程序

根据国务院有关部门对资格预审的要求和《标准施工招标资格预审文件》范本的规定，资格预审一般按以下程序进行：

（1）编制资格预审文件

对依法必须进行招标的项目，招标人应使用相关部门制定的标准文本，根据招标项目的特点和需要编制资格预审文件。

（2）发布资格预审公告

公开招标项目，应当发布资格预审公告。对于依法必须进行招标的项目的资格预审公告应当在国务院发展改革部门依法指定的媒介发布。

（3）出售资格预审文件

招标人应当按照资格预审公告规定的时间、地点发售资格预审文件。资格预审文件的发售期不得少于5日。

（4）资格预审文件的澄清、修改

招标人可以对已发出的资格预审文件进行必要的澄清与修改。澄清和修改的内容可能影响资格预审申请文件的，招标人应当在提交资格预审申请文件截止时间至少3日前，以书面形式通知所有获取资格预审文件的潜在投标人；不足3日的，招标人应当顺延提交资格预审申请文件的截止时间。

（5）潜在投标人编制并提交资格预审申请文件

潜在投标人应严格依据资格预审文件要求的格式和内容，编制、签署、装订、密封、标识资格预审文件，按照规定的时间、地点、方式递交。依法必须进行招标的项目，提交资格预审申请文件的截止时间，自资格预审文件停止发售之日起不得少于5日。

（6）组建资格审查委员会

国有资金控股或者占主导地位的依法必须进行招标的项目，招标人应当组建资格审查委员会评审资格预审申请文件。资格审查委员会及其成员的组成应当依照《招标投标法》有关评标委员会及其成员的规定进行。即资格审查委员会由招标人（招标代理机构）熟悉相关业务的代表和不少于成员总数2/3的技术、经济等专家组成，成员人数为5人以上单数。其他项目由招标人自行组织资格审查。

（7）资格审查委员会的具体工作

资格审查委员会应当按照资格预审文件载明的标准和方法，对资格预审申请文件进行审查，确定通过资格预审的申请人名单，并向招标人提交书面资格审查报告。资格审查报告一般包括以下内容：①基本情况和数据表；②资格审查委员会名单；③澄清、说明、补正事项纪要等；④审查程序和时间、未通过资格审查的情况说明、通过评审的申请人名单；⑤评分比较一览表和排序；⑥其他需要说明的问题。

（8）招标人审核资格预审评审报告、确定资格预审合格申请人

招标人根据资格审查报告确认通过资格预审的申请人，向其发出资格预审结果通知书（或发出投标邀请书代替资格预审合格通知书），并向未通过资格预审的申请人发出资格预审结果通知书。

其中，编制资格预审文件和进行资格预审申请文件的评审，是完成整个资格预审工作的两项关键程序。

2. 资格预审文件的内容与编制

资格预审文件是招标人公开告知潜在投标人参加招标项目投标竞争应具备资格条件、标准和方法的重要文件，是对投标申请人进行资格评审和确定合格投标人的依据。

按照《标准施工招标资格预审文件》的要求，工程施工招标项目资格预审文件的内容

构成应包括资格预审公告，申请人须知，资格审查办法，资格预审申请文件格式，工程项目建设概况等。

(1) 资格预审公告

公开招标项目应当发布资格预审公告或者招标公告，其中工程招标资格预审公告适用于采用资格预审方法的公开招标，招标公告适用于采用资格后审方法的公开招标。资格预审公告主要包括以下内容：

1) 招标条件。

2) 工程建设项目概况与招标范围。

3) 投标人资格要求。

4) 资格预审文件获取的时间、方式、地点、价格。

5) 资格预审申请文件递交的截止时间、地点。

6) 公告发布媒体。

7) 联系方式。

(2) 申请人须知

申请人预审须知包括申请人须知前附表、总则、申请人预审文件、资格预审申请文件的编制、资格预审申请文件的递交、资格预审申请文件的审查、通知和确认、纪律与监督、需要补充的其他内容等九部分。其中，总则部分应说明项目概况、资金来源和落实情况、招标范围、计划工期和质量要求、申请人资格要求、语言文字、费用承担等在前附表中已注明的相关重要内容。

(3) 资格审查办法

资格审查方法有合格制和有限数量制两种，分别适用于不同的条件。一般情况下，应当采用合格制，凡符合资格预审文件规定的资格审查标准的申请人均通过资格预审，取得相应投标资格；当潜在投标人数量过多时，可采用有限数量制，招标人在资格预审文件中既要规定资格审查标准，又要明确通过资格预审的申请人数量。

资格审查的程序包括资格预审申请文件的初步审查、详细审查、申请文件的澄清及有限数量制的评分等内容和规则。资格审查委员会完成资格预审申请文件的审查后，确定通过资格预审的申请人名单，并向招标人提交书面审查报告。

(4) 资格预审申请文件格式

资格预审申请文件格式包括资格预审申请函、法定代表人身份证明、授权委托书、联合体协议书、申请人基本情况表、近年财务状况表、近年完成的类似项目情况表、正在施工的和新承接的项目情况表、近年发生的诉讼及仲裁情况、其他材料等格式。

(5) 工程项目建设概况

工程项目建设概况的内容应包括项目说明、建设条件、建设要求和其他需要说明的情况。

1) 项目说明。首先应概要介绍工程建设项目的建设任务、工程规模标准和预期效益；其次说明项目的批准或核准情况；再次介绍该工程的项目业主、项目投资人出资比例及资金来源；最后概要介绍项目的建设地点、计划工期、招标范围和标段划分情况。

2）建设条件。主要是描述建设项目所处位置的水文气象条件、工程地质条件、地理位置及交通条件等。

3）建设要求。概要介绍工程施工技术规范、标准要求，工程建设质量、进度、安全和环境管理等要求。

4）其他需要说明的情况。这部分内容需结合项目的工程特点和项目业主的具体管理要求提出。

3.3.3 资格后审

资格后审是指在开标后对投标人进行的资格审查。按照《招标投标法实施条例》第二十条的规定，资格后审应当在开标后由评标委员会按照招标文件规定的标准和方法对投标人的资格进行审查。

招标人采用资格后审的，应当注意，资格后审一般在评标过程中的初步评审开始时进行，招标人应当在招标文件中载明对投标人资格要求的条件、标准和方法。资格后审由评标委员会负责完成，评标委员会应按照招标文件规定的评审标准和方法进行评审，对资格后审不合格的投标人，评标委员会应当否决其投标。

3.4 工程招标文件

招标人应当根据招标项目的特点和需要编制招标文件。招标文件应当包括招标项目的技术要求、对投标人资格审查的标准、投标报价要求和评标标准等所有实质性要求和条件及拟签订合同的主要条款。国家对招标项目的技术、标准有规定的，招标人应当按照其规定在招标文件中提出相应要求。招标项目需要划分标段、确定工期的，招标人应当合理划分标段、确定工期，并在招标文件中载明。编制好招标文件，是招标人在组织整个招标投标过程中最重要和最关键的工作之一。

3.4.1 工程招标文件的构成

1. 工程招标文件的概念

建设工程施工招标文件是建设工程招标单位单方面阐述自己的招标条件和具体要求的意思表示，是招标单位确定、修改和解释有关招标事项的书面表达形式的统称。从合同订立过程来分析，建设工程施工招标文件在性质上属于一种要约邀请，其目的在于引起投标人的注意，希望投标人能按照招标人的要求向招标人发出要约。

我国《招标投标法》规定，招标人应当根据招标项目的特点和需要编制招标文件。招标文件应当包括招标项目的技术要求、对投标人资格审查的标准、投标报价要求和评标标准等所有实质性要求和条件，以及拟签订合同的主要条款。国家对招标项目的技术、标准有规定的，招标人应当按照其规定在招标文件中提出相应要求。

建设工程施工招标文件是由招标单位或其委托的咨询机构编制并发布的。它既是投标单位编制投标文件的依据，也是招标单位与将来中标单位签订施工合同的基础，招标文件中提

出的各项要求，对整个招标工作乃至承发包双方都有约束力。由此可见，建设工程施工招标文件的编制实质上是施工合同的前期准备工作，即合同的策划工作。

2. 工程招标文件的主要内容

一般情况下，各类工程施工招标文件的内容大致相同，但组卷方式可能有所区别。此处以《标准施工招标文件》（简称《标准文件》）为范本介绍工程施工招标文件的内容和编写要求。

《标准文件》共包含封面格式和四卷八章的内容，第一卷包括第一章至第五章，涉及招标公告（投标邀请书）、投标人须知、评标办法、合同条款及格式、工程量清单等内容。其中，第一章和第三章并列给出了不同情况，由招标人根据招标项目特点和需要分别选择；第二卷由第六章图纸组成；第三卷由第七章技术标准和要求组成；第四卷由第八章投标文件格式组成。具体内容如下：

（1）招标公告与投标邀请书

招标公告与投标邀请书是《标准文件》的第一章。对于未进行资格预审项目的公开招标项目，招标文件应包括招标公告；对于邀请招标项目，招标文件应包括投标邀请书；对于已经进行资格预审的项目，招标文件也应包括投标邀请书（代替资格预审通过通知书）。

（2）投标人须知

投标人须知是招标投标活动应遵循的程序规则和对投标人的要求。但投标人须知不是合同文件的组成部分，希望有合同约束力的内容应在构成合同文件组成部分的合同条款、技术标准与要求等文件中界定。

投标人须知中主要包括总则、招标文件、投标报价说明、投标文件的编制、投标文件的递交、开标、评标、授予合同。

（3）评标办法

招标文件中的评标办法部分主要包括选择评标方法、确定评审因素和标准及确定评标程序三方面主要内容。

1）选择评标方法。这部分一般包括经评审的最低投标价法、综合评估法和法律、行政法规允许的其他评标方法。

2）确定评审因素和标准。应针对初步评审和详细评审分别制定相应的评审因素和标准。

3）确定评标程序。一般包括初步评审、详细评审、投标文件的澄清、说明及评标结果等具体程序。

采用不同的评标办法时，评标结果的确定有所不同。经评审的最低投标价法，评标委员会按照经评审的评标价格由低到高的顺序推荐中标候选人；对于综合评估法，评标委员会按照得分由高到低的顺序推荐中标候选人。评标委员会按照招标人授权，可以直接确定中标人。评标委员会完成评标后，应当向招标人提交书面评标报告。

（4）合同条款及格式

为了提高效率，招标人可以采用《标准文件》，或者结合行业合同示范文本的合同条款编制招标项目的合同条款。合同条款包括“通用条款”和“专用条款”，通用条款可以采用国家工商行政管理总局和住建部最新颁发的《建设工程施工合同（示范文本）》中的“通用条款”；专用条款根据自身项目特点设立。

（5）工程量清单

工程量清单是表现拟建工程实体性项目和非实体性项目名称与相应数量的明细清单，以满足工程建设项目具体量化和计量支付的需要。工程量清单是投标人投标报价和签订合同协议书以及确定合同价格的统一基础。

实践中常见的有单价合同和总价合同两种主要合同形式，均可以采用工程量清单计价，区别仅在于工程量清单中所填写的工程量的合同约束力。采用单价合同形式的工程量清单是合同文件必不可少的组成内容，其中的清单工程量一般具备合同约束力，招标时的工程量是暂估的，工程款结算时按照实际计量的工程量进行调整。在总价合同形式中，已标价工程量清单中的工程量不具备合同约束力，实际施工和计算工程变更的工程量均以合同文件的设计图所标示的内容为准。

《标准文件》中的“工程量清单”包括四部分内容：工程量清单说明、投标报价说明、其他说明和工程量清单。

（6）图纸

设计图是合同文件的重要组成部分，是编制工程量清单及投标报价的主要依据。通常招标时的设计图并不是工程所需的全部图，在投标人中标后还会陆续颁发新的设计图及对招标时设计图的修改。因此，在招标文件中，除了附上招标图外，还应该列明图纸目录。

（7）技术标准和要求

技术标准和要求也是构成合同文件的组成部分。如果没有现成的标准可以引用，还有必要将有些大型项目作为专门的科研项目来研究。

（8）投标文件格式

投标文件格式的主要作用是为投标人编制投标文件提供固定的格式和编排顺序，以规范投标文件的编制，同时便于评标委员会评标。

3.4.2 工程招标文件的编制

1. 工程招标文件的编制原则

（1）遵守国家的法律和法规，符合有关贷款组织的合法要求

保证招标文件的合法性，是编制招标文件必须遵循的一个根本原则。招标文件是中标者签订合同的基础，不合法的招标文件是无效的，不受法律保护。

（2）公正、合理地处理业主与承包商的关系，保护双方的利益

如果在招标文件中不恰当地将业主风险转移给承包商一方，承包商势必要加大风险费用，提高投标报价，最终还是令业主一方增加支出。

（3）正确、详尽地反映工程项目的客观、真实情况

招标文件必须真实可靠，诚实信用，不能欺骗或误导投标单位。在这一基础上建立起来的合同关系，才能减少签约和履约过程中的争议。

（4）内容要具体明确，完整统一，避免各文件之间的矛盾

招标文件涉及的内容很多，编写形式要规范，不能杂乱无章，各部分规定和要求必须一致。

2. 工程招标文件编制应注意的问题

（1）招标文件应体现工程建设项目的特点和要求

招标文件涉及的专业内容比较广泛，具有明显的多样性和差异性，编写一套适用于工程建设项目的招标文件，需要具有较强的专业知识和一定的实践经验，还要准确把握项目专业特点。

（2）招标文件必须明确投标人实质性响应的内容

投标人必须完全按照招标文件的要求编写投标文件，如果投标人没有对招标文件的实质性要求和条件做出响应，或者响应不完全，都可能导致投标人投标失败。所以，招标文件中需要投标人做出实质性响应的所有内容，如招标范围、工期、投标有效期、质量要求、技术标准和要求等应具体、清晰、无争议，且应以醒目的方式提示，避免使用原则性的、模糊的或者容易引起歧义的词句。招标文件中非实质性要求的内容、格式等不能作为否决投标的依据。

（3）防范招标文件中的违法、歧视性条款

编制招标文件必须熟悉和遵守招标投标的法律法规，并及时掌握最新规定和有关技术标准，公平、公正、遵纪守法。严格防范招标文件中出现违法、歧视、倾向条款限制、排斥或保护潜在投标人，并要公平合理划分招标人和投标人的风险责任。只有招标文件客观公正，才能保证整个招标投标活动的客观公正。

（4）保证招标文件格式、合同条款的规范一致

编制招标文件应保证格式文件、合同条款规范一致，从而保证招标文件逻辑清晰、表达准确，避免产生歧义和争议。招标文件合同条款部分如采用通用合同条款和专用合同条款形式编写的，正确的合同条款编写方式为："通用合同条款"应全文引用，不得删改；"专用合同条款"则应按其条款编号和内容，根据工程实际情况进行修改和补充。

（5）招标文件的语言要规范，简练

编制、审核招标文件应一丝不苟、认真细致。招标文件语言文字要规范、严谨、准确、精练、通顺，要认真推敲，避免使用含义模糊或容易产生歧义的词语。

3.4.3　工程标底的作用及编制依据

1. 工程标底的参考作用

投标竞争的实质是价格竞争。工程标底是招标人通过客观、科学计算，期望控制的招标工程施工造价。工程施工招标标底主要用于评标时分析投标价格合理性、平衡性、偏离性，分析各投标报价差异情况，作为发现和防止投标人恶意竞争报价及其串标投标的参考性依据。但是，标底不能作为评定投标报价有效性和合理性的直接依据。招标文件中不得规定投标报价最接近标底的投标人为中标人，也不得规定超出标底价格上下允许浮动范围的投标报价直接作为废标处理。招标人自主决定是否编制标底价格。标底应当严格保密。

2. 编制标底的原则

1）遵守招标文件的规定，充分研究招标文件相关技术和商务条款、设计图及有关计价规范的要求。标底应该客观反映工程建设项目的实际情况和施工技术管理要求。

2）标底应结合市场状况，客观反映工程建设项目的合理成本和利润。

3. 工程标底编制依据

工程标底价格一般依据工程招标文件的发包内容范围和工程量清单，参照现行有关工程

消耗定额和人工、材料、机械等要素的市场平均价格，结合常规施工组织设计方案编写。

各类工程建设项目标底编制的主要强制性、指导性或参考性依据有：

1）各行业建设工程工程量清单计价规范。

2）国家或省级行业建设主管部门颁发的计价定额和计价办法。

3）建设工程设计文件及相关资料。

4）招标文件的工程量清单及有关要求。

5）工程建设项目相关标准、规范、技术资料。

6）工程造价管理机构或物价部门发布的工程造价信息或市场价格信息。

7）其他相关资料。

标底主要是评标分析的参考依据，编制标底的依据和方法没有统一的规定，一般根据招标项目的技术管理特点、工程发包模式、合同计价方式等选择标底编制的方法和依据，凡不具备编制工程量清单的招标项目，也可以使用工序分析法、经验估算法、工程设计概算分解法等方法编制参考标底，但使用这些方法编制的标底，其准确性相对较差，故不宜作为招标控制价使用。

4. 编制工程标底的几个重要问题

1）注重工程现场调查研究。应主动收集、掌握大量的第一手相关资料，分析确定恰当的、切合实际的各种基础价格和工程单价，以确保编制合理的标底。

2）注重施工组织设计。保证施工组织设计安全可靠、科学合理是编制出科学合理的标底的前提，否则将直接导致工程消耗定额选择和单价组价的偏差。

3）招标人如设置最高投标限价（又称招标控制价、拦标价），是为了在投标竞争不充分时防止投标人抬高投标报价。

招标控制价是指招标人或其委托的具有相应资质工程造价咨询人依据计价规定、招标文件、市场行情信息并根据拟建工程具体条件、水平差异调整编制的对招标工程限定的最高工程造价。工程标底应当保密，而招标控制价（投标最高限价）应当在招标文件中公布，这是两者的主要区别。

3.4.4 工程评标办法

评标办法包括选择评标因素、标准和评标方法、步骤，是评标委员会评标的直接依据，是招标文件中投标人最为关注的核心内容。评标委员会将依据评标办法和标准评审投标文件，做出评审结论并推荐中标候选人，或者根据招标人的授权直接确定中标人。

评标方法一般包括经评审的最低投标价法、综合评估法或者法律、行政法规允许的其他评标方法。招标人应根据招标项目的特点选择适宜的评标方法。

经评审的最低投标价法的概念

1. 经评审的最低投标价法

经评审的最低投标价法是以价格为主导考量因素，对投标文件进行评价时，应首先审查投标文件在商务和技术上对招标文件的满足程度；对于满足招标文件各项实质性要求的投标，则按照招标文件中规定的方法，对投标文件的价格要素做必要的调整，以便使所有投标文件的价格要素按统一的口径进行比较。价格要素可能调

整的内容包括投标范围偏差、投标缺漏项（或多项）内容的加价（或减价）、付款条件偏差引起的资金时间价值差异、工期偏差给招标人带来的直接损益、国外货币汇率转换损失，以及虽未计入报价但评标中应当考虑的税费、运输保险费及其他费用的增减。应区分是招标文件的原因还是投标人的原因，分别按规定办法增减。经过以上价格要素调整后的价格即为经评审的投标价。经评审的最低投标价法应该推荐能够满足招标文件的实质性要求，并且经评审的投标价格最低的投标人为中标候选人；但是投标价格低于其成本的除外。

经评审的最低投标价法一般适用于具有通用技术、性能标准或者招标人对其技术、性能没有特殊要求，工程施工技术管理方案的选择性较小，且工程质量、工期、成本受施工技术管理方案影响较小，工程管理要求简单的施工招标项目的评标。

2. 综合评估法

综合评估法的概念

综合评估法是综合衡量价格、商务、技术等各项因素对招标文件的满足程度，按照统一的标准（分值或货币）量化后进行比较的评标方法。采用综合评估法评标时，可以把以上各项因素折算为货币、分数或比例系数等，再做比较。能够最大限度地满足招标文件中规定的各项综合评价因素的投标被确定为最优投标，其投标人被推荐为中标候选人，但是投标价格低于其成本的除外。

相对于经评审的最低投标价法，综合评估法综合考虑了各项投标因素，适用于所有招标项目。一般情况下，不宜采用经评审的最低投标价法的招标项目，尤其是除价格因素外，技术、商务因素影响较大的招标项目，都可以采用综合评估法。

3.4.5　评标程序

评标程序包括初步评审、详细评审、澄清、推荐中标候选人、编写评标报告等在评标过程中应当由评标委员会完成的各项工作。

（1）初步评审、详细评审和澄清

初步评审（或称为初步审查）一般是审查明显的和重要的内容，如投标文件的完整性、投标文件的签署、投标人资格和对招标文件规定的关键条款的响应等。详细评审（或称为详细审查）是对照招标文件规定的各项要求对投标文件进行全面、细致的审查，确保投标文件实质性响应招标文件的要求。同时，在详细审查中还要按照招标文件规定的评标方法对投标进行比较和排序。

在初步审查和详细审查中，必要时可以要求投标人对投标文件中不明确、不清晰的内容进行澄清。

（2）推荐中标候选人和编写评标报告

评标办法应明确要求评标委员会推荐中标候选人的数量。推荐中标候选人的数量最多为 3 名。招标人也可在评标办法中授权评标委员会完成评审后直接确定中标人。

评标委员会完成评标后，应编写评标报告。

3.4.6　评审因素和标准

（1）初步评审因素和标准

初步评审时考虑的评审因素和标准主要包括：

1）形式评审因素和标准。

2）资格评审因素和标准（适用于资格后审）。

3）响应性评审因素和标准，包括投标内容范围，工期，工程质量，投标有效期，投标保证金，工程量清单报价范围、数量及算术错误，合同权利义务，技术标准和要求。

采用经评审的最低投标价法的初步评审因素和标准还应包括工程施工组织设计和项目管理人员。

（2）详细评审因素和标准

经评审的最低投标价法主要考虑投标报价的总价和分项单价的竞争合理性、平衡性，以及报价内容范围是否存在遗漏、偏离，是否低于其成本价格等，并就招标文件允许和约定的报价内容范围差异、遗漏、工程单价不平衡、工程款支付进度差异等可以量化的价格因素，按标准折现计算评标价。最后按评标价由低到高排序，依次推荐1~3名中标候选人，或者根据招标人的授权直接确定中标人。

采用综合评估法时，要科学设置评审内容及因素，并结合招标工程的技术管理特点和投标竞争情况合理设置评审因素的权重和标准。最后，采用评分或货币量化的方法对投标人及其投标文件进行综合评审。评标委员会依据综合评估价从低到高或综合评估分从高到低的排名次序推荐1~3名中标候选人，或者根据招标人的授权直接确定中标人。

采用综合评估法进行工程施工招标项目的详细评标时，通常从以下几个方面进行详细评审和量化评价：①投标报价；②项目管理机构；③施工组织设计；④其他因素。

延伸思考

某水库工程招标案险致国家损失7000万元

2008年年底至2009年年初，某水库工程是某电站移民的重点工程，作为国家花费4万亿元拉动内需投资中的首批项目，总投资超过8亿元，其中首部枢纽工程的概算近3亿元。在该首部枢纽工程的招标过程中，从业主代表到中介机构、评标专家和竞标企业的代表，几乎所有的参与者合演了一场“串通招标投标”的把戏，让严肃的公平竞争制度变成了荒唐可笑的闹剧，差一点给国家造成约7000万元的经济损失。

作为招标工程业主代表，某县副县长、某水库管理局局长兰某本该严守招标投标法律法规，维护国家利益，但他却将这次招标投标看作千载难逢的致富良机，先后从招标代理中介和投标企业收受贿赂58万多元。兰某与所有想来投标的企业展开了密谈。

对于许诺给自己好处的企业，兰某将工程招标报名情况、投标企业业绩要求、中标方式等秘密信息一一泄露，甚至安排下属将主体工程项目初设方案的详细资料交给投标企业。为了获得“兰某”的关照，参与投标的企业纷纷许诺“事成重谢”，价码从中标总结的1%涨到3%，兰某的“暴富梦”也一度膨胀到174万元。

按照有关规定，招标文件一旦上报主管部门备案，没有经过批准不得擅自修改。但兰某对与自己有利益勾结的企业“有求必应”，私自篡改已上报备案的招标文件，降低业绩门槛帮助投标企业入围。

为了方便投标企业进行非法操作，兰某又将主观操作空间较小的“合理低价”评标办法改为“综合打分”评标办法，甚至与招标代理中介一起为投标企业出谋划策。

【评析】

工程招标失败极容易给国家和社会造成巨大的损失。作为从业人员，应该坚持原则、遵守法律，为社会主义建设奉献自己的力量，而不是为了自己的个人利益，做出有损国家和社会利益的行为。

3.5　工程投标文件

工程施工投标是指施工企业根据业主或招标单位发出的招标文件的各项要求，提出满足这些要求的报价及各种与报价相关的条件。工程施工投标除了报价外，还包括一系列建议和要求。投标是获取工程施工承包权的主要手段，施工企业一旦提交投标文件后，就必须在规定的时限内信守自己的承诺，不得随意反悔或拒不认账。这是一种法律行为，投标人必须承担反悔可能产生的经济、法律责任。

3.5.1　工程投标文件的组成

投标文件是投标人根据招标文件的要求编制的，向招标人发出的要约文件。工程投标文件一般包括以下内容：

1）投标函及投标函附录。

2）法定代表人身份证明或授权委托书。

3）联合体协议书（如有）。

4）投标保证金。

5）已标价的工程量清单。

6）施工组织设计。

7）资格后审证明文件或资格预审更新资料。

3.5.2　工程投标文件格式

1. 投标函及其附录

投标函及其附录是指投标人按照招标文件的条件和要求，向招标人提交的有关报价、质量目标等承诺和说明的函件，是投标人为响应招标文件相关要求所做的概括性函件，一般位于投标文件的首要部分，其内容、格式必须符合招标文件的规定。

（1）投标函

工程投标函主要包括以下内容：

1）投标有效期。在投标函中，投标人应当填报投标有限期和在有效期内相关的承诺。

2）投标保证金。在投标函中，投标人应该承诺为本次投标所提交的投标保证金的具体金额。

3）中标后的承诺。从理论上讲，每个投标人都存在中标的可能性，所以应当在投标函中要求每个投标人对中标后的一些责任和义务进行承诺。

4）投标函的签署。投标人承诺的执行性和可操作性都基于投标人的书面签署，因此在投标函格式部分均应要求投标人盖法人印章、法定代表人或其委托代理人签字、投标人的联系方式（包括地址、网址、电话、传真、邮政编码）等，作为对投标函内容的确认和承诺。

投标函应参照相关法规的规定及招标投标惯例，根据招标项目特点及招标人的具体需求确定具体内容，投标人提交的投标函内容、格式需严格按照招标文件提供的统一格式编写，不得随意增减内容。

（2）工程投标函附录

工程投标函附录一般附于投标函之后，是合同文件的重要组成部分，主要内容是对投标文件中涉及关键性或实质性的内容条款进行说明或强调。

投标人填报投标函附录时，在满足招标文件实质性要求的基础上，可以提出比招标文件要求更有利于招标人的承诺。一般以表格形式摘录列举。

投标函附录除了需要对合同重点条款摘录外，也可以根据项目的特点、需要，并结合合同执行者重视的内容进行摘录。

2. 法定代表人身份证明或其授权委托书

（1）法定代表人身份证明

法定代表人身份证明十分重要，是用以证明投标文件签字的有效性和真实性，因此，法定代表人身份证明应加盖投标人的法人印章。

（2）授权委托书

若投标人的法定代表不能直接签署投标文件进行投标，则法定代表人需授权代理人全权代笔其在投标过程和签订合同中执行一切与此有关的事项。授权委托书中应写明投标人名称、法定代表人姓名、代理人姓名、授权权限和期限等，授权委托书一般规定代理人不能再次委托，即代理人无转委托权。法定代表人应在授权委托书上亲笔签名。

3. 联合体协议书

凡联合体参与投标的，均应签署并提交联合体协议书。投标文件需要提交联合体协议书时，应着重考虑以下几点：

（1）联合体协议书正本、副本的提交

1）采用资格预审，且接受联合体投标的招标项目，投标人应在资格预审申请文件中提交联合体协议书正本。当通过资格预审后递交投标文件时，只需提交原联合体协议书副本或正本复印件，可不再要求投标人提交联合体协议书正本，以防止前后提交两个正本可能出现差异而导致投标人资格失效。

2）项目招标采用资格后审时，如接受联合体投标，则投标文件中应提交联合体协议书正本。

（2）联合体协议书的内容

1）联合体成员的数量：联合体协议书中首先必须明确联合体成员的数量。其数量必须符合招标文件的规定，否则将视为不响应招标文件规定，而作为废标。

2）牵头人和成员单位名称。

3）联合体协议中牵头人的职责、权利及义务约定。

4）联合体内部分工。

5）签署：联合体协议书应按招标文件规定进行签署和盖章。

4. 投标保证金

投标保证金是在招标投标活动中，招标人为了防止因投标人撤销或者反悔投标的不当行为而使其蒙受损失，约束投标人履行其投标义务的一种担保。投标人要按照招标文件中规定的形式和金额提交投标保证金，并作为投标文件的组成部分。投标人不按招标文件要求提交投标保证金的，其投标文件作为废标处理。

投标保证金的形式主要有银行电汇、银行汇票、银行保函、信用证、支票、第三方担保、现金或招标文件中规定的其他形式。投标保证金采用银行保函形式的，银行保函有效期应长于投标有效期，一般应超出投标有效期 30 天。

5. 投标报价文件

投标人应该按照招标文件中提供的工程量清单或货物、服务清单及其投标报价表格式要求编制投标报价文件。投标人根据招标文件及其相关信息，计算出投标报价，并在此基础上研究投标策略，提出反映自身竞争能力的报价。可以说，投标报价对投标人竞争的成败和将来实施项目的盈亏具有决定性作用。

按招标文件规定格式填写工程量清单计价表、投标报价表及相关说明等投标报价文件是投标文件的核心内容，招标文件往往要求投标人的法定代表人或其委托代理人逐页亲笔签署姓名，并不得进行涂改或删减。

6. 施工组织设计

工程施工组织设计既是施工企业投标文件重要技术文件，又是编制工程量清单投标报价的基础，同时，也是反映投标企业技术和管理水平的重要标志。工程招标施工组织设计主要包括三方面的内容：项目的组织管理机构，施工组织设计具体措施，拟分包工程及分包人情况。

（1）项目的组织管理机构

项目管理组织管理机构包括施工企业为项目设立的管理机构和项目管理班子。

（2）施工组织设计具体措施

施工组织设计包括：①施工部署；②分部分项工程的施工方法及技术措施；③进度计划及保证措施；④质量管理体系及保证措施；⑤安全管理体系及保证措施；⑥环境管理体系及保证措施；⑦文明施工、文物保护体系及保障措施；⑧冬雨期施工保证措施；⑨项目风险预测与防范，事故应急预案；⑩施工总平面图及其他应说明的事项。

（3）拟分包工程及分包人情况

如有分包工程，投标人应说明工程的内容、分包人的资质及以往类似工程业绩等。

7. 其他

投标文件除上述内容之外，有的招标文件还要求投标人提供其他方面资料以满足对投标人综合能力的评定。例如：

1）招标文件允许的备选方案及其报价。

2）资格审查更新资料，投标人应按通过资格预审后的新情况及招标文件的规定对资格预审材料进行更新或补充。

3）资格审查资料，适用于投标资格后审的项目和招标文件要求提交资格审查资料的其他项目，应按照招标文件规定的相关表格和要求，提供能满足资格审查条件的文件资料。

3.5.3 工程投标文件的编制与递交

1. 投标文件的编写、签署、装订、密封

（1）投标文件编写

1）投标文件应按招标文件规定的格式编写，如有必要，可增加附页，作为投标文件组成部分。

2）投标文件应对招标文件有关工期、投标有效期、质量要求、技术标准和要求、招标范围等实质性内容做出全面具体的响应。

3）投标文件正本应用不褪色墨水书写或打印。

（2）投标文件签署

投标函及投标函附录、已标价工程量清单（或投标报价表、投标报价文件）、调价函及调价后报价明细目录等内容，应由投标人的法定代表人或其委托代理人逐页签署姓名（该页正文内容已由投标人的法定代表人或其委托代理人签署姓名的可不签署），并逐页加盖投标人单位印章或按招标文件签署规定执行。以联合体形式参与投标的，投标文件由联合体牵头人的法定代表人或其委托代理人按上述规定签署并加盖联合体牵头人单位印章。

（3）投标文件装订

1）投标文件正本与副本应分别装订成册，并编制目录，封面上应标记“正本”或“副本”，正本和副本份数应符合招标文件规定。

2）投标文件正本与副本都不得采用活页夹，并要求逐页标注连续页码，否则，招标人对由于投标文件装订松散而造成的丢失或其他后果不承担任何责任。

（4）投标文件的密封

投标文件应该按照招标文件规定密封、包装。对投标文件密封的规范要求有：

1）投标文件正本与副本应分别包装在内层封套里，投标文件电子文件（如需要）应放置于正本的同一内层封套里，然后统一密封在一个外层封套中，加密封条和盖投标人密封印章。国内招标的投标文件一般采用一层封套。

2）投标文件内层封套上应清楚标记“正本”或“副本”字样。投标文件内层封套应写明：投标人邮政编码，投标人地址，投标人名称，所投项目名称和标段。投标文件外层封套应写明：招标人地址及名称，所投项目名称和标段，开启时间等。也有些项目对外层封套的标识有特殊要求，如规定外层封套上不应有任何识别标志。当采用一层封套时，内外层的标

记均合并在一层封套上。

未按招标文件规定要求密封和加写标记的投标文件，招标人将拒绝接收。

2. 投标文件递交和有效期

（1）投标文件递交

《招标投标法》第二十八条规定：投标人应当在招标文件要求提交投标文件的截止时间前，将投标文件送达招标文件规定的地点。招标人收到投标文件后，应当签收保存，不得开启。在招标文件要求提交投标文件的截止时间后送达的投标文件，招标人应当拒收。

投标人必须按照招标文件规定地点，在规定时间内送达投标文件。递交投标文件最佳方式是直接或委托代理人送达，以便获得招标代理机构已收到投标文件的回执。如果以邮寄方式送达，投标人必须留出邮寄的时间，保证投标文件能够在截止日之前送达招标人指定地点。

（2）投标文件接收

招标人收到投标文件后应当签收，并在招标文件规定开标时间前不得开启。同时为了保护投标人的合法权益，招标人必须履行完备规范的签收手续。签收人要记录投标文件递交的日期和地点及密封状况，签收人签名后应将所有递交的投标文件妥善保存。

（3）投标文件有效期

投标文件有效期是投标文件保持有效的期限，是招标人完成招标工作并对投标人发出要约做出承诺的期限，也是投标人对自己发出的投标文件承担法律责任的期限。投标有效期从提交投标文件的截止之日至招标文件所写明的时间期限内，在此期限内，所有投标文件均保持有效。招标人需在投标文件有效期截止前完成评标，向中标单位发出中标通知书及签订合同协议书。投标有效期的时间确定应满足完成开标、评标、定标及签订合同等工作所需要的时间。

特殊情况：招标人在原定投标文件有效期内可根据需要向投标人提出延长投标文件有效期的要求，投标人应立即以传真等书面形式对此要求向招标人做出答复，投标人可以拒绝招标人的要求，而不会因此被没收投标担保（保证金）。同意延期的投标人应相应的延长投标保证金的有效期，但不得因此而提出修改投标文件的要求。如果投标人在投标文件有效期内撤回投标文件，其投标担保（保证金）将被没收。

3.6　开标、评标和定标

3.6.1　开标

开标就是招标人依据招标文件规定的时间和地点开启投标人提交的投标文件，公开宣布投标人的名称、投标价格和投标文件中的其他主要内容。开标时间应当在招标文件确定的提交投标文件截止时间的同一时间公开进行。

开标由招标单位或其委托的招标代理机构主持，应邀请所有投标人的法定代表人或其委托代理人参加，并通知有关监督机构代表到场监督，如需要，也可邀请公证机构人员到场公证。

投标人应按招标文件的约定参加开标，招标文件无约定时，可自行决定是否参加开标。投标人不参加开标，视为默认开标结果，事后不得对开标结果提出异议。

1. 开标准备工作

招标人应当安排专人，在招标文件指定地点接收投标人递交的投标文件（包括投标保证金），详细记录投标文件送达人、送达时间、份数、包装密封、标识等查验情况，经投标人确认后，出具投标文件和投标保证金的接收凭证。投标文件密封不符合招标文件要求的，招标人不予受理，在投标截止时间前，应当允许投标人在投标文件接收场地之外自行更正修补。在投标截止时间后递交的投标文件，招标人应当拒绝接收。至投标截止时间提交投标文件的投标人少于 3 家的，不得开标，招标人应将接收的投标文件原封退回投标人，并依法重新组织招标。

2. 开标的程序

招标人应按照招标文件规定的程序开标，一般开标程序如下：

1）宣布开标纪律。

2）确认投标人代表身份。

3）公布在投标截止时间前接收投标文件的情况，并点名确认投标人是否派人到场。

4）宣布开标人、唱标人、记录人、监标人等有关人员姓名。

5）检查投标文件的密封情况。

6）宣布投标文件开标顺序。

7）设有标底的，公布标底。

8）唱标，按照宣布的开标顺序当众开标，公布投标人名称、标段名称、投保保证金的提交情况、投标报价、质量目标、工期及其他内容，并记录在案。

9）有关人员在开标记录上签字。

10）开标结束。

3. 开标应注意的事项

1）在投标截止时间前，投标人书面通知招标人撤回其投标的，无须进入开标程序。

2）依据投标函及投标函附录（正本）唱标，其中投标报价以大写金额为准。

3）开标过程中，投标人对唱标记录提出异议，开标工作人员应立即核对投标函及投标函附录（正本）的内容与唱标记录，并决定是否应该调整唱标记录。

4）开标时，开标工作人员应认真核验并如实记录投标文件的密封、标识及投标报价、投标保证金等开标、唱标情况，发现投标文件存在问题或投标人提出异议的，特别是涉及影响评标委员会对投标文件评审结论的，应如实记录在开标记录上。但招标人不应在开标现场对投标文件是否有效做出判断和决定，应递交评标委员会评定。

3.6.2 评标

招标项目评标工作由招标人依法组建的评标委员会按照招标文件约定的评标方法、标准对符合要求的投标文件进行评比，最后选出中标候选人或中标人。评标是招标投标活动的重

要环节，是招标能够成功的关键，是确定最佳中标人的必要前提。

1. 组建评标委员会

《招标投标法》规定，评标由招标人依法组建的评标委员会负责。评标委员会成员名单一般应于开标前确定，且在中标结果确定前应当保密。依法必须进行招标的项目，其评标委员会由招标人的代表和有关的技术、经济等方面的专家成员组成，成员人数为 5 人以上的单数，其中技术、经济等方面的专家不得少于成员总数的 2/3。

为防止招标人在选定评标专家时的主观随意性，评标委员会的专家成员应当从省级以上人民政府有关部门提供的专家名册或者招标代理机构的专家库内的相关专家名单中确定。确定评标专家，可以采取随机抽取或者直接确定的方式。一般项目可以采取随机抽取的方式；技术特别复杂、专业性要求特别高或者国家有特殊要求的招标项目，采取随机抽取方式确定的专家难以胜任的，可以由招标人直接确定。

（1）评标专家应符合的资格条件

1）从事相关领域工作满 8 年并具有高级职称或同等专业水平。

2）熟悉有关招标投标的法律法规，并具有与招标项目相关的实践经验。

3）能够认真、公正、诚实、廉洁地履行职责。

4）身体健康，能够承担评标工作。

（2）不得担任评标委员会成员的情形

1）是投标人的雇员或投标人主要负责人的近亲属。

2）项目主管部门或者行政监督主管部门的人员。

3）与投标人有经济利益关系，可能影响投标公正评审的。

4）曾因在招标、评标及其他与招标有关的活动中从事违法行为而受过行政处罚或刑事处罚的。

评标专家从发生和知晓上述规定情形之一起，应当主动回避评标。招标人可以要求评标专家签署承诺书，确认其不存在上述法定回避的情形。评标中，如发现某个评标专家存在法定回避情形的，该评标专家已经完成的评标结果无效，招标人应重新确定满足要求的专家替代。

2. 评标的原则和纪律

（1）评标的原则和工作要求

评标活动应当遵循公平、公正、科学、择优的原则。

评标委员会成员应当按上述原则履行职责，对所提出的评审意见承担个人责任。评标工作应符合以下基本要求：

1）认真阅读招标文件，正确把握招标项目特点和需求。

2）全面审查、分析投标文件。

3）严格按照招标文件中规定的评标标准、评标方法和程序评价投标文件。

4）按法律规定推荐中标候选人或依据招标人授权直接确定中标人，完成评标报告。

（2）评标依据

评标委员会依据法律法规、招标文件及其规定的评标标准和方法，对投标文件进行系统的评审和比较，招标文件中没有规定的标准和方法，评标时不得采用。投标文件是指进入开标程序的所有投标文件，以及投标人依据评标委员会的要求对投标文件的澄清和说明。

（3）评标纪律

1）评标活动由评标委员会依法进行，任何单位和个人不得非法干预。无关人员不得参加评标会议。

2）评标委员会成员不得与任何投标人或者招标项目有利害关系的人私下接触，不得收受投标人、中介人及其他利害关系人的财物或其他好处。

3）招标人或其委托的招标代理机构应当采取有效措施，确保招标工作不受外界干扰，保证评标活动严格保密。

3. 评标程序

开标之后即进入评标阶段。评标分为初步评审和详细评审两个阶段。

（1）评标准备工作

招标人及其招标代理机构应为评标委员会评标做好以下评标准备工作：

1）准备评标需用的资料。如招标文件及其澄清与修改、标底文件、开标记录等。

2）准备评标相关表格。

3）选择评标地点和评标场所。

4）布置评标现场，准备评标工作所需工具。

5）妥善保管开标后的投标文件并运到评标现场。

6）评标安全、保密和服务等有关工作。

（2）初步评审

初步评审是评标委员会按照招标文件确定的评标标准和方法，对投标文件进行形式、资格、响应性评审，以判断投标文件是否存在重大偏离或保留，是否实质上响应了招标文件的要求。经评审认定投标文件没有重大偏离，实质上响应招标文件要求的，才能进入详细评审。

1）形式评审。评审内容包括投标人名称、投标函签字盖章、投标文件格式、联合体投标人和投标报价是否唯一等。

2）资格评审。适用于未进行资格预审程序的评标，主要包括营业执照、安全生产许可证、资质等级、财务状况、类似项目业绩、信誉、项目经理、联合体投标人和其他要求。

3）响应性评审。主要包括投标内容范围、工期、工程质量要求、投标有效期、投标保证金、已标价的工程量清单、合同权利和义务、技术标准和要求等。工程施工评标采用经评审的最低投标价法时，还应对施工组织设计和项目管理机构的各种要素是否响应性进行初步评审。

投标报价有算术错误的，评标委员会一般按以下原则对投标报价进行修正：投标文件中的大写金额与小写金额不一致的，以大写金额为准；总价金额与依据单价计算出的结果不一致的，以单价金额为准修正总价，但单价金额小数点有明显错误的除外。修正的价格经投标人书面确认后具有约束力。投标人不接受修正价格的，其投标作为废标处理。

目前，投标报价算术性修正的原则并没有形成统一的认识。实践中的一般做法是在投标

总报价不变的前提下，修正投标报价单价和费用构成。

（3）详细评审

详细评审是评标委员会根据招标文件确定的评标方法、因素和标准，对通过初步评审的投标文件做进一步的评审、比较。

1）经评审的最低投标价法的详细评审。采用经评审的最低投标价法，评标委员会应当将经过初步评审合格并进行算术性错误修正后的投标报价，按照招标文件中规定的方法、因素和标准进行量化折算，计算评标价，招标文件中没有明确规定的因素不得计入评标价。评标价计算通常包括工程招标文件引起的报价内容范围差异、投标人遗漏的费用、投标方案租用临时用地的数量（如果由发包人提供临时用地）、提前竣工的效益等直接反映价格的因素。

一般小型工程为了简化评标过程，往往忽略以上价格的评标量化因素，直接采用投标报价进行比较。

2）综合评估法的详细评审。采用综合评估法，评标委员会可使用打分方法或者其他方法，衡量投标文件最大限度地满足招标文件中规定的各项评价标准的响应程度。

① 投标报价。投标报价评审包括评标价计算和价格得分计算。评标价计算的办法和要求与经评审的最低投标价法相同。工程投标价格得分计算通常采用基准价得分法。常见的评标基准价的计算方式为标段有效的投标报价去掉一个最高值和一个最低值后的算术平均值（在投标人数量较少时，也可以不去掉最高值和最低值），或将该平均值再乘以一个合理下降系数，即可作为本标段的评标基准价。

有效投标报价定义为符合招标文件规定，报价未超出招标控制价（如有）的投标报价。评标基准价确定后在整个评标期间应保持不变，并且应特别阐明计算评标基准价的范围、条件。价格得分的计算公式如下：

$$F_1 = F - \frac{|D_1 - D|}{D} \times 100E$$

式中　F_1——价格得分；

F——价格分值权重；

D_1——投标价格；

D——评标基准价；

E——减分系数，即评标价格高于或低于评标基准价一个百分点应该扣除的分值。

② 施工组织设计。施工组织设计的各项评审因素通常为主观评审，由评标委员会成员独立评审判分。

③ 项目管理机构。由评标委员会成员按照评标办法的规定独立评审判分。

④ 其他因素。其他评审因素包括投标人的财务能力、业绩和信誉等。

（4）投标文件的澄清、说明和补正

澄清、说明和补正是指评标委员会在评审投标文件过程中，遇到投标文件中不明确或存在细微偏差的内容时，要求投标人作出书面澄清、说明或补正，但投标人不得借此改变投标文件的实质性内容。投标人不得主动提出澄清、说明或补正的要求。

若评标委员会发现投标人的投标价或主要单项工程报价明显低于同标段其他投标人报价或者在设有参考标底时明显低于参考标底价时，应要求该投标人做出书面说明并提供相关证明材料。如果投标人不能提供相关证明材料来证明该报价能够按招标文件规定的质量标准和工期完成招标项目，评标委员会应当认定该投标人以低于成本价竞标，作为废标处理。

如果投标人提供了证明材料，评标委员会也没有充分的证据证明投标人低于成本价竞标，评标委员会应当接受该投标人的投标报价。

4. 评标报告和中标候选人

（1）评标报告

评标委员会完成评标后，应当向招标人提出书面评标报告，并抄送有关行政监督部门。评标报告应如实记载以下内容：

1）基本情况和数据表。

2）评标委员会成员名单。

3）开标记录。

4）符合要求的投标一览表。

5）废标情况说明。

6）评标标准、评标方法或者评标因素一览表。

7）经评审的价格或者评分比较一览表。

8）经评审的投标人排序。

9）推荐的中标候选人名单与签订合同前要处理的事宜。

10）澄清、说明、补正事项纪要。

评标报告由评标委员会全体成员签字。对评标结论持有异议的评标委员会成员可以以书面方式阐述其不同意见和理由。评标委员会成员拒绝在评标报告上签字且不陈述其不同意见和理由的，视为同意评标结论。

评标报告应按行政监督部门规定内容和格式填写。利用国际金融组织机构贷款项目的招标及机电产品国际竞争性招标采购，分别对评标报告的内容和格式进行了相应规定。招标人及招标代理机构应根据具体规定填写。

（2）中标候选人

评标委员会推荐的中标候选人应当限定在 1~3 名，并标明排列顺序。

招标人依法确定中标候选人后，应当根据招标文件明确的媒体和发布时间进行公布，接受社会监督。中标候选人的公示时间应当按有关规定执行。中标候选人公示期间内，投标人和其他利害相关人如对中标结果有异议，可以按照法律法规规定的程序提出异议、质疑或投诉。

5. 评标注意事项

（1）评标无效

评标过程有下列情况之一的，评标无效，应当依法重新进行评标或者重新进行招标，有关行政监督部门可处以三万元以下的罚款：

1）使用招标文件没有确定的评标标准和方法的。

2）评标标准和方法含有倾向或者排斥投标人的内容，妨碍或者限制投标人之间竞争，且影响评标结果的。

3）应当回避的评标委员会成员参与了评标。

4）评标委员会的组建及人员组成不符合法定要求的。

5）评标委员会及其成员在评标过程中有违法行为，且影响评标结果的。

（2）否决投标、重新招标和不再招标

1）否决投标。通常情况下，招标文件中规定招标人可以废除所有的投标，但必须经评标委员会评审。评标委员会经评审，认为所有投标都不符合招标文件要求的，可以否决所有的投标。

废除所有的投标一般有两种情况：①缺乏有效的竞争，如投标人不足 3 家；②大部分或全部投标文件不被接受。

判断投标符不符合招标文件的要求，有两个标准：①只有符合招标文件中全部条款、条件和规定的投标才是符合要求的投标；②投标文件有些小偏差，但并没有根本上或实质上偏离招标文件载明的特点、条款、条件和规定，即对招标文件提出的实质性要求和条件做出了响应，仍可被视作符合要求的投标。

这两个标准，招标人在招标文件中应事先列明采用哪一个，并且对偏离尽量数量化，以便评标时加以考虑。

依法必须进行招标的项目所有投标被否决的，招标人应当依照《招标投标法》重新进行招标。如果废标是因为缺乏竞争性，应考虑扩大招标广告的范围。如果废标因为大部分或全部投标不符合招标文件的要求，则可以邀请原来通过资格预审的投标人提交新的投标文件。

2）重新招标和不再招标的具体内容如下：

① 到投标截止时间为止，投标人少于 3 个的；经评标委员会评审后否决所有投标的，招标人将重新招标。

② 不再招标。重新招标后投标人仍少于 3 个或者所有投标被否决的，属于必须审批或核准的工程建设项目，经原审批或核准部门批准后不再进行招标。

3.6.3　中标和签约

1. 确定中标人的原则、步骤

（1）确定中标人的原则

1）采用综合评估法的，应能够最大限度满足招标文件中规定的各项综合评价标准。

2）采用经评审的最低投标价法的，应能够满足招标文件的实质性要求，并且经评审的投标价格最低。但中标人的投标价格应不低于其成本价。

此外，使用国有资金投资或者国家融资的项目及其他依法必须招标的施工项目，招标人应当确定排名第一的中标候选人为中标人。排名第一的中标候选人放弃中标、因不可抗力提出不能履行合同，或者招标文件规定应当提交履约保证金而在规定期限内未能提交的，招标

人可以确定排名第二的中标候选人为中标人。排名第二的中标候选人出现上述情况的，招标人可以确定排名第三的中标候选人为中标人。

招标人可以授权评标委员会直接确定中标人。

（2）确定中标人的步骤

1）确定中标人一般在评标结果已经公示，没有质疑、投诉或质疑、投诉均已处理完毕时。

2）确定中标人前后，招标人不得与投标人就投标价格、投标方案等实质性内容进行谈判。

3）如果招标人授权评标委员会直接确定中标人的，应在评标报告形成后确定中标人。

2. 中标通知书

中标通知书是指招标人在确定中标人后向中标人发出的书面文件。中标通知书的内容应当简明扼要，通常只需告知投标人招标项目已经中标，并确定签订合同的时间、地点即可。中标通知书发出后，对招标人和中标人均具有法律约束力，如果招标人改变中标结果的，或者中标人放弃中标项目的，应当依法承担相应的法律责任。

1）中标人确定后，招标人应当向中标人发出中标通知书，并同时将中标结果通知所有未中标的投标人。

2）中标通知书的发出时间不得超过投标有效期的时效范围。

3）中标通知书需要载明签订合同的时间和地点。需要对合同细节进行谈判的，中标通知书上需要载明合同谈判的有关安排。

4）中标通知书可以载明提交履约担保等投标人需注意或完善的事项。

3. 签订合同协议

工程施工合同协议是依据招标人与中标人按照招标投标及中标结果形成的合同关系，为按约定完成招标工程建设项目，明确双方责任、权利、义务关系而签订的合同协议书。

签订协议时，双方在不改变招标投标实质性内容的条件下，对非实质性差异的内容可以通过协商取得一致意见。签约时，如果招标文件有规定，中标人应按招标文件约定向招标人提交工程施工合同履约担保。合同协议书与下列文件一起构成合同文件：

1）中标通知书。

2）投标函及投标函附录。

3）专用合同条款。

4）通用合同条款。

5）技术标准和要求。

6）设计图。

7）已标价工程量清单。

8）其他合同文件。

上述合同文件应能互相补充和解释，如有不明确或不一致之处，以上述约定优先次序为准。

以下给出工程投标函和工程投标函附录的范本。

工程投标函

(招标人名称)：

1. 我方已仔细研究了＿＿＿＿＿＿＿＿（项目名称）标段施工招标文件的全部内容，愿意以人民币（大写）＿＿元（￥＿＿＿＿）的投标总报价，工期＿＿＿日历天，按合同约定实施和完成承包工程，修补工程中的任何缺陷，工程质量达至＿＿＿＿＿＿。

2. 我方同意在自规定的开标日起＿＿＿＿＿天的投标有效期内严格遵守本投标文件的各项承诺。在此期限届满之前，本投标文件始终对我方具有约束力，并随时接受中标。我方承诺在投标有效期内不修改、撤销投标文件。

3. 随同本投标函提交投标保证金一份，金额为人民币（大写）＿＿＿元（￥＿＿＿）。

4. 如我方中标：

(1) 我方承诺在收到中标通知书后，在中标通知书规定的期限内与你方签订合同。

(2) 随同本投标函递交的投标函附录属于合同文件的组成部分。

(3) 我方承诺按照招标文件规定向你方递交履约担保。

(4) 我方承诺在合同约定的期限内完成并移交全部合同工程。

5. 我方在此声明，所递交的投标文件及有关资料内容完整、真实和准确，且不存在法律法规限制投标的任何情形。

6. ＿＿＿＿＿＿＿＿＿（其他补充说明）。

投标人：　　　　　　　　（盖单位章）

法定代表人或其委托代理人：　　　　签字：＿＿＿＿＿

地址：＿＿＿＿＿＿＿＿

网址：＿＿＿＿＿＿＿＿

电话：＿＿＿＿＿＿＿＿

传真：＿＿＿＿＿＿＿＿

邮政编码：＿＿＿＿＿＿＿＿

＿＿＿＿年＿＿＿＿月＿＿＿＿日

工程投标函附录

序号	条款名称	合同条款号	约定内容	备注
1	项目经理		姓名	
2	工期		日历天	
3	缺陷责任期			
4	履约担保金额			
5	发出开工通知期限			
6	逾期竣工违约金			
7	逾期竣工违约金限额			
8	提前竣工的奖金			
9	提前竣工的奖金限额			

（续）

序号	条款名称	合同条款号	约定内容	备注
10	价格调整的差额计算		见价格指数权重表	
11	工程预付款			
12	材料、设备预付款			
13	进度付款证书最低限额			
14	进度付款支付期限			
15	逾期付款违约金			
16	质量保证金百分比			
17	……			
18	最终付款支付期限			
19	保修期			

投标人：（盖单位章）

投标文件签署人签名：

本章小结

本章的主要内容包括工程招标投标的基本概念，工程招标投标全过程中各阶段的主要工作内容及具体要求。通过对本章内容的学习，可以熟悉招标方案、招标文件的编制原则和内容，资格预审的方法，掌握投标文件的内容构成、编制及递交要求，评标的原则、方法和程序，了解中标人确定的原则和步骤，签订合同的要求。

本章的重点是投标文件的内容构成、编制及递交要求。

本章的难点是招标文件的编制。

思考题

1. 简述建设工程施工招标的概念。
2. 资格预审的内容是什么？
3. 简述施工招标文件编制的原则。
4. 简述编制标底的作用和依据。
5. 简述建设工程施工投标的概念。
6. 简述开标和评标的程序。
7. 评标委员会如何组成？有何具体要求？
8. 评标过程中应遵循哪些原则？
9. 评标常用的方法有哪几种？

第4章 建设工程勘察设计合同

本章导读

本章介绍了建设工程勘察设计合同的概念、合同订立及主要内容。此外，本章还重点介绍了住房和城乡建设部与国家工商行政管理总局分别在2015年和2016年颁布的合同示范文本的主要内容。

4.1 建设工程勘察合同

建设工程勘察是指根据建设工程的要求，查明、分析、评价建设场地的地质地理环境特征和岩土工程条件，编制建设工程勘察文件的活动。建设工程勘察包括建设工程项目的岩土工程、水文地质、工程测量、海洋工程勘察等。

建设工程勘察合同是为完成一定的项目勘察任务，发包人与勘察人之间签订的明确双方权利和义务的协议。

住房和城乡建设部与国家工商行政管理总局在2016年颁布了《建设工程勘察合同（示范文本）》（GF—2016—0203）。

4.1.1 建设工程勘察合同的订立

1. 订立条件

（1）勘察人条件

勘察人即承包人，是指持有国家规定部门颁发的工程勘察资格证书，从事工程项目勘察活动的单位。

工程勘察资质分为工程勘察综合资质、工程勘察专业资质、工程勘察劳务资质。工程勘察综合资质只设甲级；工程勘察专业资质设甲级、乙级，根据工程性质和技术特点，部分专业可以设丙级；工程勘察劳务资质不分等级。取得工程勘察综合资质的企业，可以承接各专业（海洋工程勘察除外）、各等级工程勘察业务；取得工程勘察专业资质的企业，可以承接相应等级相应专业的工程勘察业务；取得工程勘察劳务资质的企业，可以承接岩土工程治理、工程钻探、凿井等工程勘察劳务业务。

勘察人须在其工程勘察资质范围内从事工程勘察活动，详见《建设工程勘察设计资质管理规定》。

(2) 勘察任务委托方式的限定条件

建设工程勘察任务有招标委托和直接委托两种方式。依法必须进行招标的项目，必须按照《工程建设项目勘察设计招标投标办法》，通过招标投标的方式来委托，否则所签订的勘察合同无效。

2. 当事人的资信与能力审查

合同当事人的资信及履约能力是合同能否得到履行的保证。在签约前，双方都有必要审查对方的资信和能力。

1) 资格审查。审查当事人是否经国家规定的审批程序成立，其经营活动是否超过营业执照或勘察资质证书规定的范围。同时还要审查参加签订合同的人员是否是法定代表人或其委托的代理人，以及代理人的活动是否在授权代理范围内。

2) 资信审查。审查当事人的资信情况，可以了解当事人的财务状况和履约态度，以确保所签订的合同是基于诚实信用的。

3) 履约能力审查。对于勘察单位，主要审查其专业业务能力、以往的工作业绩，以及正在履行的合同工程量。对于发包人，主要审查其财务状况和建设资金到位情况。

3. 合同签订的程序

1) 确定合同标的。确定工程勘察任务的内容。

2) 选定勘察承包人。对于依法必须招标的工程建设项目，按照招标投标程序确定勘察承包人。对于小型项目及依法可以不招标的项目，发包人可以直接选定勘察承包人。

3) 签订勘察合同。对于通过招标方式确定承包人的项目，合同的主要条件在招标投标文件中都得到了确认，所以在签约阶段需要进一步协商的内容一般不会很多。而对于直接委托的勘察项目，其合同的谈判就要涉及几乎所有的合同条款，必须认真对待。在合同当事人双方就合同的各项条款取得一致意见之后，双方法定代表人或其代理人即可正式签署合同文件。

4.1.2 《建设工程勘察合同（示范文本）》的组成

《建设工程勘察合同（示范文本）》由合同协议书、通用合同条款和专用合同条款三部分组成。

1. 合同协议书

合同协议书共 12 条，主要包括工程概况、勘察范围和阶段、技术要求及工作量、合同工期、质量标准、合同价款、合同文件构成、承诺、词语定义、签订时间、签订地点、合同生效和合同份数等内容，集中约定了合同当事人基本的合同权利义务。

2. 通用合同条款

通用合同条款就工程勘察的实施及相关事项对合同当事人的权利义务做出了原则性约

定。通用合同条款具体包括一般约定、发包人、勘察人、工期、成果资料、后期服务、合同价款与支付、变更与调整、知识产权、不可抗力、合同生效与终止、合同解除、责任与保险、违约、索赔、争议解决及补充条款等 17 条。

3. 专用合同条款

专用合同条款是对通用合同条款原则性约定的细化、完善、补充、修改或另行约定的条款。合同当事人可以根据不同建设工程的特点及具体情况，通过双方的谈判、协商对相应的专用合同条款进行修改补充。

4.1.3　建设工程勘察合同的主要内容

1. 工程概况

这部分主要包括工程名称、工程建设地点、工程规模、工程特征、工程勘察任务委托文号、委托日期、工程勘察任务、技术要求、承接方式、预计勘察工作量等。

2. 发包人的义务、权利和责任

在建设工程勘察合同中，发包人的义务即是承包人的权利，承包人的义务即是发包人的权利。

（1）发包人的义务

1）发包人应及时向勘察人提供文件资料，并对其准确性、可靠性负责，具体包括：

① 提供本工程批准文件（复印件），以及用地（附红线范围）、施工、勘察许可等批件（复印件）。

② 提供工程勘察任务委托书、技术要求和工作范围的地形图、建筑总平面布置图。

③ 提供勘察工作范围已有的技术资料及工程所需的坐标与标高资料。

④ 提供勘察工作范围地下已有埋藏物的资料（如电力、电信电缆、各种管道、人防设施、洞室等）及具体位置分布图。

⑤ 发包人不能提供上述资料，由勘察人收集的，发包人需向勘察人支付相应费用。

2）向勘察人支付费用，具体包括：

① 按合同约定的时间和标准支付勘察费。

② 为勘察人的工作人员提供必要的生产、生活条件，并承担费用；如不能提供时，应一次性付给勘察人临时设施费。

③ 勘察过程中的任何变更，经办理正式变更手续后，发包人应按实际发生的工作量支付勘察费。

3）若约定由发包人负责提供材料的，发包人应根据勘察人提出的工程用料计划，按时将材料运到现场，并派人与勘察人的人员一同验收，同时提供产品的合格证明，并承担所有费用。

（2）发包人的权利

从勘查人处获得约定任务的准确、可靠的勘察成果。

（3）发包人的责任

1）在勘察工作范围内，没有资料、图纸的地区（段），发包人应负责查清地下埋藏物，若因未提供上述资料、图纸，或提供的资料与图纸不可靠、地下埋藏物不清，致使勘察人在勘察工作过程中发生人身伤害或造成经济损失的，由发包人承担民事责任。

2）发包人应及时为勘察人提供并解决勘察现场的工作条件和出现的问题，如落实土地征用、青苗树木赔偿、拆除地上地下障碍物、处理施工扰民及影响施工正常进行的有关问题、平整施工现场、修好通行道路、接通电源水源、挖好排水沟渠及水上作业用船等，并承担其费用。

3）发包人应对工作现场周围建筑物、构筑物、古树名木和地下管道、线路的保护负责，对承包人提出书面具体保护要求（措施），并承担费用。

4）若勘察现场需要看守，特别是在有毒、有害等危险现场作业时，发包人应派人负责安全保卫工作，按照国家有关规定，对从事危险作业的现场人员进行保健防护，并承担费用。

5）由于发包人原因造成勘察人停工、窝工，除工期顺延外，发包人应支付停工、窝工费；发包人若要求在合同规定时间内提前完工（或提交勘察成果资料），应按约定的标准向勘察人支付赶工加班费。

6）应保护勘察人的投标书、勘察方案、报告书、文件、资料图纸、数据、特殊工艺（方法）、专利技术和合理化建议，未经勘察人同意，发包人不得复制，不得泄露，不得擅自修改、传送、向第三人转让或用于本合同外的项目。

7）若由于发包人未给勘察人提供必要的工作生活条件而造成停、窝工或来回进出场地，发包人除应付给勘察人停工、窝工费，工期按实际工日顺延外，还应付给勘察人来回进出场费和调遣费。

8）合同履行期间，由于工程停建而终止合同，或发包人要求解除合同时，勘察人未进行勘察工作的，不退还发包人已付定金。已进行勘察工作的，完成的工作量在50%以内时，发包人应向勘察人支付预算额50%的勘察费；完成的工作量超过50%时，则应向勘察人支付预算额100%的勘察费。

3. 勘察人的义务、权利和责任

（1）勘察人的义务

1）按国家技术规范、标准、规程和发包人的任务委托书及技术要求进行工程勘察，按合同规定的时间提交质量合格的勘察成果资料，并对其负责。对于勘察工作中的漏项应当及时予以勘察，对于由此多支的费用应自行负担并承担由此造成的违约责任。

2）在现场工作的勘察人的人员，应遵守发包人的安全保卫及其他有关的规章制度，承担其有关资料的保密义务。

（2）勘察人的权利

按合同的约定完成勘察任务，提交勘察成果，有权按合同约定的时间获得合同约定的勘察费。当发包人不履行或不恰当履行合同约定的义务，给勘察人造成损失的，勘查人有权向发包人索赔。

（3）勘察人的责任

1）若提供的勘察成果资料质量不合格，勘察人应负责无偿给予补充完善使其达到质量

合格；若勘察人无力补充完善，需另委托其他单位时，勘察人应承担全部勘察费用；因勘察质量造成重大经济损失或工程事故时，勘察人除应负法律责任和免收直接受损失部分的勘察费外，还要根据损失程度向发包人支付赔偿金，赔偿金由发包人、勘察人在合同中约定。

2）在工程勘察前，提出勘察纲要或勘察组织设计，派人与发包人的人员一起验收发包人提供的材料。

3）勘察过程中，根据工程的岩土工程条件（或工作现场地形地貌、地质和水文地质条件）及技术规范要求，向发包人提出增减工作量或修改勘察工作的意见，并办理变更手续。

4）合同有关条款规定和补充协议中勘察人应负的其他责任。

4. 合同价款与支付

1）合同价款。依照法定程序进行招标工程的合同价款由发包人和勘察人依据中标价格载明在合同协议书中；非招标工程的合同价款由发包人和勘察人议定，并载明在合同协议书中。

2）合同价款支付。

① 定金或预付款。实行定金或预付款的，双方应在专用合同条款中约定发包人向勘察人支付定金或预付款数额，支付时间应不迟于约定的开工日期前 7 天。

② 进度款。发包人应按照专用合同条款约定的进度款支付方式、支付条件和支付时间进行支付。

③ 合同价款结算。除专用合同条款另有约定外，发包人应在勘察人提交成果资料后 28 天内，对最终合同价款予以全额支付。

5. 违约责任

（1）发包人的违约责任

1）合同生效后，发包人无故要求终止或解除合同，勘察人未开始勘察工作的，不退还发包人已付定金或发包人按照专用合同条款约定向勘察人支付违约金；勘察人已开始勘察工作的，若完成计划工作量不足 50%的，发包人应支付勘察人合同价款的 50%；完成计划工作量超过 50%的，发包人应支付勘察人合同价款的 100%。

2）发包人发生其他违约情形时，发包人应承担由此增加的费用和工期延误损失，并给予勘察人合理赔偿。双方可在专用合同条款内约定发包人赔偿勘察人损失的计算方法或者发包人应支付违约金的数额或计算方法。

（2）勘察人的违约责任

1）合同生效后，勘察人因自身原因要求终止或解除合同，勘察人应双倍返还发包人已支付的定金或勘察人按照专用合同条款约定向发包人支付违约金。

2）因勘察人原因造成工期延误的，应按专用合同条款约定向发包人支付违约金。

3）因勘察人原因造成成果资料质量达不到合同约定的质量标准，勘察人应负责无偿给予补充完善使其达到质量合格。因勘察人原因导致工程质量安全事故或其他事故时，勘察人除负责采取补救措施外，应通过所投工程勘察责任保险向发包人承担赔偿责任或根据直接经济损失程度按专用合同条款约定向发包人支付赔偿金。

4）勘察人发生其他违约情形时，勘察人应承担违约责任并赔偿因其违约给发包人造成的损失，双方可在专用合同条款内约定勘察人赔偿发包人损失的计算方法和赔偿金额。

6. 合同争议的解决

发包人、勘察人应本着友好合作的精神及时协商解决合同争议。因合同及与合同有关事项发生争议的，双方可以就争议自行和解，或请求行政主管部门、行业协会或其他第三方进行调解。当事人不愿和解、调解或者和解、调解不成的，双方可以在专用合同条款内约定以下一种方式解决争议：

1）双方达成仲裁协议，向约定的仲裁委员会申请仲裁。

2）向有管辖权的人民法院起诉。

4.2 建设工程设计合同

建设工程设计是指根据工程的建设要求，对建设工程所需的技术、经济、资源、环境等条件进行综合分析、论证，编制建设工程设计文件的活动。建设工程设计应符合国家现行的工程建设标准和设计规范，遵守设计工作程序，以提高经济效益、社会效益、环境效益为核心，大力促进技术进步。

建设工程设计依据工作进程和深度不同，一般可分为初步设计和施工图设计两个阶段，对于技术复杂的工程项目，可按初步设计、技术设计和施工图设计三个阶段进行。

建设工程设计合同的概念

建设工程设计合同是为完成一定的项目设计任务，发包人与设计人之间签订的明确双方权利和义务的协议。

住房和城乡建设部和国家工商行政管理总局在2015年针对房屋建筑工程和专业建设工程，分别颁布了《建设工程设计合同示范文本（房屋建筑工程)》（GF—2015—0209)、《建设工程设计合同示范文本（专业建设工程)》（GF—2015—0210）两种设计合同的示范文本。

4.2.1 建设工程设计合同的订立

1. 订立条件

（1）设计人条件

设计人即承包人，是指持有国家规定部门颁发的工程设计资格证书，从事工程项目设计活动的单位。

工程设计资质分为工程设计综合资质、工程设计行业资质、工程设计专业资质和工程设计专项资质。工程设计综合资质只设甲级；工程设计行业资质、工程设计专业资质和工程设计专项资质设甲级、乙级。根据工程性质和技术特点，个别行业、专业、专项资质可以设丙级，建筑工程专业资质可以设丁级。取得工程设计综合资质的企业，可以承接各行业、各等级的建设工程设计业务；取得工程设计行业资质的企业，可以承接相应行业相应等级的工程设计业务以及本行业范围内同级别的相应专业、专项工程设计业务（设计施工一体化资质除外）；取得工程设计专业资质的企业，可以承接本专业相应等级的专业工程设计业务以及

同级别的相应专项工程设计业务（设计施工一体化资质除外）；取得工程设计专项资质的企业，可以承接本专项相应等级的专项工程设计业务。

设计人必须在其工程设计资质范围内从事工程设计活动，详见《建设工程勘察设计资质管理规定》。

（2）设计任务委托方式的限定条件

建设工程设计任务有招标委托和直接委托两种方式。依法必须进行招标的项目，必须按照《工程建设项目勘察设计招标投标办法》，通过招标投标的方式来委托，否则所签订的设计合同无效。

2. 当事人的资信与能力审查

合同当事人的资信及履约能力是合同能否得到履行的保证。在签约前，双方都有必要审查对方的资信和能力。

1）资格审查。审查当事人是否经国家规定的审批程序成立，其经营活动是否超过营业执照或设计资质证书规定的范围，同时还要审查参加签订合同的人员是否是法定代表人或其委托的代理人，以及代理人的活动是否在授权代理范围内。

2）资信审查。审查当事人的资信情况，可以了解当事人的财务状况和履约态度，以确保所签订的合同是基于诚实信用的。

3）履约能力审查。对于设计单位，主要审查其专业业务能力及其以往的工作业绩及正在履行的合同工程量。对于发包人，主要审查其财务状况和建设资金到位情况。

3. 合同签订的程序

1）确定合同标的。确定工程设计任务的内容。

2）选定设计承包人。对于依法必须招标的工程建设项目，按照招标投标程序确定设计承包人。对于小型项目及依法可以不招标的项目，发包人可以直接选定设计承包人。

3）签订设计合同。对于通过招标方式确定承包人的项目，合同的主要条件在招标投标文件中都得到了确认，所以在签约阶段需要进一步协商的内容一般不会很多。而对于直接委托的设计项目，其合同的谈判就要涉及几乎所有的合同条款，必须认真对待。在合同当事人双方就合同的各项条款取得一致意见之后，双方法定代表人或其代理人即可正式签署合同文件。

4.2.2 《建设工程设计合同示范文本》的组成

《建设工程设计合同示范文本》由合同协议书、通用合同条款和专用合同条款三部分组成。

1. 合同协议书

合同协议书集中约定了合同当事人基本的合同权利义务。

2. 通用合同条款

通用合同条款就工程设计的实施及相关事项，对合同当事人的权利义务做出原则性约定。

3. 专用合同条款

专用合同条款是对通用合同条款原则性约定的细化、完善、补充、修改或另行约定的条款。合同当事人可以根据不同建设工程的特点及具体情况，通过双方的谈判、协商对相应的专用合同条款进行修改补充。

4.2.3 建设工程设计合同的主要内容

1. 设计项目的内容

这部分内容应当详细描述建设工程的项目名称、建设规模、设计阶段及计划投资等，使设计人能够合理组织建设工程的设计工作。

2. 发包人的义务、权利和责任

(1) 发包人的义务

1) 向设计人提交设计工程项目的有关资料及文件，并对其完整性、正确性及时限负责。

2) 发包人应为派赴现场处理有关设计问题的工作人员提供必要的工作生活及交通等方便条件。

3) 发包人应保护设计人的投标书、设计方案、文件、资料图纸、数据、计算软件和专利技术等的知识产权。

4) 按合同约定的数额和时间支付设计费用。

(2) 发包人的权利

1) 获得工程建设所需的设计文件。

2) 对设计人的违约行为提出索赔。

3) 如设计人将发包人提交的设计工程项目的有关资料及文件违约利用，而给发包人造成经济损失的，发包人有权向其索赔。

(3) 发包人的责任

1) 发包人不得要求设计人违反国家有关标准进行设计。

2) 发包人变更委托设计项目、规模、条件或因提交的资料错误，或所提交资料做较大修改，导致设计人的设计需返工时，双方除需另行协商签订补充协议（或另订合同）、重新明确有关条款外，发包人应按设计人所耗工作量向设计人增付设计费。

3) 在未签订合同前发包人已同意，设计人为发包人所做的各项设计工作，应按收费标准，支付相应的设计费。

4) 发包人要求设计人比合同规定时间提前交付设计资料及文件时，应向设计人支付赶工费。

5) 未经设计人同意，发包人对设计人交付的设计资料及文件不得擅自修改、复制或向第三人转让或用于本合同外的项目，如发生以上情况，发包人应负法律责任，并给予设计人补偿。

3. 设计人的义务、权利和责任

(1) 设计人的义务

1) 设计人应按国家技术规范、标准、规程及发包人提出的设计要求，进行工程设计，按合同规定的进度要求提交质量合格的设计资料，并对其负责。

2）设计人应保护发包人的知识产权，不得向第三人泄露、转让发包人提交的产品设计图等技术经济资料。

（2）设计人的权利

1）获得合同约定的设计报酬。

2）当发包人违约利用设计成果时，有权向其提出索赔或提起诉讼。

（3）设计人的责任

1）按合同约定的技术标准进行设计，并保证设计的工程具有合理的使用寿命。

2）设计人交付设计资料及文件后，按规定参加有关的设计审查，并根据审查结论负责对不超出原定范围的内容做必要调整补充。设计人按合同规定时限交付设计资料及文件，本年内项目开始施工，负责向发包人及施工单位进行设计交底、处理有关设计问题和参加竣工验收。在一年内项目尚未开始施工，设计人仍负责上述工作，但应按所需工作量向发包人适当收取咨询服务费，收费额由双方商定。

4. 合同价款与支付

（1）合同价款组成

发包人和设计人应当在专用合同条款及附件中明确约定合同价款各组成部分的具体数额，主要包括：

1）工程设计基本服务费用。

2）工程设计其他服务费用。

3）在未签订合同前发包人已经同意、接受或已经使用的设计人为发包人所做的各项工作的相应费用等。

（2）合同价格形式

发包人和设计人应在合同协议书中选择下列一种合同价格形式：

1）单价合同。单价合同是指合同当事人约定以建筑面积（包括地上建筑面积和地下建筑面积）每平方米单价或实际投资总额的一定比例等进行合同价格计算、调整和确认的建设工程设计合同，在约定的范围内合同单价不做调整。

2）总价合同。总价合同是指合同当事人约定以发包人提供的上一阶段工程设计文件及有关条件进行合同价格计算、调整和确认的建设工程设计合同，在约定的范围内合同总价不做调整。

3）其他价格形式。合同当事人可在专用合同条款中约定其他合同价格形式。

（3）合同价款支付

1）定金或预付款。定金的比例不应超过合同总价款的 20%。预付款的比例由发包人与设计人协商确定，一般不低于合同总价款的 20%。

定金或预付款的支付按照专用合同条款约定执行，但最迟应在开始设计通知载明的开始设计日期前专用合同条款约定的期限内支付。

2）进度款支付。发包人应当按照专用合同条款附件约定的付款条件及时间向设计人支付进度款。

3）合同价款的结算与支付。对于采取固定总价形式的合同，发包人应当按照专用合同条款附件的约定及时支付尾款。

对于采取固定单价形式的合同，发包人与设计人应当按照专用合同条款附件约定的结算方式及时结清工程设计费，并将结清未支付的款项一次性支付给设计人。

对于采取其他价格形式的，也应按专用合同条款的约定及时结算和支付。

5. 违约责任

（1）发包人的违约责任

1）合同生效后，发包人因非设计人原因要求终止或解除合同，设计人未开始设计工作的，不退还发包人已付的定金或发包人按照专用合同条款的约定向设计人支付违约金；已开始设计工作的，发包人应按照设计人已完成的实际工作量计算设计费，完成工作量不足一半时，按该阶段设计费的一半支付设计费；超过一半时，按该阶段设计费的全部支付设计费。

2）发包人未按专用合同条款附件中所约定的金额和期限向设计人支付设计费的，应按专用合同条款约定向设计人支付违约金。逾期超过 15 天时，设计人有权书面通知发包人中止设计工作。自中止设计工作之日起 15 天内发包人支付相应费用的，设计人应及时根据发包人要求恢复设计工作；自中止设计工作之日起超过 15 天后发包人支付相应费用的，设计人有权确定重新恢复设计工作的时间，且设计周期相应延长。

3）发包人的上级或设计审批部门对设计文件不进行审批或本合同工程停建、缓建，发包人应在事件发生之日起 15 天内按合同中合同解除条款的约定向设计人结算并支付设计费。

4）发包人擅自将设计人的设计文件用于本工程以外的工程或交第三方使用时，应承担相应法律责任，并应赔偿设计人因此遭受的损失。

（2）设计人违约责任

1）合同生效后，设计人因自身原因要求终止或解除合同，设计人应按发包人已支付的定金金额双倍返还给发包人或设计人按照专用合同条款约定向发包人支付违约金。

2）由于设计人原因，未按专用合同条款附件中所约定的时间交付工程设计文件的，应按专用合同条款的约定向发包人支付违约金，前述违约金经双方确认后可在发包人应付设计费中扣减。

3）设计人对工程设计文件出现的遗漏或错误负责修改或补充。由于设计人原因产生的设计问题造成工程质量事故或其他事故时，设计人除负责采取补救措施外，应当通过所投建设工程设计责任保险向发包人承担赔偿责任或者根据直接经济损失程度按专用合同条款约定向发包人支付赔偿金。

4）由于设计人原因，工程设计文件超出发包人与设计人书面约定的主要技术指标控制值比例的，设计人应当按照专用合同条款的约定承担违约责任。

5）设计人未经发包人同意擅自对工程设计进行分包的，发包人有权要求设计人解除未经发包人同意的设计分包合同，设计人应当按照专用合同条款的约定承担违约责任。

6. 合同争议的解决

发包人、勘察人应本着友好合作的精神及时协商解决合同争议。因合同及与合同有关事项发生争议的，双方可以就争议自行和解，或请求行政主管部门、行业协会或其他第三方进行调解。当事人不愿和解、调解或者和解、调解不成的，双方可以在专用合同条款内约定以

下一种方式解决争议：

1）双方达成仲裁协议，向约定的仲裁委员会申请仲裁。

2）向有管辖权的人民法院起诉。

本章小结

本章重点学习了建设工程勘察设计合同的订立及主要内容，在合同的订立中，应当熟悉合同的订立条件、合同当事人的资信与能力审查、合同订立的程序等内容。在合同的主要内容中，结合合同示范文本，应当掌握发包人和勘察设计人之间的责任与权利关系。

思考题

1. 建设工程勘察的含义是什么？
2. 建设工程设计的含义是什么？
3. 建设工程勘察设计合同示范文本由哪些内容组成？
4. 建设工程勘察合同的主要内容有哪些？
5. 建设工程设计合同的主要内容有哪些？

第5章 工程监理合同

本章导读

本章介绍了工程监理合同的概念、特点，工程监理合同的主要内容等相关内容。

5.1 概述

工程监理合同的概念

5.1.1 工程监理合同的概念和特点

工程监理合同是工程建设单位（委托方）与监理单位（受托人）为完成特定建设工程项目的监理任务，明确相互权利和义务关系的协议。工程监理合同具有以下性质和特点：

（1）具有委托合同的法律性质

在监理工作中，监理人员以其专业知识、经验、技能受业主委托为其所签订的其他合同的履行实施监督和管理，监理人员为委托人提供监理服务。根据《民法典》第七百九十六条规定："建设工程实行监理的，发包人应当与监理人采用书面形式订立委托监理合同。发包人与监理人的权利和义务以及法律责任，应当依照本编委托合同以及其他有关法律、行政法规的规定。"因此，监理合同的法律性质为委托合同。委托合同是建立在委托人与受托人的相互信任基础上，因此监理合同也是需要以发包人与监理人的相互信任为基础的。监理合同的标的是发包人委托监理人处理的事务。

（2）具有服务采购的特点

监理合同在招标活动中具有服务类采购的特点，与货物、工程采购相比，其标的为服务或相关服务，具有无形性、评审侧重质量而不是价格、无法存储性、易变性、不可分割性、不能再销售、采购复杂等属性。

（3）依法必须进行监理的规定

我国对于施行监理制度有明确的法律规定，如《建筑法》第三十条规定：国家推行建

筑工程监理制度。国务院可以规定实行强制监理的建筑工程的范围。根据《建设工程质量管理条例》的规定，实行监理的建设工程，建设单位应当委托具有相应资质等级的工程监理单位进行监理，也可以委托具有工程监理相应资质等级并与被监理工程的施工承包单位没有隶属关系或者其他利害关系的该工程的设计单位进行监理。按照法律法规的规定，有五类建设工程项目必须实行监理，即：国家重点建设工程，大中型公用事业工程，成片开发建设的住宅小区工程，利用外国政府或者国际组织贷款、援助资金的工程，国家规定必须实行监理的其他工程。

（4）监理合同是要式合同

根据《民法典》第七百九十六条规定，发包人应当与监理人采用书面形式订立委托监理合同。《建筑法》第三十一条规定，实行监理的建筑工程，由建设单位委托具有相应资质条件的工程监理单位监理。建设单位与其委托的工程监理单位应当订立书面委托监理合同。因此，监理合同应当采用书面形式，为要式合同。

（5）监理人的义务由法律和合同规定

工程监理单位应当在其资质等级许可的监理范围内，承担工程监理业务。工程监理单位与被监理工程的承包单位及建筑材料、建筑构配件和设备供应单位不得有隶属关系或者其他利害关系，且工程监理单位不得转让工程监理业务。

监理人应当代表发包人依法对建设工程的设计要求和施工质量、工期和资金等方面进行监督。《建筑法》规定，建筑工程监理应当依照法律、行政法规及有关的技术标准、设计文件和建筑工程承包合同，对承包单位在施工质量、建设工期和建设资金使用等方面，代表建设单位实施监督。工程监理人员认为工程施工不符合工程设计要求、施工技术标准和合同约定的，有权要求建筑施工企业改正。工程监理人员发现工程设计不符合建筑工程质量标准或者合同约定的质量要求的，应当报告建设单位要求设计单位改正。监理工程师应当按照工程监理规范的要求，采取旁站、巡视和平行检验等形式，对建设工程实施监理。工程监理单位应当审查施工组织设计中的安全技术措施或者专项施工方案是否符合工程建设强制性标准。在实施监理过程中，工程监理单位发现存在安全事故隐患的，应当要求施工单位整改；情况严重的，应当要求施工单位暂时停止施工，并及时报告建设单位。施工单位拒不整改或者不停止施工的，工程监理单位应当及时向有关主管部门报告。此外，工程监理单位和监理工程师应当按照法律、法规和工程建设强制性标准实施监理，并对建设工程安全生产承担监理责任。

监理人应当在施工现场派驻具备相应资格的监理人员。《建设工程质量管理条例》规定，工程监理单位应当选派具备相应资格的总监理工程师和监理工程师进驻施工现场。未经监理工程师签字，建筑材料、建筑构配件和设备不得在工程上使用或者安装，施工单位不得进行下一道工序的施工。未经总监理工程师签字，建设单位不拨付工程款，不进行竣工验收。

监理人应当履行法律规定的义务，如果违反法律的规定，则会承担民事赔偿责任、行政责任和刑事责任。如监理人与发包人或者建筑施工企业串通，弄虚作假、降低工程质量的，责令改正，处以罚款，降低资质等级或者吊销资质证书；有违法所得的，予以没收；造成损失的，承担连带赔偿责任；构成犯罪的，依法追究刑事责任。监理人员的违反法定义务的行为可能构成工程重大安全事故罪。我国《刑法》第一百三十七条规定："建设单位、设计单位、施工单位、工程监理单位违反国家规定，降低工程质量标准，造成重大安全事故的，对直接责任人员，处5年以下有期徒刑或者拘役，并处罚金；后果特别严重的，处5年以上10年以下有期徒刑，并处罚金。"

2017年2月21日，国务院办公厅发布了《关于促进建筑业持续健康发展的意见》，提出要培育全过程工程咨询：鼓励投资咨询、勘察、设计、监理、招标代理、造价等企业采取联合经营、并购重组等方式发展全过程工程咨询，培育一批具有国际水平的全过程工程咨询企业。政府投资工程应带头推行全过程工程咨询，鼓励非政府投资工程委托全过程工程咨询服务。2019年3月15日，国家发改委、住建部印发了《关于推进全过程工程咨询服务发展的指导意见》（发改投资规〔2019〕515号），提出以全过程咨询推动完善工程建设组织模式，以工程建设环节为重点推进全过程咨询，鼓励建设单位委托咨询单位提供招标代理、勘察、设计、监理、造价、项目管理等全过程咨询服务，满足建设单位一体化服务需求，增强工程建设过程的协同性。工程建设全过程咨询服务应当由一家具有综合能力的咨询单位实施，也可由多家具有招标代理、勘察、设计、监理、造价、项目管理等不同能力的咨询单位联合实施。

5.1.2 监理合同示范文本

为规范建设工程监理活动，维护建设工程监理合同当事人的合法权益，我国相继制定了以下监理合同的示范文本：

1）1995年10月9日，为了适应建设监理事业发展的需要，提高监理委托合同签订的质量，更好地规范监理合同当事人的行为，建设部和国家工商行政管理局联合发布了《工程建设监理合同（示范文本）》（GF—1995—0202）。

2）1997年6月27日，电力工业部印发了《水电工程建设监理合同（示范文本）》，该示范文本对于加强水电工程建设管理、深化改革、规范水电监理市场发挥了良好的作用。

3）1997年9月15日，交通部印发了《公路工程施工监理合同范本》，该文本适应了公路工程监理事业发展的需要，促进了公路工程监理工作制度化、规范化和科学化建设，提高了监理服务委托合同签订的质量，更好地规范了监理服务合同当事人的行为。

4）2000年2月17日，国家建设部和国家工商行政管理局在对《工程建设监理合同（示范文本）》（GF—1995—0202）进行修订的基础上，又联合发布了《建设工程委托监理合同（示范文本）》（GF—2000—0202）。

5）2007年4月20日，水利部与国家工商行政管理总局联合印发了《水利工程施工监理合同示范文本》（GF—2007—0211），自2007年6月1日起施行。该文本是在《水利工程建设监理合同示范文本》（GF—2000—0211）的基础上修订形成的。该示范文本对于规范水利工程建设监理市场秩序，维护建设监理合同双方的合法权益，确保水利工程建设监理健康发展均发挥了良好的作用。

6）2012年3月27日，住房和城乡建设部与国家工商行政管理总局联合发布了《建设

工程监理合同（示范文本)》（GF—2012—0202）（简称《工程监理合同》)。《工程监理合同》是在 2000 年发布的《建设工程委托监理合同（示范文本)》的基础上修订完善而成的，它吸纳了近几年比较成熟的工程监理实践经验，严格依据现行法律法规和标准规范，并借鉴了国际工程合同管理的经验。《工程监理合同》适用于包括房屋建筑、市政工程等 14 个专业工程类别的建设工程项目，在通用条件中明确了工程监理基本工作内容，在规范工程监理合同当事人的签约、履约行为，防止合同主体利益失衡，避免或减少合同纠纷，保障合同当事人的合法权益，维护工程监理市场秩序等方面都将发挥积极作用。

7）2017 年 9 月国家发改委等印发的《标准监理招标文件》等五个标准文件，适用于依法必须招标的与工程有关的设备、材料等货物项目和勘察、设计、监理等服务项目。

5.1.3　监理合同的构成

工程监理合同可以有广义和狭义之分。狭义的合同是指合同文本，即合同协议书、合同标准条件、合同专用条件；广义的合同是指包括合同文本、中标人的监理投标书和监理大纲、中标通知书及合同实施过程中双方签署的合同补充或修改文件等关系到双方权利义务的承诺和约定。一个工程监理合同由哪些部分构成由当事人在合同协议书中约定。《建设工程监理合同（示范文本)》（GF—2012—0202）规定，监理合同文件一般由协议书、中标通知书（适用于招标工程）或委托书（适用于非招标工程)、投标文件（适用于招标工程）或监理与相关服务建议书（适用于非招标工程)、专用条件、通用条件和附录等六部分组成。

5.1.4　监理合同的解释顺序

合同的解释顺序是指整个监理合同文件的解释顺序，或说是合同文件各个组成部分的优先级，其实质是效力等级。当合同内容出现矛盾时，以解释顺序高的，即优先等级高的为准。合同的解释顺序是由合同双方在合同协议书中约定的，但实际上是这些文件形成的逆时间顺序，一般来说，是后形成的合同文件可以解释先形成的合同文件。合同文件的解释顺序优先级最高的是在实施过程中双方共同签署的合同补充与修正文件。《建设工程监理合同（示范文本)》（GF—2012—0202）规定，工程监理合同使用中文书写、解释和说明。如专用条件约定使用两种及以上语言文字时，应以中文为准。组成工程监理合同的下列文件彼此应能相互解释、互为说明。除专用条件另有约定外，工程监理合同文件的解释顺序如下：

1）协议书。

2）中标通知书（适用于招标工程）或委托书（适用于非招标工程)。

3）专用条件及附录 A（相关服务的范围和内容)、附录 B（委托人派遣的人员和提供的房屋、资料、设备)。

4）通用条件。

5）投标文件（适用于招标工程）或监理与相关服务建议书（适用于非招标工程)。

双方签订的补充协议与其他文件发生矛盾或歧义时，属于同一类内容的文件，应以最新签署的为准。

5.1.5 监理合同的履行

工程监理规范规定工程监理实行总监理工程师负责制，因此委托监理合同的履行是由监理单位法定代表人书面授权的总监理工程师全面负责的。

由于监理的对象是建设工程项目，不同阶段的监理合同履行是和该阶段的建设工作相适应的。只要该阶段建设任务没有完成，监理的合同就得继续，当然所涉及的监理额外工作、附加工作的补偿应在合同中明确，或通过对合同的补充或修改来确定。

5.2 工程监理合同的主要内容

工程监理合同文件中除在合同履行中双方共同签署的合同补充与修正文件外，其他部分的内容基本上是确定的，尤其是使用工程监理合同示范文本的情况下，更是这样。

5.2.1 监理投标书

这里的工程监理投标书是指中标人的投标书。工程监理投标书中的投标函及监理大纲是整个投标文件中具有实质性意义的内容。投标函是监理取费的要约和对监理招标文件的响应；而投标监理大纲则是投标人履行监理合同、开展监理工作的具体方法、措施及人员装备的计划，是投标人为了取得监理报酬而承诺的付出和义务。

工程监理合同当事人应重视监理投标书在监理合同管理中的地位。严格地说，监理的报价是中标人依据其投标书，主要是监理大纲中载明的监理委托人做出的。当监理委托人要求监理人提供监理投标书（监理大纲）中没有提到的，监理合同其他条款中也没有约定的服务或人员装备时，监理人就可以要求补偿；当监理人不能按投标书配备监理人员、提供监理装备或服务时，监理委托人有权要求监理人改正或向监理人提出索赔乃至追究违约责任。

5.2.2 中标通知书

监理中标通知书是招标人对监理中标人在投标书中所作要约的全盘接受，是对中标人要约的承诺。中标通知书一旦送达中标人，就和中标人的投标书一同构成了对双方都有法律约束力的文件。直到正式的监理合同签订，中标通知书和投标书都是维系和制约监理招标投标双方的文件。

5.2.3 监理合同协议书

监理合同协议书是确定合同关系的总括性文件，定义了监理委托人和监理人，界定了监理项目及监理合同文件构成，原则性地约定了双方的义务，规定了合同的履行期。最后由双方法定代表人或其代理人签章并盖法人章后合同正式成立。监理合同协议书主要的条款如下：

1）委托人与监理人。

2）工程概况，包括工程名称、工程地点、工程规模、工程概算投资额或建筑安装工程费。监理工程概况的描述，要保证对监理工程的理解不产生歧义。

3）词语限定，协议书中相关词语的含义与通用条件中的定义与解释相同。

4）组成本合同的文件：

① 协议书。

② 中标通知书（适用于招标工程）或委托书（适用于非招标工程）。

③ 投标文件（适用于招标工程）或监理与相关服务建议书（适用于非招标工程）。

④ 专用条件。

⑤ 通用条件。

⑥ 附录，包括附录 A——相关服务的范围和内容；附录 B——委托人派遣的人员和提供的房屋、资料、设备。

⑦ 工程监理合同签订后，双方依法签订的补充协议也是该合同文件的组成部分。

5）总监理工程师，包括总监理工程师姓名、身份证号码、注册号。

6）签约酬金，包括监理酬金和相关服务酬金。相关服务酬金需要明确：①勘察阶段服务酬金；②设计阶段服务酬金；③保修阶段服务酬金；④其他相关服务酬金。

7）期限，是指监理期限起止时间及相关服务期限的起止时间，包括：①勘察阶段服务期限；②设计阶段服务期限；③保修阶段服务期限；④其他相关服务期限。

8）双方承诺。监理人向委托人承诺，按照本合同约定提供监理与相关服务。委托人向监理人承诺，按照本合同约定派遣相应的人员，提供房屋、资料、设备，并按本合同约定支付酬金。

9）合同订立，包括合同订立时间和订立地点等内容。

10）合同双方签字盖章栏。

5.2.4　监理合同通用条件

监理合同通用条件是针对监理合同文件自身及监理双方一般性的权利义务确定的合同条款，具有普遍性和通用性。

1. 合同用语的定义

1）“工程”是指按照本合同约定实施监理与相关服务的建设工程。

2）“委托人”是指本合同中委托监理与相关服务的一方，及其合法的继承人或受让人。

3）“监理人”是指本合同中提供监理与相关服务的一方，及其合法的继承人。

4）“承包人”是指在工程范围内与委托人签订勘察、设计、施工等有关合同的当事人，及其合法的继承人。

5）“监理”是指监理人受委托人的委托，依照法律法规、工程建设标准、勘察设计文件及合同，在施工阶段对建设工程质量、进度、造价进行控制，对合同、信息进行管理，对工程建设相关方的关系进行协调，并履行建设工程安全生产管理法定职责的服务活动。

6）“相关服务”是指监理人受委托人的委托，按照工程监理合同约定，在勘察、设计、保修等阶段提供的服务活动。

7）“正常工作”是指工程监理合同订立时通用条件和专用条件中约定的监理人的工作。

8）“附加工作”是指工程监理合同约定的正常工作以外监理人的工作。

9）“项目监理机构”是指监理人派驻工程负责履行工程监理合同的组织机构。

10）“总监理工程师”是指由监理人的法定代表人书面授权，全面负责履行工程监理合同、主持项目监理机构工作的注册监理工程师。

11）“酬金”是指监理人履行工程监理合同义务，委托人按照工程监理合同约定给付监理人的金额。

12）“正常工作酬金”是指监理人完成正常工作，委托人应给付监理人并在协议书中载明的签约酬金额。

13）“附加工作酬金”是指监理人完成附加工作，委托人应给付监理人的金额。

14）“一方”是指委托人或监理人；“双方”是指委托人和监理人；“第三方”是指除委托人和监理人以外的有关方。

15）“书面形式”是指合同书、信件和数据电文（包括电报、电传、传真、电子数据交换和电子邮件）等可以有形地表现所载内容的形式。

16）“天”是指第一天零时至第二天零时的时间。

17）“月”是指按公历从一个月中任何一天开始的一个公历月时间。

18）“不可抗力”是指委托人和监理人在订立本合同时不可预见，在工程施工过程中不可避免发生并不能克服的自然灾害和社会性突发事件，如地震、海啸、瘟疫、水灾、骚乱、暴动、战争和专用条件约定的其他情形。

2. 监理人的义务

（1）监理的范围和工作内容

监理人应认真、勤奋工作，完成监理合同约定的监理范围内的工作内容。除专用条件另有约定外，监理工作内容包括：

1）收到工程设计文件后编制监理规划，并在第一次工地会议 7 天前报委托人。根据有关规定和监理工作需要，编制监理实施细则。

2）熟悉工程设计文件，并参加由委托人主持的图纸会审和设计交底会议。

3）参加由委托人主持的第一次工地会议；主持监理例会并根据工程需要主持或参加专题会议。

4）审查施工承包人提交的施工组织设计，重点审查其中的质量安全技术措施、专项施工方案与工程建设强制性标准的符合性。

5）检查施工承包人工程质量、安全生产管理制度及组织机构和人员资格。

6）检查施工承包人专职安全生产管理人员的配备情况。

7）审查施工承包人提交的施工进度计划，核查承包人对施工进度计划的调整。

8）检查施工承包人的试验室。

9）审核施工分包人资质条件。

10）查验施工承包人的施工测量放线成果。

11）审查工程开工条件，对满足条件的签发开工令。

12）审查施工承包人报送的工程材料、构配件、设备质量证明文件的有效性和符合性，并按规定对用于工程的材料采取平行检验或见证取样方式进行抽检。

13）审核施工承包人提交的工程款支付申请，签发或出具工程款支付证书，并报委托人审核、批准。

14）在巡视、旁站和检验过程中，发现工程质量、施工安全存在事故隐患的，要求施工承包人整改并报委托人。

15）经委托人同意，签发工程暂停令和复工令。

16）审查施工承包人提交的采用新材料、新工艺、新技术、新设备的论证材料及相关验收标准。

17）验收隐蔽工程、分部分项工程。

18）审查施工承包人提交的工程变更申请，协调处理施工进度调整、费用索赔、合同争议等事项。

19）审查施工承包人提交的竣工验收申请，编写工程质量评估报告。

20）参加工程竣工验收，签署竣工验收意见。

21）审查施工承包人提交的竣工结算申请并报委托人。

22）编制、整理工程监理归档文件并报委托人。

延伸思考

敬业是对工程管理者最基本最普遍的道德要求。敬业精神最能体现职业道德的特殊性，它反映的是工程管理者与自己所从事的工程管理工作的关系，它贯穿在工程管理活动的每一个环节中。

诚实守信是中华民族的传统美德。工程管理者在工作中应诚实可靠，心怀坦荡，讲究信用，言行一致，正直，办事公正、公平，实事求是，应以没有偏见的方式工作，正确地履行自己的职责，公平公正地对待各方利益。

作为工程监理人的义务，一定要具备“爱岗”“敬业”的职业道德。

（2）监理与相关服务依据

监理依据包括：

1）适用的法律、行政法规及部门规章。

2）与工程有关的标准。

3）工程设计及有关文件。

4）本合同及委托人与第三方签订的与实施工程有关的其他合同。

双方应根据工程的行业和地域特点，在专用条件中具体约定监理依据。相关服务依据在专用条件中约定。

（3）项目监理机构和人员

监理人应组建满足工作需要的项目监理机构，配备必要的检测设备。项目监理机构的主要人员应具有相应的资格条件。工程监理合同履行过程中，总监理工程师及重要岗位监理人员应保持相对稳定，以保证监理工作正常进行。

监理人可根据工程进展和工作需要调整项目监理机构人员。监理人更换总监理工程师时，应提前 7 天向委托人书面报告，经委托人同意后方可更换；监理人更换项目监理机构其他监理人员，应以相当资格与能力的人员替换，并通知委托人。监理人应及时更换有下列情形之一的监理人员：

1）有严重过失行为的。

2）有违法行为不能履行职责的。

3）涉嫌犯罪的。

4）不能胜任岗位职责的。

5）严重违反职业道德的。

6）专用条件约定的其他情形。

委托人可要求监理人更换不能胜任本职工作的项目监理机构人员。

（4）履行职责

监理人应遵循职业道德准则和行为规范，严格按照法律法规、工程建设有关标准及本合同履行职责。在监理与相关服务范围内，委托人与承包人提出的意见和要求，监理人应及时提出处置意见。当委托人与承包人之间发生合同争议时，监理人应协助委托人、承包人协商解决。当委托人与承包人之间的合同争议提交仲裁机构仲裁或人民法院审理时，监理人应提供必要的证明资料。

监理人应在专用条件约定的授权范围内，处理委托人与承包人所签订合同的变更事宜。如果变更超过授权范围，应以书面形式报委托人批准。在紧急情况下，为了保护财产和人身安全，监理人所发出的指令未能事先报委托人批准时，应在发出指令后的 24 小时内以书面形式报委托人。

除专用条件另有约定外，监理人发现承包人的人员不能胜任本职工作的，有权要求承包人予以调换。

（5）提交报告

监理人应按专用条件约定的种类（包括监理规划、监理月报及约定的专项报告等）、时间和份数向委托人提交监理与相关服务的报告。

（6）文件资料

在本合同履行期内，监理人应在现场保留工作所用的图纸、报告及记录监理工作的相关文件。工程竣工后，应当按照档案管理规定将监理有关文件归档。

（7）使用委托人的财产

监理人可无偿使用由委托人派遣的人员和提供的房屋、资料、设备。除专用条件另有约定外，委托人提供的房屋、设备属于委托人的财产，监理人应妥善使用和保管，在工程监理合同终止时将这些房屋、设备的清单提交委托人，并按专用条件约定的时间和方式移交。

3. 委托人的义务

（1）告知

委托人应在委托人与承包人签订的合同中明确监理人、总监理工程师和授予项目监理机构的权限。如有变更，应及时通知承包人。

（2）提供资料

委托人应按照约定，无偿向监理人提供工程有关的资料，参见表 5-1。在工程监理合同

履行过程中，委托人应及时向监理人提供最新的与工程有关的资料。

表 5-1　委托人提供的资料

名称	份数	提供时间	备注
1. 工程立项文件			
2. 工程勘察文件			
3. 工程设计及施工图			
4. 工程承包合同及其他相关合同			
5. 施工许可文件			
6. 其他文件			

（3）提供工作条件

委托人应为监理人完成监理与相关服务提供必要的条件。委托人应按照约定，派遣相应的人员，提供房屋、设备，供监理人无偿使用，具体参见表 5-2 至表 5-4。委托人应负责协调工程建设中所有外部关系，为监理人履行工程监理合同提供必要的外部条件。

表 5-2　委托人派遣的人员

名称	数量	工作要求	提供时间
1. 工程技术人员			
2. 辅助工作人员			
3. 其他人员			

表 5-3　委托人提供的房屋

名称	数量	工作要求	提供时间
1. 办公用房			
2. 生活用房			
3. 实验用房			
4. 样品用房			

表 5-4　委托人提供的设备

名称	数量	型号与规格	提供时间
1. 通信设备			
2. 办公设备			
3. 交通工具			
4. 检测和试验设备			

（4）委托人代表

委托人应授权一名熟悉工程情况的代表，负责与监理人联系。委托人应在双方签订工程监理合同后 7 天内，将委托人代表的姓名和职责书面告知监理人。当委托人更换委托人代表时，应提前 7 天通知监理人。

（5）委托人意见或要求

在工程监理合同约定的监理与相关服务工作范围内，委托人对承包人的任何意见或要求应通知监理人，由监理人向承包人发出相应指令。

（6）答复

委托人应在专用条件约定的时间内，对监理人以书面形式提交并要求做出决定的事宜，给予书面答复。逾期未答复的，视为委托人认可。

（7）支付

委托人应按工程监理合同约定，向监理人支付酬金。

4. 违约责任

（1）监理人的违约责任

监理人未履行工程监理合同义务的，应承担相应的责任。因监理人违反工程监理合同约定给委托人造成损失的，监理人应当赔偿委托人损失。赔偿金额的确定方法在专用条件中约定。监理人承担部分赔偿责任的，其承担赔偿金额由双方协商确定。监理人向委托人的索赔不成立时，监理人应赔偿委托人由此发生的费用。监理人赔偿金额可按下方计算公式确定：

$$赔偿金=\frac{直接经济损失}{工程概算投资额(或建筑安装工程费)}\times 正常工作酬金$$

（2）委托人的违约责任

委托人未履行工程监理合同义务的，应承担相应的责任。委托人违反工程监理合同约定造成监理人损失的，委托人应予以赔偿。委托人向监理人的索赔不成立时，应赔偿监理人由此发生的费用。委托人未能按期支付酬金超过 28 天，应按专用条件约定支付逾期付款利息。委托人逾期付款利息按下方计算公式确定：

$$逾期付款利息=当期应付款总额\times 银行同期贷款日利率\times 拖延支付天数$$

（3）除外责任

因非监理人的原因，且监理人无过错，发生工程质量事故、安全事故、工期延误等造成的损失，监理人不承担赔偿责任。因不可抗力导致工程监理合同全部或部分不能履行时，双方各自承担其因此而造成的损失、损害。

5. 支付

（1）支付货币

除专用条件另有约定外，酬金均以人民币支付。涉及外币支付的，所采用的货币种类、比例和汇率应在专用条件中约定。

（2）支付申请

监理人应在合同约定的每次应付款时间的 7 天前，向委托人提交支付申请书。支付申请书应当说明当期应付款总额，并列出当期应支付的款项及其金额。

（3）支付酬金

支付的酬金包括正常工作酬金、附加工作酬金、合理化建议奖励金额及费用。正常工作

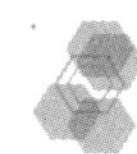

酬金的支付可按表 5-5 进行。

表 5-5　正常工作酬金的支付表

支付次数	支付时间	支付比例	支付金额（万元）
首付款	合同签订后 7 天内		
第二次付款			
第三次付款			
…			
最后付款	监理与相关服务期届满 14 天内		

（4）有争议部分的付款

委托人对监理人提交的支付申请书有异议时，应当在收到监理人提交的支付申请书后 7 天内，以书面形式向监理人发出异议通知。无异议部分的款项应按期支付，有异议部分的款项按合同争议条款约定处理。

6. 合同生效、变更、暂停与解除、终止

（1）生效

除法律另有规定或者专用条件另有约定外，委托人和监理人的法定代表人或其授权代理人在协议书上签字并盖单位章后工程监理合同生效。

（2）变更

任何一方提出变更请求时，双方经协商一致后可进行变更。

除不可抗力外，因非监理人原因导致监理人履行合同期限延长、内容增加时，监理人应当将此情况与可能产生的影响及时通知委托人。增加的监理工作时间、工作内容应视为附加工作。附加工作酬金的确定方法在专用条件中约定。除不可抗力外，因非监理人原因导致工程监理合同期限延长时，附加工作酬金可按下方计算公式确定：

合同期限延长时间(天)附加工作酬金=协议书约定的监理与相关服务期限(天)×正常工作酬金

合同生效后，如果实际情况发生变化使监理人不能完成全部或部分工作时，监理人应立即通知委托人。除不可抗力外，其善后工作及恢复服务的准备工作应为附加工作，附加工作酬金的确定方法在专用条件中约定。监理人用于恢复服务的准备时间不应超过 28 天。除不可抗力外，其善后工作及恢复服务的附加工作酬金可按下方计算公式确定：

$$\text{附加工作酬金}=\frac{\text{善后工作及恢复服务的准备工作时间(天)}}{\text{协议书约定的监理与相关服务期限(天)}}\times\text{正常工作酬金}$$

因非监理人原因造成工程概算投资额或建筑安装工程费增加时，正常工作酬金应做相应调整，调整方法在专用条件中约定。因工程规模、监理范围的变化导致监理人的正常工作量减少时，正常工作酬金应做相应调整，调整方法在专用条件中约定。正常工作酬金增加额按下方计算公式确定：

$$\text{正常工作酬金增加额}=\frac{\text{工程投资额或建筑安装工程费增加额}}{\text{工程概算投资额(或建筑安装工程费)}}\times\text{正常工作酬金}$$

因工程规模、监理范围的变化导致监理人的正常工作量减少时，按减少工作量的比例从协议书约定的正常工作酬金中扣减相同比例的酬金。

合同签订后，遇有与工程相关的法律法规、标准颁布或修订的，双方应遵照执行。由此引起监理与相关服务的范围、时间、酬金变化的，双方应通过协商进行相应调整。

（3）暂停与解除

除双方协商一致可以解除工程监理合同外，当一方无正当理由未履行工程监理合同约定的义务时，另一方可以根据工程监理合同约定暂停履行工程监理合同直至解除工程监理合同。

在工程监理合同有效期内，由于双方无法预见和控制的原因导致工程监理合同全部或部分无法继续履行或继续履行已无意义，经双方协商一致，可以解除工程监理合同或监理人的部分义务。在解除之前，监理人应做出合理安排，使开支减至最小。因解除工程监理合同或解除监理人的部分义务导致监理人遭受的损失，除依法可以免除责任的情况外，应由委托人予以补偿，补偿金额由双方协商确定。解除工程监理合同的协议必须采取书面形式，协议未达成之前，工程监理合同仍然有效。

在工程监理合同有效期内，因非监理人的原因导致工程施工全部或部分暂停，委托人可通知监理人要求暂停全部或部分工作。监理人应立即安排停止工作，并将开支减至最小。除不可抗力外，由此导致监理人遭受的损失应由委托人予以补偿。

暂停部分监理与相关服务时间超过 182 天，监理人可发出解除工程监理合同约定的该部分义务的通知；暂停全部工作时间超过 182 天，监理人可发出解除工程监理合同的通知，工程监理合同自通知到达委托人时解除。委托人应将监理与相关服务的酬金支付至工程监理合同解除日，且应承担合同约定的违约责任。

当监理人无正当理由未履行工程监理合同约定的义务时，委托人应通知监理人限期改正。若委托人在监理人接到通知后的 7 天内未收到监理人书面形式的合理解释，则可在 7 天内发出解除工程监理合同的通知，自通知到达监理人时工程监理合同解除。委托人应将监理与相关服务的酬金支付至限期改正通知到达监理人之日，但监理人应承担合同约定的违约责任。

监理人在专用条件约定的支付之日起 28 天后仍未收到委托人按工程监理合同约定应付的款项，可向委托人发出催付通知。委托人接到通知 14 天后仍未支付或未提出监理人可以接受的延期支付安排，监理人可向委托人发出暂停工作的通知，并可自行暂停全部或部分工作，暂停工作后 14 天内监理人仍未获得委托人应付酬金或委托人的合理答复，监理人可向委托人发出解除工程监理合同的通知，自通知到达委托人时工程监理合同解除。委托人应承担合同约定的违约责任。

因不可抗力致使工程监理合同部分或全部不能履行时，一方应立即通知另一方，可暂停或解除工程监理合同。工程监理合同解除后，工程监理合同约定的有关结算、清理、争议解决方式的条款仍然有效。

（4）终止

以下条件全部满足时，工程监理合同即告终止：

1）监理人完成工程监理合同约定的全部工作。

2）委托人与监理人结清并支付全部酬金。

7. 争议解决

（1）协商

双方应本着诚信原则协商解决彼此间的争议。

（2）调解

如果双方不能在 14 天内或双方商定的其他时间内解决工程监理合同争议，可以将其提交给专用条件约定的或事后达成协议的调解人进行调解。

（3）仲裁或诉讼

双方均有权不经调解直接向专用条件约定的仲裁机构申请仲裁或向有管辖权的人民法院提起诉讼。

8. 其他规定

（1）外出考察费用

经委托人同意，监理人员外出考察发生的费用由委托人审核后支付。

（2）检测费用

委托人要求监理人进行的材料和设备检测所发生的费用，由委托人支付，支付时间在专用条件中约定。

（3）咨询费用

经委托人同意，根据工程需要由监理人组织的相关咨询论证会及聘请相关专家等发生的费用由委托人支付，支付时间在专用条件中约定。

（4）奖励

监理人在服务过程中提出的合理化建议，使委托人获得经济效益的，双方在专用条件中约定奖励金额的确定方法。奖励金额在合理化建议被采纳后，与最近一期的正常工作酬金同期支付。合理化建议的奖励金额可按下方计算公式确定：

奖励金额=工程投资节省额×奖励金额的比率（在专用条件中明确）

（5）守法诚信

监理人及其工作人员不得从与实施工程有关的第三方处获得任何经济利益。

（6）保密

双方不得泄露对方申明的保密资料，也不得泄露与实施工程有关的第三方所提供的保密资料，保密事项在专用条件中约定，如委托人申明的保密事项和期限、监理人申明的保密事项和期限、第三方申明的保密事项和期限等。

（7）通知

工程监理合同涉及的通知均应当采用书面形式，并在送达对方时生效，收件人应书面签收。

（8）著作权

监理人对其编制的文件拥有著作权。监理人可单独或与他人联合出版有关监理与相关服务的资料。除专用条件另有约定外，如果监理人在工程监理合同履行期间及工程监理合同终止后两年内出版涉及本工程的有关监理与相关服务的资料，应当征得委托人的同意。

5.2.5 监理合同专用条件

专用条件是对标准条件的补充，是标准条件在具体工程项目上的具体化。在使用专用条件时要特别注意的是反映具体监理项目的实际、合同双方的特别约定，切不可把专用条件栏填写成“按标准条件执行”。监理合同需要通过专用条件来约定的内容主要有以下几个方面：

1）适用的法律及监理依据。

2）监理工作范围和内容。

3）对监理人的授权范围。

4）委托人应提供的工程资料及提供时间。

5）委托人对监理人书面提交的事宜做出书面答复的时间。

6）委托人代表。

7）委托人免费向监理人提供的房屋、设备等的数量和时间。

8）委托人免费向监理人提供的工作人员及服务人员的数量和时间。

9）合同双方承担违约责任的方式、赔偿损失的计算方法等。

10）监理报酬。监理报酬包括完成监理合同约定任务的正常工作酬金和附加工作酬金的计算方法、支付时间、货币种类（包括计算汇率）、金额。监理报酬可由合同双方协商确定，但法定必须进行监理的施工项目必须执行政府指导价，即监理收费基准价按照《建设工程监理与相关服务收费管理规定》计算，上下浮动幅度范围不得超过 20%；其他建设工程的监理收费实行市场调节价。

11）当监理人为监理项目做出特别贡献时的奖励办法，如提出合理化建议被采纳而给委托人带来直接的经济效益时，按可计算效益额的 10%~30%奖励给监理人。

12）约定在合同履行过程中发生争议且协商不成时，是提请仲裁委员会仲裁还是向人民法院起诉。如果是选择仲裁的，合同双方应达成仲裁协议。

5.2.6 在履约过程中双方签署的补充协议

在监理实施的过程中，难免有一些情况会发生变化。如果这种变化超出了原合同的约定范围，就有必要在原合同的基础上进行适当补充或修改。合同的任何修改和补充都必须取得合同当事人的协商一致，并经合同双方的法定代表人或其授权代理人签署才能有效。

我国《招标投标法》的规定，招标人和中标人不得签署实质上背离中标条件的合同，当然也包括不得签署违背中标条件的合同补充与修改文件。

本章小结

监理合同是指委托人与监理人就委托的工程项目管理内容签订的明确双方权利、义务的协议。

本章的重点是监理合同的签订、内容、双方的责任和义务、违约责任。

本章的难点是监理合同的签订、责任划分、违约处理。

思考题

1. 工程监理行使监理职责的依据有哪些？
2. 工程监理的特点是什么？对监理合同签订有何影响？
3. 监理委托合同与工程建设涉及的其他合同有何区别和联系？
4. 监理合同的构成有哪些？其解释顺序是什么？监理合同解释顺序的作用是什么？
5. 什么是工程监理的正常工作？什么是额外工作？
6. 试分析监理人和委托人的权利和义务。
7. 监理合同授予监理工程师哪些权力？监理工程师行使哪些权力需要事先报告委托人？
8. 监理人赔偿的原则有哪些？
9. 试分析监理合同的生效、变更与终止的具体内容。
10. 结合我国建设法律法规的具体规定，谈谈监理工程师应承担哪些法律责任？

第6章 建设工程施工合同

本章导读

本章主要介绍建设施工合同的基本概念、特点和订立过程，介绍了《建设工程施工合同（示范文本）》（GF—2017—0201）的主要内容等。

6.1 概述

6.1.1 工程施工合同的概念

工程施工合同是发包人（建设单位、业主或总包单位）与承包人（施工单位）之间为完成商定的建设工程项目，确定双方权利和义务的协议。建设工程施工合同也称为建筑安装承包合同，建筑是指对工程进行营造的行为，安装主要是指与工程有关的线路、管道、设备等设施的装配。依照施工合同，承包人应完成一定的建筑、安装工程任务，发包人应提供必要的施工条件并支付工程价款。

工程施工合同是建设工程的主要合同，是工程建设质量控制、进度控制、投资控制的主要依据。在市场经济条件下，建设市场主体之间相互的权利义务关系主要是通过合同确立的，因此，在建设领域加强对施工合同的管理具有十分重要的意义。国家立法机关、国务院、国家建设行政管理部门都十分重视施工合同的规范工作。2021 年 1 月 1 日生效实施的《民法典》对建设工程合同做了专章规定，《建筑法》《招标投标法》《建设工程施工合同管理办法》等也有许多涉及建设工程施工合同的规定，这些法律法规是我国建设工程施工合同订立和管理的依据。

施工合同的当事人是发包人和承包人，双方是平等的民事主体，双方签订施工合同，必须具备相应资质条件和履行施工合同的能力。

发包人是指在协议书中约定具有工程发包主体资格和支付工程价款能力的当事人及取得该当事人资格的合法继承人。发包人可以是具备法人资格的国家机关、事业单位、国有企

业、集体企业、私营企业、经济联合体和社会团体，也可以是依法登记的个人合伙、个体经营户或个人，即一切以协议、法院判决或其他合法完备手续取得发包人的资格，承认全部合同条件，能够而且愿意履行合同规定义务的合同当事人。与发包人合并的单位、兼并发包人的单位、购买发包人合同和接受发包人出让的单位和人员（合法继承人），均可成为发包人，履行合同规定的义务，享有合同规定的权利。发包人必须具备组织协调能力或委托给具备相应资质的监理单位承担。

承包人是指在协议书中约定、被发包人接受的具有工程施工承包主体资格的当事人及取得该当事人资格的合法继承人。承包人必须具备有关部门核定的资质等级并持有营业执照等证明文件。《建筑法》第十三条规定：建筑施工企业按照其拥有的注册资本、专业技术人员、技术装备和已完成的建筑工程业绩等资质条件，划分为不同的资质等级，经资质审查合格，取得相应等级的资质证书后，方可在其资质等级许可的范围内从事建筑活动。在施工合同实施过程中，工程师受发包人委托对工程进行管理。施工合同中的工程师是指本工程监理单位委派的总监理工程师或发包人指定的履行本合同的代表，其具体身份和职权由发包人承包人在专用条款中约定。

6.1.2　工程施工合同的特点

1. 合同标的物的特殊性

施工合同的标的物是特定建筑产品，不同于其他一般商品。首先，建筑产品的固定性和施工生产的流动性是区别于其他商品的根本特点。建筑产品是不动产，其基础部分与大地相连，不能移动，这就决定了每个施工合同相互之间具有不可替代性，而且施工队伍、施工机械必须围绕建筑产品不断移动。其次，由于建筑产品各有其特定的功能要求，其实物形态千差万别，种类庞杂，其外观、结构、使用目的、使用人都各不相同，这就要求每一个建筑产品都需单独设计和施工，即使可重复利用的标准设计或重复使用图纸，也应采取必要的修改设计才能施工，造成建筑产品的单体性和生产的单件性。最后，建筑产品体积庞大，消耗的人力、物力、财力多，一次性投资额大。所有这些特点，必然在施工合同中表现出来，使施工合同在明确标的物时，需要将建筑产品的幢数、面积、层数或高度、结构特征、内外装饰标准和设备安装要求等一一规定清楚。

2. 合同内容的多样性和复杂性

施工合同实施过程中涉及的主体有多种，且其履行期限长、标的额大。施工合同涉及的法律关系，除承包人与发包人的合同关系外，还涉及与劳务人员的劳动关系、与保险公司的保险关系、与材料设备供应商的买卖关系、与运输企业的运输关系，还涉及监理单位、分包人、保证单位等。施工合同除了应当具备合同的一般内容外，还应对安全施工、专利技术使用、地下障碍和文物发现、工程分包、不可抗力、工程设计变更、材料设备供应、运输和验收等内容作出规定。所有这些都决定了施工合同的内容具有多样性和复杂性的特点，要求合同条款必须具体明确和完整。

我国现行建设工程施工合同示范文本通用条款就有 20 条款、121 个子款；国际 FIDIC 施工合同通用条件有 25 节共 72 条款、194 个子款。

3. 合同履行期限的长期性

由于建设工程结构复杂、体积大、材料类型多、工作量大，使工程生产周期都较长。因为工程建设的施工应当在合同签订后才开始，且需加上合同签订后到正式开工前的施工准备时间和工程全部竣工验收后、办理竣工结算及保修期间。在工程的施工过程中，还可能因为不可抗力、工程变更、材料供应不及时、一方违约等原因而导致工期延误，因而施工合同的履行期限具有长期性，变更较频繁，合同争议和纠纷也比较多。

4. 合同监督的严格性

由于施工合同的履行对国家经济发展、公民的工作与生活都有重大的影响，因此，国家对施工合同的监督是十分严格的。具体表现在以下几个方面：

（1）合同主体监督的严格性

建设工程施工合同主体一般是法人。发包人一般是经过批准进行工程项目建设的法人，必须有国家批准的建设项目，落实投资计划，并且应当具备相应的协调能力；承包人则必须具备法人资格，而且应当具备相应的从事施工的资质。无营业执照或无承包资质的单位不能作为建设工程施工合同的主体，资质等级低的单位不能越级承包建设工程。

（2）合同订立监督的严格性

订立建设工程施工合同必须以国家批准的投资计划为前提，即使是国家投资以外的、以其他方式筹集的投资也要受到当年的贷款规模和批准限额的限制，纳入当年投资规模的平衡，并经过严格的审批程序。建设工程施工合同的订立，还必须符合国家关于建设程序的规定。考虑到建设工程的重要性和复杂性，在施工过程中经常会发生影响合同履行的各种纠纷，因此，《民法典》要求：建设工程施工合同应当采用书面形式。

（3）合同履行监督的严格性

在施工合同的履行过程中，除了合同当事人应当对合同进行严格的管理外，合同的主管机关（工商行政管理部门）、建设主管部门、合同双方的上级主管部门、金融机构、解决合同争议的仲裁机关或人民法院，还有税务部门、审计部门及合同公证机关或鉴证机关等机构和部门，都要对施工合同的履行进行严格的监督。

6.1.3 工程施工合同订立

1. 订立施工合同应具备的条件

订立施工合同应具备以下条件：

1）初步设计已经批准。

2）工程项目已经列入年度建设计划。

3）有能够满足施工需要的设计文件和有关技术资料。

4）建设资金和主要建筑材料设备来源已经落实。

5）对于招标投标工程，中标通知书已经下达。

2. 订立施工合同应当遵守的原则

（1）遵守国家法律、法规和国家计划原则

订立施工合同，必须遵守国家法律、法规，也应遵守国家的建设计划和其他计划（如

贷款计划）。建设工程施工对经济发展、社会生活有多方面的影响，国家有许多强制性的管理规定，施工合同当事人都必须遵守。

（2）平等、自愿、公平的原则

签订施工合同当事人双方都具有平等的法律地位，任何一方都不得强迫对方接受不平等的合同条件。当事人有权决定是否订立合同和合同内容，合同内容应当是双方当事人真实意思的体现，合同内容还应当是公平的，不能单纯损害一方的利益。对于显失公平的施工合同，当事人一方有权申请人民法院或仲裁机构予以变更或撤销。

（3）诚实信用的原则

当事人订立施工合同应该诚实信用，不得有欺诈行为，双方应当如实将自身和工程的情况介绍给对方。在施工合同履行过程中，当事人也应守信用，严格履行合同。

3. 订立施工合同的程序

施工合同的订立同样包括要约和承诺两个阶段。其订立方式有直接发包和招标发包两种。对于必须进行招标的建设项目，工程建设的施工都应通过招标投标确定承包人。

中标通知书发出后，中标人应当与招标人及时签订合同。《招标投标法》规定：招标人和中标人应当自中标通知书发出之日起 30 天内，按照招标文件和中标人的投标文件订立书面合同。招标人和中标人不得再行订立背离合同实质性内容的其他协议。

6.1.4　建设工程施工合同示范文本简介

为了规范和指导合同当事人双方的行为，完善合同管理制度，解决施工合同中存在的合同文本不规范、条款不完备、合同纠纷多等问题，国家建设部和国家工商行政管理局于 1991 年 3 月 31 日发布了《建设工程施工合同（示范文本）》（GF—91—0201），并于 1999 年、2013 年依据建设领域有关法律法规的变化，对该示范文本进行了修订，发布了《建设工程施工合同（示范文本）》（GF—99—0201）和《建设工程施工合同（示范文本）》（GF—2013—0201）。此后，在不断总结施工合同示范文本推行的经验的基础上，结合我国建设工程施工的实际情况，并借鉴国际上通用的土木工程施工合同的成熟经验和有效做法，2017 年 9 月 22 日颁布了《建设工程施工合同（示范文本）》（GF—2017—0201），由合同协议书、通用合同条款和专用合同条款三部分组成。

该示范文本为非强制性使用文本，适用于房屋建筑工程、土木工程、线路管道和设备安装工程、装修工程等建设工程的施工承发包活动，合同当事人可结合建设工程具体情况，根据示范文本订立合同，并按照法律法规规定和合同约定承担相应的法律责任及合同权利义务。

1. 合同协议书

合同协议书是《建设工程施工合同（示范文本）》（简称《示范文本》）中总纲性文件，是发包人与承包人依据《民法典》《建筑法》及其他有关法律、法规，遵循平等、自愿、公平和诚实信用的原则，就建设工程施工中最基本、最重要的事项协商一致而订立的合同。它规定了合同当事人双方最主要的权利义务，规定了组成合同的文件及合同当事人对履行合同义务的承诺，并且合同当事人在这份文件上签字盖章，因此具有很高的法律效力，在所有施工合同文件组成中具有最优的解释效力。

《示范文本》中的合同协议书共计 13 条内容，主要包括工程概况、合同工期、质量标准、签约合同价和合同价格形式、项目经理、合同文件构成、承诺、词语含义，以及各项合同生效条件等，集中约定了合同当事人基本的合同权利义务。

2. 通用合同条款

通用合同条款是合同当事人根据《建筑法》《民法典》等法律法规，就工程建设的实施及相关事项，对合同当事人的权利义务做出的原则性约定。

通用合同条款共计 20 条，具体条款分别为：一般约定，发包人，承包人，监理人，工程质量，安全文明施工与环境保护，工期和进度，材料与设备，试验与检验，变更，价格调整，合同价格，计量与支付，验收和工程试车，竣工结算，缺陷责任与保修，违约，不可抗力，保险，索赔和争议解决。前述条款安排既考虑了现行法律法规对工程建设的有关要求，也考虑了建设工程施工管理的特殊需要。具体内容在下节详细介绍。

3. 专用合同条款

考虑到建设工程的内容各不相同，工期、造价等也随之变动，承包人发包人各自的能力、施工现场的环境和条件也各不相同，需要“专用合同条款”对“通用合同条款”进行必要的修改和补充，使两者成为双方当事人统一意愿的体现。

专用合同条款也有 20 条，与通用合同条款相对应，除此之外，还具有一个重要部分就是附件。附件是对施工合同当事人权利义务的进一步明确，并且使当事人的有关工作一目了然，便于执行和管理。附件中包括以下内容：

（1）协议书附件

附件 1：承包人承揽工程项目一览表。

（2）专用合同条款附件

1）附件 2：发包人供应材料设备一览表。

2）附件 3：工程质量保修书。

3）附件 4：主要建设工程文件目录。

4）附件 5：承包人用于本工程施工的机械设备表。

5）附件 6：承包人主要施工管理人员表。

6）附件 7：分包人主要施工管理人员表。

7）附件 8：履约担保格式。

8）附件 9：预付款担保格式。

9）附件 10：支付担保格式。

10）附件 11：暂估价一览表。

在使用专用合同条款时，应注意以下事项：

1）专用合同条款的编号应与相应的通用合同条款的编号一致。

2）合同当事人可以通过对专用合同条款的修改，满足具体建设工程的特殊要求，避免直接修改通用合同条款。

3）在专用合同条款中有横道线的地方，合同当事人可针对相应的通用合同条款进行细

化、完善、补充、修改或另行约定；若无细化、完善、补充、修改或另行约定，则填写“无”或划“/”。

6.2　建设工程施工合同的主要内容

本节按照《建设工程施工合同（示范文本）》（GF—2017—0201）介绍其通用合同条款的主要内容。

6.2.1　合同文件的优先顺序

组成合同的各项文件应互相解释，互为说明。除专用合同条款另有约定外，解释合同文件的优先顺序如下：

1）合同协议书。

2）中标通知书（如果有）。

3）投标函及其附录（如果有）。

4）专用合同条款及其附件。

5）通用合同条款。

6）技术标准和要求。

工程中使用的标准和规范指的是适用于工程的国家标准、行业标准、工程所在地的地方性标准，以及相应的规范、规程等，合同当事人有特别要求的，应在专用合同条款中约定。

发包人要求使用国外标准、规范的，发包人负责提供原文版本和中文译本，并在专用合同条款中约定提供标准规范的名称、份数和时间。

发包人对工程的技术标准、功能要求高于或严于现行国家、行业或地方标准的，应当在专用合同条款中予以明确。除专用合同条款另有约定外，应视为承包人在签订合同前已充分预见前述技术标准和功能要求的复杂程度，签约合同价中已包含由此产生的费用。

7）图纸。

发包人应按照专用合同条款约定的期限、数量和内容向承包人免费提供图纸，并组织承包人、监理人和设计人进行图纸会审和设计交底。发包人不得晚于“开工通知”载明的开工日期前 14 天向承包人提供图纸。

因发包人未按合同约定提供图纸导致承包人费用增加和（或）工期延误的，按照“因发包人原因导致工期延误”约定办理。

8）已标价工程量清单或预算书。

9）其他合同文件。

上述各项合同文件包括合同当事人就该项合同文件所做出的补充和修改，属于同一类内容的文件，应以最新签署的为准。

在合同订立及履行过程中形成的与合同有关的文件均构成合同文件组成部分，并根据其性质确定优先解释顺序。

合同履行中，双方有关工程的洽商、变更等书面协议或文件视为本合同的组成部分。在

不违反法律和行政法规的前提下，当事人可以通过协商变更合同的内容，这些变更的协议或文件的效力高于其他合同文件，且签署在后的协议或文件效力高于签署在先的协议或文件。

当合同文件内容含糊不清或不相一致时，在不影响工程正常进行的情况下，由发包人承包人协商解决。双方也可以提请负责监理的工程师做出解释。双方协商不成或不同意负责监理的工程师的解释时，按有关争议的约定处理。

合同以中国的汉语简体文字编写、解释和说明。合同当事人在专用合同条款中约定使用两种以上语言时，汉语为优先解释和说明合同的语言。在少数民族地区，双方可以约定使用少数民族语言文字书写和解释、说明施工合同。

6.2.2 关于双方的一般性约定

1. 发包人

（1）许可或批准

发包人应遵守法律，并办理法律规定由其办理的许可、批准或备案，包括但不限于建设用地规划许可证、建设工程规划许可证、建设工程施工许可证、施工所需临时用水、临时用电、中断道路交通、临时占用土地等许可和批准。发包人应协助承包人办理法律规定的有关施工证件和批件。

因发包人原因未能及时办理完毕前述许可、批准或备案，由发包人承担由此增加的费用和（或）延误的工期，并支付承包人合理的利润。

（2）发包人代表

发包人应在专用合同条款中明确其派驻施工现场的发包人代表的姓名、职务、联系方式及授权范围等事项。发包人代表在发包人的授权范围内，负责处理合同履行过程中与发包人有关的具体事宜。发包人代表在授权范围内的行为由发包人承担法律责任。发包人更换发包人代表的，应提前 7 天书面通知承包人。

发包人代表不能按照合同约定履行其职责及义务，并导致合同无法继续正常履行的，承包人可以要求发包人撤换发包人代表。

不属于法定必须监理的工程，监理人的职权可以由发包人代表或发包人指定的其他人员行使。

（3）发包人人员

发包人应要求在施工现场的发包人人员遵守法律及有关安全、质量、环境保护、文明施工等规定，并保障承包人免于承受因发包人人员未遵守上述要求给承包人造成的损失和责任。

发包人人员包括发包人代表及其他由发包人派驻施工现场的人员。

（4）施工现场、施工条件和基础资料的提供

1）提供施工现场。除专用合同条款另有约定外，发包人应最迟于开工日期 7 天前向承包人移交施工现场。

2）提供施工条件。除专用合同条款另有约定外，发包人应负责提供施工所需要的条件，包括：

① 将施工用水、电力、通信线路等施工所必需的条件接至施工现场内。

② 保证向承包人提供正常施工所需要的进入施工现场的交通条件。

③ 协调处理施工现场周围地下管线和邻近建筑物、构筑物、古树名木的保护工作，并承担相关费用。

④ 按照专用合同条款约定应提供的其他设施和条件。

3）提供基础资料。发包人应当在移交施工现场前向承包人提供施工现场及工程施工所必需的毗邻区域内供水、排水、供电、供气、供热、通信、广播电视等地下管线资料，气象和水文观测资料，地质勘查资料，相邻建筑物、构筑物和地下工程等有关基础资料，并对所提供资料的真实性、准确性和完整性负责。

按照法律规定确需在开工后方能提供的基础资料，发包人应尽其努力及时地在相应工程施工前的合理期限内提供，合理期限应以不影响承包人的正常施工为限。

4）逾期提供的责任。因发包人原因未能按合同约定及时向承包人提供施工现场、施工条件、基础资料的，由发包人承担由此增加的费用和（或）延误的工期。

（5）资金来源证明及支付担保

除专用合同条款另有约定外，发包人应在收到承包人要求提供资金来源证明的书面通知后 28 天内，向承包人提供能够按照合同约定支付合同价款的相应资金来源证明。

除专用合同条款另有约定外，发包人要求承包人提供履约担保的，发包人应当向承包人提供支付担保。支付担保可以采用银行保函或担保公司担保等形式，具体由合同当事人在专用合同条款中约定。

（6）支付合同价款

发包人应按合同约定向承包人及时支付合同价款。

（7）组织竣工验收

发包人应按合同约定及时组织竣工验收。

（8）现场统一管理协议

发包人应与承包人、由发包人直接发包的专业工程的承包人签订施工现场统一管理协议，明确各方的权利义务。施工现场统一管理协议作为专用合同条款的附件。

2. 承包人

（1）承包人的一般义务

承包人在履行合同过程中应遵守法律和工程建设标准规范，并履行以下义务：

1）办理法律规定应由承包人办理的许可和批准，并将办理结果书面报送发包人留存。

2）按法律规定和合同约定完成工程，并在保修期内承担保修义务。

3）按法律规定和合同约定采取施工安全和环境保护措施，办理工伤保险，确保工程及人员、材料、设备和设施的安全。

4）按合同约定的工作内容和施工进度要求，编制施工组织设计和施工措施计划，并对所有施工作业和施工方法的完备性及安全可靠性负责。

5）在进行合同约定的各项工作时，不得侵害发包人与他人使用公用道路、水源、市政管网等公共设施的权利，避免对邻近的公共设施产生干扰。承包人占用或使用他人的施工场地，影响他人作业或生活的，应承担相应责任。

6）按照“环境保护”约定负责施工场地及其周边环境与生态的保护工作。

7）按“安全文明施工”约定采取施工安全措施，确保工程及其人员、材料、设备和设施的安全，防止因工程施工造成的人身伤害和财产损失。

8）将发包人按合同约定支付的各项价款专用于合同工程，且应及时支付其雇用人员工资，并及时向分包人支付合同价款。

9）按照法律规定和合同约定编制竣工资料，完成竣工资料立卷及归档，并按专用合同条款约定的竣工资料的套数、内容、时间等要求移交发包人。

10）应履行的其他义务。

（2）项目经理

项目经理应为合同当事人所确认的人选，并在专用合同条款中明确项目经理的姓名、职称、注册执业证书编号、联系方式及授权范围等事项，项目经理经承包人授权后代表承包人负责履行合同。项目经理应是承包人正式聘用的员工，承包人应向发包人提交项目经理与承包人之间的劳动合同，以及承包人为项目经理缴纳社会保险的有效证明。承包人不提交上述文件的，项目经理无权履行职责，发包人有权要求更换项目经理，由此增加的费用和（或）延误的工期由承包人承担。

项目经理应常驻施工现场，且每月在施工现场时间不得少于专用合同条款约定的天数。项目经理不得同时担任其他项目的项目经理。项目经理确需离开施工现场时，应事先通知监理人，并取得发包人的书面同意。项目经理的通知中应当载明临时代行其职责的人员的注册执业资格、管理经验等资料，该人员应具备履行相应职责的能力。

承包人违反上述约定的，应按照专用合同条款的约定，承担违约责任。

项目经理按合同约定组织工程实施。在紧急情况下为确保施工安全和人员安全，在无法与发包人代表和总监理工程师及时取得联系时，项目经理有权采取必要的措施保证与工程有关的人身、财产和工程的安全，但应在 48 小时内向发包人代表和总监理工程师提交书面报告。

承包人需要更换项目经理的，应提前 14 天书面通知发包人和监理人，并征得发包人书面同意。通知中应当载明继任项目经理的注册执业资格、管理经验等资料，继任项目经理继续履行合同约定的职责。未经发包人书面同意，承包人不得擅自更换项目经理。承包人擅自更换项目经理的，应按照专用合同条款的约定承担违约责任。

发包人有权书面通知承包人更换其认为不称职的项目经理，通知中应当载明要求更换的理由。承包人应在接到更换通知后 14 天内向发包人提出书面的改进报告。发包人收到改进报告后仍要求更换的，承包人应在接到第二次更换通知的 28 天内进行更换，并将新任命的项目经理的注册执业资格、管理经验等资料书面通知发包人。继任项目经理继续履行《示范文本》第 3.2.1 项约定的职责。承包人无正当理由拒绝更换项目经理的，应按照专用合同条款的约定承担违约责任。

项目经理因特殊情况授权其下属人员履行其某项工作职责的，该下属人员应具备履行相应职责的能力，并应提前 7 天将上述人员的姓名和授权范围书面通知监理人，并征得发包人

书面同意。

（3）承包人人员安排

除专用合同条款另有约定外，承包人应在接到开工通知后 7 天内，向监理人提交承包人项目管理机构及施工现场人员安排的报告，其内容应包括合同管理、施工、技术、材料、质量、安全、财务等主要施工管理人员名单及其岗位、注册执业资格等，以及各工种技术工人的安排情况，并同时提交主要施工管理人员与承包人之间的劳动关系证明和缴纳社会保险的有效证明。

承包人派驻到施工现场的主要施工管理人员应相对稳定。施工过程中如有变动，承包人应及时向监理人提交施工现场人员变动情况的报告。承包人更换主要施工管理人员时，应提前 7 天书面通知监理人，并征得发包人书面同意。通知中应当载明继任人员的注册执业资格、管理经验等资料。

特殊工种作业人员均应持有相应的资格证明，监理人可以随时检查。

发包人对于承包人主要施工管理人员的资格或能力有异议的，承包人应提供资料证明被质疑人员有能力完成其岗位工作或不存在发包人所质疑的情形。发包人要求撤换不能按照合同约定履行职责及义务的主要施工管理人员的，承包人应当撤换。承包人无正当理由拒绝撤换的，应按照专用合同条款的约定承担违约责任。

除专用合同条款另有约定外，承包人的主要施工管理人员离开施工现场每月累计不超过 5 天的，应报监理人同意；离开施工现场每月累计超过 5 天的，应通知监理人，并征得发包人书面同意。主要施工管理人员离开施工现场前应指定一名有经验的人员临时代行其职责，该人员应具备履行相应职责的资格和能力，且应征得监理人或发包人的同意。

承包人擅自更换主要施工管理人员，或前述人员未经监理人或发包人同意擅自离开施工现场的，应按照专用合同条款约定承担违约责任。

（4）承包人现场查勘

承包人应对基于发包人提交的基础资料所做出的解释和推断负责，但因基础资料存在错误、遗漏导致承包人解释或推断失实的，由发包人承担责任。

承包人应对施工现场和施工条件进行查勘，并充分了解工程所在地的气象条件、交通条件、风俗习惯及其他与完成合同工作有关的其他资料。因承包人未能充分查勘、了解前述情况或未能充分估计前述情况所可能产生后果的，承包人承担由此增加的费用和（或）延误的工期。

（5）分包

1）分包的一般约定。承包人不得将其承包的全部工程转包给第三人，或将其承包的全部工程肢解后以分包的名义转包给第三人。承包人不得将工程主体结构、关键性工作及专用合同条款中禁止分包的专业工程分包给第三人，主体结构、关键性工作的范围由合同当事人按照法律规定在专用合同条款中予以明确。

承包人不得以劳务分包的名义转包或违法分包工程。

2）分包的确定。承包人应按专用合同条款的约定进行分包，确定分包人。已标价工程量清单或预算书中给定暂估价的专业工程，按照暂估价确定分包人。按照合同约定进行分包的，承包人应确保分包人具有相应的资质和能力。工程分包不减轻或免除承包人的责任和义务，承包人和分包人就分包工程向发包人承担连带责任。除合同另有约定外，承包人应在分包合同签订后 7 天内向发包人和监理人提交分包合同副本。

3）分包管理。承包人应向监理人提交分包人的主要施工管理人员表，并对分包人的施工人员进行实名制管理，包括但不限于进出场管理、登记造册及各种证照的办理。

4）分包合同价款。分包合同价款的主要内容如下：

① 除按本项第②条约定的情况或专用合同条款另有约定外，分包合同价款由承包人与分包人结算，未经承包人同意，发包人不得向分包人支付分包工程价款。

② 生效法律文书要求发包人向分包人支付分包合同价款的，发包人有权从应付承包人工程款中扣除该部分款项。

5）分包合同权益的转让。分包人在分包合同项下的义务持续到缺陷责任期届满以后的，发包人有权在缺陷责任期届满前，要求承包人将其在分包合同项下的权益转让给发包人，承包人应当转让。除转让合同另有约定外，转让合同生效后，由分包人向发包人履行义务。

（6）工程照管与成品、半成品保护

1）除专用合同条款另有约定外，自发包人向承包人移交施工现场之日起，承包人应负责照管工程及工程相关的材料、工程设备，直到颁发工程接收证书之日止。

2）在承包人负责照管期间，因承包人原因造成工程、材料、工程设备损坏的，由承包人负责修复或更换，并承担由此增加的费用和（或）延误的工期。

3）对合同内分期完成的成品和半成品，在工程接收证书颁发前，由承包人承担保护责任。因承包人原因造成成品或半成品损坏的，由承包人负责修复或更换，并承担由此增加的费用和（或）延误的工期。

（7）履约担保

发包人需要承包人提供履约担保的，由合同当事人在专用合同条款中约定履约担保的方式、金额及期限等。履约担保可以采用银行保函或担保公司担保等形式，具体由合同当事人在专用合同条款中约定。

因承包人原因导致工期延长的，继续提供履约担保所增加的费用由承包人承担；非因承包人原因导致工期延长的，继续提供履约担保所增加的费用由发包人承担。

（8）联合体

1）联合体各方应共同与发包人签订合同协议书。联合体各方应为履行合同向发包人承担连带责任。

2）联合体协议经发包人确认后作为合同附件。在履行合同过程中，未经发包人同意，不得修改联合体协议。

3）联合体牵头人负责与发包人和监理人联系，并接受指示，负责组织联合体各成员全面履行合同。

3. 监理人

（1）监理人的一般规定

工程实行监理的，发包人和承包人应在专用合同条款中明确监理人的监理内容及监理权

限等事项。监理人应当根据发包人授权及法律规定，代表发包人对工程施工相关事项进行检查、查验、审核、验收，并签发相关指示，但监理人无权修改合同，且无权减轻或免除合同约定的承包人的任何责任与义务。

除专用合同条款另有约定外，监理人在施工现场的办公场所、生活场所由承包人提供，所发生的费用由发包人承担。

（2）监理人员

发包人授予监理人对工程实施监理的权力，该权力由监理人派驻施工现场的监理人员行使。监理人员包括总监理工程师及监理工程师。监理人应将授权的总监理工程师和监理工程师的姓名及授权范围以书面形式提前通知承包人。更换总监理工程师的，监理人应提前 7 天书面通知承包人；更换其他监理人员的，监理人应提前 48 小时书面通知承包人。

（3）监理人的指示

监理人应按照发包人的授权发出监理指示。监理人的指示应采用书面形式，并经其授权的监理人员签字。紧急情况下，为了保证施工人员的安全或避免工程受损，监理人员可以口头形式发出指示，该指示与书面形式的指示具有同等法律效力，但必须在发出口头指示后 24 小时内补发书面监理指示，补发的书面监理指示应与口头指示一致。

监理人发出的指示应送达承包人项目经理或经项目经理授权接收的人员。因监理人未能按合同约定发出指示、指示延误或发出了错误指示而导致承包人费用增加和（或）工期延误的，由发包人承担相应责任。除专用合同条款另有约定外，总监理工程师不应将《示范文本》第 4.4 款〔商定或确定〕约定应由总监理工程师做出确定的权力授权或委托给其他监理人员。

承包人对监理人发出的指示有疑问的，应向监理人提出书面异议，监理人应在 48 小时内对该指示予以确认、更改或撤销，监理人逾期未回复的，承包人有权拒绝执行上述指示。

监理人对承包人的任何工作、工程或其采用的材料和工程设备未在约定的或合理期限内提出意见的，视为批准，但不免除或减轻承包人对该工作、工程、材料、工程设备等应承担的责任和义务。

（4）商定或确定

合同当事人进行商定或确定时，总监理工程师应当会同合同当事人尽量通过协商达成一致，不能达成一致的，由总监理工程师按照合同约定审慎做出公正的确定。

总监理工程师应将确定以书面形式通知发包人和承包人，并附详细依据。合同当事人对总监理工程师的确定没有异议的，按照总监理工程师的确定执行。任何一方合同当事人有异议，按照争议解决约定处理。争议解决前，合同当事人暂按总监理工程师的确定执行；争议解决后，争议解决的结果与总监理工程师的确定不一致的，按照争议解决的结果执行，由此造成的损失由责任人承担。

6.2.3 施工合同的质量控制条款

（1）质量要求

工程质量标准必须符合现行国家有关工程施工质量验收规范和标准的要求。有关工程质量的特殊标准或要求由合同当事人在专用合同条款中约定。

因发包人原因造成工程质量未达到合同约定标准的，由发包人承担由此增加的费用和（或）延误的工期，并支付承包人合理的利润。

因承包人原因造成工程质量未达到合同约定标准的，发包人有权要求承包人返工直至工程质量达到合同约定的标准为止，并由承包人承担由此增加的费用和（或）延误的工期。

（2）质量保证措施

1）发包人的质量管理。发包人应按照法律规定及合同约定完成与工程质量有关的各项工作。

2）承包人的质量管理。承包人按照施工组织设计约定向发包人和监理人提交工程质量保证体系及措施文件，建立完善的质量检查制度，并提交相应的工程质量文件。对于发包人和监理人违反法律规定和合同约定的错误指示，承包人有权拒绝实施。

承包人应对施工人员进行质量教育和技术培训，定期考核施工人员的劳动技能，严格执行施工规范和操作规程。

承包人应按照法律规定和发包人的要求，对材料、工程设备及工程的所有部位及其施工工艺进行全过程的质量检查和检验，并做详细记录，编制工程质量报表，报送监理人审查。此外，承包人还应按照法律规定和发包人的要求，进行施工现场取样试验、工程复核测量和设备性能检测，提供试验样品、提交试验报告和测量成果及其他工作。

3）监理人的质量检查和检验。监理人按照法律规定和发包人授权对工程的所有部位及其施工工艺、材料和工程设备进行检查和检验。承包人应为监理人的检查和检验提供方便，包括监理人到施工现场，或制造、加工地点，或合同约定的其他地方进行察看和查阅施工原始记录。监理人为此进行的检查和检验，不免除或减轻承包人按照合同约定应当承担的责任。

监理人的检查和检验不应影响施工正常进行。监理人的检查和检验影响施工正常进行的，且经检查检验不合格的，影响正常施工的费用由承包人承担，工期不予顺延；经检查检验合格的，由此增加的费用和（或）延误的工期由发包人承担。

（3）隐蔽工程检查

1）承包人自检。承包人应当对工程隐蔽部位进行自检，并经自检确认是否具备覆盖条件。

2）检查程序。除专用合同条款另有约定外，工程隐蔽部位经承包人自检确认具备覆盖条件的，承包人应在共同检查前 48 小时书面通知监理人检查，通知中应载明隐蔽检查的内容、时间和地点，并应附有自检记录和必要的检查资料。

监理人应按时到场并对隐蔽工程及其施工工艺、材料和工程设备进行检查。经监理人检查确认质量符合隐蔽要求，并在验收记录上签字后，承包人才能进行覆盖。经监理人检查质量不合格的，承包人应在监理人指示的时间内完成修复，并由监理人重新检查，由此增加的费用和（或）延误的工期由承包人承担。

除专用合同条款另有约定外，监理人不能按时进行检查的，应在检查前 24 小时向承包人提交书面延期要求，但延期不能超过 48 小时，由此导致工期延误的，工期应予以顺延。

监理人未按时进行检查，也未提出延期要求的，视为隐蔽工程检查合格，承包人可自行完成覆盖工作，并做相应记录报送监理人，监理人应签字确认。监理人事后对检查记录有疑问的，可按重新检查的约定重新检查。

3）重新检查。承包人覆盖工程隐蔽部位后，发包人或监理人对质量有疑问的，可要求承包人对已覆盖的部位进行钻孔探测或揭开重新检查，承包人应遵照执行，并在检查后重新覆盖恢复原状。经检查证明工程质量符合合同要求的，由发包人承担由此增加的费用和（或）延误的工期，并支付承包人合理的利润；经检查证明工程质量不符合合同要求的，由此增加的费用和（或）延误的工期由承包人承担。

4）承包人私自覆盖。承包人未通知监理人到场检查，私自将工程隐蔽部位覆盖的，监理人有权指示承包人钻孔探测或揭开检查，无论工程隐蔽部位质量是否合格，由此增加的费用和（或）延误的工期均由承包人承担。

（4）不合格工程的处理

因承包人原因造成工程不合格的，发包人有权随时要求承包人采取补救措施，直至达到合同要求的质量标准，由此增加的费用和（或）延误的工期由承包人承担；无法补救的，按照拒绝接收全部或部分工程约定执行。

因发包人原因造成工程不合格的，由此增加的费用和（或）延误的工期由发包人承担，并支付承包人合理的利润。

（5）质量争议检测

合同当事人对工程质量有争议的，由双方协商确定的工程质量检测机构鉴定，由此产生的费用及因此造成的损失，由责任方承担。

合同当事人均有责任的，由双方根据其责任分别承担。合同当事人无法达成一致的，按照双方商定或确定执行。

6.2.4　安全文明施工与职业健康及环境保护

1. 安全文明施工

（1）安全生产要求

合同履行期间，合同当事人均应当遵守国家和工程所在地有关安全生产的要求，合同当事人有特别要求的，应在专用合同条款中明确施工项目安全生产标准化达标目标及相应事项。承包人有权拒绝发包人及监理人强令承包人违章作业、冒险施工的任何指示。

在施工过程中，如遇到突发的地质变动、事先未知的地下施工障碍等影响施工安全的紧急情况，承包人应及时报告监理人和发包人，发包人应当及时下令停工并报政府有关行政管理部门采取应急措施。

因安全生产需要暂停施工的，按照暂停施工的约定执行。

（2）安全生产保证措施

承包人应当按照有关规定编制安全技术措施或者专项施工方案，建立安全生产责任制度、治安保卫制度及安全生产教育培训制度，并按安全生产法律规定及合同约定履行安全职责，如实编制工程安全生产的有关记录，接受发包人、监理人及政府安全监督部门的检查与监督。

（3）特别安全生产事项

承包人应按照法律规定进行施工，开工前做好安全技术交底工作，施工过程中做好各项安全防护措施。承包人为实施合同而雇用的特殊工种的人员应受过专门的培训并已取得政府有关管理机构颁发的上岗证书。

承包人在动力设备、输电线路、地下管道、密封防震车间、易燃易爆地段及临街交通要道附近施工时，施工开始前应向发包人和监理人提出安全防护措施，经发包人认可后实施。

实施爆破作业，在放射、毒害性环境中施工（含储存、运输、使用）及使用毒害性、腐蚀性物品施工时，承包人应在施工前7天以书面通知发包人和监理人，并报送相应的安全防护措施，经发包人认可后实施。

需单独编制危险性较大分部分项专项工程施工方案的，以及要求进行专家论证的、超过一定规模的、危险性较大的分部分项工程，承包人应及时编制和组织论证。

（4）治安保卫

除专用合同条款另有约定外，发包人应与当地公安部门协商，在现场建立治安管理机构或联防组织，统一管理施工场地的治安保卫事项，履行合同工程的治安保卫职责。

发包人和承包人除应协助现场治安管理机构或联防组织维护施工场地的社会治安外，还应做好包括生活区在内的各自管辖区的治安保卫工作。

除专用合同条款另有约定外，发包人和承包人应在工程开工后7天内共同编制施工场地治安管理计划，并制定应对突发治安事件的紧急预案。在工程施工过程中，发生暴乱、爆炸等恐怖事件，以及群殴、械斗等群体性突发治安事件的，发包人和承包人应立即向当地政府报告。发包人和承包人应积极协助当地有关部门采取措施平息事态，防止事态扩大，尽量避免人员伤亡和财产损失。

（5）文明施工

承包人在工程施工期间，应当采取措施保持施工现场平整，物料堆放整齐。工程所在地有关政府行政管理部门有特殊要求的，按照其要求执行。合同当事人对文明施工有其他要求的，可以在专用合同条款中明确。

在工程移交之前，承包人应当从施工现场清除承包人的全部工程设备、多余材料、垃圾和各种临时工程，并保持施工现场清洁整齐。经发包人书面同意，承包人可在发包人指定的地点保留承包人履行保修期内的各项义务所需要的材料、施工设备和临时工程。

（6）安全文明施工费

安全文明施工费由发包人承担，发包人不得以任何形式扣减该部分费用。因基准日期后合同所适用的法律或政府有关规定发生变化，增加的安全文明施工费由发包人承担。

承包人经发包人同意采取合同约定以外的安全措施所产生的费用，由发包人承担。未经发包人同意的，如果该措施避免了发包人的损失，则发包人在避免损失的额度内承担该措施费。如果该措施避免了承包人的损失，由承包人承担该措施费。

除专用合同条款另有约定外，发包人应在开工后28天内预付安全文明施工费总额的50%，其余部分与进度款同期支付。发包人逾期支付安全文明施工费超过7天的，承包人有

权向发包人发出要求预付的催告通知，发包人收到通知后 7 天内仍未支付的，承包人有权暂停施工，并按发包人违约的情形执行。

承包人对安全文明施工费应专款专用，承包人应在财务账目中单独列项备查，不得挪作他用，否则发包人有权责令其限期改正；逾期未改正的，可以责令其暂停施工，由此增加的费用和（或）延误的工期由承包人承担。

（7）紧急情况处理

在工程实施期间或缺陷责任期内发生危及工程安全的事件，监理人应通知承包人进行抢救，承包人声明无能力或不愿立即执行的，发包人有权雇佣其他人员进行抢救。此类抢救按合同约定属于承包人义务的，由此增加的费用和（或）延误的工期由承包人承担。

（8）事故处理

工程施工过程中发生事故的，承包人应立即通知监理人，监理人应立即通知发包人。发包人和承包人应立即组织人员和设备进行紧急抢救和抢修，减少人员伤亡和财产损失，防止事故扩大，并保护事故现场。需要移动现场物品时，应做出标记和进行书面记录，妥善保管有关证据。发包人和承包人应按国家有关规定，及时、如实地向有关部门报告事故发生的情况，以及正在采取的紧急措施等。

（9）安全生产责任

1）发包人的安全责任。发包人应负责赔偿以下各种情况造成的损失：

① 工程或工程的任何部分对土地的占用所造成的第三者财产损失。

② 由于发包人原因在施工场地及其毗邻地带造成的第三者人身伤亡和财产损失。

③ 由于发包人原因对承包人、监理人造成的人员人身伤亡和财产损失。

④ 由于发包人原因造成的发包人自身人员的人身伤害及财产损失。

2）承包人的安全责任。由于承包人原因在施工场地内及其毗邻地带造成的发包人、监理人及第三者人员伤亡和财产损失，由承包人负责赔偿。

2. 职业健康

（1）劳动保护

承包人应按照法律规定安排现场施工人员的劳动和休息时间，保障劳动者的休息时间，并支付合理的报酬和费用。承包人应依法为其履行合同所雇用的人员办理必要的证件、许可、保险和注册等，承包人应督促其分包人为分包人所雇用的人员办理必要的证件、许可、保险和注册等。

承包人应按照法律规定保障现场施工人员的劳动安全，提供劳动保护，并按国家有关劳动保护的规定，采取有效的防止粉尘、降低噪声、控制有害气体和保障高温、高寒、高处作业安全等劳动保护措施。承包人雇佣人员在施工中受到伤害的，承包人应立即采取有效措施进行抢救和治疗。

承包人应按法律规定安排工作时间，保证其雇佣人员享有休息和休假的权利。因工程施工的特殊需要占用休假日或延长工作时间的，应不超过法律规定的限度，并按法律规定给予补休或付酬。

（2）生活条件

承包人应为其履行合同所雇用的人员提供必要的膳宿条件和生活环境；承包人应采取有效措施预防传染病，保证施工人员的健康，并定期对施工现场、施工人员生活基地和工程进行防疫及卫生的专业检查和处理，在远离城镇的施工场地，还应配备必要的伤病防治和急救的医务人员与医疗设施。

3. 环境保护

承包人应在施工组织设计中列明环境保护的具体措施。在合同履行期间，承包人应采取合理措施保护施工现场环境。对施工作业过程中可能引起的大气、水、噪声及固体废物污染采取具体可行的防范措施。

承包人应当承担因其原因引起的环境污染侵权损害赔偿责任，因上述环境污染引起纠纷而导致暂停施工的，由此增加的费用和（或）延误的工期由承包人承担。

6.2.5 施工合同的进度控制条款

1. 施工进度计划

（1）施工进度计划的编制

承包人应按照施工组织设计约定提交详细的施工进度计划，施工进度计划的编制应当符合国家法律规定和一般工程实践惯例，施工进度计划经发包人批准后实施。施工进度计划是控制工程进度的依据，发包人和监理人有权按照施工进度计划检查工程进度情况。

（2）施工进度计划的修订

施工进度计划不符合合同要求或与工程的实际进度不一致的，承包人应向监理人提交修订的施工进度计划，并附具有关措施和相关资料，由监理人报送发包人。除专用合同条款另有约定外，发包人和监理人应在收到修订的施工进度计划后 7 天内完成审核和批准或提出修改意见。发包人和监理人对承包人提交的施工进度计划的确认，不能减轻或免除承包人根据法律规定和合同约定应承担的任何责任或义务。

2. 开工

（1）开工准备

除专用合同条款另有约定外，承包人应按照施工组织设计约定的期限，向监理人提交工程开工报审表，经监理人报发包人批准后执行。开工报审表应详细说明按施工进度计划正常施工所需的施工道路、临时设施、材料、工程设备、施工设备、施工人员等落实情况及工程的进度安排。

除专用合同条款另有约定外，合同当事人应按约定完成开工准备工作。

（2）开工通知

发包人应按照法律规定获得工程施工所需的许可。经发包人同意后，监理人发出的开工通知应符合法律规定。监理人应在计划开工日期 7 天前向承包人发出开工通知，工期自开工通知中载明的开工日期起算。

除专用合同条款另有约定外，因发包人原因造成监理人未能在计划开工日期之日起 90 天内发出开工通知的，承包人有权提出价格调整要求，或者解除合同。发包人应当承担由此

增加的费用和（或）延误的工期，并向承包人支付合理利润。

3. 测量放线

除专用合同条款另有约定外，发包人应在至迟不得晚于开工通知载明的开工日期前 7 天通过监理人向承包人提供测量基准点、基准线和水准点及其书面资料。发包人应对其提供的测量基准点、基准线和水准点及其书面资料的真实性、准确性和完整性负责。

承包人发现发包人提供的测量基准点、基准线和水准点及其书面资料存在错误或疏漏的，应及时通知监理人。监理人应及时报告发包人，并会同发包人和承包人予以核实。发包人应就如何处理和是否继续施工做出决定，并通知监理人和承包人。

承包人负责施工过程中的全部施工测量放线工作，并配置具有相应资质的人员、合格的仪器、设备和其他物品。承包人应矫正工程的位置、标高、尺寸或基准线中出现的任何差错，并对工程各部分的定位负责。

施工过程中对施工现场内水准点等测量标志物的保护工作由承包人负责。

4. 工期延误

（1）因发包人原因导致工期延误

在合同履行过程中，因下列情况导致工期延误和（或）费用增加的，由发包人承担由此延误的工期和（或）增加的费用，且发包人应支付承包人合理的利润：

1）发包人未能按合同约定提供图纸或所提供图纸不符合合同约定的。

2）发包人未能按合同约定提供施工现场、施工条件、基础资料、许可、批准等开工条件的。

3）发包人提供的测量基准点、基准线和水准点及其书面资料存在错误或疏漏的。

4）发包人未能在计划开工日期之日起 7 天内同意下达开工通知的。

5）发包人未能按合同约定日期支付工程预付款、进度款或竣工结算款的。

6）监理人未按合同约定发出指示、批准等文件的。

7）专用合同条款中约定的其他情形。

因发包人原因未按计划开工日期开工的，发包人应按实际开工日期顺延竣工日期，确保实际工期不低于合同约定的工期总日历天数。因发包人原因导致工期延误需要修订施工进度计划的，按照施工进度计划的修订执行。

（2）因承包人原因导致工期延误

因承包人原因造成工期延误的，可以在专用合同条款中约定逾期竣工违约金的计算方法和逾期竣工违约金的上限。承包人支付逾期竣工违约金后，不免除承包人继续完成工程及修补缺陷的义务。

5. 不利物质条件

不利物质条件是指有经验的承包人在施工现场遇到的不可预见的自然物质条件、非自然的物质障碍和污染物，包括地表以下物质条件和水文条件及专用合同条款约定的其他情形，但不包括气候条件。

承包人遇到不利物质条件时，应采取克服不利物质条件的合理措施继续施工，并及时通知发包人和监理人。通知应载明不利物质条件的内容及承包人认为不可预见的理由。监理人

经发包人同意后应当及时发出指示，指示构成变更的，按《示范文本》第二部分第 10 条〔变更〕的相关约定执行。承包人因采取合理措施而增加的费用和（或）延误的工期由发包人承担。

6. 异常恶劣的气候条件

异常恶劣的气候条件是指在施工过程中遇到的，有经验的承包人在签订合同时不可预见的，对合同履行造成实质性影响的，但尚未构成不可抗力事件的恶劣气候条件。合同当事人可以在专用合同条款中约定异常恶劣的气候条件的具体情形。

承包人应采取克服异常恶劣的气候条件的合理措施继续施工，并及时通知发包人和监理人。监理人经发包人同意后应当及时发出指示，指示构成变更的，按《示范文本》第二部分第 10 条〔变更〕的相关约定办理。承包人因采取合理措施而增加的费用和（或）延误的工期由发包人承担。

7. 暂停施工

（1）发包人原因引起的暂停施工

因发包人原因引起暂停施工的，监理人经发包人同意后，应及时下达暂停施工指示。情况紧急且监理人未及时下达暂停施工指示的，按照紧急情况下的暂停施工执行。

因发包人原因引起的暂停施工，发包人应承担由此增加的费用和（或）延误的工期，并支付承包人合理的利润。

（2）承包人原因引起的暂停施工

因承包人原因引起的暂停施工，承包人应承担由此增加的费用和（或）延误的工期，且承包人在收到监理人复工指示后 84 天内仍未复工的，视为承包人违约的情形中约定的承包人无法继续履行合同的情形。

（3）指示暂停施工

监理人认为有必要时，并经发包人批准后，可向承包人做出暂停施工的指示，承包人应按监理人指示暂停施工。

（4）紧急情况下的暂停施工

因紧急情况需暂停施工，且监理人未及时下达暂停施工指示的，承包人可先暂停施工，并及时通知监理人。监理人应在接到通知后 24 小时内发出指示，逾期未发出指示，视为同意承包人暂停施工。监理人不同意承包人暂停施工的，应说明理由，承包人对监理人的答复有异议，按照争议解决约定处理。

（5）暂停施工后的复工

暂停施工后，发包人和承包人应采取有效措施积极消除暂停施工的影响。在工程复工前，监理人会同发包人和承包人确定因暂停施工造成的损失，并确定工程复工条件。当工程具备复工条件时，监理人应经发包人批准后向承包人发出复工通知，承包人应按照复工通知要求复工。

承包人无故拖延和拒绝复工的，承包人承担由此增加的费用和（或）延误的工期；因发包人原因无法按时复工的，按照示范文本第 7.5.1 项〔因发包人原因导致工期延误〕约定办理。

（6）暂停施工持续 56 天以上

监理人发出暂停施工指示后 56 天内未向承包人发出复工通知，除该项停工属于承包人原因引起的暂停施工及不可抗力约定的情形外，承包人可向发包人提交书面通知，要求发包人在收到书面通知后 28 天内准许已暂停施工的部分或全部工程继续施工。发包人逾期不予批准的，则承包人可以通知发包人，将工程受影响的部分视为变更的范围中可取消工作。

暂停施工持续 84 天以上不复工的，且不属于承包人原因引起的暂停施工及不可抗力约定的情形，并影响整个工程及合同目的实现的，承包人有权提出价格调整要求，或者解除合同。解除合同的，按照因发包人违约解除合同执行。

（7）暂停施工期间的工程照管

暂停施工期间，承包人应负责妥善照管工程并提供安全保障，由此增加的费用由责任方承担。

（8）暂停施工的措施

暂停施工期间，发包人和承包人均应采取必要的措施确保工程质量及安全，防止因暂停施工扩大损失。

8. 提前竣工

发包人要求承包人提前竣工的，发包人应通过监理人向承包人下达提前竣工指示，承包人应向发包人和监理人提交提前竣工建议书，提前竣工建议书应包括实施的方案、缩短的时间、增加的合同价格等内容。发包人接受该提前竣工建议书的，监理人应与发包人和承包人协商采取加快工程进度的措施，并修订施工进度计划，由此增加的费用由发包人承担。承包人认为提前竣工指示无法执行的，应向监理人和发包人提出书面异议，发包人和监理人应在收到异议后 7 天内予以答复。任何情况下，发包人都不得压缩合理工期。

发包人要求承包人提前竣工，或承包人提出提前竣工的建议能够给发包人带来效益的，合同当事人可以在专用合同条款中约定提前竣工的奖励。

6.2.6　施工合同价格、计量与支付

1. 合同价格形式

发包人和承包人应在合同协议书中选择下列一种合同价格形式：

（1）单价合同

单价合同是指合同当事人约定以工程量清单及其综合单价进行合同价格计算、调整和确认的建设工程施工合同，在约定的范围内合同单价不做调整。合同当事人应在专用合同条款中约定综合单价包含的风险范围和风险费用的计算方法，并约定风险范围以外的合同价格的调整方法，其中因市场价格波动引起的调整按《示范文本》第 11.1 款〔市场价格波动引起的调整〕约定执行。

（2）总价合同

总价合同是指合同当事人约定以施工图、已标价工程量清单或预算书及有关条件进行合同价格计算、调整和确认的建设工程施工合同，在约定的范围内合同总价不做调整。合同当事人应在专用合同条款中约定总价包含的风险范围和风险费用的计算方法，并约定风险范围

以外的合同价格的调整方法，其中因市场价格波动引起的调整按《示范文本》第 11.1 款〔市场价格波动引起的调整〕、因法律变化引起的调整按《示范文本》第 11.2 款〔法律变化引起的调整〕约定执行。

（3）其他价格形式

合同当事人可在专用合同条款中约定其他合同价格形式。

2. 预付款

（1）预付款的支付

预付款的支付按照专用合同条款约定执行，但至迟应在开工通知载明的开工日期 7 天前支付。预付款应当用于材料、工程设备、施工设备的采购及修建临时工程、组织施工队伍进场等。

除专用合同条款另有约定外，预付款在进度付款中同比例扣回。在颁发工程接收证书前，提前解除合同的，尚未扣完的预付款应与合同价款一并结算。

发包人逾期支付预付款超过 7 天的，承包人有权向发包人发出要求预付的催告通知，发包人收到通知后 7 天内仍未支付的，承包人有权暂停施工，并按《示范文本》第 16.1.1 项〔发包人违约的情形〕执行。

（2）预付款担保

发包人要求承包人提供预付款担保的，承包人应在发包人支付预付款 7 天前提供预付款担保，专用合同条款另有约定除外。预付款担保可采用银行保函、担保公司担保等形式，具体由合同当事人在专用合同条款中约定。在预付款完全扣回之前，承包人应保证预付款担保持续有效。

发包人在工程款中逐期扣回预付款后，预付款担保额度应相应减少，但剩余的预付款担保金额不得低于未被扣回的预付款金额。

3. 计量

（1）计量原则

工程量计量按照合同约定的工程量计算规则、图纸及变更指示等进行计量。工程量计算规则应以相关的国家标准、行业标准等为依据，由合同当事人在专用合同条款中约定。

（2）计量周期

除专用合同条款另有约定外，工程量的计量按月进行。

（3）单价合同的计量

除专用合同条款另有约定外，单价合同的计量按照下列约定执行：

承包人应于每月 25 日向监理人报送上月 20 日至当月 19 日已完成的工程量报告，并附具进度付款申请单、已完成工程量报表和有关资料。

监理人应在收到承包人提交的工程量报告后 7 天内完成对承包人提交的工程量报表的审核并报送发包人，以确定当月实际完成的工程量。监理人对工程量有异议的，有权要求承包人进行共同复核或抽样复测。承包人应协助监理人进行复核或抽样复测，并按监理人要求提供补充计量资料。承包人未按监理人要求参加复核或抽样复测的，监理人复核或修正的工程量视为承包人实际完成的工程量。

监理人未在收到承包人提交的工程量报表后的 7 天内完成审核的，承包人报送的工程量报告中的工程量视为承包人实际完成的工程量，据此计算工程价款。

（4）总价合同的计量

除专用合同条款另有约定外，按月计量支付的总价合同，按照下列约定执行：

承包人应于每月 25 日向监理人报送上月 20 日至当月 19 日已完成的工程量报告，并附具进度付款申请单、已完成工程量报表和有关资料。

监理人应在收到承包人提交的工程量报告后 7 天内完成对承包人提交的工程量报表的审核并报送发包人，以确定当月实际完成的工程量。监理人对工程量有异议的，有权要求承包人进行共同复核或抽样复测。承包人应协助监理人进行复核或抽样复测，并按监理人要求提供补充计量资料。承包人未按监理人要求参加复核或抽样复测的，监理人审核或修正的工程量视为承包人实际完成的工程量。

监理人未在收到承包人提交的工程量报表后的 7 天内完成复核的，承包人提交的工程量报告中的工程量视为承包人实际完成的工程量。

总价合同采用支付分解表计量支付的，可以按照总价合同的计量约定进行计量，但合同价款按照支付分解表进行支付。

（5）其他价格形式合同的计量

合同当事人可在专用合同条款中约定其他价格形式合同的计量方式和程序。

4. 工程进度款支付

（1）付款周期

除专用合同条款另有约定外，付款周期应按照计量周期的约定与计量周期保持一致。

（2）进度付款申请单的编制

除专用合同条款另有约定外，进度付款申请单应包括下列内容：

1）截至本次付款周期已完成工作对应的金额。

2）根据变更应增加和扣减的变更金额。

3）根据预付款约定应支付的预付款和扣减的返还预付款。

4）根据质量保证金约定应扣减的质量保证金。

5）根据索赔应增加和扣减的索赔金额。

6）对已签发的进度款支付证书中出现错误的修正，应在本次进度付款中支付或扣除的金额。

7）根据合同约定应增加和扣减的其他金额。

（3）进度付款申请单的提交

1）单价合同进度付款申请单的提交。单价合同的进度付款申请单，按照单价合同的计量约定的时间按月向监理人提交，并附上已完成工程量报表和有关资料。单价合同中的总价项目按月进行支付分解，并汇总列入当期进度付款申请单。

2）总价合同进度付款申请单的提交。总价合同按月计量支付的，承包人按照总价合同的计量约定的时间按月向监理人提交进度付款申请单，并附上已完成工程量报表和有关资料。总价合同按支付分解表支付的，承包人应按照支付分解表及进度付款申请单的编制的约定向监理人提交进度付款申请单。

3）其他价格形式合同的进度付款申请单的提交。合同当事人可在专用合同条款中约定其他价格形式合同的进度付款申请单的编制和提交程序。

（4）进度款审核和支付

除专用合同条款另有约定外，监理人应在收到承包人进度付款申请单及相关资料后 7 天内完成审查并报送发包人，发包人应在收到后 7 天内完成审批并签发进度款支付证书。发包人逾期未完成审批且未提出异议的，视为已签发进度款支付证书。

发包人和监理人对承包人的进度付款申请单有异议的，有权要求承包人修正和提供补充资料，承包人应提交修正后的进度付款申请单。监理人应在收到承包人修正后的进度付款申请单及相关资料后 7 天内完成审查并报送发包人，发包人应在收到监理人报送的进度付款申请单及相关资料后 7 天内，向承包人签发无异议部分的临时进度款支付证书。存在争议的部分，按照争议解决的约定处理。

除专用合同条款另有约定外，发包人应在进度款支付证书或临时进度款支付证书签发后 14 天内完成支付，发包人逾期支付进度款的，应按照中国人民银行发布的同期同类贷款基准利率支付违约金。

发包人签发进度款支付证书或临时进度款支付证书，不表明发包人已同意、批准或接受了承包人完成的相应部分的工作。

（5）进度付款的修正

在对已签发的进度款支付证书进行阶段汇总和复核中发现错误、遗漏或重复的，发包人和承包人均有权提出修正申请。经发包人和承包人同意的修正，应在下期进度付款中支付或扣除。

（6）支付分解表

1）支付分解表编制时应满足以下要求：

支付分解表中所列的每期付款金额，应为进度付款申请单的估算金额。

实际进度与施工进度计划不一致的，合同当事人可按照商定或确定修改支付分解表。

不采用支付分解表的，承包人应向发包人和监理人提交按季度编制的支付估算分解表，用于支付参考。

2）总价合同支付分解表的编制与审批还应注意以下事项：

除专用合同条款另有约定外，承包人应根据约定的施工进度计划、签约合同价和工程量等因素对总价合同按月进行分解，编制支付分解表。承包人应当在收到监理人和发包人批准的施工进度计划后 7 天内，将支付分解表及编制支付分解表的支持性资料报送监理人。

监理人应在收到支付分解表后 7 天内完成审核并报送发包人。发包人应在收到经监理人审核的支付分解表后 7 天内完成审批，经发包人批准的支付分解表为有约束力的支付分解表。

发包人逾期未完成支付分解表审批的，也未及时要求承包人进行修正和提供补充资料的，则承包人提交的支付分解表视为已经获得发包人批准。

3）单价合同的总价项目支付分解表的编制与审批的注意事项如下：

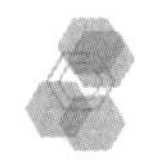

除专用合同条款另有约定外，单价合同的总价项目，由承包人根据施工进度计划和总价项目的总价构成、费用性质、计划发生时间和相应工程量等因素按月进行分解，形成支付分解表，其编制与审批参照总价合同支付分解表的编制与审批执行。

5. 支付账户

发包人应将合同价款支付至合同协议书中约定的承包人账户。

6.2.7　验收、工程试车、竣工结算、缺陷责任与保修

1. 验收

（1）分部分项工程验收

分部分项工程质量应符合国家有关工程施工验收规范、标准及合同约定，承包人应按照施工组织设计的要求完成分部分项工程施工。

除专用合同条款另有约定外，分部分项工程经承包人自检合格并具备验收条件的，承包人应提前 48 小时通知监理人进行验收。监理人不能按时进行验收的，应在验收前 24 小时向承包人提交书面延期要求，但延期不能超过 48 小时。监理人未按时进行验收，也未提出延期要求的，承包人有权自行验收，监理人应认可验收结果。分部分项工程未经验收的，不得进入下一道工序施工。

分部分项工程的验收资料应当作为竣工资料的组成部分。

（2）竣工验收

1）竣工验收条件。工程具备以下条件的，承包人可以申请竣工验收：

① 除发包人同意的甩项工作和缺陷修补工作外，合同范围内的全部工程及有关工作，包括合同要求的试验、试运行及检验均已完成，并符合合同要求。

② 已按合同约定编制了甩项工作和缺陷修补工作清单及相应的施工计划。

③ 已按合同约定的内容和份数备齐竣工资料。

2）竣工验收程序。除专用合同条款另有约定外，承包人申请竣工验收的，应当按照以下程序进行：

① 承包人向监理人报送竣工验收申请报告，监理人应在收到竣工验收申请报告后 14 天内完成审查并报送发包人。监理人审查后认为尚不具备验收条件的，应通知承包人在竣工验收前承包人还需完成的工作内容，承包人应在完成监理人通知的全部工作内容后，再次提交竣工验收申请报告。

② 监理人审查后认为已具备竣工验收条件的，应将竣工验收申请报告提交发包人，发包人应在收到经监理人审核的竣工验收申请报告后 28 天内审批完毕并组织监理人、承包人、设计人等相关单位完成竣工验收。

③ 竣工验收合格的，发包人应在验收合格后 14 天内向承包人签发工程接收证书。发包人无正当理由逾期不颁发工程接收证书的，自验收合格后第 15 天起视为已颁发工程接收证书。

④ 竣工验收不合格的，监理人应按照验收意见发出指示，要求承包人对不合格工程进行返工、修复或采取其他补救措施，由此增加的费用和（或）延误的工期由承包人承担。

承包人在完成不合格工程的返工、修复或采取其他补救措施后，应重新提交竣工验收申请报告，并按本项约定的程序重新进行验收。

⑤ 工程未经验收或验收不合格，发包人擅自使用的，应在转移占有工程后 7 天内向承包人颁发工程接收证书；发包人无正当理由逾期不颁发工程接收证书的，自转移占有后第 15 天起视为已颁发工程接收证书。

除专用合同条款另有约定外，发包人不按照本项约定组织竣工验收、颁发工程接收证书的，每逾期一天，应以签约合同价为基数，按照中国人民银行发布的同期同类贷款基准利率支付违约金。

3）竣工日期。工程经竣工验收合格的，以承包人提交竣工验收申请报告之日为实际竣工日期，并在工程接收证书中载明；因发包人原因，未在监理人收到承包人提交的竣工验收申请报告 42 天内完成竣工验收，或完成竣工验收不予签发工程接收证书的，以提交竣工验收申请报告的日期为实际竣工日期；工程未经竣工验收，发包人擅自使用的，以转移占有工程之日为实际竣工日期。

4）拒绝接收全部或部分工程。对于竣工验收不合格的工程，承包人完成整改后，应当重新进行竣工验收，经重新组织验收仍不合格的且无法采取措施补救的，则发包人可以拒绝接收不合格工程，因不合格工程导致其他工程不能正常使用的，承包人应采取措施确保相关工程的正常使用，由此增加的费用和（或）延误的工期由承包人承担。

5）移交、接收全部与部分工程。除专用合同条款另有约定外，合同当事人应当在颁发工程接收证书后 7 天内完成工程的移交。

发包人无正当理由不接收工程的，发包人自应当接收工程之日起，承担工程照管、成品保护、保管等与工程有关的各项费用，合同当事人可以在专用合同条款中另行约定发包人逾期接收工程的违约责任。

承包人无正当理由不移交工程的，承包人应承担工程照管、成品保护、保管等与工程有关的各项费用，合同当事人可以在专用合同条款中另行约定承包人无正当理由不移交工程的违约责任。

（3）提前交付单位工程的验收

1）发包人需要在工程竣工前使用单位工程的，或承包人提出提前交付已经竣工的单位工程且经发包人同意的，可进行单位工程验收，验收的程序按照竣工验收的约定进行。

验收合格后，由监理人向承包人出具经发包人签认的单位工程接收证书。已签发单位工程接收证书的单位工程由发包人负责照管。单位工程的验收成果和结论应作为整体工程竣工验收申请报告的附件。

2）发包人要求在工程竣工前交付单位工程，由此导致承包人费用增加和（或）工期延误的，由发包人承担由此增加的费用和（或）延误的工期，并支付承包人合理的利润。

（4）施工期运行

1）施工期运行是指合同工程尚未全部竣工，其中某项或某几项单位工程或工程设备安装已竣工，根据专用合同条款约定，需要投入施工期运行的，经发包人按提前交付单位工程验收的约定验收合格，证明能确保安全后，才能在施工期投入运行。

2）在施工期运行中发现工程或工程设备损坏或存在缺陷的，由承包人按缺陷责任期约定进行修复。

（5）竣工退场

1）现场清理。颁发工程接收证书后，承包人应按以下要求对施工现场进行清理：

① 施工现场内残留的垃圾已全部清除出场。

② 临时工程已拆除，场地已进行清理、平整或复原。

③ 按合同约定应撤离的人员、承包人施工设备和剩余的材料，包括废弃的施工设备和材料，已按计划撤离施工现场。

④ 施工现场周边及其附近道路、河道的施工堆积物，已全部清理。

⑤ 施工现场其他场地清理工作已全部完成。

施工现场的竣工退场费用由承包人承担。承包人应在专用合同条款约定的期限内完成竣工退场，逾期未完成的，发包人有权出售或另行处理承包人遗留的物品，由此支出的费用由承包人承担，发包人出售承包人遗留物品所得款项在扣除必要费用后应返还承包人。

2）地表还原。承包人应按发包人的要求恢复临时占地及清理场地，承包人未按发包人的要求恢复临时占地，或者场地清理未达到合同约定要求的，发包人有权委托其他人恢复或清理，发生的费用由承包人承担。

2. 工程试车

（1）试车程序

工程需要试车的，除专用合同条款另有约定外，试车内容应与承包人承包范围一致，试车费用由承包人承担。工程试车应按如下程序进行：

具备单机无负荷试车条件，承包人组织试车，并在试车前 48 小时书面通知监理人，通知中应载明试车内容、时间、地点。承包人准备试车记录，发包人根据承包人要求为试车提供必要条件。试车合格的，监理人在试车记录上签字。监理人在试车合格后不在试车记录上签字，自试车结束满 24 小时后视为监理人已经认可试车记录，承包人可继续施工或办理竣工验收手续。

监理人不能按时参加试车，应在试车前 24 小时以书面形式向承包人提出延期要求，但延期不能超过 48 小时，由此导致工期延误的，工期应予以顺延。监理人未能在前述期限内提出延期要求，又不参加试车的，视为认可试车记录。

具备无负荷联动试车条件，发包人组织试车，并在试车前 48 小时以书面形式通知承包人。通知中应载明试车内容、时间、地点和对承包人的要求，承包人按要求做好准备工作。试车合格，合同当事人在试车记录上签字。承包人无正当理由不参加试车的，视为认可试车记录。

（2）试车中的责任

因设计原因导致试车达不到验收要求，发包人应要求设计人修改设计，承包人按修改后的设计重新安装。发包人承担修改设计、拆除及重新安装的全部费用，工期相应顺延。因承包人原因导致试车达不到验收要求，承包人按监理人要求重新安装和试车，并承担重新安装和试车的费用，工期不予顺延。

因工程设备制造导致试车达不到验收要求的，由采购该工程设备的合同当事人负责重新购置或修理，承包人负责拆除和重新安装，由此增加的修理、重新购置、拆除及重新安装的费用及延误的工期由采购该工程设备的合同当事人承担。

（3）投料试车

如需进行投料试车的，发包人应在工程竣工验收后组织投料试车。发包人要求在工程竣工验收前进行或需要承包人配合时，应征得承包人同意，并在专用合同条款中约定有关事项。

投料试车合格的，费用由发包人承担；因承包人原因造成投料试车不合格的，承包人应按照发包人要求进行整改，由此产生的整改费用由承包人承担；非因承包人原因导致投料试车不合格的，如发包人要求承包人进行整改的，由此产生的费用由发包人承担。

3. 竣工结算

（1）竣工结算申请

除专用合同条款另有约定外，承包人应在工程竣工验收合格后 28 天内向发包人和监理人提交竣工结算申请单，并提交完整的结算资料，有关竣工结算申请单的资料清单和份数等要求由合同当事人在专用合同条款中约定。

除专用合同条款另有约定外，竣工结算申请单应包括以下内容：

1）竣工结算合同价格。

2）发包人已支付承包人的款项。

3）应扣留的质量保证金。已缴纳履约保证金的或提供其他工程质量担保方式的除外。

4）发包人应支付承包人的合同价款。

（2）竣工结算审核

1）除专用合同条款另有约定外，监理人应在收到竣工结算申请单后 14 天内完成核查并报送发包人。发包人应在收到监理人提交的经审核的竣工结算申请单后 14 天内完成审批，并由监理人向承包人签发经发包人签认的竣工付款证书。监理人或发包人对竣工结算申请单有异议的，有权要求承包人进行修正和提供补充资料，承包人应提交修正后的竣工结算申请单。

发包人在收到承包人提交竣工结算申请书后 28 天内未完成审批且未提出异议的，视为发包人认可承包人提交的竣工结算申请单，并自发包人收到承包人提交的竣工结算申请单后第 29 天起视为已签发竣工付款证书。

2）除专用合同条款另有约定外，发包人应在签发竣工付款证书后的 14 天内，完成对承包人的竣工付款。发包人逾期支付的，按照中国人民银行发布的同期同类贷款基准利率支付违约金；逾期支付超过 56 天的，按照中国人民银行发布的同期同类贷款基准利率的两倍支付违约金。

3）承包人对发包人签认的竣工付款证书有异议的，对于有异议部分应在收到发包人签认的竣工付款证书后 7 天内提出异议，并由合同当事人按照专用合同条款约定的方式和程序进行复核，或按照争议解决约定处理。对于无异议部分，发包人应签发临时竣工付款证书，并完成付款。承包人逾期未提出异议的，视为认可发包人的审批结果。

（3）甩项竣工协议

发包人要求甩项竣工的，合同当事人应签订甩项竣工协议。在甩项竣工协议中应明确，合同当事人按照竣工结算申请及竣工结算审核的约定，对已完工的合格工程进行结算，并支付相应合同价款。

（4）最终结清

1）最终结清申请单。除专用合同条款另有约定外，承包人应在缺陷责任期终止证书颁发后 7 天内，按专用合同条款约定的份数向发包人提交最终结清申请单，并提供相关证明材料。

除专用合同条款另有约定外，最终结清申请单应列明质量保证金、应扣除的质量保证金、缺陷责任期内发生的增减费用。

发包人对最终结清申请单内容有异议的，有权要求承包人进行修正和提供补充资料，承包人应向发包人提交修正后的最终结清申请单。

2）最终结清证书和支付。除专用合同条款另有约定外，发包人应在收到承包人提交的最终结清申请单后 14 天内完成审批并向承包人颁发最终结清证书。发包人逾期未完成审批，又未提出修改意见的，视为发包人同意承包人提交的最终结清申请单，且自发包人收到承包人提交的最终结清申请单后 15 天起视为已颁发最终结清证书。

除专用合同条款另有约定外，发包人应在颁发最终结清证书后 7 天内完成支付。发包人逾期支付的，按照中国人民银行发布的同期同类贷款基准利率支付违约金；逾期支付超过 56 天的，按照中国人民银行发布的同期同类贷款基准利率的两倍支付违约金。

承包人对发包人颁发的最终结清证书有异议的，按争议解决的约定办理。

4. 缺陷责任与保修

（1）工程保修的原则

在工程移交发包人后，因承包人原因产生的质量缺陷，承包人应承担质量缺陷责任和保修义务。缺陷责任期届满，承包人仍应按合同约定的工程各部位保修年限承担保修义务。

（2）缺陷责任期

缺陷责任期从工程通过竣工验收之日起计算，合同当事人应在专用合同条款约定缺陷责任期的具体期限，但该期限最长不超过 24 个月。

缺陷责任期的概念

单位工程先于全部工程进行验收，经验收合格并交付使用的，该单位工程缺陷责任期自单位工程验收合格之日起算。因承包人原因导致工程无法按合同约定期限进行竣工验收的，缺陷责任期从实际通过竣工验收之日起计算。因发包人原因导致工程无法按合同约定期限进行竣工验收的，在承包人提交竣工验收报告 90 天后，工程自动进入缺陷责任期；发包人未经竣工验收擅自使用工程的，缺陷责任期自工程转移占有之日起开始计算。

缺陷责任期内，由承包人原因造成的缺陷，承包人应负责维修，并承担鉴定及维修费用。如承包人不维修也不承担费用，发包人可按合同约定从保证金或银行保函中扣除，费用超出保证金额的，发包人可按合同约定向承包人进行索赔。承包人维修并承担相应费用后，不免除对工程的损失赔偿责任。发包人有权要求承包人延长缺陷责任期，并应在原缺陷责任期届满前发出延长通知。但缺陷责任期（含延长部分）最长不能超过 24 个月。

由他人原因造成的缺陷，发包人负责组织维修，承包人不承担费用，且发包人不得从保证金中扣除费用。

任何一项缺陷或损坏修复后，经检查证明其影响了工程或工程设备的使用性能，承包人应重新进行合同约定的试验和试运行，试验和试运行的全部费用应由责任方承担。

除专用合同条款另有约定外，承包人应于缺陷责任期届满后 7 天内向发包人发出缺陷责任期届满通知，发包人应在收到缺陷责任期满通知后 14 天内核实承包人是否履行缺陷修复义务，承包人未能履行缺陷修复义务的，发包人有权扣除相应金额的维修费用。发包人应在收到缺陷责任期届满通知后 14 天内，向承包人颁发缺陷责任期终止证书。

（3）质量保证金

经合同当事人协商一致扣留质量保证金的，应在专用合同条款中予以明确。

在工程项目竣工前，承包人已经提供履约担保的，发包人不得同时预留工程质量保证金。

1）承包人提供质量保证金的方式。承包人提供质量保证金可以采用质量保证金保函、相应比例的工程款、双方约定的其他方式。

除专用合同条款另有约定外，质量保证金原则上采用质量保证金保函的方式。

2）质量保证金的扣留。质量保证金的扣留有以下三种方式：

①在支付工程进度款时逐次扣留，在此情形下，质量保证金的计算基数不包括预付款的支付、扣回及价格调整的金额。

② 工程竣工结算时一次性扣留质量保证金。

③ 双方约定的其他扣留方式。

除专用合同条款另有约定外，质量保证金的扣留原则上采用上述第①种方式。

发包人累计扣留的质量保证金不得超过工程价款结算总额的 3%。如承包人在发包人签发竣工付款证书后 28 天内提交质量保证金保函，发包人应同时退还扣留的作为质量保证金的工程价款；保函金额不得超过工程价款结算总额的 3%。

发包人在退还质量保证金的同时按照中国人民银行发布的同期同类贷款基准利率支付利息。

3）质量保证金的退还。缺陷责任期内，承包人认真履行合同约定的责任，到期后承包人可向发包人申请返还保证金。

发包人在接到承包人返还的保证金申请后，应于 14 天内会同承包人按照合同约定的内容进行核实。如无异议，发包人应当按照约定将保证金返还给承包人。对返还期限没有约定或者约定不明确的，发包人应当在核实后 14 天内将保证金返还承包人，逾期未返还的，依法承担违约责任。发包人在接到承包人返还保证金申请后 14 天内不予答复，经催告后 14 天内仍不予答复，视同认可承包人的返还保证金申请。

发包人和承包人对保证金预留、返还及工程维修质量、费用有争议的，按约定的争议和纠纷解决程序处理。

（4）保修

1）保修责任。工程保修期从工程竣工验收合格之日起算，具体分部分项工程的保修期

由合同当事人在专用合同条款中约定，但不得低于法定最低保修年限。在工程保修期内，承包人应当根据有关法律规定及合同约定承担保修责任。

发包人未经竣工验收擅自使用工程的，保修期自转移占有之日起算。

2）修复费用。保修期内，修复的费用按照以下约定处理：

保修期内，因承包人原因造成工程缺陷、损坏的，承包人应负责修复，并承担修复的费用及因工程缺陷、损坏造成的人身伤害和财产损失。

保修期内，因发包人使用不当造成工程缺陷、损坏的，可以委托承包人修复，但发包人应承担修复的费用，并支付承包人合理利润。

因其他原因造成工程缺陷、损坏的，可以委托承包人修复，发包人应承担修复的费用，并支付承包人合理的利润，因工程的缺陷、损坏造成的人身伤害和财产损失由责任方承担。

3）修复通知。在保修期内，发包人在使用过程中，发现已接收的工程存在缺陷或损坏的，应书面通知承包人予以修复。情况紧急必须立即修复缺陷或损坏的，发包人可以口头通知承包人并在口头通知后 48 小时内进行书面确认，承包人应在专用合同条款约定的合理期限内到达工程现场并修复缺陷或损坏。

4）未能修复。因承包人原因造成工程的缺陷或损坏，承包人拒绝维修或未能在合理期限内修复缺陷或损坏，且经发包人书面催告后仍未修复的，发包人有权自行修复或委托第三方修复，所需费用由承包人承担。但修复范围超出缺陷或损坏范围的，超出范围部分的修复费用由发包人承担。

5）承包人出入权。在保修期内，为了修复缺陷或损坏，承包人有权出入工程现场，除情况紧急必须立即修复缺陷或损坏外，承包人应提前 24 小时通知发包人进场修复的时间。承包人进入工程现场前应获得发包人同意，且不应影响发包人正常的生产经营，并应遵守发包人有关保安和保密的规定。

6.2.8　施工合同的其他约定

1. 不可抗力

不可抗力是指合同当事人不能预见、不能避免和不能克服的客观情况。建设工程施工中的不可抗力包括因战争、动乱、空中飞行物体坠落或其他非发包人承包人责任造成的爆炸、火灾，以及专用条款约定的风、雨、雪、地震、洪水等对工程造成损害的自然灾害。

在合同订立时应当明确不可抗力的范围。在专用条款中双方应当根据工程所在地的地理气候情况和工程项目的特点，对造成工期延误和工程灾害的不可抗力事件认定标准做出规定，可采用以下形式：

1）×级以上的地震。

2）×级以上持续×天的大风。

3）×mm 以上持续×天的大雨。

4）×年以上未发生过，持续×天的高温天气。

5）×年以上未发生过，持续×天的严寒天气。

不可抗力的概念

在施工合同的履行中，应当加强管理，在可能的范围内减少或者避开不可抗力事件的发生（如爆炸、火灾等有时就是因为管理不善引起的）。不可抗力事件发生后，承包人应立即通知工程师，并在力所能及的范围内迅速采取措施，尽力减少损失，发包人应协助承包人采取措施。工程师认为应当暂停施工的，承包人应暂停施工。不可抗力事件结束后 48 小时内承包人向工程师通报受害情况和损失情况，以及预计清理和修复的费用。不可抗力事件持续发生，承包人应每隔 7 天向工程师报告一次受害情况。不可抗力事件结束后 14 天内，承包人向工程师提交清理和修复费用的正式报告及有关资料。

工程师应当对不可抗力风险的承担有通盘考虑：哪些不可抗力风险可以由发包人承担，哪些风险应当转移出去（如投保）等。因不可抗力事件导致的费用及延误的工期由双方按以下方法分别承担：

1）工程本身的损害、因工程损害导致第三人人员伤亡和财产损失及运至施工场地用于施工的材料和待安装设备的损害，由发包人承担。

2）发包人承包人人员伤亡由其所在单位负责，并承担相应费用。

3）承包人机械设备损坏及停工损失，由承包人承担。

4）停工期间，承包人应工程师要求留在施工场地的必要的管理人员及保卫人员的费用由发包人承担。

5）工程所需清理、修复费用，由发包人承担。

6）延误的工期相应顺延。

因合同一方迟延履行合同后发生不可抗力的，不能免除迟延履行方的相应责任。

2. 保险

虽然我国对工程保险（主要是施工过程中的保险）没有强制性的规定，但随着项目法人责任制的推行，以前存在着事实上由国家承担不可抗力风险的情况将会有很大改变，工程项目参加保险的情况会越来越多。

在施工合同中，发包人与承包人的保险义务分担如下：

1）工程开工前，发包人为建设工程和施工场地内的自有人员及第三方人员的生命财产办理保险，支付保险费用。

2）运至施工场地内用于工程的材料和待安装设备，由发包人办理保险，并支付保险费用。

3）发包人可以将有关保险事项委托承包人办理，但费用由发包人承担。

4）承包人必须为从事危险作业的职工办理意外伤害保险，并为施工场地内自有人员生命财产和施工机械设备办理保险，支付保险费用。

5）保险事故发生时，发包人与承包人有责任尽力采取必要的措施，防止或者减少损失。

6）具体投保内容和相关责任，发包人与承包人在专用条款中约定。

3. 担保

发包人与承包人为了全面履行合同，应互相提供以下担保：

1）发包人向承包人提供履约担保，按合同约定支付工程价款及履行合同约定的其他义务。

2）承包人向发包人提供履约担保，按合同约定履行自己的各项义务。

发包人与承包人双方的履约担保一般可以以履约保函的方式提供，实际上是担保方式中的保证。履约保函往往是由银行出具的，即以银行为保证人。一方违约后，另一方可要求提供担保的第三人（如银行）承担相应责任。当然，履约担保也不排除其他担保人出具的担保书，但由于其他担保人的信用低于银行，因此担保金额往往较高。

提供担保的内容、方式和相关责任，发包人与承包人除了在专用条款中约定外，被担保人与担保人还应签订担保合同，作为施工合同的附件。

4. 工程转包与分包

施工企业的施工力量、技术力量、人员素质、信誉好坏等，对工程质量、投资控制、进度控制等有直接影响。发包人是在经过了一系列考察，以及资格预审、投标和评标等活动之后选中承包人的，签订合同不仅意味着发包人对报价、工期等可定量化因素的认可，也意味着发包人对承包人的信任。因此在一般情况下，承包人应当以自己的力量来完成施工任务或主要施工任务。

（1）工程转包

工程转包是指不行使承包人的管理职责，不承担技术经济责任，将所承包的工程倒手转给他人的行为。《建筑法》及《民法典》规定，承包人不得将其承包的全部建设工程转包给第三人，也不得将其承包的全部建设工程肢解以后以分包的名义分别转包给第三人。下列情况一般属于工程转包：

1）承包人将承包的工程全部包给其他施工单位，从中提取回扣者。

2）承包人将工程的主体结构或群体工程（指的是结构技术要求相同的部分）中半数以上的单位工程包给其他施工单位者。

3）分包单位将其承包的工程再次分包给其他施工单位者。

（2）工程分包

工程分包是指经合同约定和发包人认可，从工程承包人承担的工程中承包部分工程的行为。承包人必须自行完成建设项目（或单项、单位工程）的主要部分，其非主要部分或专业性较强的工程经发包人同意可以分包给第三人。禁止承包人将工程分包给不具备相应资质条件的单位。

工程分包的概念

承包人按专用条款的约定分包所承包的部分工程，并与分包人签订分包合同。非经发包人同意，承包人不得将承包工程的任何部分分包。分包合同签订后，发包人与分包人之间不存在直接的合同关系。分包人应对承包人负责，承包人对发包人负责。工程分包不能解除承包人的任何义务与责任。承包人应在分包场地派驻相应管理人员，保证本合同的履行。分包人的任何违约行为或疏忽导致工程损害或给发包人造成其他损失，承包人承担连带责任。

分包工程价款由承包人与分包人结算。发包人未经承包人同意不得以任何形式向分包人支付各种工程款项。

5. 违约责任

（1）发包人违约

发包人应当按合同约定完成相应的义务。如果发包人不履行合同义务或不按合同约定履行义务，则应承担相应的违约责任。发包人的违约行为包括：

1）发包人不按合同约定按时支付工程预付款。

2）发包人不按合同约定支付工程进度款，导致施工无法进行。

3）发包人无正当理由不支付工程竣工结算价款。

4）发包人不履行合同义务或者不按合同约定履行义务的其他情况。

发包人的违约行为可以分成两类：一类是不履行合同义务，如发包人应当将施工所需的水、电、通信线路从施工场地外部接至约定地点，但发包人没有履行该项义务，即构成违约；另一类是不按合同约定履行义务，如发包人应当开通施工场地与城乡公共道路的通道，并在专用条款中约定了开通的时间和质量要求，但实际开通的时间晚于约定或质量低于合同约定，也构成违约。

合同约定应该由工程师完成的工作，工程师没有完成或没有按照约定完成，给承包人造成损失的，也应当由发包人承担违约责任。因为工程师是代表发包人进行工作的，当其行为与合同约定不符时，视为发包人的违约。发包人承担违约责任后，可以根据监理委托合同追究监理单位相应的责任。

发包人承担违约责任的方式有以下四种：

① 赔偿因其违约给承包人造成的经济损失。赔偿损失是发包人承担违约责任的主要方式，其目的是补偿因违约给承包人造成的经济损失。承包人和发包人双方应当在专用条款内约定发包人赔偿承包人损失的计算方法。损失赔偿额应当相当于因违约所造成的损失，包括合同履行后可以获得的利益，但不得超过发包人在订立合同时预见或者应当预见到的因违约可能造成的损失。

② 支付违约金。支付违约金的目的是补偿承包人的损失，双方在专用条款中约定发包人应当支付违约金的数额或计算方法。

③ 顺延延误的工期。对于因为发包人违约而延误的工期，应当相应顺延。

④ 继续履行。发包人违约后，承包人要求发包人继续履行合同的，发包人应当在承担上述违约责任后继续履行施工合同。

（2）承包人违约

承包人的违约行为主要有以下三种情况：

1）因承包人原因不能按照协议书约定的竣工日期或者工程师同意顺延的工期竣工。

2）因承包人原因工程质量达不到协议书约定的质量标准。

3）承包人不履行合同义务或不按合同约定履行义务的其他情况。

承包人承担违约责任的方式有以下四种：

1）赔偿因其违约给发包人造成的损失。承发包人双方应当在专用条款内约定承包人赔偿发包人损失的计算方法。损失赔偿额应当相当于因违约所造成的损失，包括合同履行后可以获得的利益，但不得超过承包人在订立合同时预见或者应当预见到的因违约可能造成的损失。

2）支付违约金。双方可以在专用条款中约定承包人应当支付违约金的数额或计算方法。发包人在确定违约金的费率时，一般要考虑以下因素：①发包人盈利损失；②由于

工期延长而引起的贷款利息增加；③工程拖期带来的附加监理费；④由于本工程拖期竣工不能使用，租用其他建筑物时的租赁费。至于违约金的计算方法，在每个合同文件中均有具体规定，一般按每延误一天赔偿一定的款额计算，累计赔偿额一般不超过合同总额的 10%。

3）采取补救措施。对于施工质量不符合要求的违约，发包人有权要求承包人采取返工、修理、更换等补救措施。

4）继续履行。承包人违约后，如果发包人要求承包人继续履行合同时，承包人承担上述违约责任后仍应继续履行施工合同。

（3）担保人承担责任

如果施工合同双方当事人设定了担保方式，一方违约后，另一方可按双方约定的担保条款，要求提供担保的第三人承担相应的责任。

6. 合同争议的解决

发包人承包人在履行合同时发生争议，可以和解或者要求有关主管部门调解。当事人不愿意和解、调解或和解、调解不成的，双方可以在专用条款内约定以下一种方式解决争议：

1）双方达成仲裁协议，向约定的仲裁委员会申请仲裁。

2）向有管辖权的人民法院起诉。

发生争议后，除非出现下列情况的，双方都应继续履行合同，保持施工连续，保护好已完工程：

1）单方违约导致合同确已无法履行，双方协议停止施工。

2）调解要求停止施工，且为双方接受。

3）仲裁机构要求停止施工。

4）法院要求停止施工。

7. 施工合同的解除

（1）可以解除合同的情形

发包人承包人协商一致，可以解除合同。

发包人不按合同约定支付工程款（进度款），双方又未达成延期付款协议，导致施工无法进行，承包人可以停止施工，由发包人承担违约责任。如果停止施工超过 56 天，发包人仍不支付工程款（进度款），承包人有权解除合同。

承包人将其承包的全部工程转包给他人，或者肢解以后以分包的名义分别转包给他人，发包人有权解除合同。

因不可抗力致使合同无法履行，发包人承包人可以解除合同。

因一方违约（包括因发包人原因造成工程停建或缓建）致使合同无法履行，发包人承包人可以解除合同。

（2）当事人一方主张解除合同的程序

合同一方依据上述约定要求解除合同的，应以书面形式向对方发出解除合同的通知，并在发出通知前 7 天告知对方，通知到达对方时合同解除。对解除合同有争议的，双方可按有关争议的约定处理。

（3）合同解除后的善后处理

合同解除后，承包人应妥善做好已完工工程和已购材料、设备的保护和移交工作，按发包人要求将自有机械设备和人员撤出施工场地。发包人应为承包人撤出提供必要条件，支付以上所发生的费用，并按合同约定支付已完工程价款。已经订货的材料、设备由订货方负责退货或解除订货合同，不能退还的货款和因退货、解除订货合同发生的费用，由发包人承担，因未及时退货造成的损失由责任方承担。除此之外，有过错的一方应当赔偿因合同解除给对方造成的损失。合同解除后，不影响双方在合同中约定的结算和清理条款的效力。

8. 合同生效与终止

双方在协议书中应约定合同的生效方式，如双方当事人可选择以下几种方式之一：

1）本合同于××年××月××日签订，自即日起生效。

2）本合同双方约定应进行公（鉴）证，自公（鉴）证之日起生效。

3）本合同签订后，自发包人提供图纸或支付预付款或提供合格施工场地或下达正式开工指令之日起生效。

4）本合同签订后，需经发包人上级主管部门批准，自上级主管部门正式批准之日起生效，但双方应约定合同签订后多少天内发包人上级主管部门应办完正式批准手续。

5）其他方式等。

除了质量保修方面双方的权利和义务，如果发包人承包人履行完合同全部义务，竣工结算价款支付完毕，承包人向发包人交付竣工工程后，本合同即宣告终止。合同的权利义务终止后，发包人承包人应当遵循诚实信用原则，履行通知、协助、保密等义务。

9. 合同份数

施工合同正本两份，具有同等效力，由发包人承包人分别保存一份。施工合同副本份数，由双方根据需要在专用条款内约定。

本章小结

本章主要介绍了建设施工合同的基本概念、特点和订立过程，并重点阐述了《建设工程施工合同示范文本》（GF—2017—0201）的主要内容。通过对施工合同主要条款的详细解析，帮助学生理解合同在工程项目中的重要性及其对工程质量、工期、安全和费用控制的影响。

本章的重点是建设工程施工合同的主要内容。

思考题

1. 试述施工合同的概念和特点。
2. 什么是施工合同工期和施工期？
3. 简述2017版《建设工程施工合同（示范文本）》的组成及施工合同文件的构成。
4. 发包人和承包人的工作有哪些？
5. 简述工程师的产生及职权。
6. 在施工工期方面，发包人和承包人的义务各是什么？

7. 简述施工进度计划的提交及确认。
8. 简述工期顺延的理由及确认程序。
9. 发包人供应的材料设备与约定不符时如何处理？
10. 工程验收有哪些内容？如何进行隐蔽工程和中间验收？
11. 简述工程试车的组织和责任。
12. 承包人在何种情况下可以要求调整合同价款？
13. 简述变更价款的确定程序和确定方法。
14. 因不可抗力导致的费用增加及延误的工期如何分担？
15. 描述工程竣工验收和竣工结算的流程和步骤。
16. 施工合同对工程分包有何规定？
17. 施工合同双方在工程保险上有何义务？
18. 简述施工合同争议的解决方式。
19. 哪些情况下施工合同可以解除？
20. 工程实践中，如何控制施工合同中规定的工期、质量、投资及环境和安全目标？
21. 结合我国建设法律法规的具体规定，谈谈项目经理应承担的法律责任。

第7章 工程总承包合同

本章导读

本章介绍了工程总承包的含义、工程总承包合同的定义、工程总承包合同的特点、工程总承包合同文本等相关内容。

7.1 概述

7.1.1 工程总承包的含义

工程总承包是指从事工程总承包的企业受业主委托，按照合同约定对工程项目的勘察、设计、采购、施工、试运行（竣工验收）等实行全过程或若干阶段的承包。工程总承包的具体方式、工作内容和责任等，由业主与工程总承包企业在合同中约定。工程总承包模式主要包括设计-施工（Design-Build，DB）、设计-采购-施工（Engineering-Procurement-Construction，EPC）、交钥匙工程（Turnkey）等模式。根据工程项目的不同规模、类型和业主要求，工程总承包还可采用设计-采购总承包、采购-施工总承包等模式。

设计-施工（DB）总承包模式是指工程总承包企业按照合同约定，承担工程项目的设计和施工，并对承包工程的质量、安全、工期、造价全面负责。DB 模式是一个实体或者联合体以契约或者合同形式，对一个建设项目的设计和施工负责的工程运作方法。

设计—采购—施工（EPC）总承包模式是指工程总承包企业按照合同约定，承担工程项目的设计、采购、施工、试运行等工作，并对承包工程的质量、安全、工期、造价全面负责，是我国目前推行总承包模式最主要的一种。

交钥匙工程（Turnkey）是设计-采购-施工总承包业务和责任的延伸，最终是向业主提交一个满足使用功能、具备使用条件的工程项目。

7.1.2　工程总承包合同的定义

《建筑法》第二十四条规定："提倡对建筑工程实行总承包，禁止将建筑工程肢解发包。建筑工程的发包单位可以将建筑工程的勘察、设计、施工、设备采购一并发包给一个工程总承包单位，也可以将建筑工程的勘察、设计、施工、设备采购的一项或者多项发包给一个工程总承包单位；但是，不得将应当由一个承包单位完成的建筑工程肢解成若干部分发包给几个承包单位。"《民法典》第七百九十一条规定："发包人可以与总承包人订立建设工程合同，也可以分别与勘察人、设计人、施工人订立勘察、设计、施工承包合同。"

工程总承包合同是指发包人与承包人之间为完成特定的工程总承包任务，明确相互权利义务关系而订立的合同。工程总承包合同的发包人一般是项目业主（建设单位）；承包人是持有国家认可的相应资质证书的工程总承包企业。建设部《关于培育发展工程总承包和工程项目管理企业的指导意见》（建市〔2003〕30 号）规定，对从事工程总承包业务的企业不专门设立工程总承包资质。具有工程勘察、设计或施工总承包资质的企业可以在其资质等级许可的工程项目范围内开展工程总承包业务。工程勘察、设计、施工企业也可以组成联合体对工程项目进行联合总承包。工程总承包企业可依法将所承包工程中的部分工作发包给具有相应资质的分包企业，工程总承包单位按照总承包合同的约定对建设单位负责，分包单位按照分包合同的约定对总承包单位负责；总承包单位和分包单位就分包工程对建设单位承担连带责任。

7.1.3　工程总承包合同签订和管理的法律基础

建设工程总承包合同及其管理的法律基础主要是国家或地方颁发的法律、法规，国家的主要法规有《合同法》(现已废止)、《民法典》、《建筑法》、《招标投标法》，国家发展和改革委员会等部门编制的《中华人民共和国标准设计施工总承包招标文件》（2012 年版）、《建设工程勘察设计资质管理规定》（建设部第 160 号令），建设部发布的《关于培育发展工程总承包和工程项目管理企业的指导意见》（建市〔2003〕30 号）、《建设工程项目管理试行办法》（建市〔2004〕200 号）、《建设项目工程总承包管理规范》（GB/T 50358—2017）等。另外，各地建设行政主管部门根据国家的法规也制定了当地相关的条例、规定和办法等。1984 年 9 月，国务院印发了《关于改革建筑业和基本建设管理体制若干问题的暂行规定》，规定工程承包公司对项目建设的可行性研究、勘察设计、设备选购、材料订货、工程施工、生产准备直到竣工投产实行全过程的总承包或部分承包。这是我国第一次以行政规章的形式规范工程总承包。2003 年 2 月 13 日，建设部发布了《建设部关于培育发展工程总承包和工程项目管理企业的指导意见》（建市〔2003〕30 号），对培育发展专业化的工程总承包和工程项目管理企业提出了指导意见。2005 年 5 月，建设部又发布了《建设项目工程总承包管理规范》（后于 2017 年修订），以进一步促进建设项目工程总承包管理的科学化、规范化和法制化。2017 年 2 月 24 日，《国务院办公厅关于促进建筑业持续健康发展的意见》（国办发〔2017〕19 号），提出加快推行工程总承包：装配式建筑原则上应采用工程总承包模式。政府投资工程应完善建设管理模式，带头推行工程总承包。加快完善工程总承包相关的招标投标、施工许可、竣工验收等制度规定。按照总承包负总责的原则，落实工程总承包单位在工程质量安全、进度控制、成本管理等方面的责任。除以暂估价形式包括在工程总承包范围内且依法必须进行招标的项目外，工程总承包单位可以直接发包总承包合同中涵盖的其他专业业务。

7.1.4 工程总承包合同的特点

工程总承包的内容、性质和特点，决定了工程总承包合同除了具备建设工程合同的一般特征外，还有以下自身的特点：

（1）设计施工一体化

工程项目总承包商不仅负责工程设计与施工（Design and Building），还需负责材料与设备的供应工作（Procurement）。因此，如果工程出现质量缺陷，总承包商将承担全部责任，不会导致设计、施工等多方之间相互推卸责任的情况；同时设计与施工的深度交叉，有利于缩短建设周期，降低工程造价。

（2）投标报价复杂

工程总承包合同价格不仅仅包括工程设计与施工费用，根据双方合同约定情况，还可能包括设备购置费、总承包管理费、专利转让费、研究试验费、不可预见风险费用和财务费用等。签订总承包合同时，由于尚缺乏详细计算投标报价的依据，不能分项详细计算各个费用项目，通常只能依据项目环境调查情况，参照类似已完工程资料和其他历史成本数据完成项目成本估算。

（3）合同关系单一

在工程总承包合同中，业主将规定范围内的工程项目实施任务委托给总承包商负责，总承包商一般具有很强的技术和管理的综合能力，业主的组织和协调任务量少，只需面对单一的承包商，合同关系简单，工程责任目标明确。

（4）合同风险转移

由于业主将工程完全委托给承包商，并常常采用固定总价合同，将项目风险的绝大部分转移给承包商。承包商除了承担施工过程中的风险外，还需承担设计及采购等更多的风险。特别是由于在只有发包人要求或只完成概念设计的情况下，就要签订总价合同，和传统模式下的合同相比，承包商的风险要大得多，需要承包商具有较高的管理水平和丰富的工程经验。

（5）价值工程应用

在工程总承包合同中，承包商负责设计和施工，打通了设计与施工的界面障碍，在设计阶段便可以考虑设计的可施工性问题，对降低成本、提高利润有重要影响。承包商常常还可以根据自身丰富的工程经验，对发包人要求和设计文件提出合理化建议，从而降低工程投资，改善项目质量或缩短项目工期。因此，在工程总承包合同中常常包括“价值工程”或“承包商合理化建议”与“奖励”条款。

（6）知识产权保护

由于工程总承包模式常常被运用于石油、化工、建材、冶金、水利、电厂、节能建筑等项目，设计成果文件中常常包含多项专利或著作权，总承包合同中一般会有关于知识产权及其相关权益的约定。承包商的专利使用费一般包含在投标报价中。

7.2　工程总承包合同文本

7.2.1　国内工程总承包合同文本

1. 标准设计施工总承包招标文件

国家发展改革委会同工业和信息化部、财政部、住房和城乡建设部、交通运输部、铁道部、水利部、广电总局、中国民用航空局，编制了《标准设计施工总承包招标文件》（2012 年版），自 2012 年 5 月 1 日起实施，在政府投资项目中试行，其他项目也可参照使用。《标准设计施工总承包招标文件》第四章"合同条款及格式"部分，包括通用合同条款、专用合同条款及 3 个合同附件格式（合同协议书、履约担保格式、预付款担保格式）。通用合同条款共 24 条，包括一般约定，发包人义务，监理人，承包人，设计，材料和工程设备，施工设备和临时设施，交通运输，测量放线，安全、治安保卫和环境保护，开始工作和竣工，暂停工作，工程质量，试验和检验，变更，价格调整，合同价格与支付，竣工试验和竣工验收，缺陷责任与保修责任，保险，不可抗力，违约，索赔，争议的解决。

2. 建设项目工程总承包合同示范文本

2020 年 11 月 25 日，依据《民法典》《建筑法》《招标投标法》及相关法律法规，住房和城乡建设部、市场监管总局对《建设项目工程总承包合同示范文本（试行）》（GF—2011—0216）进行了修订，制定了《建设项目工程总承包合同（示范文本）》（GF—2020—0216）（简称《示范文本》），自 2021 年 1 月 1 日起执行。

（1）《示范文本》的适用范围及性质

《示范文本》适用于房屋建筑和市政基础设施项目工程总承包承发包活动。工程总承包是指承包人受发包人委托，按照合同约定对工程建设项目的设计、采购、施工（含竣工试验）、试运行等实施阶段，实行全过程或若干阶段的工程承包。《示范文本》为推荐使用的非强制性使用文本。合同当事人可结合建设工程具体情况，参照《示范文本》订立合同，并按照法律法规和合同约定承担相应的法律责任及合同权利义务。

（2）《示范文本》的组成

《示范文本》由合同协议书、通用合同条件和专用合同条件三部分组成。

1）《示范文本》合同协议书共计 11 条，主要包括工程概况、合同工期、质量标准、签约合同价与合同价格形式、工程总承包项目经理、合同文件构成、承诺、订立时间、订立地点、合同生效和合同份数，集中约定了合同当事人基本的合同权利义务。

2）通用合同条件是合同当事人根据《民法典》《建筑法》等法律法规的规定，就工程总承包项目的实施及相关事项，对合同当事人的权利义务做出的原则性约定。通用合同条件共计 20 条，具体条款分别为：一般约定，发包人，发包人的管理，承包人，设计，材料、工程设备，施工，工期和进度，竣工试验，验收和工程接收，缺陷责任与保修，竣工后试验，变更与调整，合同价格与支付，违约，合同解除，不可抗力，保险，索赔，争议解决。前述条款安排既考虑了现行法律法规对工程总承包活动的有关要求，也考虑了工程总承包项

目管理的实际需要。

3）专用合同条件是合同当事人根据不同建设项目的特点及具体情况，通过双方的谈判、协商对通用合同条件原则性约定细化、完善、补充、修改或另行约定的合同条件。专用合同条件包括6个附件，即发包人要求、发包人供应材料设备一览表、工程质量保修书、主要建设工程文件目录、承包人主要管理人员表和价格指数权重表。

7.2.2 国际工程总承包合同文本

国际上著名的标准合同格式有FIDIC（国际咨询工程师联合会）、ICE（英国土木工程师学会）、JCT（英国合同审定联合会）、AIA（美国建筑师学会）、AGC（美国总承包商协会）等组织制定的系列标准合同格式。ICE和JCT的标准合同格式是英国及英联邦国家的主流合同条件，AIA和AGC的标准合同格式是美国及受美国建筑业影响较大国家的主流合同条件，FIDIC的标准合同格式主要适用于世界银行、亚洲开发银行等国际金融机构的贷款项目及其他的国际工程，是我国工程界较为熟悉的国际标准合同条件。在这些标准合同条件里，FIDIC和ICE合同条件主要应用于土木工程，而JCT和AIA合同条件主要应用于建筑工程。比较典型的工程总承包标准合同条件介绍如下：

（1）FIDIC标准合同

国际咨询工程师联合会（FIDIC）在1995年出版了《设计—建造与交钥匙合同条件》(Conditions of Contract for Design-Build and Turnkey，橘皮书)，用于设计-施工模式和交钥匙工程模式中。1999年，FIDIC出版了《生产设备和设计-施工合同条件》(Conditions of Contract for Plant and Design-Build，新黄皮书)、《设计—采购—施工交钥匙工程合同条件》(Conditions of Contract for EPC Turnkey Projects，银皮书)。新黄皮书用于设计-施工模式，银皮书用于EPC和交钥匙工程模式。FIDIC所编制的这三个合同条件适用的都是总价合同类型，主要适用于世界银行、亚洲开发银行等国际金融机构的贷款项目及其他的国际工程。FIDIC合同条件主要应用于土木工程。

（2）JCT标准合同

英国合同审定联合会（JCT）在1981年出版了承包商负责设计的标准合同格式（Standard Form of Contract with Contractor's Design，JCT81)。JCT81适用于承包商对所有设计都负责的情况，包括在签订设计-施工总承包合同之前很大一部分设计已经由业主所委托的设计者完成的情况。如果在很大一部分设计已经完成的情况下签订设计-施工总承包合同，总承包商实际上并没有做那部分设计，但是却要对包括那部分在内的所有设计工作负责，这其实是设计-施工模式的变体——转换型合同（Novation Contract）模式。1998年，JCT在KTSI的基础上出版了最新的承包商负责设计的标准合同格式，并称之为WCD98。JCT合同条件主要应用于建筑工程。

（3）ICE标准合同

英国土木工程师学会（ICE）在1992年出版了设计-施工合同条件（Design and Construction Conditions of Contract)，在2001年又出版了此合同条件的第2版，该合同文本适用于土木工程领域设计加施工模式的合同条件。ICE在1995年第2版的“新工程合同”(New Engineering Contract，EC）也适用于承包商承担部分设计或者全部设计的情况。ICE合

同条件主要应用于土木工程。

(4) AIA标准合同

美国建筑师学会(AIA)系列合同条件的核心是A201，不同的采购模式只需要选用不同的协议书格式。与设计-施工(DB)模式相对应的标准协议书格式有以下三个:

1) 业主与DB承包商之间标准协议书格式(Standard Form of Agreement Between Owner and Design-Builder，A191)。

2) DB承包商与施工承包商之间标准协议书格式(Standard Form of Agreement Between Design-Builder and Contractor，A491)。

3) DB承包商与建筑师之间标准协议书格式(Standard Form of Agreement Between Design-Builder and Architect，B901)。

A191和A491都分别由两部分组成。A191的第一部分涵盖初步设计和投资估算服务，第二部分涵盖设计和施工；A491的第一部分涵盖初步设计阶段的管理咨询服务，第二部分涵盖施工。AIA的DB合同条件都要求在设计开始之前签订DB合同，因此工程费用要到初步设计完成并经过业主的同意后才能够确定。AIA合同条件主要应用于建筑工程。

(5) AGC标准合同

美国总承包商协会(AGC)所制定的设计-施工(DB)模式标准合同条件和AIA相类似，但是更加综合，主要包括:

1) 业主与承包商之间设计施工的简要协议书(Preliminary Design Build Agreement Between Owner and Contractor，AGC400)。

2) 在以成本加酬金并带有保证最大价格的支付方式下，业主与承包商之间设计加施工的标准协议书格式及一般合同条件(Standard Form of Design Build Agreement and General Conditions Between Owner and Contractor, Where the Basis of Payment is the Actual Cost Plus a Fee with a Guaranteed Maximum Price，AGC410)。

3) 在总价支付方式下，业主与承包商之间设计施工的标准协议书格式及一般合同条件(Standard Form of Design Build Agreement and General Conditions Between Owner and Contractor, Where the Basis of Payment is a Lump Sum，AGC415)。

4) 承包商与建筑师/工程师设计施工项目的标准协议书格式(Standard Form of Agreement Between Contractor and Architect/Engineer for Design Build Projects，AGC420)。

5) 设计施工承包商与分包商的标准协议书格式(Standard Form of Agreement Between Design Build Contractor and Subcontractor，AGC450)，AIA和AGC的设计施工合同条件都要求在设计开始之前签订设计-施工合同，因此，工程费用包括保证最大工程费用(Guaranteed Maximum Price, GMP)要到初步设计完成并经过业主的同意后才能够确定。

(6) EJCDC标准合同

美国工程师联合合同委员会(EJCDC)为设计-施工模式所制定的合同条件包括:

1) 业主与设计施工总承包商之间的标准一般合同条件(Standard General Conditions of the Contract Between Owner and Design-Builder)。

2) 业主与设计-施工总承包商之间在确定的价格基础上的标准协议书格式(Standard Form

of Agreement Between Owner and Design-Builder on the Basis of a Stipulated Price)。Stipulated Price 即“确定的价格”，也就是总价，是指在合同中约定一个确定的总价，此总价不一定是固定的。

3）业主与设计-施工总承包商之间在成本加酬金基础上的标准协议书格式（Standard Form of Agreement Between Owner and Design-Builder on the Basis of Cost Plus）。

4）设计-施工总承包商与工程师之间的设计职业服务分包标准协议书格式（Standard Form of Sub agreement Between Design-Builder and Engineer for Design Professional Services）。

5）设计-施工总承包商与分包商之间的施工分包协议标准一般合同条件（Standard General Conditions of the Construction Sub agreement Between Design-Buildr Subcontractor）。

6）设计-施工总承包商与分包商之间在确定价格基础上的施工分包协议标准协议书格式（Standard Form of Construction Sub agreement Between Design-Builder Subcontractor on the Basis of a Stipulated Price）。

7）设计-施工总承包商与分包商之间在成本加酬金基础上的施工分包协议标准协议书格式（Standard Form of Construction Sub agreement Between Design-Builder Subcontractor on the Basis of Cost Plus）。

1995 年，EJCDC 对这些文件都做了一定修改。

此外，还有英国咨询建筑（Association of Consulting Architects，ACA）、美国设计—建造学会（Design-Build Institute of American，DBIA）、日本工程促进协会（Engineering Advancement Association of Japan，EAAJ）都制定了相应的应用于 DB 模式的标准合同条件。

7.3 工程总承包合同重点条款

以下主要按照住房和城乡建设部、国家工商行政管理总局联合制定的《建设项目工程总承包合同（示范文本）》（GF—2020—0216）及国家发展和改革委员会等九部委联合编制的《标准设计施工总承包招标文件》，说明建设工程总承包合同与建设工程施工合同不同的重点条款。

7.3.1 合同文件组成及优先顺序

工程总承包合同是指根据法律规定和合同当事人约定具有约束力的文件，构成合同的文件包括合同协议书、中标通知书（如果有）、投标函及其附录（如果有）、专用合同条件及其附件、通用合同条件、发包人要求、承包人建议书、价格清单及双方约定的其他合同文件。

组成合同的各项文件应互相解释、互为说明。除专用合同条件另有约定外，解释合同文件的优先顺序如下：

1）合同协议书。

2）中标通知书（如果有）。

3）投标函及投标函附录（如果有）。

4）专用合同条件及发包人要求等附件。

5）通用合同条件。

6）承包人建议书。

7）价格清单。

8）双方约定的其他合同文件。

上述各项合同文件包括合同当事人就该项合同文件所做出的补充和修改，属于同一类内容的文件，应以最新签署的为准。

在合同订立及履行过程中形成的与合同有关的文件均构成合同文件组成部分，并根据其性质确定优先解释顺序。

7.3.2　发包人要求

发包人要求是指构成合同文件组成部分的名为“发包人要求”的文件，其中列明工程的目的、范围、设计与其他技术标准和要求，以及合同双方当事人约定对其所做的修改或补充。发包人要求是招标文件的有机构成，工程总承包合同签订后，也是合同文件的组成部分，对双方当事人具有法律约束力。承包人应认真阅读、复核发包人要求，发现错误的，应及时书面通知发包人。发包人要求中的错误导致承包人增加费用和（或）工期延误的，发包人应承担由此增加的费用和（或）工期延误，并向承包人支付合理利润。发包人要求违反法律规定的，承包人发现后应书面通知发包人，并要求其改正。发包人收到通知书后不予改正或不予答复的，承包人有权拒绝履行合同义务，直至解除合同。发包人应承担由此引起的承包人全部损失。

发包人要求应尽可能清晰准确，对于可以进行定量评估的工作，发包人要求不仅应明确规定其产能、功能、用途、质量、环境、安全，并且要规定偏离的范围和计算方法，以及检验试验、试运行的具体要求。对于承包人负责提供的有关设备和服务，对发包人人员进行培训和提供一些消耗品等，在发包人要求中应一并明确规定。发包人要求通常包括但不限于以下内容：

1）功能要求。包括工程的目的、规模、性能、保证，以及产能保证指标等。

2）工程范围。①包括的工作：永久工程的设计、采购、施工范围，临时工程的设计与施工范围，竣工验收工作范围，技术服务工作范围，培训工作范围，保修工作范围等。②工作界区。③发包人提供的现场条件：包括施工用电、施工用水、施工排水、施工道路。④发包人提供的技术文件：除另有批准外，承包人的工作需要遵照发包人需求任务书、发包人已完成的设计文件。

3）工艺安排或要求（如有）。

4）时间要求：包括开始工作时间、设计完成时间、进度计划、竣工时间、缺陷责任期和其他要求时间等。

5）技术要求：包括设计阶段和设计任务，设计标准和规范，技术标准和要求，质量标准，设计、施工和设备监造、试验（如有），样品，发包人提供的其他条件，如发包人或其委托的第二人提供的设计、工艺包，用于试验检验的工器具等，以及据此对承包人提出的予以配套的要求。

发包人对于工程的技术标准、功能要求高于或严于现行国家、行业或地方标准的，应当在发包人要求中予以明确。除专用合同条件另有约定外，应视为承包人在订立合同前已充分预见前述技术标准和功能要求的复杂程度，签约合同价中已包含由此产生的费用。

6）竣工试验：第一阶段，如对单车试验等的要求，包括试验前准备。第二阶段，如对联合试车、投料试车等的要求，包括人员、设备、材料、燃料、电力、消耗品、工具等必要条件。第三阶段，如对性能测试及其他竣工试验的要求，包括产能指标、产品质量标准、运营指标、环保指标等。

7）竣工验收。

8）竣工后试验（如有）。

9）文件要求：包括设计文件及其相关审批、核准、备案要求，沟通计划，风险管理计划，竣工文件和工程的其他记录，操作和维修手册，其他承包人文件等。

10）工程项目管理规定：包括质量，进度［包括里程碑进度计划（如果有）］，支付，HSE（健康、安全与环境管理体系），沟通，变更等。

11）其他要求：包括对承包人的主要人员资格要求，相关审批、核准和备案手续的办理，对项目业主人员的操作培训，分包，设备供应商，缺陷责任期的服务要求等。

《标准设计施工总承包招标文件》规定发包人要求用13个附件清单明确列出，主要包括：性能保证表，工作界区图，发包人需求任务书，发包人已完成的设计文件，承包人文件要求，承包人人员资格要求及审查规定，承包人设计文件审查规定，承包人采购审查与批准规定，材料、工程设备和工程试验规定，竣工试验规定，竣工验收规定，竣工后试验规定，工程项目管理规定。

7.3.3 发包人

1. 发包人的管理

发包人应任命发包人代表，并在专用合同条件中明确发包人代表的姓名、职务、联系方式及授权范围等事项。发包人代表应在发包人的授权范围内，负责处理合同履行过程中与发包人有关的具体事宜。发包人代表在授权范围内的行为由发包人承担法律责任。

除非发包人另行通知承包人，发包人代表应被授予并且被认为具有发包人在授权范围内享有的相应权利。

发包人代表（或者在其为法人的情况下，被任命代表其行事的自然人）应：

1）履行指派给其的职责，行使发包人托付的权利。

2）具备履行这些职责、行使这些权利的能力。

3）作为熟练的专业人员行事。

如果发包人代表为法人且在签订合同时未能确定授权代表的，发包人代表应在合同签订之日起3日内向双方发出书面通知，告知被任命和授权的自然人及任何替代人员，此授权在双方收到通知后生效。发包人代表撤销该授权或者变更授权代表时也应同样发出该通知。

发包人更换发包人代表的，应提前14天将更换人的姓名、地址、任务和权利及任命的日期书面通知承包人。发包人不得将发包人代表更换为承包人根据本款发出通知提出合理反对意见的人员，不论是法人还是自然人。

发包人代表不能按照合同约定履行其职责及义务，并导致合同无法继续正常履行的，承包人可以要求发包人撤换发包人代表。

发包人人员包括发包人代表、工程师及其他由发包人派驻施工现场的人员，发包人可以在专用合同条件中明确发包人人员的姓名、职务及职责等事项。发包人或发包人代表可随时

对一些助手指派和托付一定的任务和权利，也可撤销这些指派和托付。这些助手可包括驻地工程师或担任检验、试验各项工程设备和材料的独立检查员。这些助手应具有适当的资质、履行其任务和权利的能力。以上指派、托付或撤销，在承包人收到通知后生效。承包人对于可能影响正常履约或工程安全质量的发包人人员保有随时提出沟通的权利。

发包人应要求在施工现场的发包人人员遵守法律及有关安全、质量、环境保护、文明施工等规定，因发包人人员未遵守上述要求给承包人造成的损失和责任由发包人承担。

发包人需对承包人的设计、采购、施工、服务等工作过程或过程节点实施监督管理的，有权委任工程师。工程师的名称、监督管理范围、内容和权限在专用合同条件中写明。根据国家相关法律法规，如合同工程属于强制监理项目的，由工程师履行法定的监理相关职责，但发包人另行授权第三方进行监理的除外。

2. 发包人的义务

（1）遵守法律

发包人在履行合同过程中应遵守法律，并承担因发包人违反法律给承包人造成的任何费用和损失。发包人不得以任何理由，要求承包人在工程实施过程中违反法律、行政法规及建设工程质量、安全、环保标准，任意压缩合理工期或者降低工程质量。

（2）提供施工现场和工作条件

发包人应按专用合同条件约定向承包人移交施工现场，给承包人进入和占用施工现场各部分的权利，并明确与承包人的交接界面，上述进入和占用权可不为承包人独享。如专用合同条件没有约定移交时间的，则发包人应最迟于计划开始现场施工日期 7 天前向承包人移交施工现场，但承包人未能提供履约担保的除外。

发包人应按专用合同条件约定向承包人提供工作条件。专用合同条件对此没有约定的，发包人应负责提供开展合同相关工作所需要的条件，包括：

① 将施工用水、电力、通信线路等施工所必需的条件接至施工现场内。

② 保证向承包人提供正常施工所需要的进入施工现场的交通条件。

③ 协调处理施工现场周围地下管线和邻近建筑物、构筑物、古树名木、文物、化石及坟墓等的保护工作，并承担相关费用。

④ 对工程现场临近发包人正在使用、运行，或由发包人用于生产的建筑物、构筑物、生产装置、设施、设备等，设置隔离设施，竖立禁止入内、禁止动火的明显标志，并以书面形式通知承包人须遵守的安全规定和位置范围。

⑤ 按照专用合同条件约定应提供的其他设施和条件。

因发包人原因未能按合同约定及时向承包人提供施工现场和施工条件的，由发包人承担由此增加的费用和（或）延误的工期。

（3）提供基础资料

发包人应按专用合同条件和发包人要求中的约定向承包人提供施工现场及工程实施所必需的毗邻区域内的供水、排水、供电、供气、供热、通信、广播电视等地上、地下管线和设施资料，气象和水文观测资料，地质勘查资料，相邻建筑物、构筑物和地下工程等有关基础资料，并根据发包人要求和基础资料中的错误承担基础资料错误造成的责任。按照法律规定确需在开工后方能提供的基础资料，发包人应尽其努力及时在相应工程实施前的合理期限内提供，合理期限应以不影响承包人的正常履约为限。因发包人原因未能在合理期限内提供相应基础资料的，由发包人承担由此增加的费用和延误的工期。

(4) 办理许可和批准

发包人在履行合同过程中应遵守法律，并办理法律规定或合同约定由其办理的许可、批准或备案，包括但不限于建设用地规划许可证、建设工程规划许可证、建设工程施工许可证等许可和批准。对于法律规定或合同约定由承包人负责的有关设计、施工证件、批件或备案，发包人应给予必要的协助。

因发包人原因未能及时办理完毕前述许可、批准或备案，由发包人承担由此增加的费用和（或）延误的工期，并支付承包人合理的利润。

(5) 支付合同价款

发包人应按合同约定向承包人及时支付合同价款。

发包人应当制订资金安排计划，除专用合同条件另有约定外，如发包人拟对资金安排做任何重要变更，应将变更的详细情况通知承包人。如发生承包人收到价格大于签约合同价10%的变更指示或累计变更的总价超过签约合同价30%；或承包人未能收到付款，承包人得知发包人的资金安排发生重要变更但并未收到发包人上述重要变更通知的情况，则承包人可随时要求发包人在28天内补充提供能够按照合同约定支付合同价款的相应资金来源证明。

发包人应当向承包人提供支付担保。支付担保可以采用银行保函或担保公司担保等形式，具体由合同当事人在专用合同条件中约定。

7.3.4 承包人

1. 承包人的管理

(1) 工程总承包项目经理

承包人应按合同协议书的约定指派工程总承包项目经理，并在约定的期限内到职。工程总承包项目经理不得同时担任其他工程项目的工程总承包项目经理或施工工程总承包项目经理（含施工总承包工程、专业承包工程）。工程在现场实施的全部时间内，工程总承包项目经理每月在施工现场的时间不得少于专用合同条件约定的天数。工程总承包项目经理确需离开施工现场时，应事先通知工程师，并取得发包人的书面同意。工程总承包项目经理未经批准擅自离开施工现场的，承包人应按照专用合同条件的约定承担违约责任。工程总承包项目经理的通知中应当载明临时代行其职责的人员的注册执业资格、管理经验等资料，该人员应具备履行相应职责的资格、经验和能力。

承包人应根据本合同的约定授予工程总承包项目经理代表承包人履行合同所需的权利，工程总承包项目经理权限以专用合同条件中约定的权限为准。经承包人授权后，工程总承包项目经理应按合同约定及工程师做出的指示，代表承包人负责组织合同的实施。在紧急情况下，且无法与发包人和工程师取得联系时，工程总承包项目经理有权采取必要的措施保证人身、工程和财产的安全，但须在事后48小时内向工程师送交书面报告。

承包人需要更换工程总承包项目经理的，应提前14天书面通知发包人并抄送工程师，

征得发包人书面同意。未经发包人书面同意，承包人不得擅自更换工程总承包项目经理，在发包人未予以书面回复期间内，工程总承包项目经理将继续履行其职责。工程总承包项目经理突发丧失履行职务能力的，承包人应当及时委派一位具有相应资格能力的人员担任临时工程总承包项目经理，履行工程总承包项目经理的职责，临时工程总承包项目经理将履行职责直至发包人同意新的工程总承包项目经理的任命之日止。承包人擅自更换工程总承包项目经理的，应按照专用合同条件的约定承担违约责任。

发包人有权书面通知承包人要求更换其认为不称职的工程总承包项目经理，通知中应当载明要求更换的理由。承包人应在接到更换通知后 14 天内向发包人提出书面改进报告。若承包人没有提出改进报告，应在收到更换通知后 28 天内更换项目经理。发包人收到改进报告后仍要求更换的，承包人应在接到第二次更换通知的 28 天内进行更换，并将新任命的工程总承包项目经理的注册执业资格、管理经验等资料书面通知发包人。继任工程总承包项目经理继续履行合同约定的职责。承包人无正当理由拒绝更换工程总承包项目经理的，应按照专用合同条件的约定承担违约责任。

工程总承包项目经理因特殊情况授权其下属人员履行其某项工作职责的，该下属人员应具备履行相应职责的能力，并应事先将上述人员的姓名、注册执业资格、管理经验等信息和授权范围书面通知发包人并抄送工程师，征得发包人的书面同意。

（2）承包人人员

承包人人员的资质、数量、配置和管理应能满足工程实施的需要。除专用合同条件另有约定外，承包人应在接到开始工作通知之日起 14 天内，向工程师提交承包人的项目管理机构及人员安排的报告。

关键人员是发包人及承包人一致认为对工程建设起重要作用的承包人主要管理人员或技术人员。承包人派驻到施工现场的关键人员应相对稳定。承包人更换关键人员时，应提前 14 天将继任关键人员信息及相关证明文件提交给工程师，并由工程师报发包人征求同意。在发包人未予以书面回复期间内，关键人员将继续履行其职务。承包人擅自更换关键人员，应按照专用合同条件约定承担违约责任。

工程师对于承包人关键人员的资格或能力有异议的，承包人应提供资料证明被质疑人员有能力完成其岗位工作或不存在工程师所质疑的情形。工程师指示撤换不能按照合同约定履行职责及义务的主要施工管理人员的，承包人应当撤换。承包人无正当理由拒绝撤换的，应按照专用合同条件的约定承担违约责任。

除专用合同条件另有约定外，承包人的现场管理关键人员离开施工现场每月累计不超过 7 天的，应报工程师同意；离开施工现场每月累计超过 7 天的，应书面通知发包人并抄送工程师，征得发包人书面同意。

（3）分包

承包人应按照专用合同条件约定对工作事项进行分包，确定分包人。承包人不得将其承包的全部工程转包给第三人，或将其承包的全部工程肢解后以分包的名义转包给第三人。承包人不得将法律或专用合同条件中禁止分包的工作事项分包给第三人，不得以劳务分包的名义转包或违法分包工程。

专用合同条件未列出的分包事项，承包人可在工程实施阶段分批分期就分包事项向发包人提交申请，发包人在接到分包事项申请后的 14 天内，予以批准或提出意见。未经发包人同意，承包人不得将提出的拟分包事项对外分包。发包人未能在 14 天内批准也未提出意见的，承包人有权将提出的拟分包事项对外分包，但应在分包人确定后通知发包人。

承包人应当对分包人的工作进行必要的协调与管理，确保分包人严格执行国家有关分包事项的管理规定。承包人对分包人的行为向发包人负责，承包人和分包人就分包工作向发包人承担连带责任。

分包合同价款由承包人与分包人结算，未经承包人同意，发包人不得向分包人支付分包合同价款；生效法律文书要求发包人向分包人支付分包合同价款的，发包人有权从应付承包人工程款中扣除该部分款项，将扣款直接支付给分包人，并书面通知承包人。

（4）联合体

经发包人同意，以联合体方式承包工程的，联合体各方应共同与发包人订立合同协议书。联合体各方应为履行合同向发包人承担连带责任。

承包人应在专用合同条件中明确联合体各成员的分工、费用收取、发票开具等事项。联合体各成员分工承担的工作内容必须与适用法律规定的该成员的资质资格相适应，并应具有相应的项目管理体系和项目管理能力，且不应根据其就承包工作的分工而减免对发包人的任何合同责任。

联合体协议经发包人确认后作为合同附件。在履行合同过程中，未经发包人同意，不得变更联合体成员和其负责的工作范围，或者修改联合体协议中与合同履行相关的内容。

2. 承包人的一般义务

1）办理法律规定和合同约定由承包人办理的许可和批准，将办理结果书面报送（发包）留存，并承担因承包人违反法律或合同约定给发包人造成的任何费用和损失。

2）按合同约定完成全部工作并在缺陷责任期和保修期内承担缺陷保证责任和保修义务，对工作中的任何缺陷进行整改、完善和修补，使其满足合同约定的目的。

3）提供合同约定的工程设备和承包人文件，以及为完成合同工作所需的劳务、材料、设备和其他物品，并按合同约定负责临时设施的设计、施工、运行、维护、管理和拆除。

4）按合同约定的工作内容和进度要求，编制设计、施工的组织和实施计划，保证项目进度计划的实现，并对所有设计、施工作业和施工方法，以及全部工程的完备性和安全可靠性负责。

5）按法律规定和合同约定采取安全文明施工、职业健康和环境保护措施，办理员工工伤保险等相关保险，确保工程及人员、材料、设备和设施的安全，防止因工程实施造成的人身伤害和财产损失。

6）将发包人按合同约定支付的各项价款专用于合同工程，且应及时支付其雇用人（包括建筑工人）工资，并及时向分包人支付合同价款。

7）在进行合同约定的各项工作时，不得侵害发包人与他人使用公用道路、水源、市政管网等公共设施的权利，避免对邻近的公共设施产生干扰。

3. 履约担保

发包人需要承包人提供履约担保的，由合同当事人在专用合同条件中约定履约担保的方

式、金额及提交的时间等，并应符合支付合同价款的规定。履约担保可以采用银行保函或担保公司担保等形式，承包人为联合体的，其履约担保由联合体各方或者联合体中牵头人的名义代表联合体提交，具体由合同当事人在专用合同条件中约定。

承包人应保证其履约担保在发包人竣工验收前一直有效，发包人应在竣工验收合格后 7 天内将履约担保款项退还给承包人或者解除履约担保。

因承包人原因导致工期延长的，继续提供履约担保所增加的费用由承包人承担；非因承包人原因导致工期延长的，继续提供履约担保所增加的费用由发包人承担。

4. 承包人现场查勘

除专用合同条件另有约定外，承包人应对基于发包人提交的基础资料所做出的解释和推断负责，因基础资料存在错误、遗漏导致承包人解释或推断失实的，按照规定承担责任。

承包人应对现场和工程实施条件进行查勘，并充分了解工程所在地的气象条件、交通条件、风俗习惯及其他与完成合同工作有关的其他资料。承包人提交投标文件，视为承包人已对施工现场及周围环境进行了踏勘，并已充分了解评估施工现场及周围环境对工程可能产生的影响，自愿承担相应风险与责任。在全部合同工作中，视为承包人已充分估计了应承担的责任和风险，但属于约定的不可预见的困难情形除外。

5. 不可预见的困难

不可预见的困难是指有经验的承包人在施工现场遇到的不可预见的自然物质条件、非自然的物质障碍和污染物，包括地表以下物质条件和水文条件及专用合同条件约定的其他情形，但不包括气候条件。

承包人遇到不可预见的困难时，应采取克服不可预见的困难的合理措施继续施工，并及时通知工程师并抄送发包人。通知应载明不可预见的困难的内容、承包人认为不可预见的理由及承包人制定的处理方案。工程师应当及时发出指示，指示构成变更的，按变更与调整约定执行。承包人因采取合理措施而增加的费用和（或）延误的工期由发包人承担。

6. 工程质量管理

承包人应按合同约定的质量标准规范，建立有效的质量管理系统，确保设计、采购、加工制造、施工、竣工试验等各项工作的质量，并按照国家有关规定，通过质量保修责任书的形式约定保修范围、保修期限和保修责任。

承包人按照约定向工程师提交工程质量保证体系及措施文件，建立完善的质量检查制度，并提交相应的工程质量文件。对于发包人和工程师违反法律规定和合同约定的错误指示，承包人有权拒绝实施。

承包人应对其人员进行质量教育和技术培训，定期考核人员的劳动技能，严格执行相关规范和操作规程。

承包人应按照法律规定和合同约定，对设计、材料、工程设备及全部工程内容及其施工工艺进行全过程的质量检查和检验，并进行详细记录，编制工程质量报表，报送工程师审查。此外，承包人还应按照法律规定和合同约定，进行施工现场取样试验、工程复核测量和设备性能检测，提供试验样品、提交试验报告和测量成果及其他工作。

7.3.5 设计文件与协调

1. 承包人的设计范围

按照我国工程建设基本程序，工程设计依据工作进程和深度不同，一般按初步设计、施工图设计两个阶段进行，技术上复杂的建设项目可按初步设计、技术设计和施工图设计三个阶段进行。民用建筑工程设计一般分为方案设计、初步设计和施工图设计三个阶段。国际上一般分为概念设计（Concept Design）、基本设计（Basic Engineering）和详细设计（Detailed Engineering）三个阶段。

1）方案设计（概念设计）是项目投资决策后，由咨询单位将项目策划和可行性研究提出的意见和问题，经与业主协商认可后提出的具体开展建设的设计文件，其深度应当满足编制初步设计文件和控制概算的需要。

2）初步设计（基本设计）的内容根据项目类型不同而有所变化，一般来说，它是项目的宏观设计，即项目的总体设计、布局设计、主要的工艺流程、设备的选型和安装设计、土建工程量及费用的估算等。初步设计文件应当满足编制施工招标文件、主要设备材料订货和编制施工图设计文件的需要，是下一阶段施工图设计的基础。

3）施工图设计（详细设计）的主要内容是根据批准的初步设计，绘制出正确、完整和尽可能详细的建筑、安装图纸，包括建设项目部分工程的详图、零部件结构明细表、验收标准、方法、施工图预算等。此设计文件应当满足设备材料采购、非标准设备制作和施工的需要，并注明建筑工程的合理使用年限。

在工程总承包合同中应明确地定义设计的范围，确定谁应该参与设计及参与的程度。承包人的设计范围可以是施工图设计，也可以是初步设计和施工图设计，还可以是包括方案设计、初步设计、施工图设计的所有设计，由双方在总承包合同中明确。

承包人应按合同约定的工作内容和进度要求，编制设计、施工的组织和实施计划，并对所有设计、施工作业和施工方法，以及全部工程的完备性和安全可靠性负责。承包人不得将设计和施工的主体、关键性工作分包给第三人。除专用合同条款另有约定外，未经发包人同意，承包人也不得将非主体、非关键性工作分包给第三人。

2. 承包人的设计义务

承包人应按照法律规定，国家、行业和地方的规范和标准，以及发包人要求和合同约定完成设计工作和设计相关的其他服务，并对工程的设计负责。承包人应根据工程实施的需要及时向发包人和工程师说明设计文件的意图，解释设计文件。除合同另有约定外，承包人完成设计工作所应遵守的法律规定，以及国家、行业和地方的规范和标准，均应视为在基准日适用的版本。基准日之后，前述版本发生重大变化，或者有新的法律，以及国家、行业和地方的新的规范和标准实施的，承包人应向工程师提出遵守新规定的建议。发包人或其委托的工程师应在收到建议后 7 天内发出是否遵守新规定的指示。发包人或其委托的工程师指示遵守新规定的，按照变更条款执行，或者在基准日后，因法律变化导致承包人在合同履行中所需费用发生除合同约定的物价波动引起的调整以外的增减时，工程师应根据法律、国家或省、自治区、直辖市有关部门的规定，商定或确定需要调整

的合同价格。

3. 承包人设计进度计划

承包人应按照发包人要求，在合同进度计划中专门列出设计进度计划，报发包人批准后执行。承包人需按照经批准后的计划开展设计工作。

因承包人原因影响设计进度的，未能按合同进度计划完成工作，或工程师认为承包人工作进度不能满足合同工期要求的，承包人应采取措施加快进度，并承担加快进度所增加的费用。发包人或其委托的工程师有权要求承包人提交修正的进度计划、增加投入资源并加快设计进度。由于承包人原因造成工期延误，承包人应支付逾期竣工违约金。逾期竣工违约金的计算方法和最高限额在专用合同条款中约定。承包人支付逾期竣工违约金，不免除承包人完成工作及修补缺陷的义务。

因发包人原因影响设计进度的，按合同约定的变更条款处理。

4. 承包人文件审查

根据发包人要求应当通过工程师报发包人审查同意的承包人文件，承包人应当按照发包人要求约定的范围和内容及时报送审查。除合同另有约定外，自工程师收到承包人文件及承包人的通知之日起，发包人对承包人文件审查期不得超过 21 天。承包人的设计文件对于合同约定有偏离的，应在通知中说明。承包人需要修改已提交的承包人文件的，应立即通知工程师，并向工程师提交修改后的承包人文件，审查期重新起算。

发包人同意承包人文件的，应及时通知承包人，发包人不同意承包人文件的，应在审查期限内通过工程师以书面形式通知承包人，并说明不同意的具体内容和理由。

承包人对发包人的意见按以下方式处理：

1）发包人的意见构成变更的，承包人应在 7 天内通知发包人按照“变更与调整”中关于发包人指示变更的约定执行，双方对是否构成变更无法达成一致的，按照“争议解决”的约定执行。

2）因承包人原因导致无法通过审查的，承包人应根据发包人的书面说明，对承包人文件进行修改后重新报送发包人审查，审查期重新起算。因此引起的工期延长和必要的工程费用增加，由承包人负责。

合同约定的审查期满，发包人没有做出审查结论也没有提出异议的，视为承包人文件已获发包人同意。

发包人对承包人文件的审查和同意不得被理解为对合同的修改或改变，也并不减轻或免除承包人的任何责任和义务。

承包人文件不需要政府有关部门或专用合同条件约定的第三方审查单位审查或批准的，承包人应当严格按照经发包人审查同意的承包人文件设计和实施工程。

发包人需要组织审查会议对承包人文件进行审查的，审查会议的审查形式、时间安排、费用承担，在专用合同条件中约定。发包人负责组织承包人文件审查会议，承包人有义务参加发包人组织的审查会议，向审查者介绍、解答、解释承包人文件，并提供有关补充资料。发包人有义务向承包人提供审查会议的批准文件和纪要。承包人有义务按照相关审查会议批准的文件和纪要，并依据合同约定及相关技术标准，对承包人文件进行修改、补充和完善。

承包人文件需政府有关部门或专用合同条件约定的第三方审查单位审查或批准的，发包人应在发包人审查同意承包人文件后7天内，向政府有关部门或第三方报送承包人文件，承包人应予以协助。

对于政府有关部门或第三方审查单位的审查意见，不需要修改发包人要求的，承包人需按该审查意见修改承包人的设计文件；需要修改发包人要求的，承包人应按照“承包人的合理化建议”的约定执行。

承包人文件存在错误、遗漏、含混、矛盾、不充分之处或其他缺陷，无论承包人是否根据本款获得了同意，承包人均应自费对前述问题带来的缺陷和工程问题进行改正，并按照“承包人文件审查”的要求，重新送工程师审查，审查日期从工程师收到文件开始重新计算。因此款原因重新提交审查文件导致的工程延误和必要费用增加由承包人承担。因发包人要求的错误导致承包人文件错误、遗漏、含混、矛盾、不充分或其他缺陷的除外。

7.3.6 施工

1. 交通运输

1）出入现场的权利。发包人应根据工程实施需要，负责取得出入施工现场所需的批准手续和全部权利，以及取得因工程实施所需修建道路、桥梁及其他基础设施的权利，并承担相关手续费用和建设费用。承包人应协助发包人办理修建场内外道路、桥梁及其他基础设施的手续。

2）场外交通。发包人应提供场外交通设施的技术参数和具体条件，场外交通设施无法满足工程施工需要的，由发包人负责承担由此产生的相关费用。承包人车辆外出行驶所需的场外公共道路的通行费、养路费和税款等由承包人承担。

3）场内交通。承包人应负责修建、维修、养护和管理施工所需的临时道路和交通设施，包括维修、养护和管理发包人提供的道路和交通设施，并承担相应费用。场内交通与场外交通的边界由合同当事人在专用合同条件中约定。

2. 现场合作

承包人应按合同约定或发包人的指示，与发包人人员、发包人的其他承包人等人员就在现场或附近实施与工程有关的各项工作进行合作并提供适当条件，包括使用承包人设备、临时工程或进入现场等。

承包人应对其在现场的施工活动负责，并应尽合理努力按合同约定或发包人的指示，协调自身与发包人人员、发包人的其他承包人等人员的活动。

如果承包人提供上述合作、条件或协调在考虑到发包人要求所列内容的情况下是不可预见的，则承包人有权就额外费用和合理利润从发包人处获得支付，且因此延误的工期应相应顺延。

3. 现场劳动用工

承包人及其分包人招用建筑工人的，应当依法与所招用的建筑工人订立劳动合同，实行建筑工人劳动用工实名制管理，承包人应当按照有关规定开设建筑工人工资专用账户，存储工资保证金，专项用于支付和保障该工程建设项目建筑工人工资。

承包人应当在工程项目部配备劳资专管员，对分包单位劳动用工及工资发放实施监督管理。承包人拖欠建筑工人工资的，应当依法予以清偿。分包人拖欠建筑工人工资的，由承包

人先行清偿，再依法进行追偿。因发包人未按照合同约定及时拨付工程款导致建筑工人工资拖欠的，发包人应当以未结清的工程款为限先行垫付被拖欠的建筑工人工资。合同当事人可在专用合同条件中约定具体的清偿事宜和违约责任。

承包人应当按照相关法律法规的要求，进行劳动用工管理和建筑工人工资支付。

4. 安全文明施工

（1）安全生产要求

合同履行期间，合同当事人应当遵守国家和工程所在地有关安全生产的要求，合同当事人有特别要求的，应在专用合同条件中明确安全生产标准化目标及相应事项。承包人有权拒绝发包人及工程师强令承包人违章作业、冒险施工的任何指示。

在工程实施过程中，如遇到突发的地质变动、事先未知的地下施工障碍等影响施工安全的紧急情况，承包人应及时报告工程师和发包人，发包人应当及时下令停工并采取应急措施，按照相关法律法规的要求需上报政府有关行政管理部门的，应依法上报。

因安全生产需要暂停施工的，按照约定执行。

（2）安全生产保证措施

承包人应当按照法律、法规和工程建设强制性标准进行设计，在设计文件中注明涉及施工安全的重点部位和环节，提出保障施工作业人员和预防安全事故的措施建议，防止因设计不合理导致生产安全事故的发生。

承包人应当按照有关规定编制安全技术措施或者专项施工方案，建立安全生产责任制度、治安保卫制度及安全生产教育培训制度，并按安全生产法律规定及合同约定履行安全职责，如实编制工程安全生产的有关记录，接受发包人、工程师及政府安全监督部门的检查与监督。承包人应按照法律规定进行施工，开工前做好安全技术交底工作，施工过程中做好各项安全防护措施。承包人为实施合同而雇用的特殊工种的人员应受过专门的培训，并已取得政府有关管理机构颁发的上岗证书。承包人应加强施工作业安全管理，特别应加强对于易燃易爆材料、火工器材、有毒与腐蚀性材料和其他危险品的管理，以及对爆破作业和地下工程施工等危险作业的管理。

（3）文明施工

承包人在工程施工期间，应当采取措施保持施工现场平整，物料堆放整齐。工程所在地有关政府行政管理部门有特殊要求的，按照其要求执行。合同当事人对文明施工有其他要求的，可以在专用合同条件中明确。

在工程移交之前，承包人应当从施工现场清除承包人的全部工程设备、多余材料、垃圾和各种临时工程，并保持施工现场清洁整齐。经发包人书面同意，承包人可在发包人指定的地点保留承包人履行保修期内的各项义务所需要的材料、施工设备和临时工程。

（4）事故处理

工程实施过程中发生事故的，承包人应立即通知工程师。发包人和承包人应立即组织人员和设备进行紧急抢救和抢修，减少人员伤亡和财产损失，防止事故扩大，并保护事故现场。需要移动现场物品时，应做出标记和书面记录，妥善保管有关证据。发包人和承包人应按国家有关规定，及时如实地向有关部门报告事故发生的情况，以及正在采取的紧急措施等。

在工程实施期间或缺陷责任期内发生危及工程安全的事件，工程师通知承包人进行抢救和抢修，承包人声明无能力或不愿立即执行的，发包人有权雇佣其他人员进行抢救和抢修。此类抢救和抢修按合同约定属于承包人义务的，由此增加的费用和（或）延误的工期由承包人承担。

(5) 安全生产责任

发包人应负责赔偿以下各种情况造成的损失：工程或工程的任何部分对土地的占用所造成的第三者财产损失；由于发包人原因在施工现场及其毗邻地带、履行合同工作中造成的第三者人身伤亡和财产损失；由于发包人原因对发包人自身、承包人、工程师造成的人身伤害和财产损失。

承包人应负责赔偿由于承包人原因在施工现场及其毗邻地带、履行合同工作中造成的第三者人身伤亡和财产损失。

如果上述损失是由于发包人和承包人共同原因导致的，则双方应根据过错情况按比例承担。

7.3.7 工期和进度

1. 开始工作

经发包人同意后，工程师应提前7天向承包人发出经发包人签认的开始工作通知，工期自开始工作通知中载明的开始工作日期起算。

因发包人原因造成实际开始现场施工日期迟于计划开始现场施工日期后第84天的，承包人有权提出价格调整要求，或者解除合同。发包人应当承担由此增加的费用和（或）延误的工期，并向承包人支付合理利润。

2. 竣工日期

承包人应在合同协议书约定的工期内完成合同工作。工程的竣工日期以约定为准，并在工程接收证书中写明。

因发包人原因，在工程师收到承包人竣工验收申请报告42天后未进行验收的，视为验收合格，实际竣工日期以提交竣工验收申请报告的日期为准，但发包人由于不可抗力不能进行验收的除外。

3. 项目实施计划

项目实施计划是依据合同和经批准的项目管理计划进行编制并用于对项目实施进行管理和控制的文件，应包含概述、总体实施方案、项目实施要点、项目初步进度计划及合同当事人在专用合同条件中约定的其他内容。承包人应在合同订立后14天内，向工程师提交项目实施计划，工程师应在收到项目实施计划后21天内确认或提出修改意见。对工程师提出的合理意见和要求，承包人应自费修改完善。根据工程实施的实际情况需要修改项目实施计划的，承包人应向工程师提交修改后的项目实施计划。

4. 项目进度计划

承包人应按照约定编制并向工程师提交项目初步进度计划，经工程师批准后实施。工程师应在21天内批复或提出修改意见，否则该项目初步进度计划视为已得到批准。对工程师

提出的合理意见和要求，承包人应自费修改完善。经工程师批准的项目初步进度计划称为项目进度计划，是控制合同工程进度的依据，工程师有权按照进度计划检查工程进度情况。承包人还应根据项目进度计划，编制更为详细的分阶段或分项的进度计划，由工程师批准。项目进度计划应当包括设计、承包人文件提交、采购、制造、检验、运达现场、施工、安装试验的各个阶段的预期时间及设计和施工组织方案说明等，其编制应当符合国家法律规定和一般工程实践惯例。项目进度计划的具体要求、关键路径及关键路径变化的确定原则、承包人提交的份数和时间等，在专用合同条件约定。

项目进度计划不符合合同要求或与工程的实际进度不一致的，承包人应向工程师提交修订的项目进度计划，并附具有关措施和相关资料。工程师也可以直接向承包人发出修订项目进度计划的通知，承包人如接受，应按该通知修订项目进度计划，报工程师批准。承包人如不接受，应当在 14 天内答复，如未按时答复视作已接受修订项目进度计划通知中的内容。

工程师应在收到修订的项目进度计划后 14 天内完成审批或提出修改意见，如未按时答复视作已批准承包人修订后的项目进度计划。工程师对承包人提交的项目进度计划的确认，不能减轻或免除承包人根据法律规定和合同约定应承担的任何责任或义务，项目进度计划的修订并不能减轻或者免除双方应承担的合同责任。

5. 进度报告

项目实施过程中，承包人应进行实际进度记录，并根据工程师的要求编制月进度报告，并提交给工程师。进度报告应包含以下主要内容：

1）工程设计、采购、施工等各个工作内容的进展报告。

2）工程施工方法的一般说明。

3）当月工程实施介入的项目人员、设备和材料的预估明细报告。

4）当月实际进度与进度计划对比分析，以及提出未来可能引起工期延误的情形，同时提出应对措施；需要修订项目进度计划的，应对项目进度计划的修订部分进行说明。

5）承包人对于解决工期延误所提出的建议。

6）其他与工程有关的重大事项。

6. 工期延误

（1）因发包人原因导致工期延误

在合同履行过程中，因下列情况导致工期延误和（或）费用增加的，由发包人承担由此延误的工期和（或）增加的费用，且发包人应支付承包人合理的利润：

① 根据约定构成一项变更的。

② 发包人违约，导致工期延误和（或）费用增加的。

③ 发包人、发包人代表、工程师或发包人聘请的任意第三方造成或引起的任何延误、妨碍和阻碍。

④ 发包人未能依据约定提供材料和工程设备导致工期延误和（或）费用增加的。

⑤ 发包人原因导致的暂停施工。

⑥ 发包人未及时履行相关合同义务，造成工期延误的其他原因。

（2）承包人原因导致工期延误

由于承包人的原因，未能按项目进度计划完成工作，承包人应采取措施加快进度，并承担加快进度所增加的费用。

由于承包人原因造成工期延误并导致逾期竣工的，承包人应支付逾期竣工违约金。逾期竣工违约金的计算方法和最高限额在专用合同条件中约定。承包人支付逾期竣工违约金，不免除承包人完成工作及修补缺陷的义务，且发包人有权从工程进度款、竣工结算款或约定提交的履约担保中扣除相当于逾期竣工违约金的金额。

（3）行政审批迟延

合同约定范围内的工作需国家有关部门审批的，发包人和（或）承包人应按照专用合同条件约定的职责分工完成行政审批报送。因国家有关部门审批迟延造成工期延误的，竣工日期相应顺延；造成费用增加的，由双方在负责的范围内各自承担。

（4）异常恶劣的气候条件

异常恶劣的气候条件是指在施工过程中遇到的，有经验的承包人在订立合同时不可预见的，对合同履行造成实质性影响的，但尚未构成不可抗力事件的恶劣气候条件。合同当事人可以在专用合同条件中约定异常恶劣的气候条件的具体情形。

承包人应采取克服异常恶劣的气候条件的合理措施继续施工，并及时通知工程师。工程师应当及时发出指示，指示构成变更的，按约定办理。承包人因采取合理措施而延误的工期由发包人承担。

7. 工期提前

发包人指示承包人提前竣工且被承包人接受的，应与承包人共同协商采取加快工程进度的措施和修订项目进度计划。发包人应承担承包人由此增加的费用，增加的费用按约定执行；发包人不得以任何理由要求承包人超过合理限度压缩工期。承包人有权不接受提前竣工的指示，工期按照合同约定执行。

承包人提出提前竣工的建议且发包人接受的，应与发包人共同协商采取加快工程进度的措施和修订项目进度计划。发包人应承担承包人由此增加的费用，增加的费用按约定执行，并向承包人支付专用合同条件约定的相应奖励金。

8. 暂停工作

（1）发包人暂停工作

发包人认为必要时，可通过工程师向承包人发出经发包人签认的暂停工作通知，应列明暂停原因、暂停的日期及预计暂停的期限。承包人应按该通知暂停工作。

承包人因执行暂停工作通知而造成费用的增加和（或）工期延误由发包人承担，并有权要求发包人支付合理利润，但由于承包人原因造成发包人暂停工作的除外。

（2）由承包人暂停工作

因承包人原因所造成部分或全部工程的暂停，承包人应采取措施尽快复工并赶上进度，由此造成的费用增加或工期延误由承包人承担。因此造成逾期竣工的，承包人应按“因承包人原因导致工期延误”承担逾期竣工违约责任。合同履行过程中发生下列情形之二的，承包人可向发包人发出通知，要求发包人采取有效措施予以纠正。发包人收到承包人通知后

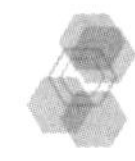

的 28 天内仍不予以纠正，承包人有权暂停施工，并通知工程师。承包人有权要求发包人延长工期和（或）增加费用，并支付合理利润：

① 发包人拖延、拒绝批准付款申请和支付证书，或未能按合同约定支付价款，导致付款延误的。

② 发包人未按约定履行合同其他义务导致承包人无法继续履行合同的，或者发包人明确表示暂停或实质上已暂停履行合同的。

（3）暂停工作期间的工程照管

不论由于何种原因引起暂停工作的，暂停工作期间，承包人应负责对工程物资及文件等进行照管和保护，并提供安全保障，由此增加的费用按约定承担。

因承包人未能尽到照管、保护的责任造成损失的，使发包人的费用增加或竣工日期延误的，由承包人按合同约定承担责任。

（4）拖长的暂停

由发包人暂停工作持续超过 56 天的，承包人可向发包人发出要求复工的通知。如果发包人没有在收到书面通知后 28 天内准许已暂停工作的全部或部分继续工作，承包人有权根据约定，要求以变更方式调减受暂停影响的部分工程。发包人的暂停超过 56 天且暂停影响到整个工程的，承包人有权根据约定，发出解除合同的通知。

9. 复工

收到发包人的复工通知后，承包人应按通知时间复工；发包人通知的复工时间应当给予承包人必要的准备复工时间。

不论由于何种原因引起暂停工作，双方均可要求对方一同对受暂停影响的工程、工程设备和工程物资进行检查，承包人应将检查结果及需要恢复、修复的内容和估算通知发包人。

发生的恢复、修复价款及工期延误的后果由责任方承担。

7.3.8　竣工验收

1. 竣工验收条件

工程具备以下条件的，承包人可以申请竣工验收：

1）除因变更与调整导致的工程量删减和扫尾工作清单列入缺陷责任期内完成的扫尾工程和缺陷修补工作外，合同范围内的全部单位/区段工程及有关工作，包括合同要求的试验和竣工试验均已完成，并符合合同要求。

2）已按合同约定编制了扫尾工作和缺陷修补工作清单及相应实施计划。

3）已按合同约定的内容和份数备齐竣工资料。

4）合同约定要求在竣工验收前应完成的其他工作。

2. 工验收序

1）承包人向工程师报送竣工验收申请报告，工程师应在收到竣工验收申请报告后 14 天内完成审查并报送发包人。工程师审查后认为尚不具备竣工验收条件的，应在收到竣工验收申请报告后的 14 天内通知承包人，指出在颁发接收证书前承包人还需进行的工作内容。承包人完成工程师通知的全部工作内容后，应再次提交竣工验收申请报告，直至工程师同意为止。

2）工程师同意承包人提交的竣工验收申请报告的，或工程师收到竣工验收申请报告后14天内不予答复的，视为发包人收到并同意承包人的竣工验收申请，发包人应在收到该竣工验收申请报告后的28天内进行竣工验收。工程经竣工验收合格的，以竣工验收合格之日为实际竣工日期，并在工程接收证书中载明；完成竣工验收但发包人不予签发工程接收证书的，视为竣工验收合格，以完成竣工验收之日为实际竣工日期。

3）竣工验收不合格的，工程师应按照验收意见发出指示，要求承包人对不合格工程返工、修复或采取其他补救措施，由此增加的费用和（或）延误的工期由承包人承担。承包人在完成不合格工程的返工、修复或采取其他补救措施后，应重新提交竣工验收申请报告，并按本项约定的程序重新进行验收。

4）因发包人原因，未在工程师收到承包人竣工验收申请报告之日起42天内完成竣工验收的，以承包人提交竣工验收申请报告之日作为工程实际竣工日期。

5）工程未经竣工验收，发包人擅自使用的，以转移占有工程之日为实际竣工日期。

发包人不按照约定组织竣工验收、颁发工程接收证书的，每逾期一天，应以签约合同价为基数，按照贷款市场报价利率（LPR）支付违约金。

3. 单位/区段工程的验收

发包人根据项目进度计划安排，在全部工程竣工前需要使用已经竣工的单位/区段工程时，或承包人提出经发包人同意时，可进行单位/区段工程验收。验收合格后，由工程师向承包人出具经发包人签认的单位/区段工程验收证书。单位/区段工程的验收成果和结论作为全部工程竣工验收申请报告的附件。

发包人在全部工程竣工前，使用已接收的单位/区段工程导致承包人费用增加的，发包人应承担由此增加的费用和（或）工期延误，并支付承包人合理利润。

4. 工程的接收

根据工程项目的具体情况和特点，可按工程或单位/区段工程进行接收，并在专用合同条件约定接收的先后顺序、时间安排和其他要求。

除按本条约定已经提交的资料外，接收工程时承包人需提交竣工验收资料的类别、内容、份数和提交时间，在专用合同条件中约定。

发包人无正当理由不接收工程的，发包人自应当接收工程之日起，承担工程照管，成品保护、保管等与工程有关的各项费用，合同当事人可以在专用合同条件中另行约定发包人逾期接收工程的违约责任。

承包人无正当理由不移交工程的，承包人应承担工程照管，成品保护、保管等与工程有关的各项费用，合同当事人可以在专用合同条件中另行约定承包人无正当理由不移交工程的违约责任。

5. 接收证书

承包人应在竣工验收合格后向发包人提交约定的质量保证金，发包人应在竣工验收合格且工程具备接收条件后的14天内向承包人颁发工程接收证书，但承包人未提交质量保证金的，发包人有权拒绝颁发。发包人拒绝颁发工程接收证书的，应向承包人发出通知，说明理由并指出在颁发接收证书前承包人需要做的工作，需要修补的缺陷和承包人需要提供的文件。

发包人向承包人颁发的接收证书，应注明工程或单位/区段工程经验收合格的实际竣工日期，并列明不在接收范围内的，在收尾工作和缺陷修补完成之前对工程或单位/区段工程预期使用目的没有实质影响的少量收尾工作和缺陷。

竣工验收合格而发包人无正当理由逾期不颁发工程接收证书的，自验收合格后第 15 天起视为已颁发工程接收证书。

工程未经验收或验收不合格，发包人擅自使用的，应在转移占有工程后 7 天内向承包人颁发工程接收证书；发包人无正当理由逾期不颁发工程接收证书的，自转移占有后第 15 天起视为已颁发工程接收证书。

6. 竣工退场

颁发工程接收证书后，承包人应对施工现场进行清理，并撤离相关人员，使施工现场处于以下状态，直至工程师检验合格为止：

1）施工现场内残留的垃圾已全部清除出场。

2）临时工程已拆除，场地已按合同约定进行清理、平整或复原。

3）按合同约定应撤离的人员、承包人提供的施工设备和剩余的材料，包括废弃的施工设备和材料，已按计划撤离施工现场。

4）施工现场周边及其附近道路、河道的施工堆积物，已全部清理。

5）施工现场其他竣工退场工作已全部完成。

施工现场的竣工退场费用由承包人承担。承包人应在专用合同条件约定的期限内完成竣工退场，逾期未完成的，发包人有权出售或另行处理承包人遗留的物品，由此支出的费用由承包人承担，发包人出售承包人遗留物品所得款项，在扣除必要费用后应返还承包人。

7. 人员撤离

除了经工程师同意需在缺陷责任期内继续工作和使用的人员、施工设备和临时工程外，承包人应按专用合同条件约定和工程师的要求将其余的人员、施工设备和临时工程撤离施工现场或拆除。除专用合同条件另有约定外，缺陷责任期满时，承包人的人员和施工设备应全部撤离施工现场。

7.3.9　缺陷责任与保修

1. 工程保修的原则

在工程移交发包人后，因承包人原因产生的质量缺陷，承包人应承担质量缺陷责任和保修义务。缺陷责任期届满，承包人仍应按合同约定的工程各部位保修年限承担保修义务。

2. 缺陷责任期

缺陷责任期原则上从工程竣工验收合格之日起计算，合同当事人应在专用合同条件约定缺陷责任期的具体期限，但该期限最长不超过 24 个月。

单位/区段工程先于全部工程进行验收，经验收合格并交付使用的，该单位/区段工程缺陷责任期自单位/区段工程验收合格之日起计算。因发包人原因导致工程未在合同约定期限进行验收，但工程经验收合格的，以承包人提交竣工验收报告之日起算；因发包人原因导致工程未能进行竣工验收的，在承包人提交竣工验收报告 90 天后，工程自动进入缺陷责任期；

发包人未经竣工验收擅自使用工程的，缺陷责任期自工程转移占有之日起开始计算。由于承包人原因造成某项缺陷或损坏使某项工程或工程设备不能按原定目标使用而需要再次检查、检验和修复的，发包人有权要求承包人延长该项工程或工程设备的缺陷责任期，并应在原缺陷责任期届满前发出延长通知。但缺陷责任期最长不超过 24 个月。

3. 缺陷调查

（1）承包人缺陷调查

如果发包人指示承包人调查任何缺陷的原因，承包人应在发包人的指导下进行调查。承包人应在发包人指示中说明的日期或与发包人达成一致的其他日期开展调查。除非该缺陷应由承包人负责自费进行修补，承包人有权就调查的成本和利润获得支付。

如果承包人未能根据本款开展调查，该调查可由发包人开展。但应将上述调查开展的日期通知承包人，承包人可自费参加调查。如果该缺陷应由承包人自费进行修补，则发包人有权要求承包人支付发包人因调查产生的合理费用。

（2）缺陷责任

缺陷责任期内，由承包人原因造成的缺陷，承包人应负责维修，并承担鉴定及维修费用。如承包人不维修也不承担费用，发包人可按合同约定从质量保证金中扣除，费用超出质量保证金金额的，发包人可按合同约定向承包人进行索赔。承包人维修并承担相应费用后，不免除对工程的损失赔偿责任。发包人在使用过程中，发现已修补的缺陷部位或部件还存在质量缺陷的，承包人应负责修复，直至检验合格为止。

（3）修复费用

发包人和承包人应共同查清缺陷或损坏的原因。经查明属承包人原因造成的，应由承包人承担修复的费用。经查验属非承包人原因造成的，发包人应承担修复的费用，并支付承包人合理利润。

（4）修复通知

在缺陷责任期内，发包人在使用过程中，发现已接收的工程存在缺陷或损坏的，应书面通知承包人予以修复，但情况紧急必须立即修复缺陷或损坏的，发包人可以口头通知承包人并在口头通知后 48 小时内书面确认，承包人应在专用合同条件约定的合理期限内到达工程现场并修复缺陷或损坏。

（5）在现场外修复

在缺陷责任期内，承包人认为设备中的缺陷或损害不能在现场得到迅速修复，承包人应当向发包人发出通知，请求发包人同意把这些有缺陷或者损害的设备移出现场进行修复，通知应当注明有缺陷或者损害的设备及维修的相关内容，发包人可要求承包人按移出设备的全部重置成本增加质量保证金的数额。

（6）未能修复

因承包人原因造成工程的缺陷或损坏，承包人拒绝维修或未能在合理期限内修复缺陷或损坏，且经发包人书面催告后仍未修复的，发包人有权自行修复或委托第三方修复，所需费用由承包人承担。但修复范围超出缺陷或损坏范围的，超出范围部分的修复费用由发包人承担。

如果工程或工程设备的缺陷或损害使发包人实质上失去了工程的整体功能，发包人有权

向承包人追回已支付的工程款项，并要求其赔偿发包人相应损失。

4. 缺陷修复后的进一步试验

任何一项缺陷修补后的 7 天内，承包人应向发包人发出通知，告知已修补的情况。如适用重新试验的，还应建议重新试验。发包人应在收到重新试验的通知后 14 天内答复，逾期未进行答复的视为同意重新试验。承包人未建议重新试验的，发包人也可在缺陷修补后的 14 天内指示进行必要的重新试验，以证明已修复的部分符合合同要求。

所有的重复试验应按照适用于先前试验的条款进行，但应由责任方承担修补工作的成本和重新试验的风险和费用。

5. 承包人出入权

在缺陷责任期内，为了修复缺陷或损坏，承包人有权出入工程现场，除情况紧急必须立即修复缺陷或损坏外，承包人应提前 24 小时通知发包人进场修复的时间。承包人进入工程现场前应获得发包人同意，且不应影响发包人正常的生产经营，并应遵守发包人有关安保和保密等规定。

6. 缺陷责任期终止证书

除专用合同条件另有约定外，承包人应于缺陷责任期届满前 7 天内向发包人发出缺陷责任期即将届满通知，发包人应在收到通知后 7 天内核实承包人是否履行缺陷修复义务，承包人未能履行缺陷修复义务的，发包人有权扣除相应金额的维修费用。发包人应在缺陷责任期届满之日，向承包人颁发缺陷责任期终止证书，并返还质量保证金。

如承包人在施工现场还留有人员、施工设备和临时工程的，承包人应当在收到缺陷责任期终止证书后 28 天内，将上述人员、施工设备和临时工程撤离施工现场。

7. 保修责任

因承包人原因导致的质量缺陷责任，由合同当事人根据有关法律规定，在专用合同条件和工程质量保修书中约定工程质量保修范围、期限和责任。

7.3.10　变更与调整

1. 发包人变更权

变更指示应经发包人同意，并由工程师发出经发包人签认的变更指示。除约定的情况外，变更不应包括准备将任何工作删减并交由他人或发包人自行实施的情况。承包人收到变更指示后，方可实施变更。未经许可，承包人不得擅自对工程的任何部分进行变更。

2. 承包人的合理化建议

承包人提出合理化建议的，应向工程师提交合理化建议说明，说明建议的内容、理由以及实施该建议对合同价格和工期的影响。

除专用合同条件另有约定外，工程师应在收到承包人提交的合理化建议后 7 天内审查完毕并报送发包人，发现其中存在技术上的缺陷的，应通知承包人修改。发包人应在收到工程师报送的合理化建议后 7 天内审批完毕。合理化建议经发包人批准的，工程师应及时发出变更指示，由此引起的合同价格调整按照“变更估价”的相关约定执行。发包人不同意变更的，工程师应书面通知承包人。

合理化建议降低了合同价格、缩短了工期或者提高了工程经济效益的，双方可以按照专用合同条件的约定进行利益分享。

3. 变更程序

发包人提出变更的，应通过工程师向承包人发出书面形式的变更指示，变更指示应说明计划变更的工程范围和变更的内容。

承包人收到工程师下达的变更指示后，认为不能执行，应在合理期限内提出不能执行该变更指示的理由。承包人认为可以执行变更的，应当书面说明实施该变更指示需要采取的具体措施以及对合同价格和工期的影响，且合同当事人应当按照“变更估价”的相关约定确定变更估价。

除专用合同条件另有约定外，变更估价按照下列约定处理：

1）合同中未包含价格清单，合同价格应按照所执行的变更工程的成本加利润调整。

2）合同中包含价格清单，合同价格按照如下规则调整：

① 价格清单中有适用于变更工程项目的，应采用该项目的费率和价格。

② 价格清单中没有适用但有类似于变更工程项目的，可在合理范围内参照类似项目的费率或价格。

③ 价格清单中没有适用也没有类似于变更工程项目的，该工程项目应按成本加利润原则调整适用新的费率或价格。

承包人应在收到变更指示后 14 天内向工程师提交变更估价申请。工程师应在收到承包人提交的变更估价申请后 7 天内审查完毕并报送发包人，工程师对变更估价申请有异议，通知承包人修改后重新提交。发包人应在承包人提交变更估价申请后 14 天内审批完毕。发包人逾期未完成审批或未提出异议的，视为认可承包人提交的变更估价申请。

因变更引起的价格调整应计入最近一期的进度款中支付。

因变更引起工期变化的，合同当事人均可要求调整合同工期，由合同当事人按照“商定或确定”的相关内容并参考工程所在地的工期定额标准确定增减工期天数。

4. 暂列金额

除专用合同条件另有约定外，每一笔暂列金额只能按照发包人的指示全部或部分使用，并对合同价格进行相应调整。付给承包人的总金额应仅包括发包人已指示的，与暂列金额相关的工作、货物或服务的应付款项。

对于每笔暂列金额，发包人可以指示用于下列支付：

1）发包人指示变更，决定对合同价格和付款计划表（如有）进行调整的、由承包人实施的工作（包括要提供的工程设备、材料和服务）。

2）承包人购买的工程设备、材料、工作或服务，应支付包括承包人已付（或应付）的实际金额及相应的管理费等费用和利润［管理费和利润应以实际金额为基数根据合同约定的费率（如有）或百分比计算］。

发包人根据上述指示支付暂列金额的，可以要求承包人提交其供应商提供的全部或部分要实施的工程或拟购买的工程设备、材料、工作或服务的项目报价单。发包人可以发出通知指示承包人接受其中的一个报价或指示撤销支付，发包人在收到项目报价单的 7 天内未做出回应的，承包人应有权自行接受其中任何一个报价。

5. 计日工

需要采用计日工方式的，经发包人同意后，由工程师通知承包人以计日工方式实施相应的

工作，其价款按列入价格清单或预算书中的计日工计价项目及其单价进行计算；价格清单或预算书中无相应计日工单价的，按照合理的成本与利润构成的原则，由工程师确定计日工的单价。

采用计日工计价的任何一项工作，承包人应在该项工作实施过程中，每天提交以下报表和有关凭证报送工程师审查：①工作名称、内容和数量；②投入该工作的所有人员的姓名、专业、工种、级别和耗用工时；③投入该工作的材料类别和数量；④投入该工作的施工设备型号、台数和耗用台时；⑤其他有关资料和凭证。

计日工由承包人汇总后，列入最近一期进度付款申请单，由工程师审查并经发包人批准后列入进度付款。

6. 暂估价

暂估价是指发包人在项目清单中给定的，用于支付必然发生但暂时不能确定价格的专业服务、材料、设备、专业工程的金额。项目清单是指发包人提供的载明工程总承包项目勘察费（如果有）、设计费、建筑安装工程费、设备购置费、暂估价、暂列金额和双方约定的其他费用的名称和相应数量等内容的项目明细。

对于依法必须招标的暂估价项目，专用合同条件约定由承包人作为招标人的，招标文件、评标方案、评标结果应报送发包人批准。与组织招标工作有关的费用应当被认为已经包括在承包人的签约合同价中。专用合同条件约定由发包人和承包人共同作为招标人的，与组织招标工作有关的费用在专用合同条件中约定。具体的招标程序及发包人和承包人权利义务关系可在专用合同条件中约定。暂估价项目的中标金额与价格清单中所列暂估价的金额差及相应的税金等其他费用应列入合同价格。

对于不属于依法必须招标的暂估价项目，承包人具备实施暂估价项目的资格和条件的，经发包人和承包人协商一致后，可由承包人自行实施暂估价项目，具体的协商和估价程序及发包人和承包人权利义务关系可在专用合同条件中约定。确定后的暂估价项目金额与价格清单中所列暂估价的金额差及相应的税金等其他费用应列入合同价格。

因发包人原因导致暂估价合同订立和履行迟延的，由此增加的费用和（或）延误的工期由发包人承担，并支付承包人合理的利润。因承包人原因导致暂估价合同订立和履行迟延的，由此增加的费用和（或）延误的工期由承包人承担。

7. 法律变化引起的调整

基准日期后，法律变化导致承包人在合同履行过程中所需要的费用发生除“市场价格波动引起的调整”约定以外的增加时，由发包人承担由此增加的费用；减少时，应从合同价格中予以扣减。基准日期后，因法律变化造成工期延误时，工期应予以顺延。

因法律变化引起的合同价格和工期调整，合同当事人无法达成一致的，由工程师按“商定或确定”的约定处理。

因承包人原因造成工期延误，在工期延误期间出现法律变化的，由此增加的费用和（或）延误的工期由承包人承担。

因法律变化而需要对工程的实施进行任何调整的，承包人应迅速通知发包人，或者发包人应迅速通知承包人，并附上详细的辅助资料。发包人接到通知后，应根据“变更程序”发出变更指示。

8. 市场价格波动引起的调整

主要工程材料、设备、人工价格与招标时基期价相比，波动幅度超过合同约定幅度的，双方按照合同约定的价格调整方式调整。

发包人与承包人在专用合同条件中约定采用价格指数权重表的，适用本项约定。双方当事人可以将部分主要工程材料、工程设备、人工价格及其他双方认为应当根据市场价格调整的费用列入价格指数权重表附件，并根据公式计算差额并调整合同价格。

（1）价格调整公式

$$\Delta P = P_0\left[A+\left(B_1\frac{F_{t1}}{F_{01}}+B_2\frac{F_{t2}}{F_{02}}+B_3\frac{F_{t3}}{F_{03}}+\cdots+B_n\frac{F_{tn}}{F_{0n}}\right)-1\right]$$

式中 ΔP——需调整的价格差额；

P_0——付款证书中承包人应得到的已完成工作量的金额（此项金额应不包括价格调整、不计质量保证金的预留和支付、预付款的支付和扣回，“变更与调整”约定的变更及其他金额已按当期价格计价的也不计在内）；

A——定值权重（即不调部分的权重）；

$B_1,B_2,B_3,\cdots,B_n$——各可调因子的变值权重（即可调部分的权重）为各可调因子在投标函投标总报价中所占的比例，且 $A+B_1+B_2+B_3+\cdots+B_n=1$；

$F_{t1},F_{t2},F_{t3},\cdots,F_{tn}$——各可调因子的当期价格指数，指付款证书相关周期最后一天的前 42 天的各可调因子的价格指数；

$F_{01},F_{02},F_{03},\cdots,F_{0n}$——各可调因子的基准日期的价格指数。

以上价格调整公式中的各可调因子、定值和变值权重，以及基本价格指数及其来源在投标函附录价格指数和权重表中约定。价格指数应首先采用投标函附录中载明的有关部门提供的价格指数，缺乏上述价格指数时，可采用有关部门提供的价格代替。

（2）暂时确定调整差额

在计算调整差额时得不到当期价格指数的，可暂用上一期的价格指数计算，并在以后的付款中再按实际价格指数进行调整。

（3）权重的调整

按“发包人变更权”约定的变更导致原定合同中的权重不合理的，由工程师与承包人和发包人协商后进行调整。

（4）承包人原因工期延误后的价格调整

因承包人原因未在约定的工期内竣工的，则对原约定竣工日期后继续施工的工程，在使用本款第 1）项价格调整公式时，应采用原约定竣工日期与实际竣工日期的两个价格指数中较低的一个作为当期价格指数。

（5）发包人引起的工期延误后的价格调整

由于发包人原因未在约定的工期内竣工的，则对原约定竣工日期后继续施工的工程，在使用本款第 1）项价格调整公式时，应采用原约定竣工日期与实际竣工日期的两个价格指数中较高的一个作为当期价格指数。

未列入价格指数权重表的费用不因市场变化而调整。

双方约定采用其他方式调整合同价款的，以专用合同条件约定为准。

7.3.11　合同价格与支付

1. 合同价格形式

除专用合同条件中另有约定外，本合同为总价合同，除根据“变更与调整”及合同中其他相关增减金额的约定进行调整外，合同价格不做调整。

除专用合同条件另有约定外：

1）工程款的支付应以合同协议书约定的签约合同价格为基础，按照合同约定进行调整。

2）承包人应支付根据法律规定或合同约定应由其支付的各项税费，除“法律变化引起的调整”约定外，合同价格不应因任何税费进行调整。

3）价格清单列出的数量仅为估算的工作量，不得将其视为要求承包人实施的工程的实际或准确的工作量。在价格清单中列出的工作量和价格数据应仅限用于变更和支付的参考资料，不能用于其他目的。

合同约定工程的某部分按照实际完成的工程量进行支付的，应按照专用合同条件的约定进行计量和估价，并据此调整合同价格。

2. 预付款

预付款的额度和支付按照专用合同条件约定执行。预付款应当专用于承包人为合同工程的设计和工程实施购置材料、工程设备、施工设备、修建临时设施及组织施工队伍进场等合同工作。

预付款在进度付款中同比例扣回。在颁发工程接收证书前，提前解除合同的，尚未扣完的预付款应与合同价款一并结算。

发包人逾期支付预付款超过 7 天的，承包人有权向发包人发出要求预付的催告通知，发包人收到通知后 7 天内仍未支付的，承包人有权暂停施工，并按“发包人违约的情形”执行。

发包人指示承包人提供预付款担保的，承包人应在发包人支付预付款 7 天前提供预付款担保，专用合同条件另有约定除外。预付款担保可采用银行保函、担保公司担保等形式，具体由合同当事人在专用合同条件中约定。在预付款完全扣回之前，承包人应保证预付款担保持续有效。

发包人在工程款中逐期扣回预付款后，预付款担保额度应相应减少，但剩余的预付款担保金额不得低于未被扣回的预付款金额。

3. 工程进度付款

（1）工程进度付款申请

人工费的申请，人工费应按月支付，工程师应在收到承包人人工费付款申请单及相关资料后 7 天内完成审查并报送发包人，发包人应在收到后 7 天内完成审批并向承包人签发人工费支付证书，发包人应在人工费支付证书签发后 7 天内完成支付。已支付的人工费部分，发包人支付进度款时予以相应扣除。

承包人应在每月月末向工程师提交进度付款申请单，该进度付款申请单应包括下列内容：

① 截至本次付款周期内已完成工作对应的金额。

② 扣除约定已扣除的人工费金额。

③ 根据约定应增加和扣减的变更金额。

④ 根据约定应支付的预付款和扣减的返还预付款。

⑤ 根据约定应预留的质量保证金金额。

⑥ 应增加和扣减的索赔金额。

⑦ 对已签发的进度应付证书中出现错误的修正，应在本次进度付款中支付或扣除的金额。

⑧ 根据合同约定应增加和扣减的其他金额。

(2) 进度付款审核和支付

工程师应在收到承包人的进度付款申请单及相关资料后 7 天内完成审查并报送发包人，发包人应在收到后 7 天内完成审批并向承包人签发进度款支付证书。发包人逾期（包括因工程师原因延误报送的时间）未完成审批且未提出异议的，视为已签发进度款支付证书。

工程师对承包人的进度付款申请单有异议的，有权要求承包人修正和提供补充资料，承包人应提交修正后的进度付款申请单。工程师应在收到承包人修正后的进度付款申请单及相关资料后 7 天内完成审查并报送发包人，发包人应在收到工程师报送的进度付款申请单及相关资料后 7 天内，向承包人签发无异议部分的进度款支付证书。存在争议的部分，按照争议解决的约定处理。

发包人应在进度款支付证书签发后 14 天内完成支付，发包人逾期支付进度款的，按照贷款市场报价利率（LPR）支付利息；逾期支付超过 56 天的，按照贷款市场报价利率（LPR）的两倍支付利息。

发包人签发进度款支付证书，不表明发包人已同意、批准或接受了承包人完成的相应部分的工作。

(3) 进度付款的修正

在对已签发的进度款支付证书进行阶段汇总和复核中发现错误、遗漏或重复的，发包人和承包人均有权提出修正申请。经发包人和承包人同意的修正，应在下期进度付款中支付或扣除。

4. 付款计划表

(1) 付款计划表的编制要求

① 付款计划表中所列的每期付款金额，应为每期进度款的估算金额。

② 实际进度与项目进度计划不一致的，合同当事人可修改付款计划表。

③ 不采用付款计划表的，承包人应向工程师提交按季度编制的支付估算付款计划表，用于支付参考。

(2) 付款计划表的编制与审批

① 承包人应根据约定的项目进度计划、签约合同价和工程量等因素对总价合同进行分解，确定付款期数、计划每期达到的主要形象进度和（或）完成的主要计划工程量（含设计、采购、施工、竣工试验和竣工后试验等）等目标任务，编制付款计划表。其中人工费应按月确定付款期和付款计划。承包人应当在收到工程师和发包人批准的项目进度计划后 7 天内，将付款计划表及编制付款计划表的支持性资料报送工程师。

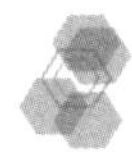

② 工程师应在收到付款计划表后 7 天内完成审核并报送发包人。发包人应在收到经工程师审核的付款计划表后 7 天内完成审批，经发包人批准的付款计划表为有约束力的付款计划表。

③ 发包人逾期未完成付款计划表审批的，也未及时要求承包人进行修正和提供补充资料的，则承包人提交的付款计划表视为已经获得发包人批准。

5. 竣工结算

（1）竣工结算申请

承包人应在工程竣工验收合格后 42 天内向工程师提交竣工结算申请单，并提交完整的结算资料，有关竣工结算申请单的资料清单和份数等要求由合同当事人在专用合同条件中约定。

竣工结算申请单中应包括以下内容：

① 竣工结算合同价格。

② 发包人已支付承包人的款项。

③ 采用“承包人提供质量保证金的方式”第 2 种方式提供质量保证金的，应当列明应预留的质量保证金金额；采用其他方式提供质量保证金的。应当按“质量保证金”提供相关文件作为附件。

④ 发包人应支付承包人的合同价款。

（2）竣工结算审核

① 工程师应在收到竣工结算申请单后 14 天内完成核查并报送发包人。发包人应在收到工程师提交的经审核的竣工结算申请单后 14 天内完成审批，并由工程师向承包人签发经发包人签认的竣工付款证书。工程师或发包人对竣工结算申请单有异议的，有权要求承包人进行修正和提供补充资料，承包人应提交修正后的竣工结算申请单。

发包人在收到承包人提交竣工结算申请书后 28 天内未完成审批且未提出异议的，视为发包人认可承包人提交的竣工结算申请单，并自发包人收到承包人提交的竣工结算申请单后第 29 天起视为已签发竣工付款证书。

② 发包人应在签发竣工付款证书后的 14 天内，完成对承包人的竣工付款。发包人逾期支付的，按照贷款市场报价利率支付违约金；逾期支付超过 56 天的，按照贷款市场报价利率的两倍支付违约金。

③ 承包人对发包人签认的竣工付款证书有异议的，对于有异议部分应在收到发包人签认的竣工付款证书后 7 天内提出异议，并由合同当事人按照专用合同条件约定的方式和程序进行复核，或按照争议解决约定处理。对于无异议部分，发包人应签发临时竣工付款证书，并按相关规定完成付款。承包人逾期未提出异议的，视为认可发包人的审批结果。

6. 质量保证金

经合同当事人协商一致提供质量保证金的，应在专用合同条件中予以明确。在工程项目竣工前，承包人已经提供履约担保的，发包人不得同时要求承包人提供质量保证金。

（1）承包人提供质量保证金的方式

① 质量保证担保。

② 相应比例的工程款。

③ 双方约定的其他方式。

质量保证金原则上采用上述第 1 种方式，且承包人应在工程竣工验收合格后 7 天内，向发包人提交工程质量保证担保。承包人提交工程质量保证担保时，发包人应同时返还预留的作为质量保证金的工程价款（如有）。但不论承包人以何种方式提供质量保证金，累计金额均不得高于工程价款结算总额的 3%。

（2）质量保证金的预留

双方约定采用预留相应比例的工程款方式提供质量保证金的，质量保证金的预留有以下三种方式：

① 按专用合同条件的约定在支付工程进度款时逐次预留，直至预留的质量保证金总额达到专用合同条件约定的金额或比例为止。在此情形下，质量保证金的计算基数不包括预付款的支付、扣回及价格调整的金额。

② 工程竣工结算时一次性预留质量保证金。

③ 双方约定的其他预留方式。

质量保证金的预留原则上采用上述第 1 种方式。如承包人在发包人签发竣工付款证书后 28 天内提交工程质量保证担保，发包人应同时返还预留的作为质量保证金的工程价款。发包人在返还本条款项下的质量保证金的同时，还应按照中国人民银行同期同类存款基准利率支付利息。

（3）质量保证金的返还

缺陷责任期内，承包人认真履行合同约定的责任，缺陷责任期满，发包人向承包人颁发缺陷责任期终止证书后，承包人可向发包人申请返还质量保证金。

发包人在接到承包人返还质量保证金申请后，应于 7 天内将质量保证金返还承包人，逾期未返还的，应承担违约责任。发包人在接到承包人返还质量保证金申请后 7 天内不予答复，视同认可承包人的返还质量保证金申请。

发包人和承包人对质量保证金预留、返还及工程维修质量、费用有争议的，按约定的争议和纠纷解决程序处理。

7. 最终结清

（1）最终结清申请单

① 承包人应在缺陷责任期终止证书颁发后 7 天内，按专用合同条件约定的份数向发包人提交最终结清申请单，并提供相关证明材料。最终结清申请单应列明质量保证金、应扣除的质量保证金、缺陷责任期内发生的增减费用。

② 发包人对最终结清申请单内容有异议的，有权要求承包人进行修正和提供补充资料，承包人应向发包人提交修正后的最终结清申请单。

（2）最终结清证书和支付

① 发包人应在收到承包人提交的最终结清申请单后 14 天内完成审批并向承包人颁发最终结清证书。发包人逾期未完成审批，又未提出修改意见的，视为发包人同意承包人提交的最终结清申请单，且自发包人收到承包人提交的最终结清申请单后 15 天起视为已颁发最终结清证书。

② 发包人应在颁发最终结清证书后 7 天内完成支付。发包人逾期支付的，按照贷款市场报价利率支付利息；逾期支付超过 56 天的，按照贷款市场报价利率的 2 倍支付利息。

③ 承包人对发包人颁发的最终结清证书有异议的，按争议解决的约定办理。

7.3.12　违约

1. 承包人违约

在履行合同的过程中发生下列情况之一的，属承包人违约：

1）因承包人的原因导致的承包人文件、实施和竣工的工程不符合法律法规、工程质量验收标准及合同约定。

2）承包人违反合同约定进行转包或违法分包的。

3）承包人违反合同约定，未经监理人批准，擅自将已按合同约定进入施工场地的施工设备、临时设施或材料撤离施工场地。

4）承包人违反合同约定采购和使用了不合格材料或工程设备。

5）因承包人原因导致工程质量不符合合同要求的。

6）承包人未能按项目进度计划及时完成合同约定的工作，造成工期延误。

7）由于承包人原因未能通过竣工试验或竣工后试验的。

8）承包人在缺陷责任期及保修期内，未能在合理期限对工程缺陷进行修复，或拒绝按发包人指示进行修复的。

9）承包人明确表示或者以其行为表明不履行合同主要义务的。

10）承包人未能按照合同约定履行其他义务的。

承包人发生除上述第 7）项、第 9）项约定以外的其他违约情况时，工程师可在专用合同条件约定的合理期限内向承包人发出整改通知，要求其在指定的期限内改正。

承包人违约的责任：承包人应承担因其违约行为而增加的费用和（或）延误的工期。此外，合同当事人可在专用合同条件中另行约定承包人违约责任的承担方式和计算方法。

2. 发包人违约

在履行合同过程中发生下列情形之一的，属发包人违约：

1）因发包人原因导致开始工作日期延误的。

2）因发包人原因未能按合同约定支付合同价款的。

3）发包人违反约定，自行实施被取消的工作或转由他人实施的。

4）因发包人违反合同约定造成工程暂停施工的。

5）工程师无正当理由没有在约定期限内发出复工指示，导致承包人无法复工的。

6）发包人明确表示或者以其行为表明不履行合同主要义务的。

7）发包人未能按照合同约定履行其他义务的。

通知改正：发包人发生除上述第 6）项以外的违约情况时，承包人可向发包人发出通知，要求发包人采取有效措施纠正违约行为。发包人收到承包人通知后 28 天内仍不纠正违约行为的，承包人有权暂停相应部位工程实施，并通知工程师。

发包人违约的责任：发包人应承担因其违约给承包人增加的费用和（或）延误的工期，

并支付承包人合理的利润。此外，合同当事人可在专用合同条件中另行约定发包人违约责任的承担方式和计算方法

3. 第三人造成的违约

在履行合同过程中，一方当事人因第三人的原因造成违约的，应当向对方当事人承担违约责任。一方当事人和第三人之间的纠纷，依照法律规定或者按照约定解决。

7.3.13 合同解除

1. 发包人解除合同

(1) 因承包人违约解除合同

除专用合同条件另有约定外，发包人有权基于下列原因，以书面形式通知承包人解除合同，发包人应在发出正式解除合同通知 14 天前告知承包人其解除合同意向，除非承包人在收到该解除合同意向通知后 14 天内采取了补救措施，否则发包人可向承包人发出正式解除合同通知立即解除合同。解除日期应为承包人收到正式解除合同通知的日期，但在以下第⑤项的情况下，发包人无须提前告知承包人其解除合同意向，可直接发出正式解除合同通知立即解除合同：

① 承包人未能遵守履约担保的约定。

② 承包人未能遵守有关分包和转包的约定。

③ 承包人实际进度明显落后于进度计划，并且未按发包人的指令采取措施并修正进度计划。

④ 工程质量有严重缺陷，承包人无正当理由使修复开始日期拖延达 28 天以上。

⑤ 承包人破产、停业清理或进入清算程序，或情况表明承包人将进入破产和（或）清算程序，已有对其财产的接管令或管理令，与债权人达成和解，或为其债权人的利益在财产接管人、受托人或管理人的监督下营业，或采取了任何行动或发生任何事件（根据有关适用法律）具有与前述行动或事件相似的效果。

⑥ 承包人明确表示或以自己的行为表明不履行合同，或经发包人以书面形式通知其履约后仍未能依约履行合同，或以不适当的方式履行合同。

⑦ 未能通过的竣工试验、未能通过的竣工后试验，使工程的任何部分和（或）整个工程丧失了主要使用功能、生产功能。

⑧ 因承包人的原因暂停工作超过 56 天且暂停影响到整个工程，或因承包人的原因暂停工作超过 182 天。

⑨ 承包人未能遵守竣工日期规定，延误超过 182 天。

⑩ 工程师发出整改通知后，承包人在指定的合理期限内仍不纠正违约行为并致使合同目的不能实现的。

(2) 因承包人违约解除合同后承包人的义务

合同解除后，承包人应按以下约定执行：

① 除了为保护生命、财产或工程安全、清理和必须执行的工作外，停止执行所有被通知解除的工作，并将相关人员撤离现场。

② 经发包人批准，承包人应将与被解除合同相关的和正在执行分包合同相关的责任和义务转让至发包人和（或）发包人指定方的名下，包括永久性工程、工程物资及相关工作。

③ 移交已完成的永久性工程及负责已运抵现场的工程物资。在移交前，妥善做好已完工程和已运抵现场的工程物资的保管、维护和保养。

④ 将发包人提供的所有信息及承包人为本工程编制的设计文件、技术资料及其他文件移交给发包人。在承包人留有的资料文件中，销毁与发包人提供的所有信息相关的数据及资料的备份。

⑤ 移交相应实施阶段已经付款的并已完成的和尚待完成的设计文件、图纸、资料、操作维修手册、施工组织设计、质检资料、竣工资料等。

（3）因承包人违约解除合同后的估价、付款和结算

因承包人原因导致合同解除的，合同当事人应在合同解除后 28 天内完成估价、付款和清算，并按以下约定执行：

① 合同解除后，按商定或确定承包人实际完成工作对应的合同价款，以及承包人已提供的材料、工程设备、施工设备和临时工程等的价值。

② 合同解除后，承包人应支付的违约金。

③ 合同解除后，因解除合同给发包人造成的损失。

④ 合同解除后，承包人应按照发包人的指示完成现场的清理和撤离。

⑤ 发包人和承包人应在合同解除后进行清算，出具最终结清付款证书，结清全部款项。

因承包人违约解除合同的，发包人有权暂停对承包人的付款，查清各项付款和已扣款项，发包人和承包人未能就合同解除后的清算和款项支付达成一致的，按照争议解决的约定处理。

（4）因承包人违约解除合同的合同权益转让

合同解除后，发包人可以继续完成工程，和（或）安排第三人完成。发包人有权要求承包人将其为实施合同而订立的材料和设备的订货合同或任何服务合同利益转让给发包人，并在承包人收到解除合同通知后的 14 天内，依法办理转让手续。发包人和（或）第三人有权使用承包人在施工现场的材料、设备、临时工程、承包人文件和由承包人或以其名义编制的其他文件。

2. 由承包人解除合同

（1）因发包人违约解除合同

除专用合同条件另有约定外，承包人有权基于下列原因，以书面形式通知发包人解除合同，承包人应在发出正式解除合同通知 14 天前告知发包人其解除合同意向，除非发包人在收到该解除合同意向通知后 14 天内采取了补救措施，否则承包人可向发包人发出正式解除合同通知立即解除合同。解除日期应为发包人收到正式解除合同通知的日期，但在以下第⑤项的情况下，承包人无须提前告知发包人其解除合同意向，可直接发出正式解除合同通知立即解除合同：

① 承包人就发包人未能遵守关于发包人的资金安排发出通知后 42 天内，仍未收到合理的证明。

② 在规定的付款时间到期后 42 天内，承包人仍未收到应付款项。

③ 发包人实质上未能根据合同约定履行其义务，构成根本性违约。

④ 发承包双方订立合同协议书后的 84 天内，承包人未收到开始工作通知。

⑤ 发包人破产、停业清理或进入清算程序，有情况表明发包人将进入破产和清算程序或发包人资信严重恶化，已有对其财产的接管令或管理令，与债权人达成和解，或为其债权人的利益在财产接管人、受托人或管理人的监督下营业，或采取了任何行动或发生任何事件（根据有关适用法律）具有与前述行动或事件相似的效果。

⑥ 发包人未能遵守约定提交支付担保。

⑦ 发包人未能执行通知改正的约定，致使合同目的不能实现的。

⑧ 因发包人的原因暂停工作超过 56 天且暂停影响整个工程或因发包人的原因暂停工作超过 182 天的。

⑨ 因发包人原因造成开始工作日期迟于承包人收到中标通知书（或在无中标通知书的情况下，订立合同之日）后第 84 天的。

发包人接到承包人解除合同意向通知后 14 天内，发包人随后给予了付款，或同意复工或继续履行其义务，或提供了支付担保等，承包人应尽快安排并恢复正常工作；因此造成工期延误的，竣工日期顺延；承包人因此增加的费用，由发包人承担。

（2）因发包人违约解除合同后承包人的义务

合同解除后，承包人应按以下约定执行：

① 除为保护生命、财产、工程安全的工作外，停止所有进一步的工作。

② 承包人因执行该保护工作而产生费用的，由发包人承担。

③ 向发包人移交承包人已获得支付的承包人文件、生产设备、材料和其他工作从现场运走除为了安全需要以外的所有属于承包人的其他货物，并撤离现场。

（3）因发包人违约解除合同后的付款

承包人按照本款约定解除合同的，发包人应在解除合同后 28 天内支付下列款项，并退还履约担保：

① 合同解除前所完成工作的价款。

② 承包人为工程施工订购并已付款的材料、工程设备和其他物品的价款；发包人付款后，该材料、工程设备和其他物品归发包人所有。

③ 承包人为完成工程所发生的，而发包人未支付的金额。

④ 承包人撤离施工现场及遣散承包人人员的款项。

⑤ 按照合同约定在合同解除前应支付的违约金。

⑥ 按照合同约定应当支付给承包人的其他款项。

⑦ 按照合同约定应返还的质量保证金。

⑧ 因解除合同给承包人造成的损失。

承包人应妥善做好已完工程和与工程有关的已购材料、工程设备的保护和移交工作，并将施工设备和人员撤出施工现场，发包人应为承包人撤出提供必要条件。

3. 合同解除后的事项

合同解除后，由发包人或由承包人解除合同的结算及结算后的付款约定仍然有效，直至

解除合同的结算工作结清。

双方对解除合同或解除合同后的结算有争议的，按照争议解决的约定处理。

7.3.14　不可抗力

不可抗力是指合同当事人在订立合同时不可预见，在合同履行过程中不可避免，不能克服且不能提前防备的自然灾害和社会性突发事件，如地震、海啸、瘟疫、骚乱、戒严、暴动、战争和专用合同条件中约定的其他情形。

1. 不可抗力的通知

合同一方当事人觉察或发现不可抗力事件发生，使其履行合同义务受到阻碍时，有义务立即通知合同另一方当事人和工程师，书面说明不可抗力和受阻碍的详细情况，并提供必要的证明。不可抗力持续发生的，合同一方当事人应每隔 28 天向合同另一方当事人和工程师提交中间报告，说明不可抗力和履行合同受阻的情况，并于不可抗力事件结束后 28 天内提交最终报告及有关资料。

2. 将损失减至最小的义务

不可抗力发生后，合同当事人均应采取措施尽量避免和减少损失的扩大，使不可抗力对履行合同造成的损失减至最小。另一方全力协助并采取措施，需暂停实施的工作，立即停止。任何一方当事人没有采取有效措施导致损失扩大的，应对扩大的损失承担责任。

3. 不可抗力后果的承担

不可抗力导致的人员伤亡、财产损失、费用增加和（或）工期延误等后果，由合同当事人按以下原则承担：

1）永久工程，包括已运至施工现场的材料和工程设备的损害，以及因工程损害造成的第三方人员伤亡和财产损失由发包人承担。

2）承包人提供的施工设备的损坏由承包人承担。

3）发包人和承包人各自承担其人员伤亡及其他财产损失。

4）因不可抗力影响承包人履行合同约定的义务，已经引起或将引起工期延误的，应当顺延工期，由此导致承包人停工的费用损失由发包人和承包人合理分担，停工期间必须支付的现场必要的工人工资由发包人承担。

5）因不可抗力引起或将引起工期延误，发包人指示赶工的，由此增加的赶工费用由发包人承担。

6）承包人在停工期间按照工程师或发包人要求照管、清理和修复工程的费用由发包人承担。

不可抗力引起的后果及造成的损失由合同当事人按照法律规定及合同约定各自承担。不可抗力发生前已完成的工程应当按照合同约定进行支付。

4. 不可抗力影响分包人

分包人根据分包合同的约定，有权获得更多或者更广的不可抗力而免除某些义务时，承包人不得以分包合同中不可抗力约定向发包人抗辩免除其义务。

5. 因不可抗力解除合同

因单次不可抗力导致合同无法履行连续超过 84 天或累计超过 140 天的，发包人和承包人均有权解除合同。合同解除后，承包人应按照竣工退场的规定进行。由双方当事人按照商定或确定发包人应支付的款项，该款项包括：

1）合同解除前承包人已完成工作的价款。

2）承包人为工程订购的并已交付给承包人，或承包人有责任接受交付的材料、工程设备和其他物品的价款；当发包人支付上述费用后，此项材料、工程设备与其他物品应成为发包人的财产，承包人应将其交由发包人处理。

3）发包人指示承包人退货或解除订货合同而产生的费用，以及因不能退货或解除合同而产生的损失。

4）承包人撤离施工现场及遣散承包人人员的费用。

5）按照合同约定在合同解除前应支付给承包人的其他款项。

6）扣减承包人按照合同约定应向发包人支付的款项。

7）双方商定或确定的其他款项。

除专用合同条件另有约定外，合同解除后，发包人应当在商定或确定上述款项后 28 天内完成上述款项的支付。

7.3.15 保险

1. 设计和工程保险

双方应按照专用合同条件的约定向双方同意的保险人投保建设工程设计责任险、建筑安装工程一切险等保险。具体的投保险种、保险范围、保险金额、保险费率、保险期限等有关内容应当在专用合同条件中明确约定。

双方应按照专用合同条件的约定投保第三者责任险，并在缺陷责任期终止证书颁发前维持其持续有效。第三者责任险最低投保额应在专用合同条件内约定。

2. 工伤和意外伤害保险

发包人应依照法律规定为其在施工现场的雇用人员办理工伤保险，缴纳工伤保险费；并要求工程师及由发包人为履行合同聘请的第三方在施工现场的雇用人员依法办理工伤保险。

承包人应依照法律规定为其履行合同雇用的全部人员办理工伤保险，缴纳工伤保险费，并要求分包人及由承包人为履行合同聘请的第三方雇用的全部人员依法办理工伤保险。

发包人和承包人可以为其施工现场的全部人员办理意外伤害保险并支付保险费，包括其员工及为履行合同聘请的第三方的人员，具体事项由合同当事人在专用合同条件约定。

3. 货物保险

承包人应按照专用合同条件的约定为运抵现场的施工设备、材料、工程设备和临时工程等办理财产保险，保险期限自上述货物运抵现场至其不再为工程所需要为止。

4. 其他保险

发包人应按照工程总承包模式所适用的法律法规和专用合同条件约定，投保其他保险并保持保险有效，其投保费用由发包人自行承担。承包人应按照工程总承包模式所适用的法律法规和专用合同条件约定投保相应保险并保持保险有效，其投保费用应包含在合同价格中，但在合同执行过程中，新颁布适用的法律法规规定由承包人投保的强制保险，应根据约定增加合同价款。

7.3.16　索赔

1. 索赔的提出

根据合同约定，任意一方认为有权得到追加/减少付款、延长缺陷责任期和（或）延长工期的，应按以下程序向对方提出索赔：

1）索赔方应在知道或应当知道索赔事件发生后 28 天内向对方递交索赔意向通知书并说明发生索赔事件的事由；索赔方未在前述 28 天内发出索赔意向通知书的，丧失要求追加/减少付款、延长缺陷责任期和（或）延长工期的权利。

2）索赔方应在发出索赔意向通知书后 28 天内向对方正式递交索赔报告；索赔报告应详细说明索赔理由及要求追加的付款金额、延长缺陷责任期和（或）延长的工期，并附必要的记录和证明材料。

3）索赔事件具有持续影响的，索赔方应每月递交延续索赔通知，说明持续影响的实际情况和记录，列出累计的追加付款金额、延长缺陷责任期和（或）工期延长天数。

4）在索赔事件影响结束后 28 天内，索赔方应向对方递交最终索赔报告，说明最终要求索赔的追加付款金额、延长缺陷责任期和（或）延长的工期，并附必要的记录和证明材料。

5）承包人作为索赔方时，其索赔意向通知书、索赔报告及相关索赔文件应向工程师提出；发包人作为索赔方时，其索赔意向通知书、索赔报告及相关索赔文件可自行向承包人提出或由工程师向承包人提出。

2. 承包人索赔的处理程序

1）工程师收到承包人提交的索赔报告后，应及时审查索赔报告的内容、查验承包人的记录和证明材料，必要时工程师可要求承包人提交全部原始记录副本。

2）工程师应按商定或确定追加的付款和（或）延长的工期，并在收到上述索赔报告或有关索赔的进一步证明材料后及时书面告知发包人，并在 42 天内将发包人书面认可的索赔处理结果答复承包人。工程师在收到索赔报告或有关索赔的进一步证明材料后的 42 天内不予答复的，视为认可索赔。

3）承包人接受索赔处理结果的，发包人应在作出索赔处理结果答复后 28 天内完成支付。承包人不接受索赔处理结果的，按照争议解决约定处理。

3. 发包人索赔的处理程序

1）承包人收到发包人提交的索赔报告后，应及时审查索赔报告的内容、查验发包人证明材料。

2）承包人应在收到上述索赔报告或有关索赔的进一步证明材料后的 42 天内，将索赔处理结果答复发包人。承包人在收到索赔通知书或有关索赔的进一步证明材料后的 42 天内不予答复的，视为认可索赔。

3）发包人接受索赔处理结果的，发包人可从应支付给承包人的合同价款中扣除赔付的金额或延长缺陷责任期；发包人不接受索赔处理结果的，按争议解决约定处理。

（4）提出索赔的期限

1）承包人接收竣工付款证书后，应被认为已无权再提出在合同工程接收证书颁发前所发生的任何索赔。

2）承包人提交的最终结清申请单中，只限于提出工程接收证书颁发后发生的索赔。提出索赔的期限均自接受最终结清证书时终止。

7.3.17 争议的解决

争议发生后有以下几种解决方式：

1. 和解

合同当事人可以就争议自行和解，自行和解达成协议的经双方签字并盖章后作为合同的补充文件，双方均应遵照执行。

2. 调解

合同当事人可以就争议请求建设行政主管部门、行业协会或其他第三方进行调解，调解达成协议的，经双方签字盖章后作为合同补充文件，双方均应遵照执行。

3. 争议评审

合同当事人在专用合同条件中约定采取争议评审方式及评审规则解决争议的，按下列约定执行：

（1）争议评审小组的确定

合同当事人可以共同选择 1 名或 3 名争议评审员，组成争议评审小组。如专用合同条件未对成员人数进行约定，则应由 3 名成员组成。除专用合同条件另有约定外，合同当事人应当自合同订立后 28 天内，或者争议发生后 14 天内，选定争议评审员，选择 1 名争议评审员的，由合同当事人共同确定；选择 3 名争议评审员的，各自选定 1 名，第 3 名成员由合同当事人共同确定或由合同当事人委托已选定的争议评审员共同确定为首席争议评审员。争议评审员为 1 人且合同当事人未能达成一致的，或争议评审员为 3 人且合同当事人就首席争议评审员未能达成一致的，由专用合同条件约定的评审机构指定，除专用合同条件另有约定外，争议评审员报酬由发包人和承包人各承担一半。

（2）争议的避免

合同当事人协商一致，可以共同书面请求争议评审小组，就合同履行过程中可能出现争议的情况提供协助或进行非正式讨论，争议评审小组应给出公正的意见或建议。

此类协助或非正式讨论可在任何会议、施工现场视察或其他场合进行，并且除专用合同条件另有约定外，发包人和承包人均应出席。

争议评审小组在此类非正式讨论上给出的任何意见或建议，无论是口头还是书面的，对发包人和承包人不具有约束力，争议评审小组在之后的争议评审程序或决定中也不受此类意见或建议的约束。

（3）争议评审小组的决定

合同当事人可在任何时间将与合同有关的任何争议共同提请争议评审小组进行评审。争议评审小组应秉持客观、公正原则，充分听取合同当事人的意见，依据相关法律、规范、标准、案例经验及商业惯例等，自收到争议评审申请报告后 14 天或争议评审小组建议并经双方同意的其他期限内做出书面决定，并说明理由。合同当事人可以在专用合同条件中对本事

项另行约定。

(4) 争议评审小组决定的效力

争议评审小组做出的书面决定经合同当事人签字确认后，对双方具有约束力，双方应遵照执行。

任何一方当事人不接受争议评审小组决定或不履行争议评审小组决定的，双方可选择采用其他争议解决方式。

任何一方当事人不接受争议评审小组的决定，并不影响暂时执行争议评审小组的决定，直到在后续采用其他争议解决方式中对争议评审小组的决定进行了改变。

4. 仲裁或诉讼

因合同及合同有关事项产生的争议，合同当事人可以在专用合同条件中约定以下一种方式解决争议：

1) 向约定的仲裁委员会申请仲裁。

2) 向有管辖权的人民法院起诉。

5. 争议解决条款效力

合同有关争议解决的条款独立存在，合同的不生效、无效、被撤销或者终止的，不影响合同中有关争议解决条款的效力。

本章小结

本章主要介绍了工程总承包的含义、工程总承包合同的定义、工程总承包合同的特点，以及工程总承包合同文本等相关内容。

本章的重点是工程总承包合同文本的相关内容。

思考题

1. 试述工程总承包合同的概念和特点。
2. 分析国内外工程总承包合同文本的种类、适用范围及主要构成内容。
3. 什么是发包人要求？其主要内容是什么？如何合理编写发包人要求？
4. 分析工程总承包合同中承包人的设计范围和设计义务。
5. 什么是暂估价？如何估价和支付？
6. 分析工程总承包合同中的竣工试验和竣工验收流程。
7. 分析工程总承包合同中的竣工结算的内容和流程。
8. 分析工程总承包合同中的承包人的违约责任及违约处理。
9. 分析工程总承包合同中的发包人的违约责任及违约处理。
10. 结合工程实际，谈谈如何控制工程总承包合同中规定的工期、质量、投资及环境和安全目标？

第8章 全过程工程咨询服务合同

本章导读

本章主要介绍全过程工程咨询的含义、全过程工程咨询的服务阶段和主要内容等相关内容。

8.1 概述

8.1.1 全过程工程咨询的含义

全过程工程咨询是指对建设项目全生命周期提供组织、管理、经济和技术等各有关方面的工程咨询服务，可包括项目的全过程工程项目管理、投资决策综合性咨询、勘察、设计、招标采购、造价咨询、监理、运营维护咨询及 BIM 咨询等专业咨询服务。全过程工程咨询服务可采用多种组织方式，由投资人授权一家单位负责或牵头，为项目从决策至运营持续提供局部或整体解决方案及管理服务。全过程工程咨询是一项运用系统思维与整体思维，对工程建设全过程进行的综合管理。这种综合管理不是有关知识、各个管理部门、各个进展阶段的简单叠加和简单联系，而是以系统论与整体论思想为基础，实现知识门类的有机融合，各个管理部门的协调整合及各个进展阶段的无缝衔接。

改革开放以来，我国工程咨询服务逐步形成了投资咨询、招标代理、勘察、设计、监理、造价、项目管理等专业化的咨询服务业态。投资者或建设单位在固定资产投资项目决策、工程建设、项目运营过程中，对综合性、跨阶段、一体化的咨询服务需求日益增强。这种需求与现行制度造成的单项服务供给模式之间的矛盾日益突出。为深入学习贯彻习近平新时代中国特色社会主义思想和党的二十大精神，深化工程领域咨询服务供给侧结构性改革，破解工程咨询市场供需矛盾，必须完善政策措施，创新咨询服务组织实施方式，大力发展以市场需求为导向、满足委托方多样化需求的全过程工程咨询服务模式。遵循项目周期规律和建设程序的客观要求，在项目决策和建设实施两个阶段，着力破除制度性障碍，重点培育发

展投资决策综合性咨询和工程建设全过程咨询。国务院办公厅颁布了《关于促进建筑业持续健康发展的意见》（国办发〔2017〕19 号），国家发展改革委、住房和城乡建设部颁发了《关于推进全过程工程咨询服务发展的指导意见》（发改投资规〔2019〕515 号）等要求，鼓励投资咨询、勘察、设计、监理、招标代理、造价等企业采取联合经营、并购重组等方式发展全过程工程咨询，培育一批具有国际水平的全过程工程咨询企业。政府投资工程应带头推行全过程工程咨询，鼓励非政府投资工程委托全过程工程咨询服务。在民用建筑项目中，充分发挥建筑师的主导作用，鼓励提供全过程工程咨询服务。培育具备勘察、设计、监理、招标代理、造价等业务能力的全过程工程咨询企业。

8.1.2　全过程工程咨询的服务阶段和主要内容

全过程工程咨询可划分为项目决策、勘察设计、招标采购、工程施工、竣工验收、运营维护六个阶段。全过程工程咨询单位可承担的全过程工程咨询工作内容包括：

1）项目决策阶段。服务内容包括但不限于项目策划管理、项目报批管理、机会研究、策划咨询、规划咨询、项目建议书、可行性研究、投资估算、方案比选等。

2）勘察设计阶段。服务内容包括但不限于勘察管理、设计管理、初步勘察、方案设计、初步设计、设计概算、详细勘察、设计方案经济比选与优化、施工图设计、施工图预算等。

3）招标采购阶段。服务内容包括但不限于合同管理、招标采购管理、招标策划、市场调查、招标文件（含工程量清单、投标限价）编审、合同条款策划、招标投标过程管理等。

4）工程施工阶段。服务内容包括但不限于投资管理，进度管理，质量管理，安全生产管理，工程质量、造价、进度控制，勘察及设计现场配合管理，安全生产管理，工程变更、索赔及合同争议处理，技术咨询，工程文件资料管理，安全文明施工与环境保护管理等。

5）竣工验收阶段。服务内容包括但不限于收尾管理、竣工策划、竣工验收、竣工资料管理、竣工结算、竣工移交、竣工决算、质量缺陷期管理等。

6）运营维护阶段。服务内容包括但不限于项目后评价、运营管理、项目绩效评价、设施管理、资产管理等。

全过程工程咨询单位可根据建设单位的委托，独立承担项目全过程的全部专业咨询服务，全面整合项目建设过程中所需的全过程工程项目管理、投资决策综合性咨询、勘察、设计、招标采购、造价咨询、监理、运营维护咨询及 BIM 咨询等咨询服务业务；也可提供菜单式服务，即“1+*N*”模式，“1”是指全过程工程项目管理（此为必选项），“*N*”包括但不限于投资决策综合性咨询、勘察、设计、招标采购、造价咨询、监理、运营维护咨询及 BIM 咨询等专业咨询（这些是可选项）。

8.1.3　全过程工程咨询服务的特点

（1）咨询服务范围广

全过程工程咨询从决策阶段直至运维阶段，对所有专业咨询服务进行集成管理，使咨询成果具有连贯性、全面性；服务内容包含项目的全过程技术咨询和管理咨询，提升了项目整体策划和系统把控的能力。通过全过程工程咨询服务，打造优质的建设项目产品，提高建设项目的综合效益。

（2）强调综合集成

全过程工程咨询服务不是将各个阶段简单相加，而是要通过多阶段集成化咨询服务，为建设单位创造价值。全过程工程咨询要避免传统的“碎片化”咨询服务，避免将工程项目要素分阶段独立运作而出现漏洞或形成制约，要综合考虑项目质量、安全、环保、投资、工期等目标及合同管理、资源管理、信息管理、技术管理、风险管理、沟通管理等要素之间的相互制约和影响关系，从技术经济角度实现综合集成。

（3）注重智力性和高附加值服务

全过程工程咨询单位要运用工程技术、经济学、管理学、法学等多学科知识和经验，为建设单位提供智力服务。如投资机会研究、建设方案策划和比选、融资方案策划、招标方案策划、建设目标分析论证、价值工程等。全过程工程咨询不只是简单地为建设单位“打杂”及协助委托方办理相关报批手续等，它需要全过程工程咨询单位拥有一批高水平复合型人才，具备策划决策能力、组织领导能力、资源整合能力、集成管控能力、专业技术能力、协调解决能力等，应用科学理论、方法、知识和技术，为建设项目全生命周期提供价值增值服务。全过程工程咨询的科学化程度决定了全过程工程咨询服务的水平和质量，进而决定了咨询结果是否可信、可靠、可用。

8.1.4 全过程工程咨询服务招标投标文件的内容

招标人应当按照项目特点、服务需求编制全过程工程咨询招标文件。招标文件一般包括以下内容：

1）投标须知。

2）项目说明，包括项目概况、项目资金来源、最高投标限价、费用支付方式、咨询服务期限等内容。

3）招标范围及要求，包括招标内容及范围、联合体要求、需执行的相关技术标准、规范、质量标准和要求。

4）资格审查标准，评标标准和定标方法。

5）投标文件编制要求，包括投标单位资信业绩、服务团队、工作大纲的编制深度、设计方案编制任务书、投标报价的编制内容和要求等。

6）投标担保要求。

7）拟签订合同的主要条款。

招标人负责提供与招标项目有关的基础资料，并保证所提供资料的真实性、完整性。招标人根据招标项目类别、工程规模、委托内容、服务需求等依法合理设立投标人资质、类似工程业绩、项目负责人资格等，不得以不合理的条件限制、排斥潜在投标人。全过程工程咨询投标文件包含设计方案的，招标人应当在招标文件中明确对达到招标文件规定要求的未中标单位的经济补偿方式。

投标人应当根据招标文件要求和自身情况编制投标文件。投标文件一般包括下列内容：

1）投标函及附录。

2）法定代表人身份证明或授权委托书。

3）服务费用情况。

4）资格审查资料。

5）全过程工程咨询工作大纲。

6）设计方案。

7）承诺书。

8）其他资料。

全过程工程咨询服务评标办法原则上采用综合评估法。评审的主要因素包括资信业绩、服务团队、全过程工程咨询工作大纲、设计方案、投标报价等。

8.1.5　全过程工程咨询合同的含义

全过程工程咨询合同是指建设单位（或投资人）和全过程咨询单位之间为完成商定的项目全过程工程咨询服务，明确相互权利义务关系而订立的合同。建设单位应将全过程工程项目管理、投资决策综合性咨询、勘察、设计、招标采购、造价咨询、监理、运营维护咨询以及 BIM 咨询等各专业咨询业务，整合委托给一家全过程工程咨询单位（或联合体）承担；建设单位也可按菜单模式将项目的各专业咨询业务的一项或多项委托给多家咨询单位分别承担，建设单位与各咨询单位分别签订委托合同，但应明确承担全过程工程项目管理业务的单位为统筹单位，由其负责项目各专业咨询的管理、协调与服务，同时投资人应明确统筹单位和其他各咨询单位的权利、义务和责任。

全过程工程咨询单位应具有国家现行法律规定的与工程规模和委托工作内容相适应的勘察、设计、监理、造价咨询等资质，可以是一家具有综合能力的独立咨询单位，也可以是由多家具有招标代理、勘察、设计、监理、造价、项目管理等不同能力的咨询联合体。由多家咨询单位联合实施的，应当明确牵头单位及各单位的权利、义务和责任。全过程咨询服务单位应当自行完成自有资质证书许可范围内的业务，在保证整个工程项目完整性的前提下，按照合同约定或经建设单位同意，可将自有资质证书许可范围外的咨询业务依法依规择优委托给具有相应资质或能力的单位，全过程咨询单位应对被委托单位的委托业务负总责。同一项目的全过程工程咨询企业与工程总承包、施工、材料设备供应单位之间不得有利害关系。

全过程工程咨询项目负责人应当取得工程建设类注册执业资格且具有工程类、工程经济类高级职称，并具有类似工程经验。对于工程建设全过程咨询服务中承担工程勘察、设计、监理或造价咨询业务的负责人，应具有法律法规规定的相应执业资格。全过程咨询服务单位应根据项目管理需要配备具有相应执业能力的专业技术人员和管理人员。设计单位在民用建筑中实施全过程咨询的，要充分发挥建筑师的主导作用。

8.2　全过程工程咨询服务合同主要内容

本节结合 2020 年 8 月 28 日住建部发布的《全过程工程咨询服务合同示范文本（征求意见稿）》，以及江苏省、深圳市等发布的全过程工程咨询服务合同示范文本，介绍全过程工程咨询服务合同的主要内容。

全过程工程咨询服务合同示范文本一般由协议书、通用条款、专用条款、补充条款、全过程工程咨询服务要求及附件等组成。

通用条款是合同当事人根据相关法律法规，就全过程工程咨询服务的实施及相关事项，对合同当事人的权利义务做出的原则性约定。

专用条款是对通用条款原则性约定的细化、完善、补充、修改或另行约定的条件。

补充条款是对通用条款和专用条款未约定或约定不明确的内容进行补充约定的条款。合同当事人可以根据不同建设工程的特点及具体情况，通过双方的谈判、协商对相应的通用条款和专用条款进行修改补充，形成补充条款。

全过程工程咨询服务要求包括项目管理服务要求、其他专业咨询服务要求和委托人技术要求等。

8.2.1 全过程工程咨询服务合同协议书

协议书是合同当事人双方就合同内容协商达成一致意见后，相互承诺履行合同而签署的协议。协议书包括工程概况、服务范围及工作内容、服务期限、质量标准、合同价格等合同主要内容，明确了组成合同的所有文件，并约定了合同订立时间、地点和合同份数，集中约定了合同当事人双方基本的权利义务。协议书一般包括以下具体内容：

1）项目概况：包括项目名称、项目地点、项目规模、项目投资估算金额、项目资金来源等。

2）全过程工程咨询服务范围：包括项目管理、投资决策综合性咨询、工程勘察、工程设计、招标采购咨询、造价咨询、工程监理、运营维护咨询、BIM 咨询、其他等。应明确具体的服务内容和要求，可以采用附件形式具体列明全过程工程咨询服务的范围、内容、技术要求和期限。

3）全过程工程咨询服务目标：应明确咨询机构必须完成的管理目标，包括质量控制目标、安全控制目标、进度控制目标、投资控制目标、其他控制目标等。

4）服务期限：包括咨询服务的开始、结束时间及总日历天数。

5）服务费用：包括全过程工程咨询服务总费用签约价金额（已包含国家规定的增值税税金和税率），以及各专项服务的费用明细，并可以暂列履约评价奖惩金和节省投资奖励等。

6）全过程工程咨询项目负责人或专业咨询项目负责人：包括姓名，身份证号码，注册证书类别、专业、注册号，职称、证书号等。

7）组成本合同的文件：包括本合同签订后双方新签订的补充协议、变更、洽商等文件内容；本合同协议书；中标通知书及其附件（适用于招标项目）；本合同补充条款及其附件；本合同专用条款及其附件；本合同通用条款；招标文件（适用于招标项目）；投标文件（适用于招标项目）；现行的标准、规范、规定及有关技术文件；其他文件等。

8）双方承诺：咨询机构向建设单位承诺，按照法律法规和技术标准及本合同约定提供全过程工程咨询服务。建设单位向咨询机构承诺，按照本合同约定派遣相应的人员，提供全

过程工程咨询服务所需的资料、设施和条件，并按本合同约定支付服务费用和其他应付款项。

9）合同订立和生效：包括合同订立时间、合同订立地点，以及双方约定本合同自双方签字盖章后成立及生效条件。

8.2.2　全过程工程咨询服务合同通用条款主要内容

1. 建设单位的一般义务

（1）提供资料

建设单位应按照专用条件和技术要求约定，无偿向咨询单位提供工程有关的资料。在合同履行过程中，建设单位应及时向咨询单位提供最新的与工程有关的资料。

（2）提供工作条件

建设单位应按照专用条款和技术要求约定，派遣相应的人员，提供满足要求的房屋、设备，供咨询机构无偿使用。建设单位应协调工程建设中必要的外部关系，为咨询单位履行合同提供必要的外部条件。

（3）建设单位代表

建设单位应授权一名熟悉工程情况的代表，负责与咨询单位联系。建设单位应在合同规定时间内，将建设单位代表的姓名和职责书面告知咨询单位。

（4）告知

建设单位应在与其他参建方签订的合同中明确咨询单位、全过程工程咨询项目总负责人和授予全过程工程咨询机构的权限。如有变更，应及时通知其他参建方。

（5）审核与答复

建设单位应在专用条款约定的时间内，对咨询单位以书面形式提交并要求审核或做出决定的事宜，给予书面答复。逾期未答复的，视为被建设单位认可。建设单位应及时审批咨询单位提交的相关文件，协调并解决在工程建设过程中由咨询单位提出的重大问题。

（6）支付

建设单位应按合同约定，向咨询单位支付酬金。

（7）配合、参与和监督

建设单位应当根据建设程序的要求，参与工程建设相关的汇报、检查、验收等活动；并有权对咨询单位的全过程工程咨询进行必要的监督与管理。

2. 咨询单位的一般义务

（1）服务范围

全过程工程咨询的范围和工作内容在合同协议书和专用条款中明确约定。

（2）全过程工程咨询依据

双方根据工程的行业和地域特点，在专用条件中具体约定工作依据；建设单位要求使用其他国家和地区技术标准的，应在专用条件中约定所使用技术标准的名称及提供方，并约定技术标准原文版、中译本的份数、时间及费用承担等事项。

（3）全过程工程咨询机构和人员

咨询单位应组建满足工作需要的全过程工程咨询机构，配备必要的办公与咨询服务所需的仪器设备。全过程工程咨询机构的主要人员应具有相应的资格条件。在合同履行过程中，全过程工程咨询项目总负责人及重要岗位咨询人员应保持相对稳定，以保证全过程工程咨询工作正常进行。咨询单位可根据工程进展和工作需要调整全过程工程咨询机构人员。咨询单位更换全过程工程咨询项目总负责人时，应提前向建设单位书面报告，经建设单位同意后方可更换；咨询单位更换全过程工程咨询机构其他人员，应以相当资格与能力的人员替换，并通知建设单位。建设单位可要求咨询单位更换不能胜任本职工作的全过程工程咨询机构人员。

（4）履行职责

咨询单位应遵循职业道德准则和行为规范，严格按照法律法规、工程建设有关标准及合同履行职责。咨询单位应当对与全过程工程咨询服务有关的其他参建方的关系进行协调。咨询单位的其他职责可在专用条款或技术要求中约定。

（5）提交报告

咨询单位应按专用条件约定的种类、时间和份数向建设单位提交全过程工程咨询的报告。

（6）文件资料

在合同履行期内，咨询单位应在现场保留工作所用的图纸、报告及记录全过程工程咨询工作的相关文件。工程竣工后，应当按照档案管理规定将有关文件归档。

（7）使用建设单位的财产

咨询单位无偿使用由建设单位派遣的人员和提供的房屋、资料、设备。除专用条款另有约定外，建设单位提供的房屋、设备属于建设单位的财产，咨询单位应妥善使用和保管，在合同终止时将这些房屋、设备的清单提交建设单位，并按专用条款约定的时间和方式移交。

3. 服务要求和进度计划

（1）服务成果的要求

服务成果应符合法律、技术标准、现行规范的强制性规定及合同约定。咨询单位应对其所提供的服务成果的真实性、有效性和科学性负责。因咨询单位原因造成服务成果不合格的，包括由于服务成果的质量问题、数据不实、计算方法错误所导致的决策失误，建设单位有权要求咨询单位采取补救措施，直至达到合同要求的质量标准，并按照合同约定承担相应违约责任。因建设单位原因造成服务成果不合格的，咨询单位应当采取补救措施，直至达到合同要求的质量标准，由此导致服务费用增加和（或）服务期限延长的，由建设单位承担。

（2）服务成果的交付

咨询单位应按照专用条款约定的专业咨询服务期限内向建设单位交付相应阶段的服务成果，建设单位应当出具书面签收单。因咨询单位原因，未能按约定的时间向建设单位提交服务成果，造成服务进度计划延误、窝工损失及建设单位费用增加的，咨询单位应按合同约定承担违约责任。

建设单位对服务成果有异议的，应以书面形式通知咨询单位，并说明不符合合同要求的

具体内容。咨询单位应根据建设单位的书面说明，进行修改后重新报送。在专用条款约定的答复期限内，建设单位没有对服务成果提出异议的，除服务成果需经政府部门审查和批准外，视为咨询单位的服务成果已获建设单位同意。

服务成果需经政府有关部门审查或批准的，建设单位应向政府有关部门报送服务成果，咨询单位应予以协助。非咨询单位原因，致使服务成果审查无法进行或造成服务成果不合格致使文件审查无法通过，导致服务费用增加和（或）服务期限延长的，由建设单位承担。因咨询单位原因造成服务成果不合格致使文件审查无法通过的，建设单位有权要求咨询单位采取补救措施，直至达到合同要求的质量标准，由咨询单位承担因此造成的费用增加和（或）期限延长责任。

（3）服务进度计划及延误

咨询单位应按专用条款和相关附件所列的专业咨询服务期限提供相应的全过程工程咨询服务。如因以下非咨询单位原因导致咨询服务进度延误的，除专用条款另有约定外，咨询单位应在发生以下情形后在规定时间内向建设单位发出要求延期的书面通知，并提交要求延期的书面说明供建设单位审查，建设单位收到咨询单位要求延期的说明后，应在规定时间内进行审查并就是否延长服务期限、修订服务进度计划及延期天数向咨询单位进行书面答复。

1）建设单位未能按合同约定提供有关资料或所提供的有关资料不符合合同约定或存在错误或疏漏的。

2）建设单位未能按合同约定提供咨询服务工作条件、设施场地、人员服务的。

3）建设单位对咨询服务进行变更。

4）建设单位或建设单位的承包商、供应商、其他咨询方等使咨询服务受到障碍或延误的。

5）建设单位未按合同约定日期足额付款的。

6）不可抗力。

7）专用条款中约定的其他情形。

4. 服务费用和支付

（1）服务费用的计取

除专用条款另有约定外，合同服务费用一般包括正常工作酬金及调整、附加工作酬金、履约评价奖惩金、节省投资奖励和费用。服务费用中已包含国家规定的增值税税金。

（2）正常工作酬金及调整

正常工作酬金是在协议书中载明的，咨询单位完成合同约定的工作，建设单位应给付咨询人的酬金。合同签订后，遇有与工程相关的法律法规、标准颁布或修订的，双方应遵照执行。由此引起全过程工程咨询服务范围、时间、酬金变化的，双方应通过协商进行相应调整。调整是指对于因非咨询人原因造成工程概算投资额增加，以及因工程规模、全过程工程咨询服务范围的变化导致咨询人的正常工作量减少时，正常工作酬金是否调整及调整方法。

（3）附加工作酬金

附加工作酬金是指咨询单位完成合同约定的工作以外，建设单位另行委托咨询单位的工作，以及除不可抗力外因非咨询单位原因造成的延期服务，建设单位应给付咨询单位的酬金。附加工作酬金的确定方法在专用条款中约定。

（4）履约评价奖惩金

建设单位有权对咨询单位合同履行情况进行评价，并根据履约评价结果计算履约评价奖惩金。履约评价方法和奖惩金计算方法在专用条款中明确规定。

（5）节省投资奖励

咨询单位在服务过程中提出的合理化建议，使建设单位获得经济效益即工程节省投资额。工程节省投资额为合理化建议前后的工程投资差额。节省投资奖励的确定方法在专用条款中约定。

（6）费用（包括外出考察费用、检测费用和其他费用）

由建设单位提出的外出考察，要求咨询单位参加或负责的，相应费用由建设单位支付，相应费用项目及支付时间在专用条款中约定。建设单位要求咨询单位进行的材料和设备检测所发生的费用，由建设单位支付，支付时间在专用条款中约定。经建设单位同意，根据工程需要由咨询单位超出合同范围外组织的相关评审、咨询和论证等会议及聘请相关专家等发生的费用由建设单位支付，支付时间在专用条款中约定。

（7）预付款

双方可以在专用条款中约定预付款比例、支付时间和方法、扣回时间和方式。

（8）支付程序

咨询单位应按合同约定的时间要求，向建设单位提交支付申请书。支付申请书应当说明当期应付款总额，并列出当期应支付的服务费用种类及其金额及合理必要的证明材料复印件。建设单位应当按照专用条款约定的付款条件向咨询单位及时支付服务费用。在对已付款进行汇总和复核过程中发现错误、遗漏或重复的，建设单位和咨询单位均有权提出修正申请。经双方同意的修正，应在下期付款中支付或扣除。

（9）有争议部分的付款

建设单位对咨询单位提交的支付申请书有异议时，应当在收到咨询单位提交的支付申请书后规定时间内，以书面形式向咨询单位发出异议通知。无异议部分的款项应按期支付，有异议部分的款项按合同约定的争议解决方式处理。

5. 联合体与分包

（1）联合体

联合体各方应共同与建设单位签订合同协议书。联合体各方应为履行合同向建设单位承担连带责任。联合体协议应当约定联合体各成员工作分工，经建设单位确认后作为合同附件。在履行合同过程中，未经建设单位同意，不得修改联合体协议。联合体牵头人负责与建设单位联系，并接受指示，负责组织联合体各成员全面履行合同。

（2）分包

按照合同约定或经建设单位同意，咨询单位可以将自身资质范围外的服务内容分包给具备相应资质条件的服务机构。咨询单位作为总包单位，就分包服务内容承担连带责任，对建设单位的委托业务负总责。

6. 知识产权

（1）知识产权归属

除专用条款另有约定外，建设单位提供给咨询单位的图纸、建设单位为实施工程自行编制或委托编制的技术规格书及反映建设单位要求的，或其他类似性质的文件的著作权属于建设单位，咨询单位可以为实现合同目的而复制、使用此类文件，但不能用于与合同无关的其他事项。未经建设单位书面同意，咨询单位不得为了合同以外的目的而复制、使用上述文件或将其提供给任何第三方。

除专用条款另有约定外，咨询单位为实施咨询服务所编制的文件的著作权属于咨询单位，建设单位可因实施工程的运行、调试、维修、改造等目的而复制、使用此类文件，但不能擅自修改或用于与合同无关的其他事项。未经咨询单位书面同意，建设单位不得为了合同以外的目的而复制、使用上述文件或将其提供给任何第三方。

（2）知识产权保证

合同当事人保证在履行合同过程中不侵犯对方及第三方的知识产权。咨询单位在实施全过程工程咨询服务时，因侵犯他人的专利权或其他知识产权受到来自第三方的侵权诉讼或索赔，由咨询单位承担由此而产生的一切责任；因建设单位提供的工程资料导致侵权的，由建设单位承担责任。

（3）知识产权的其他约定

合同当事人双方均有权在不损害对方利益和保密约定的前提下，在印刷宣传用品、出版图书或申报奖项等情形下公布有关项目的文字和图片材料。除专用条款另有约定外，咨询单位在合同签订前和签订时已确定采用的专利、专有技术的使用费应包含在服务费用中。

7. 担保与保险

（1）担保

有关咨询单位向建设单位提供的履约担保，或者建设单位向咨询单位提供的支付担保，双方可以在专用条款具体约定担保方式、担保时间等。

（2）专业责任与保险

咨询单位应投保建设单位认可的、履行合同所需要的相关职业责任保险并使其于合同责任期内持续有效。相关职业责任保险要求在专用条款中具体约定。职业责任保险应承担由于咨询单位的疏忽或过失而造成的建设单位的经济损失及第三者人身伤亡、财产损失或费用的赔偿责任。职业责任保险的投保人为咨询单位，除专用条款另有约定外，保险费用视为包含在本合同服务费用中，不再另行计取。如咨询单位未根据合同约定购买上述保险，建设单位可代为购买上述保险，产生的保险费用从服务费用中扣除。

8. 不可抗力

（1）不可抗力的确认

不可抗力是指合同当事人在签订合同时不能预见、不能避免且不能克服的自然灾害和社会性突发事件，如地震、海啸、瘟疫、骚乱、戒严、暴动、战争和专用条款中约定的其他情形。不可抗力发生后，双方当事人应收集证明不可抗力发生及不可抗力造成损失的证据，并及时认真统计所造成的损失。合同当事人对是否属于不可抗力或其损失发生争议时，按合同约定的争议解决方式处理。

（2）不可抗力的通知

任何一方遇到不可抗力事件，使其履行合同义务受到阻碍时，应立即通知合同另一方，书面说明不可抗力和受阻碍的详细情况，并在合理期限内提供必要的证明。不可抗力持续发生的，合同一方当事人应及时向合同另一方当事人提交书面中间报告，说明不可抗力和履行合同受阻的情况，并于不可抗力事件结束后规定时间内提交最终书面报告及有关资料。

（3）不可抗力的后果

不可抗力引起的后果及造成的损失由合同当事人按照法律规定及合同专用条款约定各自承担。不可抗力发生后，合同当事人均应采取措施尽量避免和减少损失的扩大，任何一方当事人没有采取有效措施导致损失扩大的，应对扩大的损失承担责任。

9. 违约责任

（1）咨询单位的违约责任

咨询单位未履行合同义务的，应承担相应的责任。

1）因咨询单位违反合同约定给建设单位造成损失的，咨询单位应当赔偿建设单位损失。赔偿金额的确定方法在专用条款中约定。咨询单位承担部分赔偿责任的，其承担的赔偿金额由双方协商确定。

2）未经建设单位同意，咨询单位擅自更换全过程工程咨询项目负责人，或者全过程工程咨询项目负责人长期不在岗的。

3）咨询单位不履行合同义务或不按合同约定履行义务的其他情况，并给建设单位造成直接经济损失的。

4）工程建设过程中若发生重大伤亡及其他安全事故，咨询单位负责紧急处理，做好善后工作，及时通知建设单位；如因咨询单位管理不善引起重大安全事故的，或者发生安全事故，咨询单位处理不当给建设单位造成名誉、财产及其他损失的，建设单位有权中止合同，同时向咨询单位追究经济及其他责任。

（2）建设单位的违约责任

建设单位未履行合同义务的，应承担相应的责任。

1）建设单位违反合同约定造成咨询单位损失的，建设单位应予以赔偿。

2）建设单位未能按期支付服务酬金超过规定时间的，应按专用条款约定支付逾期付款利息。

（3）除外责任

因非咨询单位的原因，且咨询单位无过错，发生工程质量事故、安全事故、工期延误、工程变更等造成的损失，咨询单位不承担赔偿责任。咨询人对建设单位决策（该决策非咨询单位提供错误咨询意见引起）不承担责任。双方可以在专用条款中约定其他免责条款。

10. 合同暂停与合同解除

（1）合同暂停

在合同有效期内，因非咨询单位的原因导致工程全部或部分暂停，建设单位可通知咨询

单位暂停全部或部分工作。咨询单位应立即安排停止工作，并将开支减至最小。

在暂停期间，咨询单位应采取合理的措施保证服务成果的安全、完整，并避免毁损。对于咨询单位在暂停前根据合同约定已经履行的咨询服务，建设单位应支付相应的服务费用。除不可抗力及咨询单位原因导致的暂停外，咨询服务的暂停和恢复所产生的费用应由建设单位承担。

（2）合同解除

建设单位与咨询单位协商一致，可以解除合同。在合同有效期内，由于双方无法预见和控制的原因导致合同全部或部分无法继续履行或继续履行已无意义，经双方协商一致，可以解除合同或咨询单位的部分义务。在解除之前，咨询单位应做出合理安排，使开支减至最小。解除合同的协议应采取书面形式，协议未达成之前，合同仍然有效。

当咨询单位无正当理由未履行合同约定的义务时，建设单位应通知咨询单位限期改正。若建设单位在咨询单位接到通知后的规定时间内未收到咨询单位书面形式的合理解释，则可在合同规定时间内发出解除合同的通知，自通知到达咨询单位时合同解除。

咨询单位在合同约定的支付期限内未收到建设单位按合同约定应付的款项，可向建设单位发出催付通知。建设单位接到通知的规定时间内仍未支付或未提出咨询单位可以接受的延期支付安排，咨询单位可向建设单位发出暂停工作的通知，并可自行暂停全部或部分工作。暂停工作后规定时间内咨询单位仍未获得建设单位的应付酬金或合理答复，咨询单位可向建设单位发出解除合同的通知，自通知到达建设单位时合同解除。合同解除后，合同约定的有关结算、清理、争议解决方式的条款仍然有效。

11. 争议解决

（1）协商

双方应本着诚信原则协商解决彼此间的争议。

（2）调解

如果双方不能在商定的其他时间内解决合同争议，可以将其提交给专用条款约定的或事后达成协议的调解人进行调解。

（3）仲裁或诉讼

双方均有权不经调解直接向专用条款约定的仲裁机构申请仲裁，或向有管辖权的人民法院提起诉讼。

本章小结

本章主要介绍全过程工程咨询的含义、全过程工程咨询的服务阶段和主要内容等相关内容。

本章的重点是全过程工程咨询的服务阶段和主要内容。

思考题

1. 全过程工程咨询的定义、特点是什么？它与传统工程咨询的区别有哪些？

2. 全过程工程咨询的服务阶段和主要内容包括哪些？

3. 全过程工程咨询合同的特点有哪些？

4. 结合工程实践，谈谈全过程工程咨询负责人应具备的知识、能力和素养。

5. 试述传统工程咨询企业应如何向全过程工程咨询企业转型升级。

6. 结合企业实践，谈谈全过程工程咨询企业应如何加强知识管理。

7. 结合工程实际，谈谈如何加强全过程工程咨询合同的过程管理。

第9章 FIDIC 合同条件

本章导读

本章主要介绍 FIDIC 合同条件概述、FIDIC《施工合同条件》的主要内容，以及 FIDIC 总承包合同条件的主要内容。

9.1 概述

9.1.1 国际工程常用合同的种类及 FIDIC 组织简介

党的二十大报告强调，要推进高水平对外开放，推动构建开放型世界经济。这要求我们必须进一步推动经济全球化，营造有利于发展的国际环境。因此，国际工程对我们当今的发展至关重要。目前，国际上常用的施工合同条件主要有国际咨询工程师联合会（FIDIC）编制的各种合同条件，英国土木工程师学会的“ICE 土木工程施工合同条件”，英国合同审定联合会的“RIBA/JCT 合同条件”，美国建筑师学会的“AIA 合同条件”，美国总承包商协会的“AGC 合同条件”，美国工程师合同文件联合会的“EJCDC 合同条件”，美国联邦政府发布的“SF-23A 合同条件”。其中常用的是国际咨询工程师联合会（FIDIC）编制的各种合同条件。

FIDIC 是“国际咨询工程师联合会”的法文缩写。该组织在每个国家或地区只吸收一个独立的咨询工程师协会作为成员协会，至今已有近百个发达国家和发展中国家或地区的成员协会，因此它是国际上最具有权威性的咨询工程师组织。中国于 1996 年正式加入 FIDIC 组织。

9.1.2 FIDIC 合同条件简介

为了规范国际工程咨询和承包活动，FIDIC 先后发表过很多重要的管理文件和标准化的合同文件范本。目前作为惯例已成为国际工程界公认的标准化合同，格式有适用于工程咨询的《客户/咨询工程师（单位）服务协议书范本》（白皮书）；适用于施工承包的《施工合同条件》（红皮书）、《电气与机械工程合同条件》（黄皮书）、《设计—建造与交钥匙合同条件》（橘皮书）和《施工分包合同条件》。为适应国际市场的发展，FIDIC 于 1999 年 9 月出版了 1999 年第一版合同，包括《施工合同条件》（新红皮书）、《生产设备与设计—建造合同条件》（新黄皮书）、《设计—采购—施工（EPC）交钥匙合同条件》（银皮书）及《简明合同格式》（绿皮书）。这些合同文件不仅被 FIDIC 成员广泛采用，而且世界银行、亚洲开发银行、非洲开发银行等金融机构也要求在其贷款建设的土木工程项目实施过程中使用以该文本为基础编制的合同条件。这些合同条件的文本不仅适用于国际工程，而且稍加修改后同样适用于国内工程，我国有关部委编制的适用于大型工程施工的标准化范本都以 FIDIC 编制的合同条件为蓝本。

1. 施工合同条件

《施工合同条件》是 FIDIC 最早编制的合同文本，也是其他几个合同条件的基础。该文本适用于业主（或业主委托第三人）提供设计的施工承包，以单价合同为基础（也允许其中部分工作以总价合同承包），广泛用于土木建筑工程施工、安装承包的标准化合同格式。《施工合同条件》的主要特点表现为条款中责任的约定以招标选择承包商为前提，合同履行过程中建立以工程师为核心的管理模式。

2. 电气与机械工程合同条件

《电气与机械工程合同条件》适用于大型工程的设备提供和施工安装，承包工作范围包括设备的制造、运送、安装和保修几个阶段。这个合同条件是在《施工合同条件》基础上编制的，针对相同情况制定的条件完全与《施工合同条件》的规定一致。与《施工合同条件》的区别主要表现为：一是该合同涉及的不确定风险的因素较少，但实施阶段管理程序较为复杂，因此条目少、款数多；二是支付管理程序与责任划分基于总价合同。这个合同一般适用于大型项目中的安装工程。

3. 设计—建造与交钥匙合同条件

FIDIC 编制的《设计—建造与交钥匙合同条件》是适用于总承包的合同文本，承包工作内容包括设计、设备采购、施工、物资供应、安装、调试和保修。这种承包模式可以减少设计与施工之间的脱节或矛盾，而且有利于节约投资。该合同文本是基于不可调价的总价承包编制的合同条件。土建施工和设备安装部分的责任，基本上套用《施工合同条件》和《电气与机械工程合同条件》的相关约定。交钥匙合同条件既可以用于单一合同中的施工项目，也可以用于作为多合同项目中的一个合同，如承包商负责提供各项设计、单项构筑物或整套设施的承包。

4. 土木工程施工分包合同条件

FIDIC 编制的《施工分包合同条件》是与《施工合同条件》配套使用的分包合同文本。分包合同条件可用于承包商与其选定的分包商，或与业主选择的指定分包商签订的合同。分包合同条件的特点：既要保持与主合同条件中分包工程部分规定的权利义务约定一致，又要区分负责实施分包工作当事人改变后两个合同之间的差异。

9.1.3 合同文本的标准化

1. FIDIC 文本格式

FIDIC 出版的所有合同文本结构，都是以通用条件、专用条件和其他标准化的格式文件

编制的。

（1）通用条件

所谓通用是指工程建设项目不论属于哪个行业，也不管处于何地，只要是土木工程类的施工均可适用。条款内容涉及合同履行过程中业主和承包商各方的权利与义务，工程师（交钥匙合同中为业主代表）的权利和职责，各种可能预见到的事件发生后的责任界限，合同正常履行过程中各方应遵循的工作程序及因意外事件而使合同被迫解除时各方应遵循的工作准则等。

（2）专用条件

专用条件是相对于通用条件而言的，要根据准备实施的项目的工程专业特点，以及工程所在地的政治、经济、法律、自然条件等地域特点，针对通用条件中条款的规定加以具体化。可以对通用条件中的规定进行相应的补充完善、修订或取代其中的某些内容，以及增补通用条件中没有规定的条款。专用条件中条款序号应与通用条件中要说明条款的序号对应，通用条件和专用条件相同序号的条款共同构成对某一问题的约定责任。如果通用条件内的某一条款内容完备、适用，专用条件内可不再重复列此条款。

（3）其他标准化的格式文件

FIDIC 编制的标准化合同文本，除了通用条件和专用条件以外，还包括标准化的投标书（及附录）和协议书的格式文件。

投标书的格式文件只有一项内容，是投标人愿意遵守招标文件规定的承诺表示。投标人只需填写投标报价并签字后，即可与其他材料一起构成具有法律效力的投标文件。投标书附件列出了通用条件和专用条件内涉及工期和费用内容的明确数值，与专用条件中的条款序号和具体要求相一致，以使承包商在投标时予以考虑。这些数据经承包商填写并签字确认后，合同履行过程中作为双方遵照执行的依据。

协议书是业主与中标承包商签订施工承包合同的标准化格式文件，双方只要在空格内填入相应内容并签字盖章后合同即可生效。

2. 标准化合同文本的优点

（1）合同体系完整、严密、责任明确

从合同生效之日起到合同解除为止，正常履行过程中可能涉及的各类情况，以及特殊情况下发生的有关问题，在通用条件内都明确划分了参与合同有关各方的责任界限，而且还规范了合同履行过程中应遵循的管理程序，条款内容基本覆盖了合同履行过程中可能发生的各类情况。

（2）责任划分较为公正

FIDIC 合同条件适用于采用竞争性招标选择承包商实施的承包工程，各种风险是以作为一个有经验的承包商在投标阶段能否合理预见来划分责任界限的。合同条件属于双务、有偿合同，力求使当事人双方的权利义务达到总体的平衡，风险分担尽可能合理。

这样的文本格式既可以使业主编制招标文件时避免遗漏某些条款，也可以令承包商投标和签订合同时更关注于专用条件中体现的招标工程项目有哪些特殊的或专门的要求或规定。

9.2 FIDIC《施工合同条件》的主要内容

《施工合同条件》是FIDIC最早编制的合同文本，也是其他几个FIDIC合同条件的基础。住房和城乡建设部与国家工商行政管理总局联合颁发的《建设工程施工合同（示范文本）》采用了很多FIDIC《施工合同条件》的条款，本节主要介绍2017版FIDIC《施工合同条件》。与1999版本系列合同条件相比，业主与承包商之间的风险分配原则不变，合同条件的应用范围不变；业主和承包商的职责与义务基本不变，通用合同条件的整体架构基本不变。2017版的主要变化体现在：通用条件结构略有调整、通用条件内容大幅增加、融入更多项目管理理念、加强工程师的地位和作用、将索赔和争端区别对待、强调合同双方对待关系等。

9.2.1 FIDIC《施工合同条件》中的部分重要概念

1. 合同

这里的合同实际上是全部合同文件的总称。通用条件的条款规定，构成对业主和承包商有约束力的合同文件包括以下几个方面的内容：

1）合同协议书。业主发出中标函的28天内，接到承包商提交的有效履约保证后，双方签署的法律性标准化格式文件。为了避免履行合同过程中产生争议，专用条件指南中最好注明接受的合同价格、基准日期和开工日期。

2）中标函。业主签署的对投标书的正式接受函，可能包含作为备忘录记载的合同签订前谈判时可能达成一致并共同签署的补遗文件。

3）投标函。承包商填写并签字的法律性投标函和投标函附录，包括报价和对招标文件及合同条款的确认文件。

4）合同专用条件。

5）合同通用条件。

6）规范。规范是指承包商履行合同义务期间应遵循的准则，也是工程师进行合同管理的依据，即合同管理中通常所称的技术条款。除了工程各主要部位施工应达到的技术标准和规范以外，还可以包括以下方面的内容：

① 对承包商文件的要求。

② 应由业主获得的许可。

③ 对基础、结构、工程设备、通行手段的阶段性占有。

④ 承包商的设计。

⑤ 放线的基准点、基准线和参考标高。

⑥ 合同涉及的第三方。

⑦ 环境限制。

⑧ 电、水、气和其他现场供应的设施。

⑨ 业主的设备和免费提供的材料。

⑩ 指定分包商。

⑪ 合同内规定承包商应为业主提供的人员和设施。

⑫ 承包商负责采购材料和设备需提供的样本。

⑬ 制造和施工过程中的检验。

⑭ 竣工检验。

⑮ 暂列金额等。

7）图纸。

8）资料表及其他构成合同一部分的文件，如：

① 资料表：由承包商填写并随投标函一起提交的文件，包括工程量表、数据、列表及费率/单价表等。

② 构成合同一部分的其他文件：在合同协议书或中标函中列明范围的文件（包括合同履行过程中构成对双方有约束力的文件）。

2. 履约担保与保险

（1）承包商提供的担保

合同条款中规定，承包商签订合同时应提供履约担保，接受预付款前应提供预付款担保。范本中给出了担保书的格式，分为企业法人提供的保证书和金融机构提供的保函两类格式。保函均为不需承包商确认违约的无条件担保形式（连带责任保证方式）。

1）履约担保的保证期限。履约保函应担保承包商圆满完成项目施工和保修全过程的义务，而非只到工程师颁发工程接收证书为止。但工程接收证书的颁发是对承包商按合同约定完满完成施工义务的证明，承包商还应承担的义务仅为保修义务。因此，范本中推荐的履约保函格式内说明，如果双方有约定的话，允许颁发整个工程的接收证书后，将履约保函的担保金额减少一定的百分比。

2017 版 FIDIC 系列合同规定了当变更或调整导致合同价格相比中标价增加或减少 20%以上时，业主可要求承包商增加履约担保金额，承包商也可减少履约担保金额，如因业主要求导致承包商成本增加，此时应该适用变更条款。

2）业主凭保函索赔。由于无条件保函对承包商的风险较大，因此通用条件中明确规定了四种情况下业主可以凭履约保函索赔，其他情况则按合同约定的违约责任条款对待。这些情况包括：

① 专用条款内约定的缺陷通知期满后仍未能解除承包商的保修义务时，承包商应延长履约保函有效期而未延长。

② 按照业主索赔或争议、仲裁等决定，承包商未向业主支付相应款项。

③ 缺陷通知期内承包商接到业主修补缺陷通知后 42 天内未派人修补。

④ 由于承包商的严重违约行为业主终止合同。

（2）业主提供的担保

大型工程建设资金的融资可能包括从某些国际援助机构、开发银行等筹集的款项，这些机构往往要求业主应保证履行给承包商付款的义务，因此在专用条件范例中，增加了业主应向承包商提交“支付保函”的可选择使用的条款，并附有保函格式。业主提供的支付保函担保金额可以按总价或分项合同价的某一百分比计算，担保期限至缺陷通知期满后 6 个月，并且为无条件担保，使合同双方的担保义务对等。

通用条件的条款中未明确规定业主必须向承包商提供支付保函，具体工程的合同内是否包括此条款，取决于业主主动选用或融资机构的强制性规定。

（3）工程保险

工程保险是工程项目风险管理的重要手段。2017 版 FIDIC 系列合同条件中，工程保险主要包括以下内容：工程保险的总体要求、保险类型、投保责任方、保险标的、保险覆盖范围、保险金额、免赔额、保险期限、除外责任等。

2017 版 FIDIC 系列合同条件新增了“职业责任险”。承包商对其负责的设计投保职业责任险保障承包商在履行设计义务的过程中因任何行为、错误或遗漏引起的责任。如果合同数据中有规定，该职业责任险还应保障承包商在履行设计责任过程中因任何行为、错误或遗漏引起的已完工工程（或区段、部分、主要生产设备）不符合预期目的责任。承包商职业责任险的责任范围是由于设计的疏忽或过失而引发的意外事故造成的工程自身的物质损失及第三者的人身伤亡或财产损失。在由于设计缺陷引起的意外事故中，此责任范围远远大于工程保险附加的“设计师风险扩展条款”中的范围，后者仅赔偿有设计缺陷的工程部分在发生意外事故后造成其他没有缺陷的工程部分受损、修复该部分受损工程的损失，而不赔偿有设计缺陷的工程部分，且不承担第三者责任。

3. 合同履行中涉及的几个期限的概念

（1）合同工期

合同工期在合同条件中用“竣工时间”的概念，是指所签合同内注明的完成全部工程的时间，加上合同履行过程中因非承包商应负责原因导致变更和索赔事件发生后，经工程师批准顺延工期之和。如有分部移交工程，也需在专用条件的条款内明确约定。合同内约定的工期是指承包商在投标书附录中承诺的竣工时间。合同工期的时间界限作为衡量承包商是否按合同约定期限履行施工义务的标准。

（2）施工期

从工程师按合同约定发布的“开工令”中指明的应开工之日起，至工程接收证书注明的竣工日止的日历天数为承包商的施工期。将施工期与合同工期做比较，可以判定承包商的施工是提前竣工，还是延误竣工。

（3）缺陷通知期

缺陷通知期即国内施工文本所指的工程保修期，自工程接收证书中写明的竣工日开始，至工程师颁发履约证书为止的日历天数。尽管工程移交前进行了竣工检验，但只是证明承包商的施工工艺达到了合同规定的标准，设置缺陷通知期的目的是考验工程在动态运行条件下是否达到了合同中技术规范的要求。因此，从开工之日起至颁发履约证书日止，承包商要对工程的施工质量负责。合同工程的缺陷通知期及分阶段移交工程的缺陷通知期，应在专用条件内具体约定。次要部位工程通常为半年；主要工程及设备大多为一年；个别重要设备也可以约定为一年半。

（4）合同有效期

1）自合同签字日起至承包商提交给业主的“结清单”生效日止，施工承包合同对业主

和承包商均具有法律约束力。

2）颁发履约证书只是表示承包商的施工义务终止，合同约定的权利义务并未完全结束，还剩有管理和结算等手续。

3）结清单生效是指业主已按工程师签发的最终支付证书中的金额付款，并退还承包商的履约保函。结清单一经生效，承包商在合同内享有的索赔权利也自行终止。

4. 合同价格

通用条件中分别定义了“接受的合同款额”和“合同价格”的概念。

“接受的合同款额”是指业主在“中标函”中对实施、完成和修复工程缺陷所接受的金额，来源于承包商的投标报价并对其确认。

“合同价格”是指按照合同各条款的约定，承包商完成建造和保修任务后，对所有合格工程有权获得的全部工程款。最终结算的合同价可能与中标函中注明且接受的合同款额不一定相等。究其原因，可能是受以下几个方面因素的影响：

（1）合同类型特点

《施工合同条件》适用于大型复杂工程采用单价合同的承包方式。为了缩短建设周期，通常在初步设计完成后就开始施工招标，在不影响施工进度的前提下陆续发放施工图。因此，在承包商据以报价的工程量清单中，各项工作内容项下的工程量一般为概算工程量。合同履行过程中，承包商实际完成的工程量可能多于或少于清单中的估计量。单价合同的支付原则是，按承包商实际完成工程量乘以清单中相应工作内容的单价，结算该部分工作的工程款。

（2）可调价合同

大型复杂工程的施工期较长，通用条件中包括合同工期内因物价变化对施工成本产生影响后计算调价费用的条款，每次支付工程进度款时均要考虑约定可调价范围内项目当地市场价格的涨落变化。而这笔调价款没有包含在中标价格内，仅在合同条款中约定了调价原则和调价费用的计算方法。

（3）发生应由业主承担责任的事件——合同价格增加

在合同履行过程中，可能因业主的行为或发生业主应承担风险责任的事件，导致承包商增加施工成本，合同相应条款规定应对承包商受到的实际损害给予补偿。

（4）承包商的质量责任——合同价格减少

在合同履行过程中，如果承包商没有完全地或正确地履行合同义务，业主可凭工程师出具的证明，从承包商应得工程款内扣减该部分给业主带来损失的款额。

1）不合格材料和工程的重复检验费用由承包商承担。工程师对承包商采购的材料和施工的工程通过检验后发现质量未达到合同规定的标准，承包商应自费改正并在相同条件下进行重复检验，重复检验所发生的额外费用由承包商承担。

2）承包商没有改正忽视质量的错误行为。当承包商不能在工程师限定的时间内将不合格的材料或设备移出施工现场，以及在限定时间内没有或无力修复缺陷工程，业主可以雇佣其他人来完成，该项费用应从承包商处扣回。

3）折价接收部分有缺陷工程。某项处于非关键部位的工程施工质量未达到合同规定的标准，如果业主和工程师经过适当考虑后，确信该部分的质量缺陷不会影响总体工程的运行安全，为了保证工程按期发挥效益，可以与承包商协商后折价接收。

（5）承包商延误工期或提前竣工

1）因承包商责任的延误竣工——合同价格减少。签订合同时双方需约定日拖期赔偿额和最高赔偿限额。如果因承包商应负责原因竣工时间迟于合同工期，将按日拖期赔偿额乘以延误天数计算拖期违约赔偿金，但以约定的最高赔偿限额为赔偿业主延迟发挥工程效益的最高款额。专用条款中的日拖期赔偿额视合同金额的大小，可在 0.03%~0.2%合同价的范围内约定具体数额或百分比，最高赔偿限额一般不超过合同价的 10%。

如果合同内规定有分阶段移交的工程，在整个合同工程竣工日期以前，工程师已对部分分阶段移交的工程颁发了工程接收证书且证书中注明的该部分工程竣工日期未超过约定的分阶段竣工时间，则全部工程剩余部分的日拖期违约赔偿额应相应折减。折减的原则是，以拖延竣工部分的合同金额除以整个合同工程的总金额所得比例乘以日拖期赔偿额，但不影响约定的最高赔偿限额，即

折减的日拖期损害赔偿金=合同约定的日拖期损害赔偿金×(拖延竣工部分的合同金额/合同工程的总金额)

拖期损害赔偿总金额=折减的日拖期损害赔偿金×延误天数（≤最高赔偿限额）

2）提前竣工——合同价格增加。承包商通过自己的努力使工程提前竣工是否应得到奖励，在施工合同条件中列入可选择条款一类。业主要看提前竣工的工程或区段是否能让其得到提前使用的收益，而决定该条款的取舍。如果招标工作内容仅为整体工程中的部分工程且这部分工程的提前不能单独发挥效益，则没有必要鼓励承包商提前竣工，可以不设奖励条款。若选用奖励条款，则需在专用条件中具体约定奖金的计算办法。

当合同内约定有部分分项工程的竣工时间和奖励办法时，为了使业主能够在完成全部工程之前占有并启用工程的某些部分，以提前发挥效益，约定的分项工程完工日期应固定不变。也就是说，即使在工程施工过程中出现非承包商负责原因导致工程师批准顺延合同工期，也不应对计算奖励的应竣工时间进行调整，除非合同中另有规定。

（6）包含在合同价格之内的暂列金额

1）某些项目的工程量清单中包括“暂列金额”款项，尽管这笔款额已计入合同价格，但其使用却归工程师控制。

2）暂列金额实际上是一笔业主方的备用金，用于招标时对尚未确定或不可预见项目的储备金额。

3）施工过程中工程师有权依据工程进展的实际需要经业主同意后，用于施工或提供物资、设备，以及技术服务等内容的开支，也可以作为供意外用途的开支。

4）工程师有权全部使用、部分使用或完全不用。

工程师可以发布指示，要求承包商或其他人完成暂列金额项内开支的工作。因此，只有当承包商按工程师的指示完成暂列金额项内开支的工作任务后，才能从其中获得相应支付。由于暂列金额是用于招标文件规定承包商必须完成的承包工作之外的费用，承包商报价时不将承包范围内发生的间接费、利润、税金等摊入其中，所以未获得暂列金额内的支付并不损

害其利益。当承包商接受工程师的指示完成暂列金额项内支付的工作时，应按工程师的要求提供有关凭证，包括报价单、发票、收据等结算支付的证明材料。

5. 指定分包商

（1）指定分包商的概念

指定分包商的概念

指定分包商是指由业主（或工程师）指定、选定，完成某项特定工作内容并与承包商签订分包合同的特殊分包商。合同条款规定，业主有权将部分工程项目的施工任务或涉及提供材料、设备、服务等工作内容发包给指定分包商实施。

合同内规定有承担施工任务的指定分包商，大多因业主在招标阶段划分合同包时，考虑到某部分施工的工作内容有较强的专业技术要求，一般承包单位不具备相应的能力，但如果以一个单独的合同对待又限于现场的施工条件或合同管理的复杂性，工程师无法合理地进行协调管理，为避免各独立合同之间的干扰，则只能将这部分工作发包给指定分包商实施。由于指定分包商是与承包商签订分包合同，因而在合同关系和管理关系方面与一般分包商处于同等地位，所以对其施工过程中的监督、协调工作应纳入承包商的管理之中。指定分包工作内容可能包括部分工程的施工，供应工程所需的货物、材料、设备，设计，提供技术服务等。

（2）指定分包商的特点

指定分包商与一般分包商处于相同的合同地位，但是两者并不完全一致，主要差异体现在以下几个方面：

1）选择分包单位的权利不同。

指定分包商：承担指定分包工作任务的单位，由业主或工程师选定。

一般分包商：由承包商选定。

2）分包合同的工作内容不同。

指定分包商：工作属于承包商无力完成，不属于合同约定应由承包商必须完成范围之内的工作，即承包商投标报价时没有摊入间接费、管理费、利润、税金的工作，因此不损害承包商的合法权益。

一般分包商：工作为承包商承包工作范围的一部分。

3）工程款的支付开支项目不同。

指定分包商：给指定分包商的付款应从暂列金额内开支。

一般分包商：对一般分包商的付款，应从工程量清单中相应工作内容项内支付。

4）业主对分包商利益的保护不同。

指定分包商：在合同条件内列有保护指定分包商的条款。如通用条件规定，承包商在每个月末报送工程进度款支付报表时，工程师有权要求他出示以前已按指定分包合同给指定分包商付款的证明。如果承包商没有合法理由扣押了指定分包商上个月应得工程款，业主有权按工程师出具的证明从本月应得款内扣除这笔金额直接付给指定分包商。

一般分包商：无此类规定，业主和工程师不介入一般分包合同履行的监督。

5）承包商对分包商违约行为承担责任的范围不同。

指定分包商：除非由于承包商向指定分包商发布了错误的指示要承担责任外，对指定分包商的任何违约行为给业主或第三者造成损害而导致索赔或诉讼，承包商不承担责任。

一般分包商：如果一般分包商有违约行为，业主将其视为承包商的违约行为，按照主合同的规定追究承包商的责任。

（3）指定分包商的选择

特殊专项工作的实施要求指定分包商拥有某方面的专业技术或专门的施工设备、独特的施工方法。业主和工程师往往根据所积累的资料、信息，也可能依据以前与之交往的经验，对其信誉、技术能力、财务能力等比较了解，通过议标方式选择。若没有理想的合作者，也可以就这部分承包商不善于实施的工作内容，采用招标方式选择指定分包商。

某项工作将由指定分包商负责实施是招标文件规定，并已由承包商在投标时认可，因此他不能反对该项工作由指定分包商完成，并负责协调管理工作。但业主必须保护承包商合法利益不受侵害是选择指定分包商的基本原则，因此当承包商有合法理由时，有权拒绝某一单位作为指定分包商。为了保证工程施工的顺利进行，业主选择指定分包商应首先征求承包商的意见，不能强行要求承包商接受其有理由反对的，或是拒绝与承包商签订保障承包商利益不受损害的分包合同的指定分包商。

6. 解决合同争议的方式

任何合同争议均交由仲裁或诉讼解决，一方面会导致合同关系的破裂，另一方面解决起来费时、费钱且对双方的信誉有不利影响。为了解决工程师的决定可能处理得不公正的情况，通用条件中增加了“争端裁决委员会”处理合同争议的程序。

（1）解决合同争议的程序

1）提交工程师决定。FIDIC 编制施工合同条件的基本出发点之一，是合同履行过程中建立以工程师为核心的项目管理模式，因此不论是承包商的索赔还是业主的索赔均应首先提交给工程师。任何一方要求工程师做出决定时，工程师应与双方协商尽力达成一致。如果未能达成一致，则应按照合同规定并适当考虑有关情况后做出公平的决定。

2）提交争端裁决委员会决定。双方起因于合同的任何争端，包括对工程师签发的证书，做出的决定、指示、意见或估价不同意接受时，可将争议提交合同争端裁决委员会，并将副本送交对方和工程师。裁决委员会在收到提交的争议文件后 84 天内做出合理的裁决。做出裁决后的 28 天内，任何一方未提出不满意裁决的通知，此裁决即为最终的决定。

3）双方协商。任何一方对裁决委员会的裁决不满意，或裁决委员会在 84 天内未能做出裁决，在此期限后的 28 天内应将争议提交仲裁。仲裁机构在收到申请后的 56 天才开始审理，这一时间要求双方尽力以友好的方式解决合同争议。

4）仲裁。如果双方仍未能通过协商解决争议，则只能由合同约定的仲裁机构最终解决。

（2）争端裁决委员会

1）争端裁决委员会的组成。签订合同时，业主与承包商通过协商组成裁决委员会。裁决委员会可选定为 1 名或 3 名成员，一般由 3 名成员组成，合同每一方应提名 1 位成员，由对方批准。双方应与这两名成员共同商定第三位成员，第三人作为主席。

争端裁决委员会的成员应满足以下要求：

① 对承包合同的履行有经验。

② 在合同的解释方面有经验。

③ 能流利地使用合同中规定的交流语言。

2）争端裁决委员会的性质。争端裁决委员会的裁决属于非强制性但具有法律效力的行为，相当于我国法律中解决合同争议的调解，但其性质则属于个人委托。

3）工作。由于争端裁决委员会的主要任务是解决合同争议，因此不同于工程师，不需要常驻工地。

① 平时工作。争端裁决委员会的成员对工程的实施定期进行考察现场，了解施工进度和实际潜在的问题。一般在关键施工作业期间到现场考察，但两次考察的间隔时间不少于 140 天，离开现场前，应向业主和承包商提交考察报告。

② 解决合同争议的工作。接到任何一方的申请后，在工地或其他选定的地点处理争议的有关问题。

4）报酬。付给委员的酬金分为月聘请费和日酬金两部分，由业主与承包商平均负担。争端裁决委员会到现场考察和处理合同争议的时间按日酬金计算，相当于咨询费。

5）成员的义务。保证公正处理合同争议是其最基本的义务，虽然当事人双方可以各提名 1 位成员，但他不能代表任何一方的单方利益，因此合同规定：

① 在业主与承包商双方同意的任何时候，他们可以共同将事宜提交给争端裁决委员会，请他们提出意见。没有另一方的同意，任一方不得就任何事宜向争端裁决委员会征求建议。

② 争端裁决委员会或其中的任何成员不应从业主、承包商或工程师处单方面获得任何经济利益或其他利益。

③ 不得在业主、承包商或工程师处担任咨询顾问或其他职务。

④ 合同争议提交仲裁时，不能被任命为仲裁人，只能作为证人向仲裁提供争端证据。

（3）争端裁决程序

1）接到业主或承包商任何一方的请求后，裁决委员会确定会议的时间和地点，解决争议的地点可以在工地或其他地点进行。

2）裁决委员会成员审阅各方提交的材料。

3）召开听证会，充分听取各方的陈述，审阅证明材料。

4）调解合同争议并做出决定。

9.2.2　风险责任的划分

合同履行过程中可能发生的某些风险是有经验的承包商在准备投标时无法合理预见的，就业主利益而言，不应要求承包商在其报价中计入这些不可合理预见风险的损害补偿费，以取得有竞争性的合理报价。

通用条件内以投标截止日期前第 28 天为“基准日”，作为业主与承包商划分合同风险的时间点。在此日期后发生的作为一个有经验承包商在投标阶段不可能合理预见的风险事件，按承包商受到的实际影响给予补偿；若业主获得好处，也应取得相应的利益。对于某一不利于承包商的风险损害是否应给予补偿，工程师不应简单看承包商的报价内包括或未包括对此事件的费用，而是应以作为有经验的承包商在投标阶段能否合理预见作为判定准则。

1. 业主应承担的风险义务

（1）例外事件

有关风险责任的划分，2017 版 FIDIC 系列合同条件将 1999 版 FIDIC 系列合同中的“不可抗力”改名为“例外事件”，指的是合同双方都不能预见、不能避免、也无法克服的各类特殊风险事件，主要包括以下事件：

1）战争、敌对行动（不论宣战与否）、入侵、外敌行为。

2）叛乱、恐怖主义革命暴动、军事政变或篡夺政权、内战。

3）承包商人员和承包商及其分包商其他雇员以外的人员造成的骚动、喧闹或混乱。

4）非仅涉及承包商人员和承包商及其分包商其他雇员的罢工或停工。

5）战争军火、爆炸物质电离辐射或放射性污染，但可能因承包商使用此类军火、炸药辐射或放射性引起的除外。

6）自然灾害，如地震、海啸、火山活动、飓风或台风。

第 1)~5）类属于“人祸”，最后一类属于“天灾”。对于第 1）类情况，承包商可获得工期和费用索赔；第 2)~5）类情况，承包商可获得工期索赔，如果这些情况发生在工程所在国，承包商还可索赔费用；第 6）类情况，承包商只能索赔工期。

（2）不可预见的物质条件

1）不可预见物质条件的范围。承包商施工过程中遇到不利于施工的外界自然条件、人为干扰、招标文件和图纸均未说明的外界障碍物、污染物的影响、招标文件未提供或与提供资料不一致的地表以下的地质和水文条件，但不包括气候条件。

2）承包商及时发出通知。遇到上述情况后，承包商递交给工程师的通知中应具体描述该外界条件，并说明因为什么承包商认为是不可预见的。发生这类情况后承包商应继续实施工程，采用在此外界条件下合适的及合理的措施，并且应该遵守工程师给予的指示。

3）工程师与承包商进行协商并做出决定，判定原则如下：

① 承包商在多大程度上对该外界条件不可预见。事件的原因可能属于业主风险或有经验的承包商应该合理预见，也可能双方都应负有一定责任，工程师应合理划分责任或责任限度。

② 不属于承包商责任的事件影响程度，评定损害或损失的额度。

③ 与业主和承包商协商或决定补偿之前，还应审查是否在工程类似部分（如有时）出现过其他外界条件比承包商在提交投标书时合理预见的物质条件更为有利的情况。如果在一定程度上承包商遇到过此类更为有利的条件，工程师还应确定补偿时对因此有利条件而应支付费用的扣除与承包商做出商定或决定，并且加入合同价格和支付证书中（作为扣除）。

④ 但由于工程类似部分遇到的所有外界有利条件而做出对已支付工程款的调整结果不应导致合同价格的减少，即如果承包商不依据“不可预见的物质条件”提出索赔时，不考虑类似情况下有利条件承包商所得到的好处，另外对有利部分的扣减不应超过对不利补偿的金额。

（3）其他不能合理预见的风险

这些情况可能包括：

1）外币支付部分由于汇率变化的影响。当合同内约定给承包商的全部或部分付款为某种外币，或约定整个合同期内始终以基准日承包商报价所依据的投标汇率为不变汇率按约定百分比支付某种外币时，汇率的实际变化对支付外币的计算不产生影响。若合同内规定按支付日当天中央银行公布的汇率为标准，则支付时需随汇率的市场浮动进行换算。由于合同期内汇率的浮动变化是双方签约时无法预计的情况，不论采用何种方式，业主均应承担汇率实际变化对工程总造价影响的风险，可能对其有利，也可能不利。

2）法令、政策变化对工程成本的影响。如果基准日后由于法律、法令和政策变化引起承包商实际投入成本的增加，应由业主给予补偿。若导致施工成本的减少，也由业主获得其中的好处，如施工期内国家或地方对税收的调整等。

2. 承包商应承担的风险义务

在施工现场属于不包括在保险范围内的，由于承包商的施工管理等失误或违约行为，导致工程、业主人员的伤害及财产损失，应承担责任。依据合同通用条款的规定：

1）承包商对业主的全部责任不应超过专用条款约定的赔偿最高限额。

2）若未约定，则不应超过中标的合同金额。

3）但对于因欺骗、有意违约或轻率的不当行为造成的损失，赔偿的责任限度不受限额的限制。

9.2.3　施工阶段的合同管理

1. 施工进度管理

（1）施工计划

2017 版 FIDIC 土木工程施工合同条件的进度管理主要包括进度计划、进度计划编制软件、进度报告、工期延误索赔、误期损害赔偿、竣工试验计划、竣工后试验计划等内容。

1）承包商编制施工进度计划。承包商应在合同约定的日期或接到中标函后的 42 天内（合同未做约定）开工，工程师则应至少提前 7 天通知承包商开工日期。承包商收到开工通知后的 28 天内，按工程师要求的格式和详细程度提交施工进度计划，说明为完成施工任务而打算采用的施工方法、施工组织方案、进度计划安排，以及按季度列出根据合同预计应支付给承包商费用的资金估算表。编制施工进度计划时间安排如图 9-1 所示。

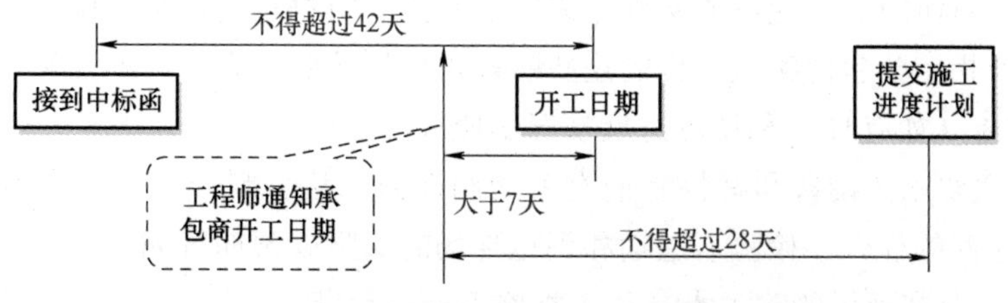

图 9-1　编制施工进度计划时间安排

2）进度计划的内容。2017 版 FIDIC 系列合同条件规定，承包商应提交一份用于工程实施的初始进度计划，该进度计划一般包括以下 11 项内容：

① 工程和各个区段（如果有）的开工日期及竣工时间。

② 承包商根据合同数据载明的时间获得现场的日期，或在合同数据中未明确的情况下承包商要求业主提供现场的日期。

③ 承包商实施工程的步骤与顺序及各阶段工作持续的时间，这些工作包括设计、承包商文件的编制与提交、采购、制造、检查、运抵现场、施工、安装、指定分包商的工作、启动前试验、启动试验和试运行。

④ 业主要求或合同条件中载明的承包商提交文件的审核期限。

⑤ 检查和试验的顺序与时间。

⑥ 对于修订版的进度计划，还应包括修复工程（如果需要）的顺序和时间。

⑦ 所有活动的逻辑关联关系及其最早和最晚开始日期及结束日期、时差和关键路线，所有这些活动的详细程度应满足业主要求中的规定。

⑧ 当地法定休息日和节假日。

⑨ 生产设备和材料的所有关键交付日期。

⑩ 对于修订版进度计划和每个活动，应包括实际进度情况、延误程度和延误对其他活动的影响。

⑪ 进度计划的支撑报告应包括涉及所有主要阶段的工程实施情况描述；对承包商采用的工程实施方法的概述，用于详细展示承包商对于工程实施各个阶段现场要求投入的各类人员和施工设备的估计；如果是修订版进度计划，还需标识出与前版进度计划的不同及承包商克服进度延误的建议。

3）进度计划的确认。承包商有权按照他认为最合理的方法进行施工组织，工程师不应干预。工程师对承包商提交的施工计划的审查主要涉及以下几个方面：

① 计划实施工程的总工期和重要阶段的里程碑工期是否与合同的约定一致。

② 承包商各阶段准备投入的机械和人力资源计划能否保证计划的实现。

③ 承包商拟采用的施工方案与同时实施的其他合同是否有冲突或干扰等。

承包商提交计划后的21天内，若工程师未提出需修改计划的通知，即认为该计划已被工程师认可。

（2）工程师对施工进度的监督

1）月进度报告。承包商每个月都应向工程师提交进度报告，报告的内容包括：

① 设计（如有时）、承包商的文件、采购、制造、货物运达现场、施工、安装和调试的每一阶段，以及指定分包商实施工程的这些阶段进展情况的图表与详细说明。

② 表明制造（如有时）和现场进展状况的照片。

③ 与每项主要永久设备和材料制造有关的制造商名称、制造地点、进度百分比，以及开始制造、承包商的检查、检验、运输和到达现场的实际或预期日期。

④ 说明承包商在现场的施工人员和各类施工设备数量。

⑤ 若干份质量保证文件、材料的检验结果及证书。

⑥ 安全统计，包括涉及环境和公共关系方面的任何危险事件与活动的详情。

⑦ 变更清单和根据“索赔通知”相关条款规定应发出的通知清单。

⑧ 实际进度与计划进度的对比，包括可能影响按照合同完工的任何事件和情况的详情，

以及为消除延误而正在（或准备）采取的措施等。

2）施工进度计划的修订。

① 工程师指示的施工进度计划修订。当工程师发现实际进度与计划进度严重偏离时，不论实际进度是超前还是滞后于计划进度，为了使进度计划有实际指导意义，随时有权指示承包商编制改进的施工进度计划，并再次提交工程师认可后执行，新进度计划将代替原来的计划。

② 合同约定的施工进度计划修订。也允许在合同内明确规定，每隔一段时间（一般为 3 个月）承包商都要对施工计划进行一次修改，并经过工程师认可。

按照合同条件，工程师在管理中应注意以下两点：

a. 不论因何方应承担责任的原因导致实际进度与计划进度不符，承包商都无权对修改进度计划的工作要求额外支付。

b. 工程师对修改后进度计划的批准，并不意味承包商可以摆脱合同规定应承担的责任。

（3）顺延合同工期

2017 版 FIDIC 系列合同条件规定，在以下几种情况下，承包商可以提出延长合同工期的条件：

1）变更（无须遵守“索赔款项和/或 EOT”相关条款规定的程序）。

2）根据合同条件某款，有权获得延长工期的原因。

3）异常不利的气候条件：根据业主按“现场数据和参照项”相关条款提供给承包商的数据和（或）项目所在国发布的关于现场的气候数据，这些发生在现场的不利的气候条件是不可预见的。

4）由于流行病或政府行为导致不可预见的人员或货物（或业主供应的材料）的短缺；或由业主、业主人员，或在现场的业主的其他承包商造成或引起的任何延误、妨碍或阻碍。

2. 施工质量管理

质量是工程的生命，质量管理是工程项目管理最重要的方面，2017 版 FIDIC 系列合同条件对质量管理提出了更详细的要求，主要内容包括质量管理总体要求，生产设备、材料与工艺的检验，竣工试验，工程接收，缺陷责任，竣工后试验等。

（1）承包商的质量体系（QMS）与合规验证体系（CVS）

通用条件规定，承包商应按照合同的要求建立一套质量管理体系（Quality Management System，QMS），包括确保与工程货物、工艺或试验相关的通信文件、承包商文件、竣工记录、运维手册、实时记录可以被追踪的程序；确保工程实施界面和不同分包商工作界面的协调和管理恰当的程序；承包商文件提交的程序等。在每一工作阶段开始实施之前，承包商应将所有工作程序的细节和执行文件提交工程师，供其参考。工程师有权审查质量体系的任何方面，包括月进度报告中包含的质量文件，对不完善之处可以提出改进要求。由于保证工程的质量是承包商的基本义务，当其遵守工程师认可的质量体系施工，并不能解除依据合同应承担的任何职责、义务和责任。

承包商还应建立合规验证体系（Compliance Verification System，CVS），以验证设计生产设备、材料、工作或工艺符合合同要求，还包括承包商实施的全部检验和试验结果的报告方式。如果任何检验或试验被证明不符合合同规定，则应根据通用条款的“缺陷和拒收”部分进行修补或被拒收。QMS侧重承包商在项目实施过程中保证质量和相关文件可被追踪；CVS侧重承包商在项目实施过程中和竣工后采取措施验证设计、材料、工作等符合合同规定。CVS应与合同规定的检验、检查、试验等结合使用，是各种检验、检查和试验经过汇总形成的体系性文件。

（2）现场资料

承包商对施工中涉及的以下相关事宜的资料应有充分了解：

1）现场的现状和性质，包括资料提供的地表以下条件。

2）水文和气候条件。

3）为实施和完成工程及修复工程缺陷约定的工作范围和性质。

4）工程所在地的法律、法规和雇佣劳务的习惯做法。

5）承包商要求的通行道路、食宿、设施、人员、电力、交通、供水及其他服务。

业主同样有义务向承包商提供基准日后得到的所有相关资料和数据。

不论是招标阶段提供的资料还是后续提供的资料，业主应对资料和数据的真实性和正确性负责，但对承包商依据资料的理解、解释或推论导致的错误不承担责任。

（3）质量的检查和检验

为了保证工程的质量，工程师除了按合同规定进行正常的检验外，还可以在认为必要时依据变更程序，指示承包商变更规定检验的位置或细节、进行附加检验或试验等。由于额外检查和试验是基准日前承包商无法合理预见的情况，涉及的费用和工期变化，应视检验结果是否合格划分责任归属。

（4）对承包商设备的控制

工程质量的好坏和施工进度的快慢，很大程度上取决于投入施工的机械设备、临时工程在数量和型号上的满足程度。而且承包商在投标书中报送的设备计划，是业主决标时考虑的主要因素之一。因此通用条款规定了以下几点：

1）承包商自有的施工设备。

① 承包商自有的施工机械、设备、临时工程和材料，一经运抵施工现场后就被视为专门为本合同工程施工之用。除了运送承包商人员和物资的运输车辆以外，承包商虽然拥有其他施工机具和设备的所有权和使用权，但未经过工程师的批准，不能将其中的任何一部分运出施工现场。

② 某些使用台班数较少的施工机械在现场闲置期间，如果承包商的其他合同工程需要使用，可以向工程师申请暂时运出。当工程师依据施工计划考虑该部分机械暂时不用而同意将其运出时，应同时指示何时必须运回，以保证本工程的施工之用，并要求承包商遵照执行。

③ 对于后期施工不再使用的设备，竣工前经过工程师批准后，承包商可以提前撤出工地。

2）承包商租赁的施工设备。

承包商从他处租赁施工设备时，应在租赁协议中规定在协议有效期内发生承包商违约解除合同的情况时，设备所有人应以相同的条件将该施工设备转租给发包人或发包人邀请承包

本合同的其他承包商。

3）要求承包工程增加或更换施工设备。

若工程师发现承包商使用的施工设备影响了工程进度或施工质量，有权要求承包商增加或更换施工设备，由此增加的费用和工期延误责任由承包商承担。

（5）环境保护

承包商的施工应遵守环境保护有关法律和法规的规定，采取一切合理措施保护现场内外的环境，限制因施工作业引起的污染、噪声或其他对公众人身和财产造成的损害及妨碍。施工产生的散发物、地面排水和排污不能超过环保规定的数值。

3. 工程变更管理

工程变更是指施工过程中出现了与签订合同时的预计条件不一致的情况，而需要改变原定施工承包范围内的某些工作内容。工程变更不同于合同变更，前者对合同条件内约定的业主和承包商的权利义务没有实质性改动，只是对施工方法、内容做局部性改动，属于正常的合同管理，按照合同约定由工程师发布变更指令即可；而后者则属于对原合同进行的实质性改动，应由业主和承包商通过协商达成一致后，以补充协议的方式变更。

（1）工程变更的范围

由于工程变更属于合同履行过程中的正常管理工作，工程师可以根据施工进展的实际情况，在认为必要时就以下几个方面发布变更指令：

1）对合同中任何工作工程量的改变。

2）任何工作质量或其他特性的变更。

3）工程任何部分标高、位置和尺寸的改变。

上述第 2）和 3）项属于重大的设计变更。

工程变更的概念

4）删减任何合同约定的工作内容。省略的工作应是不再需要的工程，不允许用变更指令的方式将承包范围内的工作变更给其他承包商实施。

5）进行永久工程所必需的任何附加工作、永久设备、材料供应或其他服务，包括任何联合竣工检验、钻孔和其他检验及勘察工作。

6）改变原定的施工顺序或时间安排。

（2）变更发起的途径

2017 版 FIDIC 系列合同条件中变更发起的途径有以下三种：

1）业主或工程师直接发布变更指令，指示承包商进行变更。

2）业主或工程师要求承包商提交变更建议书，对建议书评估后，再决定是否实施变更。

3）承包商主动提出的带有价值工程理念对合同双方都有利的变更建议，由业主方最终决定是否实施变更，如变更带来收益，合同双方可能商议一个利益分配比例。

（3）变更程序

颁发工程接收证书前的任何时间，工程师都可以通过发布变更指示或以要求承包商递交建议书的任意一种方式提出变更。

1）变更指令。工程师在业主授权范围内根据施工现场的实际情况，在确属需要时有权发布变更指示。指示的内容应包括详细的变更内容、变更工程量、变更项目的施工技术要求和有关部门文件图纸，以及变更处理的原则。

2）要求承包商递交建议书后再确定的变更，其程序如下：

① 工程师将计划变更事项通知承包商，并要求他递交实施变更的建议书。

② 承包商应尽快予以答复。一种情况可能是通知工程师由于受到某些非自身原因的限制而无法执行此项变更，如无法得到变更所需的物资等，工程师应根据实际情况和工程的需要再次发出取消、确认或修改变更指示的通知；另一种情况是承包商依据工程师的指示递交实施此项变更的说明，内容包括：

a. 将要实施的工作的说明书及该工作实施的进度计划。

b. 承包商依据合同规定对进度计划和竣工时间做出任何必要修改的建议，提出工期顺延要求。

c. 承包商对变更估价的建议，提出变更费用要求。

③ 工程师做出是否变更的决定，尽快通知承包商说明批准与否或提出意见。

④ 承包商在等待答复期间，不应延误任何工作。

⑤ 工程师发出每一项实施变更的指示，应要求承包商记录支出的费用。

⑥ 承包商提出的变更建议书，只是作为工程师决定是否实施变更的参考。除了工程师做出指示或批准以总价方式支付的情况外，每一项变更应依据计量工程量进行估价和支付。

（4）变更估价

1）变更估价的原则。计算变更工程应采用的费率或价格，可分为以下三种情况：

① 变更工作在工程量表中有同种工作内容的单价，应以该费率计算变更工程费用。实施变更工作未导致工程施工组织和施工方法发生实质性变动，不应调整该项目的单价。

② 工程量表中虽然列有同类工作的单价或价格，但对具体变更工作而言已不适用，则应在原单价和价格的基础上制定合理的新单价或价格。

③ 变更工作的内容在工程量表中没有同类工作的费率和价格，应按照与合同单价水平相一致的原则，确定新的费率或价格。任何一方不能以工程量表中没有此项价格为借口，将变更工作的单价定得过高或过低。

2）可以调整合同工作单价的原则。具备以下条件时，允许对某一项工作规定的费率或价格加以调整：

① 此项工作实际测量的工程量比工程量表或其他报表中规定的工程量的变动大于10%。

② 工程量的变更与对该项工作规定的具体费率的乘积超过了接受的合同款额的0.01%。

③ 由此工程量的变更直接造成的该项工作每单位工程量费用的变动超过1%。

3）删减原定工作后对承包商的补偿。工程师发布删减工作的变更指示后承包商不再实施部分工作，合同价格中包括的直接费部分没有受到损害，但摊销在该部分的间接费、税金和利润则实际不能合理回收。因此承包商可以就其损失向工程师发出通知并提供具体的证明资料，工程师与合同双方协商后确定一笔补偿金额加进合同价内。

（5）承包商申请的变更

承包商根据工程施工的具体情况，可以向工程师提出对合同内任何一个项目或工作的详

细变更请求报告。未经工程师批准承包商不得擅自变更，若工程师同意，则按工程师发布的变更指示的程序执行。

1）承包商提出变更建议。承包商可以随时向工程师提交一份书面建议，只要承包商认为如果采纳其建议将可能：

① 加速完工。

② 降低业主实施、维护或运行工程的费用。

③ 对业主而言能提高竣工工程的效率或价值。

④ 为业主带来其他利益。

2）承包商应自费编制此类建议书。

3）如果由工程师批准的承包商建议包括一项对部分永久工程的设计的改变，通用条件的条款规定，如果双方没有其他协议，承包商应设计该部分工程。如果他不具备设计资质，也可以委托有资质单位进行分包。变更的设计工作应按合同中承包商负责设计的规定执行，包括：

① 承包商应按照合同中说明的程序向工程师提交该部分工程的承包商的文件。

② 承包商的文件必须符合规范和图纸的要求。

③ 承包商应对该部分工程负责，并且该部分工程完工后应适合于合同中规定的工程的预期目的。

④ 在开始竣工检验之前，承包商应按照规范规定向工程师提交竣工文件及操作和维修手册。

4）接受变更建议的估价。

① 如果此改变造成该部分工程的合同价值减少，工程师应与承包商商定或决定一笔费用，并将之加入合同价格。这笔费用应是以下金额差额的 50%：

a. 合同价的减少。由此改变造成的合同价值的减少，不包括依据后续法规变化做出的调整和因物价浮动调价所进行的调整。

b. 变更对使用功能的影响。考虑到质量、预期寿命或运行效率的降低，对业主而言已变更工作价值上的减少（如有时）。

② 如果降低工程功能的价值 b 大于减少合同价格 a 对业主的好处，则没有该笔奖励费用。

4. 工程进度款的支付管理

计量与支付是工程项目管理的核心问题。2017 版 FIDIC 系列合同条件中的计量与支付管理要点包括：计量与估价、预付款、保留金、期中支付申请、期中支付证书、延误的支付、竣工报表与最终支付、最终支付证书等。

（1）预付款

预付款又称动员预付款，是业主为了帮助承包商解决施工前期开展工作时的资金短缺，从未来的工程款中提前支付的一笔款项。合同工程是否有预付款，以及预付款的金额多少、支付（分期支付的次数及时间）和扣还方式等均要在专用条款内约定。通用条件内针对预付款金额不少于合同价 22%的情况规定了管理程序。

1）预付款的支付。预付款的数额由承包商在投标书内确认。承包商需首先将银行出具的履约保函和预付款保函交给业主并通知工程师，工程师在 21 天内签发“预付款支付证书”，业主按合同约定的数额和外币比例支付预付款。预付款保函金额始终保持与预付款等额，即随着承包商对预付款的偿还逐渐递减保函金额。

2）预付款的扣还。预付款在分期支付工程进度款的支付中按百分比扣减的方式偿还。

① 起扣。自承包商获得工程进度款累计总额达到合同总价（减去暂列金额）10%那个月起扣。

② 每次支付时的扣减额度。本月证书中承包商应获得的合同款额（不包括预付款及保留金的扣减）中扣除 25%作为预付款的偿还，直至还清全部预付款，即

每次扣还金额=(本次支付证书中承包商应获得的款额-本次应扣的保留金)×25%

③ 如果在颁发工程接收证书前，或根据业主终止、承包商暂停和终止、不可抗力条款规定的终止前预付款尚未还清，则全部余额应立即成为承包商对业主的到期应付款。

（2）用于永久工程的设备和材料款预付

由于合同条件是针对包工包料承包的单价合同编制的，因此规定由承包商自筹资金采购工程材料和设备，只有当材料和设备用于永久工程后，才能将这部分费用计入工程进度款内结算支付。通用条件的条款规定，为了帮助承包商解决订购大宗主要材料和设备所占用资金的周转，订购物资经工程师确认合格后，按发票价值 80%作为材料预付的款额，包括在当月应支付的工程进度款内。双方也可以在专用条款内修正这个百分比，目前施工合同的约定通常在 60%～90%范围内。

1）承包商申请支付材料预付款。专用条款中规定的工程材料的采购满足以下条件后，承包商可向工程师提交预付材料款的支付清单：

① 材料的质量和储存条件符合技术条款的要求。

② 材料已到达工地并经承包商和工程师共同验点入库。

③ 承包商按要求提交了订货单、收据价格证明文件（包括运至现场的费用）。

2）工程师核查提交的证明材料。预付款金额为经工程师审核后实际材料价乘以合同约定的百分比，包括在月进度付款签证中。

3）预付材料款的扣还。材料不宜大宗采购后在工地储存过久，避免材料变质或锈蚀，应尽快用于工程。通用条款规定，当已预付款项的材料或设备用于永久工程，构成永久工程合同价格的一部分后，在计量工程量的承包商应得款内扣除预付的款项，扣除金额与预付金额的计算方法相同。专用条款内也可以约定其他扣除方式，如每次预付的材料款在付款后的约定月内（最长不超过 6 个月），每个月平均扣回。

（3）业主的资金安排

为了保障承包商按时获得工程款的支付，通用条件内规定，如果合同内没有约定支付表，当承包商提出要求时，业主应提供资金安排计划。

1）承包商可根据施工计划向业主提供不具约束力的各阶段资金需求计划：

① 接到工程开工通知的 28 天内，承包商应向工程师提交每一个总价承包项目的价格分解建议表。

② 第一份资金需求估价单应在开工日期后 42 天之内提交。

③ 根据施工的实际进展，承包商应按季度提交修正的估价单，直到工程的接收证书已经颁发为止。

2）业主应按照承包商的实施计划做好资金安排。通用条件规定：

① 接到承包商的请求后，应在 28 天内提供合理的证据，表明他已做出了资金安排，并将一直坚持实施这种安排。此安排能够使业主按照合同规定支付合同价格（按照当时的估算值）的款额。

② 如果业主欲对其资金安排做出实质性变更，应向承包商发出通知并提供详细资料。

3）业主未能按照资金安排计划和支付的规定执行，承包商可提前 21 天以上通知业主，将要暂停工作或降低工作速度。

（4）保留金

保留金是按合同约定从承包商应得的工程进度款中相应扣减的一笔保留在业主手中的金额，用作约束承包商严格履行合同义务的措施。当承包商有一般违约行为使业主受到损失时，可从该项金额内直接扣除损害赔偿费。例如，承包商未能在工程师规定的时间内修复缺陷工程部位，业主雇用其他人完成后，这笔费用可从保留金内扣除。

1）保留金的约定。承包商在投标书附录中按招标文件提供的信息和要求确认了每次扣留保留金的百分比和保留金限额。每次月进度款支付时扣留的百分比一般为 5%~10%，累计扣留的最高限额为合同价的 2.5%~5%。

2）每次中期支付时扣除的保留金。从首次支付工程进度款开始，用该月承包商完成合格工程应得款加上因后续法规政策变化的调整和市场价格浮动变化的调价款为基数，乘以合同约定保留金的百分比作为本次支付时应扣留的保留金。逐月累计扣到合同约定的保留金最高限额为止。

3）保留金的返还。扣留承包商的保留金分两次返还：

① 颁发工程接收证书后的返还。

a. 颁发了整个工程的接收证书时，将保留金的前一半支付给承包商。

b. 如果颁发的接收证书只是限于一个区段或工程的一部分，则

$$\text{返还金额}=\text{保留金总额}\times\frac{\text{移交工程区段或部分的合同价值}}{\text{最终合同价值的估算值}}\times 40\%$$

② 保修期满颁发履约证书后将剩余保留金返还。

a. 整个合同的缺陷通知期满，返还剩余的保留金。

b. 如果颁发的履约证书只限于一个区段，则在这个区段的缺陷通知期满后，并不全部返还该部分剩余的保留金，具体返还金额的计算公式为

$$\text{返还金额}=\text{保留金总额}\times\frac{\text{移交工程区段或部分的合同价值}}{\text{最终合同价值的估算值}}\times 40\%$$

合同内以履约保函和保留金两种手段作为约束承包商忠实履行合同义务的措施；当承包商严重违约而使合同不能继续顺利履行时，业主可以凭履约保函向银行获取损害赔偿；而因承包商的一般违约行为令业主蒙受损失时，通常利用保留金补偿损失；履约保函和保留金的

约束期均是承包商负有施工义务的责任期限（包括施工期和保修期）。

4）保留金保函代换保留金。当保留金已累计扣留到保留金限额的60%时，为了使承包商有较为充裕的流动资金用于工程施工，可以允许承包商提交保留金保函代换保留金。业主返还保留金限额的50%，剩余部分待颁发履约证书后再返还。保函金额在颁发接收证书后不递减。

（5）物价浮动对合同价格的调整

对于施工期较长的合同，为了合理分担市场价格浮动变化对施工成本影响的风险，在合同内要约定调价的方法。通用条款内规定为公式法调价。

1）调价公式。

$$P_n = a + b\frac{L_n}{L_0} + c\frac{M_n}{M_0} + d\frac{E_n}{E_0} + \cdots$$

式中 P_n——第 n 期内所完成工作以相应货币所估算的合同价值所采用的调整倍数，此期间通常是1个月，除非投标函附录中另有规定；

a——在数据调整表中规定的一个系数，代表合同支付中不调整的部分；

b、c、d——数据调整表中规定的系数，代表与实施工程有关的每项费用因素的估算比例，如分别对应劳务、设备和材料等费用；

L_n、M_n、E_n——第 n 期内使用的现行费用指数或参照价格，以该期间（具体的支付证书的相关期限）最后一天之前第49天当天对于相关表中的费用因素适用的费用指数或参照价格确定；

L_0、M_0、E_0——基本费用参数或参照价格。

如果承包商未能在竣工时间内完成工程，则应利用下列指数或价格，对价格做出调整，取其中对业主有利者：①适用于工程竣工时间期满前第49天的各指数或价格；②现行指数或价格。

2）可调整的内容和基价，承包商在投标书内填写，并在签订合同前谈判中确定。

3）延误竣工。延误竣工可分为以下两种类型：

① 非承包商应负责原因的延误。工程竣工前每一次支付时，调价公式继续有效。

② 承包商应负责原因的延误。在后续支付时，分别计算应竣工日和实际支付日的调价款，经过对比后按照对业主有利的原则执行。

（6）基准日后法规变化引起的价格调整

在投标截止日期前的第28天以后，国家的法律、行政法规或国务院有关部门的规章，以及工程所在地的省、自治区、直辖市的地方法规或规章发生变更，导致施工所需的工程费用发生增减变化，工程师与当事人双方协商后可以调整合同金额。如果导致变化的费用包括在调价公式中，则不再予以考虑。较多的情况发生于工程建设承包商需缴纳的税费变化，这是当事人双方在签订合同时不可能合理预见的情况，因此可以调整相应的费用。

5. 工程进度款的支付程序

（1）工程量计量

工程量清单中所列的工程量仅是对工程的估算量，不能作为承包商完成合同规定施工义

务的结算依据。每次支付工程月进度款前，均需通过测量来核实实际完成的工程量，以计量值作为支付依据。

采用单价合同的施工工作内容应以计量的数量作为支付进度款的依据，而总价合同或单价包干混合式合同中按总价承包的部分可以按图纸工程量作为支付依据，仅对变更部分予以计量。

（2）承包商提供报表

2017 版 FIDIC 系列合同条件规定，承包商应于合同约定的每个支付周期的期末之后，提交期中报表。期中报表应包括以下依次列明的金额，并附支持资料（含进度报告）：

1）直至支付周期末承包商已完成的工程及提供文件的估价（包括变更工作，但不包括以下第 2 至 10 项），一般应列明前期累计金额、当期金额和截至目前累计金额。

2）因法律变化和成本（物价）变化而应进行的调整。

3）根据约定比例应扣减的保留金，直至保留金达到限额。

4）应拨付和/或返还的预付款。

5）拟用于工程的生产设备和材料款的支付和/或返还。

6）根据合同应增加或扣减的其他金额，包括商定或决定的金额。

7）属于暂定金额而增加的金额。

8）应返还的保留金。

9）因承包商使用业主提供的临时设施而扣减的金额。

10）所有前期支付证书中被证明应扣减的金额。

（3）工程师签证

工程师接到报表后，对承包商完成的工程形象、项目、质量、数量及各项价款的计算进行核查。若有疑问，可要求承包商共同复核工程量。在收到承包商的支付报表后 28 天内，按核查结果及总价承包分解表中核实的实际完成情况签发支付证书。

工程师可以不签发证书或扣减承包商报表中部分金额的情况有以下几种：

1）合同内约定有工程师签证的最小金额时，本月应签发的金额小于签证的最小金额，工程师不出具月进度款的支付证书。本月应付款接转下月，超过最小签证金额后一并支付。

2）承包商提供的货物或施工的工程不符合合同要求，可扣发修正或重置相应的费用，直至修整或重置工作完成后再支付。

3）承包商未能按合同规定进行工作或履行义务，并且工程师已经通知了承包商，则可以扣留该工作或义务的价值，直至工作或义务履行为止。

工程进度款支付证书属于临时支付证书，工程师有权对以前签发过的证书中发现的错、漏或重复提出更改或修正，承包商也有权提出更改或修正，经双方复核同意后，将增加或扣减的金额纳入本次签证中。

（4）业主支付

承包商的报表经过工程师认可并签发工程进度款的支付证书后，业主应在接到证书后及时给承包商付款。业主的付款时间不应超过工程师收到承包商的月进度付款申请单后的 56 天。如果逾期支付将承担延期付款的违约责任，延期付款的利息按银行贷款利率加 3%计算。

9.2.4 竣工验收阶段的合同管理

1. 竣工检验和移交工程

（1）竣工检验

承包商完成工程并准备好竣工报告所需报送的资料后，应提前 21 天将某一确定的日期通知工程师，说明此日后已准备好进行竣工检验。工程师应指示在该日期后 14 天内的某日进行。此项规定同样适用于按合同规定分部移交的工程。

（2）颁发工程接收证书

工程通过竣工检验达到了合同规定的“基本竣工”要求后，承包商在他认为可以完成移交工作前 14 天以书面形式向工程师申请颁发接收证书。基本竣工是指工程已通过竣工检验，能够按照预定目的交给业主占用或使用，而非完成了合同规定的包括扫尾、清理施工现场以及不影响工程使用的某些次要部位缺陷修复工作后的最终竣工，剩余工作允许承包商在缺陷通知期内继续完成。这样规定有助于准确判定承包商是否按合同规定的工期完成了施工义务，也有利于业主尽早使用或占有工程，及时发挥工程效益。

工程师接到承包商申请后的 28 天内，如果认为已满足竣工条件，即可颁发工程接收证书；若不满意，则应书面通知承包商，指出还需完成哪些工作后才能满足基本竣工条件。工程接收证书中包括确认工程达到竣工的具体日期。工程接收证书颁发后，不仅表明承包商对该部分工程的施工义务已经完成，而且对工程照管的责任也转移给业主。

如果合同约定工程不同区段有不同竣工日期，每完成一个区段均应按上述程序颁发部分工程的接收证书。

（3）特殊情况下的证书颁发程序

1）业主提前占用工程。工程师应及时颁发工程接收证书，并确认业主占用日为竣工日。提前占用或使用表明该部分工程已达到竣工要求，对工程照管责任也相应地转移给业主，但承包商对该部分工程的施工质量缺陷仍负有责任。工程师颁发接收证书后，应尽快给承包商创造采取必要措施完成竣工检验的机会。

2）因非承包商原因导致不能进行规定的竣工检验。有时也会出现施工已达到竣工条件，但由于不应由承包商负责的主观或客观原因不能进行竣工检验。针对此种情况，工程师应以本该进行竣工检验日签发工程接收证书，将这部分工程移交给业主照管和使用。工程虽已接收，仍应在缺陷通知期内进行补充检验。当竣工检验条件具备后，承包商应在接到工程师指示进行竣工试验通知的 14 天内完成检验工作。由于非承包商原因导致缺陷通知期内进行的补检，属于承包商在投标阶段不能合理预见的情况，该项检查试验比正常检验多支出的费用应由业主承担。

2. 未能通过竣工检验

（1）重新检验

如果工程或某区段未能通过竣工检验，承包商对缺陷进行修复和改正，在相同条件下重

复进行此类未通过的检验和对任何相关工作的竣工检验。

（2）重复检验仍未能通过

当整个工程或某区段未能通过按重新检验条款规定所进行的重复竣工检验时，工程师应有权选择以下任何一种处理方法：

1）指示再进行一次重复的竣工检验。

2）如果由于该工程缺陷致使业主基本上无法享用该工程或区段所带来的全部利益，拒收整个工程或区段（视情况而定），在此情况下，业主有权获得承包商的赔偿。具体应赔偿的金额包括：

① 业主为整个工程或该部分工程（视情况而定）所支付的全部费用及融资费用。

② 拆除工程、清理现场和将永久设备及材料退还给承包商所支付的费用。

3）颁发一份接收证书（如果业主同意的话），折价接收该部分工程。合同价格应按照可以适当弥补由于此类失误而给业主造成的减少的价值数额予以扣减。

3. 竣工结算

（1）承包商报送竣工报表

颁发工程接收证书后的 84 天内，承包商应按工程师规定的格式报送竣工报表。报表内容包括：

1）到工程接收证书中指明的竣工日为止，根据合同完成全部工作的最终价值。

2）承包商认为应该支付给他的其他款项，如要求的索赔款、应退还的部分保留金等。

3）承包商认为根据合同应支付给他的估算总额。所谓“估算总额”是因为这笔金额还未经过工程师审核同意。估算总额应在竣工结算报表中单独列出，以便工程师签发支付证书。

（2）竣工结算与支付

工程师接到竣工报表后，应对照竣工图进行工程量详细核算，并对其他支付要求进行审查，然后再依据检查结果签署竣工结算的支付证书。此项签证工作，工程师也应在收到竣工报表后 28 天内完成。业主依据工程师的签证予以支付。

9.2.5　缺陷通知期阶段的合同管理

1. 工程缺陷责任

（1）承包商在缺陷通知期内应承担的义务

工程师在缺陷通知期内可就以下事项向承包商发布指示：

1）将不符合合同规定的永久设备或材料从现场移走并替换。

2）将不符合合同规定的工程拆除并重建。

3）实施任何因保护工程安全而需进行的紧急工作。不论事件起因于事故、不可预见事件还是其他事件。

（2）承包商的补救义务

承包商应在工程师指示的合理时间内完成工程师发布的指示工作。若承包商未能遵守指示，业主有权雇佣其他人实施并予以付款。如果属于承包商应承担的责任原因，业主有权按

照业主索赔的程序向承包商追偿。

（3）缺陷修补费用承担

2017版FIDIC系列合同条件规定，业主接收工程后，在缺陷通知期内，如果出现了缺陷或损害，由承包商进行修补，修补工作完成后，修补和重新试验的费用由缺陷的责任方承担。在缺陷通知期内，如果承包商认为有必要在现场外修复生产设备，承包商应通知业主请求同意。作为同意的条件，业主可要求承包商提交与生产设备价值相当的保函。如果缺陷是由以下原因之一导致的，调查缺陷和修补缺陷的费用应由承包商承担：

1）非业主负责的设计。

2）生产设备、材料或工艺不符合合同规定。

3）承包商原因导致的不当操作或维护。

4）承包商未遵守合同下的其他义务造成的。

如果缺陷是由其他原因导致的，承包商有权索赔调查成本加利润，此时缺陷修补工作可视为工程师根据变更条款指令的变更。如果承包商无故延误修补工作，且该缺陷修补工作本应由承包商承担费用，业主有权向承包商索赔修补费用，且有权通过索赔获得性能赔偿费，甚至可以终止合同。

2. 履约证书

履约证书是承包商已按合同规定完成全部施工义务的证明，因此该证书颁发后工程师就无权再指示承包商进行任何施工工作，承包商即可办理最终结算手续。缺陷通知期内工程圆满地通过运行考验，工程师应在期满后的28天内，向业主签发解除承包商承担工程缺陷责任的证书，并将副本送给承包商。但此时仅意味承包商与合同有关的实际义务已经完成，而合同尚未终止，剩余的双方合同义务只限于财务和管理方面的内容。业主应在证书颁发后的14天内，退还承包商的履约保证书。

缺陷通知期满时，如果工程师认为还存在影响工程运行或使用的较大缺陷，可以延长缺陷通知期，推迟颁发证书，但缺陷通知期的延长不应超过竣工日后的2年。

3. 最终结算

最终结算是指颁发履约证书后，对承包商完成全部工作价值的详细结算及根据合同条件对应付给承包商的其他费用进行核实，确定合同的最终价格。

颁发履约证书后的56天内，承包商应向工程师提交最终报表草案，以及工程师要求提交的有关资料。最终报表草案要详细说明根据合同完成的全部工程价值和承包商依据合同认为还应支付给他的任何进一步款项，如剩余的保留金及缺陷通知期内发生的索赔费用等。

工程师审核后与承包商协商，对最终报表草案进行适当的补充或修改后形成最终报表。承包商将最终报表送交工程师的同时，还需向业主提交一份“结清单”，进一步证实最终报表中的支付总额，作为同意与业主终止合同关系的书面文件。工程师在接到最终报表和结清单附件后的28天内签发最终支付证书，业主应在收到证书后的56天内支付。只有当业主按照最终支付证书的金额予以支付并退还履约保函后，结清单才生效，承包商的索赔权也即行终止。最终结算各项工作的时间安排如图9-2所示。

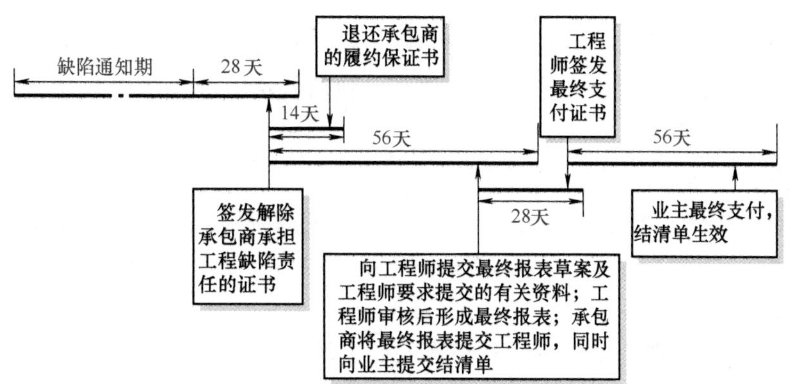

图 9-2 最终结算各项工作的时间安排

9.2.6 索赔与争端管理

1. 索赔管理

(1) 索赔与变更的区别

2017 版 FIDIC 系列合同条件将变更和索赔处理程序明确分开，如果合同双方就变更或索赔事项不能协商解决，均直接进入争端处理程序，经争端解决程序仍不能达成一致，最终只能进入仲裁程序。在工程实践中，经常因为将变更与索赔混淆，导致处理不当。在确定是进入变更程序还是索赔程序之前，首先要识别和确定是变更还是索赔，这时主要应考虑两个问题：是否对工程本身造成了实质性改变；是否按合同“业主和承包商的索赔”相关规定发出了索赔意向通知，或是业主方是否已经发布变更指令。

(2) 索赔类型

2017 版 FIDIC 系列合同条件中将索赔分为以下三种类型：

1) 第一类索赔是业主关于额外费用增加（或合同价格的扣减）及缺陷通知期延长的索赔。

2) 第二类索赔是承包商关于额外费用增加和/或工期延长的索赔。

3) 第三类索赔是合同一方向另一方要求或主张其他任何方面的权利或救济，包括对工程师（业主）给出的任何证书、决定、指示、通知、意见或估计等相关事宜的索赔，但不包括上述第一类和第二类索赔有关的权利。

(3) 索赔时效

2017 版 FIDIC 系列合同条件将 1999 版的业主向承包商的索赔与承包商向业主的索赔程序合并为同一程序，并设置了以下两个索赔时效要求：

1) 要求索赔方在规定的时间内发出索赔意向通知书。

2) 要求索赔方在索赔事件的影响结束后规定的时间内提交索赔报告。

即使超过了规定的时间，索赔方仍可申诉理由，只要工程师（或业主代表）认为理由成立，索赔仍可视为有效，这加大了工程师或业主代表的权力，但也使索赔处理过程变得复杂且不确定。

2. 合同终止

合同终止是工程项目合同实施过程中出现的极端情况，一旦发生后果可能很严重。2017版FIDIC系列合同条件“由业主终止”和“由承包商终止”相关条款规定了合同终止时的处理程序。合同终止的情况有以下几种：

1）由于承包商违约，业主终止合同。

2）由于业主违约，承包商终止合同（含业主不能按时付款和业主自行终止）。

3）外部因素造成的合同终止（如法律变化或其他外部因素造成的终止）。

3. 责任限度

责任限度是合同双方关注的重点和难点问题。2017版FIDIC系列合同条件规定了合同双方的责任限度。责任方对另一受害方直接损失的赔偿责任限于合同约定的以下七个方面：

1）误期损害赔偿。

2）变更指令。

3）业主自行终止后的支付。

4）承包商终止后的支付。

5）知识产权与工业产权。

6）承包商的保障。

7）业主的保障。

承包商的责任限度不包含：业主提供的材料和业主的施工设备、临时公用设施、知识产权与工业产权、承包商的保障等所涉及的费用。承包商承担的总体合同责任不能超过合同数据中约定的责任额度，若没有约定，即默认为中标合同额。若属于合同某一方的欺诈、严重渎职、故意违约、毫无顾忌地行为不轨，则不在本条款责任限度范围之内。

4. 争端解决

2017版FIDIC系列合同条件设置了争端解决替代方中的一种DAAB（争议避免与裁决委员会），要求双方在正式签订合同之初就要成立。DAAB相关规定的要点包括DAAB的成员要求责任与权利、成立与解散、争端解决程序及DAAB与仲裁等。

5. 仲裁

由于仲裁具有经济性、专业性和快捷性等优势，且其裁决具有法律约束力，仲裁常常是合同双方争端的最终解决方式。仲裁的要点包括仲裁地点、规则、语言、仲裁员的选择及仲裁的执行等。

9.3 FIDIC总承包合同条件的主要内容

FIDIC总承包合同条件主要包括《生产设备与设计—建造合同条件》（新黄皮书）、《设计—采购—施工交钥匙合同条件》（银皮书）、《设计—建造与运营项目合同条件》（金皮书）。

《生产设备与设计—建造合同条件》（新黄皮书）：主要用于电气和/或机械设备供货建筑或工程的设计与施工。这种合同通常应用于由承包商按照业主要求，设计和提供生产设备

和/或其他工程，可以包括土木、机械、电气和/或构筑物的任何组合。FIDIC《生产设备与设计—建造合同条件》是在 1988 年出版的《电气与机械工程合同条件》（黄皮书）与 1995 年出版的《设计—建造与交钥匙合同条件》（橘皮书）基础上重新编写的。与新红皮书一样有 20 条（170 款），其中 80%的条款的名称及内容是相同的。

《设计—采购—施工（EPC）交钥匙合同条件》（银皮书）:《设计—采购—施工（EPC）交钥匙合同条件》（1999 年第 1 版）是在 1995 年《设计—建造与交匙合同条件》（橘皮书）的基础上重新编写的。银皮书适用于以交钥匙方式为业主承建工厂、电力、石油开发及基础设施的设计—采购—施工的总承包项目。这种模式适用于业主希望事先能确定工程项目的总价和工期，为此宁愿承包商报出较高的价格，但也要承担较大的风险。不少私人融资项目及一些国家的公共部门都趋向采用此类模式。银皮书通用条件共有 20 条（166 款）。

《设计—建造与运营项目合同条件》（2008 年第 1 版）（金皮书）是在 1999 年《生产设备与设计—建造合同条件》（新黄皮书）的基础上加入了有关运营和维护的要求及内容编写的。与设计—建造（DB）模式相比，设计—建造—运营（DBO）模式的主要特点是将项目的设计、施工及长期的运营和维护工作，一并交给一个承包商来完成。对业主来说，这一模式易于保证项目在运营期满前一直处于良好的运营状态，减少由于设计失误或建造质量差等原因导致的在缺陷通知期（DBO 模式用“保留期”）期满后出现的各种问题和造成的损失。在 DBO 模式下，承包商不仅负责项目的设计和建造，而且负责在项目建成后提供持续性的运营服务，这将鼓励承包商在进行设计的同时考虑项目的建造费用和运营费用，采用工程项目全生命期费用管理的理念，以实现全生命期的费用控制目标。

以下主要介绍《生产设备与设计—建造合同条件》（新黄皮书）与新红皮书不同的条款。

1. 业主的要求（Employer's Requirements）

业主的要求主要用来输出规范，即业主想从项目得到的东西。取消了对工程师公正性的要求，移除了工程师的设计责任。留给工程师的工作是代表业主以提纲的格式拟定工程的程度、范围、目标、初步设计或概念设计，以及其他的技术细节、规范、放线详细资料、要求的检验制度和项目设计、施工、操作和维护的原则。提纲的格式和技术细节应在业主的要求中明确规定，这是新黄皮书引入的新条款。业主的要求对于理解黄皮书非常关键。它是“合同”定义的一部分，在通用条款中有 24 个子款明确提到了该文件。如果由于业主的要求中的错误，导致承包商延误工期、费用增加，承包商可以提出索赔。

在实践中，起草业主的要求是项目成功或失败的主要原因，也是产生争端的主要原因。需要在众多的对比特征中权衡和考虑:

1）业主的要求应当是完备的，包括要求的形状、类型、质量、偏差、功能型标准、安全标准及对永久工程终身费用限制的所有参数；在施工期间和施工后必须成功通过的检验；永久工程的预期和规定的性能；设计周期和持续期；完工后如何操作和维护；提交的手册；提供的备件的详细资料和费用。但工程师对参数的规定不能限制承包商的设计创新能力，不能对承包商的设计义务有影响。

2）必须明确定义业主要求的内容，但又足够灵活，可以吸收承包商设计、施工的专业的有创造性的意见，发挥设计建造合同的长处。

3）业主的要求应该让业主选择到最合适的投标人，但又不要求在投标阶段让投标人提供正确选择承包商所需必要信息以外的信息。

4）业主的要求必须足够详细从而可以确定项目的目标，但又不限制承包商对工程进行适当设计的能力或寻求最合适解决方案的创造力，并能对投标人的设计进行评估。

2. 设计（Design）

（1）承包商的一般设计义务

新黄皮书适用承包商负责全部或大部分设计的项目。一般将设计分为三个阶段：

① 业主（代表）进行的概念设计，约占设计的10%；包含在业主的要求中。

② 每个投标人进行的初步设计，包含在投标书中（包括永久设备和设计建造的建议书）。

③ 最后的施工图设计（承包商的文件），包括两个阶段：总体布置图和详细施工图。承包商的文件包括计算书、计算机软件（程序）、图纸、手册、模型等，可能需要提交业主审核或批准。

承包商应按业主的要求中的标准进行设计，并对设计负责。承包商的设计人员或设计分包商应具备必需的经验和能力，承包商应将拟雇用的设计人员或设计分包商名单及详细情况，提交工程师，并取得其同意。

当收到开工通知后，承包商应仔细检查业主的要求，包括设计标准和计算书，以及放线的基准依据等。如发现错误，应在投标书附录规定的期限内通知工程师，工程师应决定是否将变更通知承包商。如果这些错误是一个有经验的承包商在提交投标书前本应发现的而未能发现，则不能给予工期和费用调整。

（2）业主对承包商的文件编制要求

承包商的文件包括业主的要求中规定的技术文件、满足法规要求报批的文件、竣工文件，以及操作和维修手册等。

如业主的要求中规定承包商的文件应提交工程师审核或批准时，则承包商应按规定提交，工程师的审核期一般不超过21天。对于需要提交给工程师审批的文件：

① 工程师应通知承包商是否批准，如承包商在审核期满时仍未收到工程师的通知，则应视为工程师已批准该文件。在工程师批准前，相应部分的工程不能开工。

② 若承包商希望修改已提交的文件，应立即通知工程师，并按上述程序将修改的文件报工程师。工程师可指示承包商编制进一步的文件。

任何此类审批不解除承包商的任何义务和责任。如果承包商的文件中出现错误、缺陷不一致等问题，即使已得到批准或同意，也应由承包商自行修正。

（3）承包商应承诺其设计

文件、施工和竣工的工程符合工程所在国的法律及包括变更的合同的各项文件。承包商的设计、文件、施工和竣工应符合工程所在国的技术标准，建筑、施工和环境方面的法律，工程产品的法律，以及业主的要求中规定的相关标准。上述法律为业主接收工程时通行的法律，标准为基准日期时适用的版本，如在基准日期后版本有修改或更新，承包商应通知工程师，并提交建议书，如工程师认为需要修改，则构成变更。

（4）承包商在工程移交前必须提交的文件

承包商应编制一套完整的竣工记录保存在现场，并应在竣工检验开始前向工程师提交两套副本。承包商还应按工程师的要求提交竣工图给工程师审核。在颁发接收证书前，承包商应按业主的要求中的规定向工程师提交竣工图的副本，否则不能认为工程已完工，也不能接收。

在竣工检验开始前，承包商应向工程师提交暂行的操作和维修手册，其详细程度应能达到业主操作和调试生产设备的要求。在工程师收到此手册的最终版本及业主的要求中为此目的规定的其他手册前，不能认为工程已按接受要求竣工。

承包商应根据业主的要求中的具体规定，对业主的人员进行操作和维修培训。如合同有规定，在培训完成前，不能认为工程已竣工。

3. 竣工检验（Tests on Completion）

承包商在按照竣工文件和操作和维修手册的规定提交各种文件后进行竣工检验。承包商应提前 21 天将可以进行每项竣工检验的日期通知工程师，检验应在该日期后 14 天内，由工程师指定的日期进行。除专用条款中另有说明，竣工检验应按下列顺序进行：

1）启动前检验应包括适当的检查和“干”或“冷”的性能检验，以证明每项生产设备都能安全地承受下一阶段的启动检验。

2）启动检验：包括规定的运行检验，以证明工程或区段能在所有可应用的操作条件下安全运行。

3）试运行：证明工程或区段运行可靠，符合合同要求。

试运行不构成业主的验收，除另有说明外，试运行期间生产的产品属于业主。

4. 修补缺陷的费用（Costs of Remedying Defects）

以下原因造成的缺陷，由承包商承担风险和费用：

1）工程设计，由业主负责的部分设计除外。

2）生产设备材料和工艺不符合合同要求。

3）涉及培训竣工文件及操作和维修手册等由承包商负责的事项所产生的不当操作或维修。

4）承包商未遵守任何其他义务。

上述原因以外造成的缺陷，业主应立即通知承包商修复并按照变更处理。

5. 竣工后检验（Tests After Completion）

（1）竣工后检验的程序

如合同规定了竣工后检验，则业主应：

① 为竣工后检验提供必要的电力、设备、燃料、仪器、劳动力、材料及有资质和经验的人员。

② 按照承包商提供的操作和维修手册进行竣工后检验，可要求承包商参加并给予指导。

此类检验应在工程或区段被业主接收后的合理、可行的时间内尽快进行，业主应提前 21 天将可以开始进行竣工后检验的日期通知承包商，除非另有商定，这些检验应在该日期后 14 天内业主决定的日期进行。如承包商未参加，业主可自行进行该检验，承包商应承认该检验结果。竣工后检验由双方共同整理和评价该检验结果，评价时应考虑业主提前使用该工程的影响。

(2) 延误的检验

如因业主的原因拖延了竣工后检验从而导致承包商产生了额外费用，承包商可向工程师提出费用索赔和利润。如由于非承包商原因，竣工后检验未能在缺陷通知期或双方商定的期限内完成，则应视为工程或区段的竣工后检验已完成。

(3) 重复检验

如果工程或某区段未能通过竣工后检验，承包商应按合同要求修复缺陷。其后，任何一方均可要求按原来的条件再重复进行竣工后检验。如果未通过且重新检验是由于承包商的设计、工艺、材料、生产设备引起的，并导致了业主的额外费用，业主可提出索赔。

(4) 未能通过竣工后检验

如果工程或区段未能通过竣工后检验，则：

① 若在合同中规定了相应的损害赔偿费，当承包商在缺陷通知期内向业主支付了此笔费用，则可认为已通过了竣工后检验。

② 如承包商提议对工程或区段进行调整或修正，他需要报告业主，在业主同意的时间内才能进入并进行调整或修正，如在缺陷通知期内业主未给予答复，则可认为已通过了竣工后检验。

如果承包商申请进入工程或生产设备去调查未通过竣工后检验的原因或进行调整或修正，业主无故延误给予许可，导致了承包商的额外费用，承包商有权通知工程师索赔相应费用和利润，工程师应就此做出决定。

6. 变更和调整 (Variations and Adjustments)

(1) 有权变更

在颁发接收证书前，工程师有权变更，并可要求承包商就变更提出建议书，但变更不应包括准备交给他人实施的任何工作的删减。承包商应执行变更指令，但以下情况除外：

① 如果不能得到相应货物。

② 变更将降低工程的安全性或适用性。

③ 对保证表的完成产生不利影响时。

此时承包商可暂不执行，并应迅速通知业主，业主收到通知后应取消，或确认，或改变原来的指示。

(2) 价值工程

承包商可随时向工程师提交建议书，只要他认为此建议可缩短工期、降低造价、提高工程运行效率和/或价值，或对业主产生其他效益。承包商应自费编制此建议书。

(3) 变更程序

如果工程师在发布变更指令前要求承包商提交建议书，他应尽快提交。建议书包括变更工作的实施方法和计划；对工程总进度计划的调整及变更费用的估算。工程师收到建议书后应尽快表态，此时承包商应照常工作。对每次变更，工程师应按照合同规定，商定或确定调整合同价格（包括利润）和付款计划表，并应考虑承包商提交的价值工程的建议。

7. 合同价格和支付 (The Contract Price and Payment)

(1) 合同价格

除专用条件另有规定外：

① 合同价格应以中标合同金额为总价包干，但可按合同规定调整。

② 承包商应支付合同要求其支付的一切税费但立法变更时允许调整。

③ 资料表中可能给出的任何工程量是估计值，不能作为要求承包商实施工程的实际工程量。

④ 资料表中可能给出的任何工程量或价格仅应用于资料表说明的用途，不一定适用于其他目的。

如果工程的任何部分是按实际工程量进行支付，应遵循专用条件规定，并相应调整和决定合同价格。

（2）申请期中支付证书

承包商应按合同规定的支付期限最后一天（如无规定，则在每个月末）之后，按工程师同意的格式向他提交一式六份月报表，列出认为自己有权获得的款额，同时附上进度报告等证明文件。月报表的内容和顺序如下：

① 截至月末已实施的工程和承包商的估算合同价值（包括变更）。

② 立法变动和费用波动导致的增减款额。

③ 保留金的扣除：按投标书附录规定的百分比乘上述两项款额之和，一直扣到保留金限额为止。

④ 预付款的支付与扣还。

⑤ 为生产设备和材料的预支款和扣还款。

⑥ 其他应追加或减扣的款项（如索赔款等）。

⑦ 扣除所有以前支付证书中已经确认的款额。

（3）保留金的支付

工程师签发接收证书后，支付保留金的 50%。

8. 争议（Disputes）

任命的争端裁决委员会（DAB）是临时的，即只有在争议发生时才任命。在一方向另一方提交争议意向通知书后的 28 天内，双方联合任命 DAB 成员，当他们对争议做出决定时“临时 DAB”成员的任期即期满。而红皮书是常设 DAB，在投标书附录中规定的时间内任命，其默认时间是开工日期后 28 天内。

本章小结

本章节深入剖析了 FIDIC 合同条件的核心要素，特别聚焦于 FIDIC《施工合同条件》的详细解读。首先，概述了 FIDIC 合同条件的框架及其在国际工程实践中的重要性；随后，重点阐释了土木工程施工合同条件的关键条款，包括工程范围界定、合同计价机制、施工进度要求、质量保证措施、变更管理及索赔处理流程。此外，对 FIDIC 总承包合同条件进行了简要对比分析，指出其在特定情境下的应用差异。

思考题

1. 谈谈 FIDIC《施工合同条件》的特点和适用范围。

2. 试分析 FIDIC 条件下合同履行的担保方式、内容和特点。
3. 试分析 FIDIC《施工合同条件》中业主和承包商承担的风险。
4. 试描述合同工期、施工期、缺陷通知期和合同有效期的定义及其相互关系。
5. 试分析 FIDIC 施工合同条件下最终结算的合同价与中标函注明的合同价可能不相等的原因。
6. 指定分包商与一般分包商有哪些区别？结合我国实际谈谈应如何选择指定分包商。
7. FIDIC《施工合同条件》中对质量控制做了哪些规定？
8. 中期支付工程进度款时，应如何核定本月应支付给承包商的款额？
9. FIDIC《施工合同条件》的支付程序与我国《建设工程施工合同（示范文本）》有哪些差异？
10. 试分析工程接收证书和履约证书的作用。
11. 结合国际工程实际，试绘制保留金的扣留与释放图。
12. 试分析 FIDIC 总承包合同条件的适用范围、特点及与 FIDIC《施工合同条件》的区别。

第10章 工程合同风险与履约管理

本章导读

本章介绍了工程合同风险管理和履约管理等相关内容。

10.1 工程合同风险管理

10.1.1 风险概述

1. 风险的含义

风险是指危险发生的意外性和不确定性，以及这种危险导致的损失发生与否及损失程度大小的不确定性，或者说，风险是人们因对未来行为的决策及客观条件的不确定性而可能引起的后果与预定目标发生多种负偏离的综合。

风险的内涵有以下三个要点：

1）必须是与人们的行为相联系的风险，否则就不是风险而是危险。

2）客观条件的变化是风险的重要成因。

3）风险是指可能的后果与项目的目标发生负偏离。

2. 风险的特点

要深刻地理解风险，必须了解风险的以下特点：

1）风险存在的客观性和普遍性。作为损失发生的不确定性，风险是不以人们的意志为转移并超越人们主观意识客观存在的。

2）单一具体风险发生的偶然性和大量风险发生的必然性。正是由于存在着这种偶然性和必然性，人们才要去研究风险，才有可能去计算风险发生的概率和损失程度。

3）风险的多样性和多层次性。

4）风险的可变性。

3. 风险分类

将风险清单中的风险进行分类，可使风险管理者更彻底地了解风险，管理风险时更有目的性、更有效果，并为下一步评估风险做好准备。

（1）按风险产生的原因分类

1）政治风险。如政局的不稳定性，战争状态、动乱、政变，国家对外关系的变化，国家政策的变化等。

2）法律风险。如法律修改，但更多的风险是法律不健全，有法不依、执法不严，对有关法律理解不当及工程中可能有触犯法律的行为等。

3）经济风险。如国家经济政策的变化、国家经济发展状况、产业结构调整、银根紧缩、物价上涨、关税提高、汇率变化、通货膨胀速度加快、金融风波等。

4）自然风险。如地震，台风，洪水，干旱，反常恶劣的雨、雪天气，特殊的、未探测到的恶劣地质条件如流沙、泉眼等。

5）社会风险。包括宗教信仰的影响和冲击、社会治安的稳定性、社会的禁忌、劳动者的文化素质、社会风气等。

6）合同风险。由于合同条款的不完备或合同欺诈导致合同履行困难或合同无效。

7）人员风险。这是主观风险，是关系人恶意行为、不良企图或重大过失造成的破坏。

（2）按风险产生的阶段分类

1）项目决策风险。

2）融资、筹资风险。

3）建设期风险。

4）生产经营期风险。包括技术风险、时机风险、效益风险、商业风险等。

（3）按风险产生的后果分类

1）工期风险。即造成局部的（工程活动、分项工程）或整个工程的工期延长，不能及时投入使用。

2）费用风险。包括财务风险、成本超支、投资追加、报价风险、收入减少、投资回收期延长或无法收回、回报率降低。

3）质量风险。包括材料、工艺、工程不能通过验收，工程试生产不合格，经过评价工程质量未达标准。

4）生产风险。项目建成后达不到设计生产能力，可能是由于设计、设备问题，或生产用原材料、能源、水、电供应问题。

5）市场风险。工程建成后产品未达到预期的市场份额，销售不足，没有销路，没有竞争力。

6）信誉风险。即造成对企业形象、职业责任、企业信誉的损害。

7）人员、设备风险。如人身伤亡、安全、健康及工程或设备的损坏。

8）法律风险。即可能被起诉或承担相应法律或合同的处罚。

（4）按风险的可控性分类

按风险的可控性分类，可分为可控风险和不可控风险。

1）可控风险。可控风险主要有：

① 合作者的信用风险。

② 市场风险。

③ 竞争性风险。

④ 项目准备风险。

⑤ 建造或竣工风险。

⑥ 成本超支风险。

⑦ 技术故障与设施质量风险。

⑧ 安全事故风险。

2）不可控风险。不可控风险主要有：

① 不可抗力风险。

② 法规变更风险。

③ 违约风险。

④ 项目签约风险。

⑤ 利率变化风险。

⑥ 供应价格变动风险。

⑦ 通货膨胀风险。

⑧ 偿还期限风险。

⑨ 货币风险。

10.1.2　风险管理概述

风险管理的概念

1. 风险管理的概念

风险管理是人们对潜在的意外损失进行辨识、评估、预防和控制的过程，是用最低的费用把项目中可能发生的各种风险控制在最低限度的一种管理体系。

建筑工程具有投资的巨大性、地点的固定性、生产的单件性及规模大、周期长、施工过程复杂等特点，因此比一般产品生产具有更大的风险。建设工程项目的立项及其可行性研究、设计与计划都是基于可预见的技术、管理与组织条件及对工程项目的环境（政治、经济、社会、自然等各方面）理性预测的基础上做出的，而在工程项目实施及项目建成后运行的过程中，这些因素都有可能会产生变化，都存在着不确定性。风险会造成工程项目实施的失控现象，如工期延长、成本增加、计划修改等，最终导致工程经济效益降低，甚至项目失败。

但风险和机会同在，往往是风险大的项目才有较大的盈利机会。风险管理不仅能使建设项目获得很高的经济效益，还能促进建设项目的管理水平和竞争能力的提高。每个工程项目都存在风险，对于项目管理者的主要挑战就是将这种损失发生的不确定性减至一个可以接受的程度，然后再将剩余不确定性的责任分配给最适合承担它的一方，这个过程就是工程项目的风险管理。

风险管理者的任务有识别与评估风险、制定风险处置对策和风险管理预算、制定落实风险管理措施，以及进行风险损失发生后的处理与索赔管理。风险管理是对项目目标的主动控制，是建立项目风险的管理程序及应对机制，以有效降低项目风险发生的可能性，或一旦风险发生，风险对于项目的冲击能够最小。

2. 风险管理的内容

风险管理的内容主要包括风险识别、风险评估与分析及风险处置。

（1）风险识别

风险识别是指找出影响项目质量、进度、投资等目标顺利实现的主要风险，这既是项目风险管理的第一步，也是最重要的一步。这一阶段主要侧重于对风险的定性分析。风险识别应从风险分类、风险产生的原因入手。

1）风险识别的步骤。主要内容如下：

① 项目状态的分析。这是一个将项目原始状态与可能状态进行比较及分析的过程。项目原始状态是指项目立项、可行性研究及建设计划中的预想状态，是一种比较理想化的状态；可能状态则是基于现实、基于变化的一种估计。比较这两种状态下的项目目标值的变化，如果这种变化是恶化的，则为风险。

理解项目原始状态是识别项目风险的基础。只有深刻理解项目的原始状态，才能正确认定项目执行过程中可能发生的状态变化，进而分析状态的变化可能导致的项目目标的不确定性。

② 对项目进行结构分解。通过对项目的结构分解，可以使存在风险的环节和子项变得容易辨认。

③ 历史资料分析。对以前若干个相似项目情况的历史资料分析，有助于识别目前项目的潜在风险。

④ 确认不确定性的客观存在。风险管理者不仅要辨识所发现或推测的因素是否存在不确定性，而且要确认这种不确定性是客观存在的，只有符合这两个条件的因素才可以视作风险。

⑤ 建立风险清单。如果已经确认了风险，就需将这些风险一一列出，建立一个关于本项目的风险清单。开列风险清单必须做到科学、客观、全面，尤其是不能遗漏主要风险。

2）风险识别的方法（定性方法）。风险识别的方法有许多，只要能从工程项目建设环境中找出影响项目目标的风险的方法就是好方法，但在实践中用得较多的是头脑风暴法、德尔菲法、因果分析法和情景分析法。

① 头脑风暴法。头脑风暴法是指通过专家会议，发挥专家的创造性思维来获取未来信息的一种直观预测和识别方法。

头脑风暴法通过专家会议的主持人在会议开始时的发言激起专家们的思维“灵感”，激发专家们创造性思维，在专家们回答问题时相互启发，产生信息交流，诱发专家们产生“思维共振”，以达到互相补充的效果并产生“组合效应”，以获取更多的未来信息，使预测和识别的结果更准确。

② 德尔菲法。德尔菲法又称专家调查法，是通过函询收集若干位与该项目相关领域的专家的意见，然后加以综合整理，再匿名反馈给各位专家，再次征询意见。这样反复经过四

至五轮，逐步使专家的意见趋向一致，作为最后预测和识别的根据。

③ 因果分析法。因果分析图因其图形像鱼刺，故也称鱼刺图分析法。图中主干是风险的后果，枝是风险因素和风险事件，分支为相应的小原因。用因果分析图来分析风险，可以从原因预见结果，也可以从可能的后果中找出将诱发结果的原因。

④ 情景分析法。情景分析法又称幕景分析法，是根据发展趋势的多样性，通过对系统内外相关问题的系统分析，设计出多种可能的未来前景，然后用类似于撰写电影剧本的手法，对系统发展态势做出自始至终的情景与画面的描述。

情景分析法是一种适用于对可变因素较多的项目进行风险预测和识别的系统技术，它在假定关键影响因素有可能发生的基础上，构造出多重情景，提出多种未来的可能结果，以便采取适当措施防患于未然。

（2）风险评估与分析

1）风险评估。风险评估是指采用科学的评估方法将辨识并经分类的风险进行评估，再根据其评估值大小予以排队分级，为有针对性、有重点地管理好风险提供科学依据。风险评估的对象是项目的所有风险，而非单个风险。风险评估可以有许多方法，如方差与变异系数分析法、层次分析法（AHP 法）、强制评分法及专家经验评估法等。经过风险评估，将风险分为几个等级，如重大风险、一般风险、轻微风险、没有风险。

对于重大风险要进一步分析其原因和发生条件，采取严格的控制措施或将其转移，即使多付出些代价也在所不惜；对于一般风险，只要给予足够的重视即可，当采取化解措施时，要较多地考虑成本费用因素；对于轻微风险，只要按常规管理就可以了。

2）风险分析。为了准确、深入地了解风险产生的原因和事件，尤其是重大风险，就需对其做进一步的分析。风险分析是指应用各种风险分析技术，用定性、定量或两者相结合的方式处理不确定性的过程。风险分析的定量方法有敏感性分析、概率分析、决策树分析、影响图技术、模糊数学法、灰色系统理论、效用理论、模拟法、计划评审技术、外推法等；风险分析的定性方法主要有德尔菲法、头脑风暴法、层次分析法、情景分析法等。风险分析方法必须与使用这种方法的环境相适应，具体问题应做具体分析。

风险分析的对象包括风险因素和潜在的风险事件。风险因素是指一系列可能影响项目向好或向坏的方向发展的因素的总和；潜在的风险事件是指如自然灾害或政治动乱等能影响项目的不连续事件。风险分析的内容主要是分析项目风险因素或潜在风险事件发生的可能性、预期的结果范围、可能发生的时间及发生的频率。

风险分析方法是协助风险管理者分析风险，不能代替风险管理者的判断，对风险分析的结果风险管理者必须有自己的判断。

（3）风险处置

风险处置就是根据风险评估及风险分析的结果，采取相应的措施，也就是制订并实施风险处置计划。通过风险评估及风险分析，可以知道项目发生各种风险的可能性及其危害程度，将此与公认的安全指标相比较，就可确定项目的风险等级，从而决定应采取什么样的措施。在实施风险处置计划时应随时将变化了的情况反馈，以便能及时地结合新的情况对项目风险进行预测、识别、评估和分析，并调整风险处置计划，实现风险的动态管理，使之能适

应新的情况，尽量减少风险所导致的损失。

常用的风险处置措施主要有以下四种：

1）风险回避。风险回避就是在考虑到某项目的风险及其所致损失都很大时，主动放弃或终止该项目以避免与该项目相联系的风险及其所致损失的一种处置风险的方式。它是一种最彻底的风险处置技术，在风险事件发生之前就将风险因素完全消除，从而完全消除了这些风险可能造成的各种损失。

风险回避是一种消极的风险处置方法，因为再大的风险也都只是一种可能，既可能发生，也可能不发生。采取回避，当然是能彻底消除风险，但同时也失去了实施项目可能带来的收益，所以这种方法一般只在存在以下情况之一时才会采用：

① 某风险所致的损失频率和损失幅度都相当高。

② 应用其他风险管理方法的成本超过了其产生的效益。

2）风险控制。对损失小、概率大的风险，可采取控制措施来降低风险发生的概率，当风险事件已经发生则尽可能降低风险事件的损失，也就是风险降低。所以，风险控制就是为了最大限度地降低风险事故发生的概率和减小损失幅度而采取的风险处置技术。为了控制工程项目的风险，首先要对实施项目的人员进行风险教育以增强其风险意识，同时采取相应的技术措施。

① 根据风险因素的特性，采取一定措施使其发生的概率降至接近于零，从而预防风险因素的产生。

② 减少已存在的风险因素。

③ 防止已存在的风险因素释放能量。

④ 改善风险因素的空间分布从而限制其释放能量的速度。

⑤ 在时间和空间上把风险因素与可能遭受损害的人、财、物隔离。

⑥ 借助人为设置的物质障碍将风险因素与人、财、物隔离。

⑦ 改变风险因素的基本性质，加强风险部门的防护能力。

⑧ 做好救护受损人、物的准备。

⑨ 制定严格的操作规程，减少错误的作业造成不必要的损失。

风险控制是一种最积极、最有效的处置方式，它不仅能有效地减少项目由于风险事故所造成的损失，而且能使全社会的物质财富少受损失。

3）风险转移。对损失大、概率小的风险，可通过保险或合同条款将责任转移。风险转移是指借用合同或协议，在风险事件发生时将损失的一部分或全部转移到有相互经济利益关系的另一方。风险转移主要有两种方式，即保险风险转移和非保险风险转移。

① 保险风险转移。保险是最重要的风险转移方式，是指通过购买保险的办法将风险转移给保险公司或保险机构。

② 非保险风险转移。非保险风险转移是指通过保险以外的其他手段将风险转移出去。非保险风险转移主要有担保合同、租赁合同、委托合同、分包合同、无责任约定、合资经营、实行股份制。通过转嫁方式处置风险，风险本身并没有减少，只是风险承担者发生了变化，因此转移出去的风险，应尽可能让最有能力的承受者分担，否则就有可能给项目带来意

外的损失。

保险和担保是风险转移最有效、最常用的方法，是工程合同履约风险管理的重要手段，也是符合国际惯例的做法。工程保险着重解决“非预见的意外情况”，包括自然灾害或意外事故造成的物质损失或人身伤亡。工程担保着重解决“可为而不为者”，是用市场化的方式来解决合同约定问题；工程担保属于工程保障机制的范畴；通过工程担保，在被担保人违约、失败、负债时，债权人的权益可以得到保障。这是保险和担保最重要、最根本的区别。另外，工程保证担保中，保证人要求被保证人签订一项赔偿协议，在被保证人不能完成合同时，被保证人需同意赔偿保证人。因此而造成的由保证人代为履约时所需支付的全部费用；而在工程保险中，作为保险人的保险公司将按期收取一定数额的保险费，事故发生后，保险公司负担全部或部分费用，投保人无须再做任何补偿。在工程保证担保中，保证人所承担的风险小于被保证人，只有当被保证人的所有资产都付给保证人，仍然无法还清保证人代为履约所支付的全部费用时，保证人才会蒙受损失；而在工程保险中，保险人（保险公司）作为唯一的责任者，将为投保人所造成的事故负责，与工程保证担保相比，保险人所承担的风险明显增加。

4）风险保留。对损失小、概率小的风险留给自己承担，这种方法通常在下列情况下采用：

① 处理风险的成本大于承担风险所付出的代价。

② 预计某一风险造成的最大损失项目可以安全承担。

③ 当风险降低、风险控制、风险转移等风险控制方法均不可行时。

④ 没有识别出风险，错过了采取积极措施处置的时机。

综上所述，不难看出风险保留有主动保留和被动保留之分。主动保留是指在对项目风险进行预测、识别、评估和分析的基础上，明确风险的性质及其后果，风险管理者认为主动承担某些风险比其他处置方式更好，于是筹措资金将这些风险保留，如上述前三种情况。被动保留则是指未能准确识别和评估风险及损失后果的情况下，被迫采取自身承担后果的风险处置方式。被动保留是一种被动的、无意识的处置方式，往往造成严重的后果，使项目遭受重大损失。被动保留是管理者应该力求避免的。

10.2　工程合同的签约

合同的正确签订，只是履行合同的基础。合同的最终实现，还需要当事人双方严格按照合同约定，认真全面地履行各自的合同义务。工程合同一经签订，即对合同当事人双方产生法律约束力，任何一方都无权擅自修改或解除合同。如果任何一方违反合同规定，不履行合同义务或履行合同义务不符合合同约定而给对方造成损失时，都应当承担赔偿责任。由于土木工程合同具有价值高、建设周期长的特点，合同能否顺利履行将直接对当事人的经济效益乃至社会效益产生很大影响。因此，在合同订立后，当事人必须认真分析合同条款，做好合同交底和合同控制工作，加强合同的变更管理，以保证合同能够顺利履行。

10.2.1 合同谈判前的审查分析

1. 概述

工程承包经过招标、投标、授标的一系列交易过程之后，根据《民法典》规定，发包人和承包人的合同法律关系就已经建立。但是，由于建设工程标的规模大、金额高、履行时间长、技术复杂，再加上可能由于时间紧、工程招标投标工作较仓促，从而可能会导致合同条款完备性不够，甚至合法性不足，给今后合同履行带来很大困难。因此，中标后，发包人和承包人在不背离原合同实质性内容的原则下，还必须通过合同谈判，将双方在招标投标过程中达成的协议具体化，或做某些增补或删减，对价格等所有合同条款进行法律认证，最终订立一份对双方均有法律约束力的合同文件。根据我国《招标投标法》及《房屋建筑和市政基础设施工程施工招标投标管理办法》规定，发包人和承包人必须在中标通知书发出之日起 30 天内签订合同。

由于这是双方合同关系建立的最后也是最关键的一步，因而无论是发包人还是承包人都极为重视合同的措辞和最终合同条款的制定，力争在合同条款上通过谈判全力维护自己的合法利益。双方愿意进一步通过合同谈判签订合同的原因如下：

1）完善合同条款。招标文件中往往存在缺陷和漏洞，如工程范围含糊不清，合同条款较抽象，可操作性不强，合同中出现错误、矛盾和二义性等，从而给今后合同履行带来很大困难。为保证工程顺利实施，必须通过合同谈判完善合同条款。

2）降低合同价格。在评标时，虽然从总体上可以接受承包人的报价，但发现承包人投标报价仍有部分不太合理。因此，希望通过合同谈判，进一步降低正式的合同价格。

3）评标时发现其他投标人的投标文件中某些建议非常可行，而中标人并未提出，发包人非常希望中标人能够采纳这些建议。因此需要与承包人商讨这些建议，并确定由于采纳建议导致的价格变更。

4）讨论某些局部变更，包括设计变更、技术条件或合同条件变更对合同价格的影响。对承包人来说，由于建筑市场竞争非常激烈，发包人在招标时往往提出十分苛刻的条件，在投标时，承包人只能被动应付。进入合同谈判、签订合同阶段，由于被动地位有所改变，承包人往往利用这一机会与发包人讨价还价，力争改善自己的不利处境，以维护自己的合法利益。承包人的主要目标有：

① 澄清标书中某些含糊不清的条款，充分解释自己在投标文件中的某些建议或保留意见。

② 争取改善合同条件，谋求公正和合理的权益，使承包人的权利与义务达到平衡。

③ 利用发包人的某些修改变更进行讨价还价，争取更为有利的合同价格。

为了切实维护自己的合法利益，在合同谈判之前，无论是发包人还是承包人都必须认真仔细地研究招标文件，以及双方在招标投标过程中达成的协议，审查每一个合同条款，分析该条款的履行后果，从中寻找合同漏洞及于己不利的条款，力争通过合同谈判使自己处于较为有利的位置，以改善合同条件中一些主要条款的内容，从而从合同条款上全力维护自己的合法权益。

2. 合同审查分析的内容

合同审查分析是一项技术性很强的综合性工作，它要求合同管理者必须熟悉与合同相关的法律法规，精通合同条款，对工程环境有全面了解，有合同管理的实际工作经验并有足够的细心和耐心。工程合同审查分析主要包括以下几个方面的内容：

（1）合同效力的审查与分析

合同必须在合同依据的法律基础的范围内签订和实施，否则会导致合同全部或部分无效，从而给合同当事人带来不必要的损失。这是合同审查分析的最基本也是最重要的工作。合同效力的审查与分析主要从以下几方面入手：

1）合同当事人资格的审查。即合同主体资格的审查。无论是发包人还是承包人必须具有发包和承包工程、签订合同的资格，即具备相应的民事权利能力和民事行为能力。有些招标文件或当地法规对外地或外国承包商有一些特别规定，如在当地注册、获取许可证等。在我国，对承包方的资格审查主要审查承包人有无企业法人营业执照、是否具有与所承包工程相适应的资质证书（允许低于资质等级承揽工程）、是否办理了施工许可证。施工单位的资格主要从营业执照、资质证书两个方面进行审查，施工单位必须具备企业法人资格且营业执照经过年检，施工单位要在资质等级许可的范围内对外承揽工程。跨省、自治区、直辖市承包工程的还要经过施工所在地建设行政主管部门办理施工许可手续，行政管理规定不影响民事主体的民事权利能力，未办理跨省施工许可手续的不影响合同有效。

2）工程项目合法性审查。即合同客体资格的审查。主要审查工程项目是否具备招标投标及签订和实施合同的一切条件，包括：

① 是否具备工程项目建设所需要的各种批准文件。

② 工程项目是否已经列入年度建设计划。

③ 建设资金与主要建筑材料和设备来源是否已经落实。

3）合同订立过程的审查。如审查招标人是否有规避招标行为和隐瞒工程真实情况的现象；投标人是否有串通作弊、哄抬标价或以行贿的手段谋取中标的现象；招标代理机构是否有泄露应当保密的与招标投标活动有关的情况和资料的现象，以及其他违反公开、公平、公正原则的行为。任何单位和个人不得将依法必须进行招标的项目化整为零或者以其他任何方式规避招标。依法应当招标而未招标的合同无效。

特别需要强调的是，在工程招标投标过程中，出现少数发包人和承包人签订黑白合同的现象。黑白合同是指合同当事人出于某种利益考虑，对同一合同标的物签订的价款存在明显差额或者履行方式存在差异的两份合同，其中，进行了登记、备案等公示的合同称为“白合同”，而另一份仅由双方当事人持有的、内容与备案合同不一致的私下协议，称为“黑合同”。对于黑白合同，《最高人民法院关于审理建设工程施工合同纠纷案件适用法律问题的解释》第二十一条规定，“当事人就同一建设工程另行订立的建设工程施工合同与经过备案的中标合同实质性内容不一致的，应当以备案的中标合同作为结算工程价款的根据”。有些合同需要公证或由官方批准后才能生效，这应当在招标文件中说明。在国际工程中，有些国家项目、政府工程，在合同签订后或业主向承包商发出中标通知书后，还得经过政府批准后，合同才能生效。对此，应当特别注意。

4）合同内容合法性审查。主要审查合同条款和所指的行为是否符合法律规定，主要包括：

① 审查合同规定的项目是否符合政府批文。

② 审查合同规定的项目是否符合国家产业政策。

③ 政府投资项目合同是否约定带资、垫资的施工条款。

合同内容违反地方性、专门性规定的合同效力确认，应具体审查地方性、专门性规定的效力，主要看该地方性、专门性规定是否与法律法规的禁止性或义务性规定相一致。

其他方面，如分包转包的规定、劳动保护的规定、环境保护的规定、赋税和免税的规定、外汇额度条款、劳务进出口等条款是否符合相应的法律规定。

（2）合同的完备性审查

《民法典》规定，一份完整的合同应包括合同当事人、合同标的、标的数量和质量、合同价款或酬金、履行期限、地点和方式、违约责任和解决争议的方法等所有条款。由于建设工程的工程活动多，涉及面广，合同履行中不确定性因素多，从而给合同履行带来很大风险。如果合同不够完备，就可能会给当事人造成重大损失。因此，必须对合同的完备性进行审查。合同的完备性审查包括：

1）合同文件完备性审查。即审查属于该合同的各种文件是否齐全。如发包人提供的技术文件等资料是否与招标文件中的规定相符，合同文件是否能够满足工程需要等。

2）合同条款完备性审查。这是合同完备性审查的重点，即审查合同条款是否齐全，对工程涉及的各方面问题是否都有规定，合同条款是否存在漏项等。合同条款完备性程度与采用何种合同文本有很大关系：

① 如果采用的是合同示范文本，如 FIDIC 条件或我国施工合同示范文本等，则一般认为该合同条款较完备。此时，应重点审查专用合同条款是否与通用合同条款相符，是否有遗漏等。

② 如果未采用合同示范文本，但合同示范文本存在。在审查时应当以示范文本为样板，将拟签订的合同与示范文本的对应条款一一对照，从中寻找合同漏洞。

③ 无标准合同文本，如联营合同等。无论是发包人还是承包人在审查该类合同的完备性时，应尽可能多地收集实际工程中的同类合同文本，并进行对比分析，以确定该类合同的范围和合同文本结构形式。再将被审查的合同按结构拆分开，并结合工程的实际情况，从中寻找合同漏洞。

（3）合同条款的公正性审查

公平公正、诚实信用是《民法典》的基本原则，当事人无论是签订合同还是履行合同，都必须遵守该原则。但是，在实际操作中，由于建筑市场竞争异常激烈，而合同的起草权往往掌握在发包人手中，承包人只能处于被动应付的地位，因此，发包人所提供的合同条款往往很难达到公平公正的程度。所以，承包人应逐条审查合同条款是否公平公正，对明显缺乏公平公正的条款，在合同谈判时，应通过寻找合同漏洞，向发包人提出自己合理化建议，利用发包人澄清合同条款及进行变更的机会，力争使发包人对合同条款做出有利于自己的修改。同时，发包人应当认真审查研究承包人的投标文件，从中分析投标报价过程中承包人是

否存在欺诈等违背诚实信用原则的现象。对施工合同而言，应当重点审查以下内容：

1）工作范围。即承包人所承担的工作范围。包括施工，材料和设备供应，施工人员的提供，工程量的确定，质量、工期要求及其他义务。工作范围是制定合同价格的基础，因此工作范围是合同审查与分析中一项极其重要的不可忽视的问题。招标文件中往往存在一些含糊不清的条款，因此有必要进一步明确工作范围。在这方面，经常发生的问题有以下几种：

① 因工作范围和内容规定不明确或承包人未能正确理解而出现报价漏项，从而导致成本增加甚至整个项目出现亏损。

② 由于工作范围不明确，对一些应包括进去的工程量没有进行计算而导致施工成本上升。

③ 规定工作内容时，对于规格、型号、质量要求、技术标准文字表达不清楚，从而在实施过程中易产生合同纠纷。

④ 对于承包的国际工程，在将外文标书翻译成中文时出现错误，如将金扶手翻译成镀金扶手，将发电机翻译成发动机等，就会导致报价失误。

因此，合同审查一定要认真仔细，规定工作内容时一定要明确具体，责任分明。特别是在固定总价合同中，根据双方已达成的价格，查看承包人应完成哪些工作，界面划分是否明确，对追加工程能否另计费用。对招标文件中已经体现，工程质量也已列入，但总价中未计入者，是否已经逐项指明不包括在本承包范围内，否则要补充计价并相应调整合同价格。为现场监理工程师提供的服务如包含在报价内，分析承包人应提供的办公及住房的建筑面积、标准，工作、生活设备数量和标准等是否明确。合同中是否包含诸如“除另有规定外的一切工程”“承包人可以合理推知需要提供的为本工程服务所需的一切工程”等含糊不清的词句。

2）权利和责任。合同应公平合理地分配双方的责任和权益。因此，在合同审查时，一定要列出双方各自的责任和权利，在此基础上进行权利义务关系分析，检查合同双方责权是否平衡，合同有否逻辑问题等。同时，还必须对双方责任和权利的制约关系进行分析。如在合同中规定一方当事人有一项权利，则要分析该权利的行使会对对方当事人产生什么影响，该权利是否需要制约，权利方是否会滥用该权利，使用该权利的权利方应承担什么责任等。据此可以提出对该项权利的反制约。例如，合同中规定“承包商在施工中随时接受工程师的检查”条款，作为承包商，为了防止工程师滥用检查权，应当相应增加“如果检查结果符合合同规定，则业主应当承担相应的损失（包括工期和费用赔偿）”条款，以限制工程师的检查权。如果合同中规定一方当事人必须承担一项责任，则要分析承担该责任应具备什么前提条件，以及相应该拥有什么权利，如果对方不履行相应的义务应承担什么责任等。例如，合同规定承包商必须按时开工，则在合同中应相应地规定业主应按时提供现场施工条件，及时支付预付款等。

在审查时，还应当检查双方当事人的责任和权利是否具体、详细、明确，责权范围界定是否清晰等。例如，对不可抗力的界定必须清晰，如风力为多少级，降雨量为多少毫米，地震的震级为多少，等等。如果招标文件提供的气象、水文和地质资料明显不全，则应争取列入非正常气象、水文和地质情况下业主提供额外补偿的条款，或在合同价格中约定对气象、水文和地质条件的估计，如超过该假定条件，则需要增加额外费用。

3）工期和施工进度计划。

① 工期。工期的长短直接与承发包双方利益密切相关。对发包人而言，工期过短，不利于工程质量，还会造成工程成本增加；而工期过长，则影响发包人正常使用，不利于发包人及时收回投资。因此，发包人在审查合同时，应当综合考虑工期、质量和成本三者的制约关系，以确定一个最佳工期。对承包人来说，应当认真分析自己能否在发包人规定的工期内完工；为保证自己按期竣工，发包人应当提供什么条件，承担什么义务；如发包人不履行义务应承担什么责任，以及承包人不能按时完工应当承担什么责任等。如果根据分析，很难在规定工期内完工，承包人应在谈判过程中依据施工计划，在最优工期的基础上，考虑各种可能的风险影响因素，争取确定一个承发包双方都能够接受的工期，以保证施工的顺利进行。

② 开工。主要审查开工日期是已经在合同中约定还是以工程师在规定时间发出开工通知为准，从签约到开工的准备时间是否合理，发包人提交的现场条件的内容和时间能否满足施工需要，施工进度计划提交及审批的期限，发包人延误开工、承包人延误进点各应承担什么责任等。

③ 竣工。主要审查竣工验收应当具备什么条件，验收的程序和内容；对单项工程较多的工程，能否分批分栋验收交付，已竣工交付部分，其维修期是否从出具该部分工程竣工证书之日算起；工程延期竣工罚款是否有最高限额；对于工程变更、不可抗力及其他发包人原因而导致承包人不能按期竣工的，承包人是否可延长竣工时间等。

4）工程质量。主要审查工程质量标准的约定能否体现优质优价的原则，材料设备的标准及验收规定，工程师的质量检查权力及限制，工程验收程序及期限规定，工程质量瑕疵责任的承担方式，工程保修期期限及保修责任等。

5）工程款及支付问题。工程造价条款是工程施工合同的关键条款，但通常会发生约定不明或设而不定的情况，为日后争议和纠纷的发生埋下隐患。实际情况表明，业主与承包商之间发生的争议、仲裁和诉讼等，大多集中在付款上，承包工程的风险或利润，最终也都要在付款中表现出来。因此，无论发包人还是承包人都必须花费相当多的精力来研究与付款有关的各种问题。

① 合同价格。合同价格中的问题包括以下几方面：

a. 合同的计价方式，如采用固定价格方式，则应检查在合同中是否约定合同价款风险范围及风险费用的计算方法，价格风险承担方式是否合理；如采用单价方式，则应检查在合同中是否约定单价随工程量的增减而调整的变更限额百分比（如15%、20%或25%）；如采用成本加酬金方式，则应检查合同中成本构成和酬金的计算方式是否合理。

b. 分析工程变更对合同价格的影响。

c. 检查合同中是否约定工程最终结算的程序、方式和期限。对单项工程较多的工程，是否约定按各单项工程竣工日期分批结算；对“三边”工程，能否设定分阶段决算程序。

d. 当合同当事人对结算工程最终造价有异议时应当如何处理等。

② 工程款支付。工程款支付主要包括以下内容：

a. 预付款。由于施工初期承包人的投入较大，因此如在合同中约定预付款以支付承包人初期准备费用是公平合理的。对承包人来说，争取预付款既可以使自己减少垫付的周转资金及利息，也可以表明业主的支付信用，减少部分风险。因此，承包人应当力争取得预付款，甚至可适当降低合同价款以换取部分预付款，同时还要分析预付款的比例、支付时间及扣还方式等。在没有预付款时，根据合同条款分析能否要求发包人根据工程初期准备工作的完成情况给付一定的初期付款。

b. 付款方式。对于采用根据工程进度按月支付的，主要审查工程计量及工程款的支付程序及检查合同中是否有中期支付的支付期限及延期支付的责任。对于采用按工程形象进度付款的，应重点分析各付款阶段付款额对工程资金现金流的影响，以合理确定各阶段的付款比例。

c. 支付保证。支付保证包括承包人预付款保证和发包人工程款支付保证。对于预付款保证，应重点审查保证的方式及预付款保证的保值是否随被扣还的预付款金额而相应递减。业主支付能力直接影响承包人是否会发生资金风险及风险发生后影响程度的大小，承包人事先必须详细调查业主的资信状况，并尽可能要求业主提供银行出具的资金到位的证明或资金支付担保。

d. 保留金。主要检查合同中规定的保留金限额是否合理，保留金的退还时间，分析能否以维修保函代替扣留的应付款。对于分批交工的工程，是否可分批退还保留金。

6）违约责任。违约责任条款订立的目的在于促使合同双方严格履行合同义务，防止违约行为的发生。发包人拖欠工程款，承包人不能保证工程质量或不按期竣工，均会给对方及第三人带来不可估量的损失。因此，违约责任条款的约定必须具体、完整。在审查违约责任条款时，要注意：

① 对双方违约行为的约定是否明确，违约责任的约定是否全面。在工程施工合同中，双方的义务繁多，因此一些违反非合同主要义务的责任承担往往容易被忽视。而违反这些义务极可能影响到整个合同的履行，所以，应当注意必须在合同中明确违约行为，否则很难追究对方的违约责任。

② 违约责任的承担是否公平。针对自己关键性权利，即对方的主要义务，应向对方规定违约责任，如对承包人必须按期完工、发包人必须按规定付款等，都要详细规定各自的履行义务和违约责任。在对自己确定违约责任时，一定要同时规定对方的某些行为是自己履约的先决条件，否则自己不应当承担违约责任。

③ 对违约责任的约定不应笼统化，而应区分情况做相应约定。有的合同不论违约的具体情况，只是笼统地约定一笔违约金，这很难与因违约而造成的实际损失相匹配，从而导致出现违约金过高或过低等不合理现象。因此，应当根据不同的违约行为，如工程质量不符合约定、工期延误等分别约定违约责任。同时，对同一种违约行为，应视违约程度，承担不同的违约责任。

④ 虽然规定了违约责任，在合同中还要强调，对双方当事人发生争执而又解决不了的违约行为及由此而造成的损失可用协商调解和仲裁（或诉讼）办法来解决，以作为督促双

方履行各自义务和承担违约责任的一种保证措施。

此外，在合同审查时，还必须注意合同中关于保险、担保、工程保修、变更、索赔、争议的解决及合同的解除等条款的约定是否完备、公平合理。

3. 合同审查表

(1) 合同审查表的作用

合同审查后，对上述分析研究结果可以用合同审查表进行归纳整理。用合同审查表可以系统地针对合同文本中存在的问题提出相应的对策。合同审查表的主要作用有：

1）通过合同的结构分解，使合同当事人及合同谈判者对合同有一个全面地了解。

2）检查合同内容的完整性。与标准的合同结构对照，即可发现该合同缺少哪些必需条款。

3）分析评价每一合同条款执行的法律后果及风险，为合同谈判和签订提供决策依据。

4）通过审查还可以发现：

① 合同条款之间的矛盾。

② 不公平条款，如过于苛刻、责权利不平衡、单方面约束性条款。

③ 隐含着较大风险的条款。

④ 内容含糊，概念不清，或未能完全理解的条款。

对于一些重大工程或合同关系与合同文本很复杂的工程，合同审查的结果应经律师或合同法律专家核对评价，或在其指导下进行审查，以减少合同风险，减少合同谈判和签订中的失误。

(2) 合同审查表功能要求与内容

1）合同审查表的功能要求。要达到合同审查的目的，合同审查表应达到以下要求：

① 完整的审查项目和审查内容。通过审查表可以直接检查合同条款的完整性。

② 被审查合同在对应审查项目上的具体条款和内容。

③ 对合同内容的分析评价，即合同中有什么样的问题和风险。

④ 针对分析出来的问题提出建议或对策。

某承包人的合同审查表见表 10-1。

表 10-1 合同审查表

审查项目编号	审查项目	条款号	条款内容	条款问题说明	建议或对策
J02020	工程范围	3.1	工程范围包括 BQ 单①中所列出的工程，及承包商可合理推知需要提供的为本工程服务所需的一切辅助工程	工程范围不清楚，业主可以随意扩大工程范围，增加新项目	(1) 限定工程范围仅为 BQ 单①中所列出的工程 (2) 增加对新增工程可重新约定价格的条款
S06021	责任和义务	6.1	承包人严格遵守工程师对本工程的各项指令并使工程师满意	工程师权限过大，使工程师满意对承包人产生极大约束	工程师指令及满意仅限技术规范及合同条件范围内并增加反约束条款

（续）

审查项目编号	审查项目	条款号	条款内容	条款问题说明	建议或对策
S07056	工程质量	16.2	承包人在施工中应加强质量管理工作，确保交工时工程达到设计生产能力，否则应赔偿损失	达不到设计生产能力的原因很多，责权不平衡	(1) 赔偿责任仅限因承包商原因造成的 (2) 对因业主原因达不到设计生产能力的，承包商有权获得补偿
S08082	支付保证	无	无	这一条极为重要，必须补上	要求业主提供银行出具的资金到位证明或资金支付担保
……	……	……	……	……	……

① BQ 单指工程量清单。

2）审查项目。审查项目的建立和合同结构标准化是审查的关键。在实际工程中，某一类合同，其条款内容、性质和说明的对象往往基本相同，此时，即可将这类合同的合同结构固定下来，作为该类合同的标准结构。合同审查可以将合同标准结构中的项目和子项目作为具体的审查项目。

3）编码。这是为了计算机数据处理的需要而设计的，以方便调用、对比、查询和储存。编码应能反映所审查项目的类别、项目、子项目等项目特征，对复杂的合同还可以细分。为便于操作，合同结构编码系统要统一。

4）合同条款号及内容。审查表中的条款号必须与被审查合同条款号相对应。被审查合同相应条款的内容是合同分析研究的对象，可从被审查合同中直接摘录该被审查合同条款到合同审查表中来。

5）说明。说明是指对合同条款存在的问题和风险进行分析研究。主要是具体客观地评价该条款执行的法律后果及会给合同当事人带来的风险。这是合同审查中最核心的问题，分析的结果是否正确、完备将直接影响到以后的合同谈判、签订乃至合同履行时合同当事人的地位和利益。因此合同当事人对此必须给予高度重视。

6）建议或对策。针对审查分析得出的合同中存在的问题和风险，提出相应的对策或建议，并将合同审查表交给合同当事人和合同谈判者。合同谈判者在与对方进行合同谈判时可以针对审查出来的问题和风险，落实审查表中的对策或建议，做到有的放矢，以维护合同当事人的合法权益。

10.2.2　工程合同的谈判与签订

1. 合同谈判的准备工作

合同谈判是业主与承包商面对面的直接较量，谈判的结果直接关系到合同条款的订立是否于己有利，因此，在合同正式谈判前，无论是业主还是承包商，必须深入细致地做好充分的思想准备、组织准备、资料准备等，做到知己知彼、心中有数，为合同谈判的成功奠定坚实的基础。

（1）谈判的思想准备

合同谈判是一项艰苦复杂的工作，只有有了充分的思想准备，才能在谈判中坚持立场，适当妥协，最后达到目标。因此，在正式谈判之前，应对以下两个问题做好充分的思想准备：

1）谈判目的。这是必须明确的首要问题，因为不同的目标决定了谈判方式与最终谈判结果，一切具体的谈判行为方式和技巧都是为谈判的目的服务的。因此，首先必须确定自己的谈判目标，同时，要分析揣摩对方谈判的真实意图，从而有针对性地进行准备并采取相应的谈判方式和谈判策略。

2）确立己方谈判的基本原则和谈判中的态度。明确谈判目的后，必须确立己方谈判的基本立场和原则，从而确定在谈判中哪些问题是必须坚持的，哪些问题可以做出一定的合理让步及让步的程度等。同时，还应具体分析在谈判中可能遇到的各种复杂情况及其对谈判目标实现的影响，谈判有无失败的可能，遇到实质性问题争执不下时该如何解决等。做到既保证合同谈判能够顺利进行，又保证自己能够获得于己有利的合同条款。

（2）合同谈判的组织准备

在明确了谈判目标并做好应付各种复杂局面的思想准备后，就可以开始着手组织一个精明强干、经验丰富的谈判班子进行具体谈判准备和谈判工作。谈判组成员的专业知识结构、综合业务能力和基本素质对谈判结果有着重要的影响。一个合格的谈判小组应由具有实质性谈判经验的技术人员、财务人员、法律人员组成。谈判组长应由思维敏捷、思路清晰、具备高度组织能力与应变能力、熟悉业务并有着丰富经验的谈判专家担任。

（3）合同谈判的资料准备

合同谈判必须有理有据，因此，谈判前必须收集整理各种基础资料和背景材料，包括对方的资信状况、履约能力，发展阶段，项目由来及资金来源，土地获得情况，项目目前进展情况等，以及在前期接触过程中已经达成的意向书、会议纪要、备忘录等，并将资料分成三类：一是准备原招标文件中的合同条件、技术规范及投标文件、中标函等文件，以及向对方提出的建议等资料；二是准备好谈判时对方可能索取的资料及在充分估计对方可能提出各种问题的基础上准备好适当的资料论据，以便对这些问题做出恰如其分的回答；三是准备好能够证明自己能力和资信程度等的资料，使对方能够确信自己具备履约能力。

（4）背景材料的分析

在获得上述基础资料及背景材料后，必须对这些资料进行详细分析，包括：

1）对己方的分析。签订工程合同之前，必须对自己的情况进行详细分析。对发包人来说，应按照可行性研究的有关规定，进行定性和定量的分析研究，在此基础上论证项目在技术上、经济上的可行性，经过方案比较，推荐最佳方案。在此基础上，了解自己建设准备工作情况，包括技术准备、征地拆迁、现场准备及资金准备等情况，以及自己对项目在质量、工期、造价等方面的要求，以确定己方的谈判方案。对承包商而言，在接到中标函后，应当详细分析项目的合法性与有效性、项目的自然条件和施工条件、己方承包该项目有哪些优势及存在哪些不足，以确立己方在谈判中的地位。同时，必须熟悉合同审查表中的内容，以确立己方的谈判原则和立场。

2）对对方的分析。对对方的基本情况的分析主要从以下几个方面入手：

① 对方是否为合法主体，资信情况如何。这是首先必须要确定的问题。如果承包人越级承包，或者承包人履约能力极差，就可能会造成工程质量低劣，工期严重延误，从而导致合同无法顺利进行，给发包人带来较大损失。相反，如果工程项目本身因为缺少政府批文而不合法，发包主体不合法，或者发包人的资信状况不良，也会给承包人带来较大损失。因此，在谈判前必须确认对方是履约能力强、资信情况好的合法主体；否则，就要慎重考虑是否与对方签订合同。

② 谈判对手的真实意图。只有在充分了解对手的谈判诚意和谈判动机后，并对此做好充分的思想准备，才能在谈判中始终掌握主动权。

③ 对方谈判人员的基本情况。包括对方谈判人员的组成，谈判人员的身份、年龄、健康状况、性格、资历、专业水平、谈判风格等，以便己方有针对性地安排谈判人员并做好思想上和技术上的准备，并注意与对方建立良好的关系，发展谈判双方的友谊，争取在到达谈判桌以前就有亲切感和信任感，为谈判创造良好的氛围。同时，还要了解对方是否熟悉己方。另外，必须了解对方各谈判人员对谈判所持的态度、意见，从而尽量分析并确定谈判的关键问题和关键人物的意见及倾向。

（5）谈判方案的准备

在确立己方的谈判目标及认真分析己方和对手情况的基础上，拟定谈判提纲。同时，要根据谈判目标，准备几个不同的谈判方案，还要研究和考虑最优方案及对方可能倾向的方案。这样，当对方不易接受某一方案时，就可以改换另一种方案，通过协商就可以选择一个双方都能够接受的最佳方案。切忌只有一个方案，这样当对方拒不接受时，易使谈判陷入僵局。

（6）会议具体事务的安排准备

这是谈判开始前必须进行的准备工作，包括三方面内容：选择谈判的时机、谈判的地点及谈判议程的安排。尽可能选择有利于己方的时间和地点，同时要兼顾对方能否接受。应根据具体情况安排议程，议程安排应松紧适度。

2. 谈判程序

1）一般讨论。谈判开始阶段通常都是先广泛交换意见，各方提出自己的设想方案，探讨各种可能性，经过商讨逐步将双方意见综合并统一起来，形成共同的问题和目标，为下一步详细谈判做好准备。不要一开始就使会谈进入实质性问题的争论或逐条讨论合同条款。要先搞清基本概念和双方的基本观点，在双方相互了解了基本观点之后，再逐条逐项仔细地讨论。

2）技术谈判。在一般讨论之后，就要进入技术谈判阶段。这个阶段主要对原合同中技术方面的条款进行讨论，包括工程范围、技术规范、标准、施工条件、施工方案、施工进度、质量检查、竣工验收等。

3）商务谈判。商务谈判阶段主要对原合同中的商务条款进行讨论，包括工程合同价款、支付条件、支付方式、预付款、履约保证、保留金、货币风险的防范、合同价格的调整等。需要注意的是，技术条款与商务条款往往是密不可分的，因此，在进行技术谈判和商务谈判时，不能将两者分割开来。

4）合同拟定。谈判进行到一定阶段后，在双方都已表明了观点，对原则问题双方意见基本一致的情况下，就可以交换书面意见或合同稿了。然后以书面意见或合同稿为基础，逐条逐项审查讨论合同条款。先审查一致性问题，后审查讨论不一致的问题，对双方不能确定、达不成一致意见的问题，再请示上级审定，下次谈判继续讨论，直至双方对新形成的合同条款一致同意并形成合同草案为止。

3. 谈判策略和技巧

谈判是通过不断讨论、争执及让步后确定合同双方权利、义务的过程，实质上是双方各自说服对方和被对方说服的过程，它直接关系到谈判桌上各方最终利益的得失，因此，必须注重谈判的策略和技巧。以下介绍几种常见的谈判策略和技巧：

（1）掌握谈判议程，合理分配各议题时间

工程合同谈判一般会涉及诸多需要讨论的事项，而各事项的重要程度并不相同，谈判各方对同一事项的关注程度也不一定相同。成功的谈判者善于掌握谈判的进程，在充满合作气氛的阶段，商讨自己所关注的议题，从而抓住时机，达成有利于己方的协议。在气氛紧张时，则引导谈判进入双方具有共识的议题，一方面缓和气氛，另一方面缩小双方差距，推进谈判进程。同时，谈判者应合理分配谈判时间，对于各议题的商讨时间应得当，不要过于拘泥于细节性问题。这样可以缩短谈判时间，降低交易成本。

（2）高起点战略

谈判的过程是各方妥协的过程，通过谈判，各方都或多或少会放弃部分利益以求得项目的进展。而有经验的谈判者在谈判之初会有意识地向对方提出苛刻的谈判条件，这样对方会过高地估计本方的谈判底线，从而在谈判中做出更多让步。

（3）注意谈判氛围

谈判各方往往存在利益冲突，要兵不血刃即获得谈判成功是不现实的。但有经验的谈判者会在各方分歧严重、谈判气氛激烈时适时采取润滑措施，舒缓压力。

（4）拖延与休会

当谈判遇到障碍，陷入僵局时，拖延与休会可以使明智的谈判者有时间冷静思考，在客观分析形势后提出替代方案。在一段时间的冷处理后，各方都可以进一步考虑整个项目的意义，进而弥合分歧，将谈判从低谷引向高潮。

（5）避实就虚

谈判各方都有自己的优势和弱点。谈判者应在充分分析形势的情况下，做出正确判断，利用正确判断，抓住对方弱点，猛烈攻击，使其妥协。而对己方的弱点，则要尽量注意回避。

（6）对等让步

当己方准备对某些条件做出让步时，可以要求对方在其他方面也做出相应的让步。要争取把对方的让步作为自己让步的前提和条件。同时应分析对方的让步与己方的让步是否均衡，在未分析研究对方可能做出的让步之前轻易表态让步是不可取的。

（7）分配谈判角色

谈判时应利用本谈判组成员各自不同的性格特征扮演不同的角色。有的唱红脸，积极进

攻；有的唱白脸，和颜悦色。这样软硬兼施，可以事半功倍。

（8）善于抓住实质性问题

任何一项谈判都有其主要目标和主要内容。在整个项目的谈判过程中，要始终注意抓住主要的实质性问题，如工作范围、合同价格、工期、支付条件、验收及违约责任等来谈，不要为一些鸡毛蒜皮的小事争论不休，而把大的问题放在一边。要防止对方转移视线，回避主要问题，或避实就虚，在主要问题上打马虎眼，而故意在无关紧要的问题上兜圈子。这样，若到谈判快结束时再把主要问题提出来，就容易草草收场，形成于己不利的结局，使谈判达不到预期效果。

4. 谈判时应注意的问题

（1）谈判态度

谈判时必须注意礼貌，态度要友好，平易近人。当对方提出相反意见或不愿接受自己的意见时，要特别耐心，不能急躁，绝对不能态度无理或用侮辱性语言伤害对方。

（2）内部意见要统一

内部有不同意见时不要在对手面前暴露出来，应在内部讨论解决，大的原则性问题不能统一时可请示领导审批。在谈判中，一切让步和决定都必须由组长做出，其他人不能擅自表态。而组长对对方提出的各种要求，不应急于表态，特别是不要轻易承诺承担违约责任，而是在和大家讨论后，再做出决定。

（3）注重实际

在双方初步接触、交换基本意见后，就应当对谈判目标和意图尽可能多地商讨具体的办法和意见，切不可说大话、空话和不现实的话，以免谈判进行不下去。

（4）注意行为举止

在谈判中必须明白自己的行为举止代表着己方单位的形象，因此，必须注意行为举止，讲究文明。绝对禁止不文明的举动。

5. 工程合同的签订

经过合同谈判，双方对新形成的合同条款一致同意并形成合同草案后，即进入合同签订阶段。这是确立承发包双方权利义务关系的最后一步工作。一个符合法律规定的合同一经签订，即对合同当事人双方产生法律约束力。因此，无论是发包人还是承包人，应当抓住这最后的机会，再认真审查分析合同草案，检查其合法性、完备性和公正性，争取改变合同草案中的某些内容，最大限度地维护自己的合法权益。

10.3　工程合同履约管理

合同的正确签订，只是履行合同的基础。合同的最终实现，还需要当事人双方严格按照合同约定，认真全面地履行各自的合同义务。工程合同一经签订，即对合同当事人双方产生法律约束力，任何一方都无权擅自修改或解除合同。如果任何一方违反合同规定，不履行合同义务或履行合同义务不符合合同约定而给对方造成损失，都应当承担赔偿责任。由于土木工程合同具有价值高、建设周期长的特点，合同能否顺利履行将直接对当事人的经济效益乃至社会效益产生很大影响。因此，在合同订立后，当事人必须认真分析合同条款，做好合同交底和合同控制工作，加强合同的变更管理，以保证合同能够顺利履行。

10.3.1 工程合同履行的含义

工程合同的履行是指工程建设项目的发包方和承包方根据合同规定的时间、地点、方式、内容及标准等要求，各自完成合同义务的行为。根据当事人履行合同义务的程度，合同履行可分为全部履行、部分履行和不履行。

对于发包方来说，履行工程合同最主要的义务是按约定支付合同价款，而承包方最主要的义务是按约定交付工作成果。但是，当事人双方的义务都不是单一的最后交付行为，而是一系列义务的总和。例如，对工程设计合同来说，发包方不仅要按约定支付设计报酬，还要及时提供设计所需要的地质勘探等工程资料，并根据约定给设计人员提供必要的工作条件等；而承包方除了按约定提供设计资料外，还要参加图纸会审、地基验槽等工作。对施工合同来说，发包方不仅要按时支付工程备料款、进度款，还要按约定按时提供现场施工条件，及时参加隐蔽工程验收等；而承包方义务的多样性则表现为工程质量必须达到合同约定标准，施工进度不能超过合同工期，等等。总之，工程合同的履行，其内容之丰富，经历时间之长，是其他合同所无法比拟的，因此，对工程合同的履行，尤应强调贯彻合同的履行原则。

10.3.2 工程项目合同分析

1. 合同分析概述

(1) 合同分析概念

合同分析是指从执行的角度分析、补充、解释合同，将合同目标和合同规定落实到合同实施的具体问题上和具体事件上，用以指导具体工作，使合同能符合日常工程管理的需要。

合同签订后，合同当事人的主要任务是按合同约定圆满地实现合同目标，完成合同责任。而整个合同责任的完成是靠在一段段时间内完成一项项工程和一个个工程活动实现的。因此，对承包方来说，必须将合同目标和责任贯彻落实在合同实施的具体问题上和各工程小组及各分包方的具体工程活动中。承包方的各职能人员和各工程小组都必须熟练地掌握合同，用合同指导工程实施和工作，以合同作为行为准则。

从项目管理的角度来看，合同分析就是为合同控制确定依据。合同分析确定合同控制的目标，并结合项目进度控制、质量控制、成本控制的计划，为合同控制提供相应的合同工作、合同对策、合同措施。从此意义上讲，合同分析是承包商项目管理的起点。

合同履行阶段的合同分析不同于合同谈判阶段的合同审查与分析。合同谈判时的合同分析主要是对尚未生效的合同草案的合法性、完备性和公正性进行审查，其目的是针对审查发现的问题，争取通过合同谈判改变合同草案中于己不利的条款，以维护己方的合法权益。而合同履行阶段的合同分析主要是对已经生效的合同进行分析，其目的主要是明确合同目标，并进行合同结构分解，将合同落实到合同实施的具体问题和具体事件上，用以指导具体工作，保证合同能够顺利履行。

（2）合同分析作用

1）分析合同漏洞，解释争议内容。工程的合同状态是静止的，而工程施工的实际情况千变万化，一份再标准的合同也不可能将所有问题都考虑在内，难免会有漏洞。同时，许多工程的合同是由发包方自行起草的，条款简单，诸多合同条款均未详细、合理地约定。在这种情况下，通过分析这些合同漏洞，并将分析的结果作为合同的履行依据就非常必要了。由于合同中出现错误、矛盾和二义性解释，以及施工中出现合同未做出明确约定的情况，在合同实施过程中双方会有许多争执。要解决这些争执，首先必须做合同分析，按合同条文的表达，分析它的意思，以判定争执的性质。要解决争执，双方必须就合同条文的理解达成一致。特别是在索赔中，合同分析为索赔提供了理由和根据。

2）分析合同风险，制定风险对策。工程承包是高风险行业，存在诸多风险因素，这些风险有的可能在合同签订阶段已经经过分摊，但仍有相当的风险并未落实或分摊不合理。因此，在合同实施前有必要做进一步的全面分析，以落实风险责任。对己方应承担的风险也有必要通过风险分析和评价，制定和落实风险回应措施。

3）分解合同工作并落实合同责任。合同事件和工程活动的具体要求（如工期、质量、技术、费用等）、合同双方的责任关系、事件和活动之间的逻辑关系极为复杂，要使工程按计划、有条理地进行，必须在工程开始前将它们落实下来，从工期、质量、成本、相互关系等各方面定义合同事件和工程活动，这就需要通过合同分析分解合同工作、落实合同责任。

4）进行合同交底，简化合同管理工作。在实际工作中，由于许多工程小组、项目管理职能人员所涉及的活动和问题并不涵盖整个合同文件，而仅涉及一小部分合同内容，因此，他们没有必要花费大量的时间和精力全面把握合同，只需要掌握自己所涉及的部分合同内容。为此，由合同管理人员先做全面的合同分析，再向各职能人员和工程小组进行合同交底就不失为较好的方法。从另一方面讲，由于合同条文往往不直观明了，一些法律语言不容易理解，遇到具体问题，即使查阅合同，也不是所有查阅人都能够准确全面地把握合同。此时需要合同管理人员通过合同分析，将合同约定用最简单易懂的语言和形式表达出来，使各职能人员和工程小组了解各自的合同责任，从而使日常合同管理工作简单、方便。

（3）合同分析要求

1）准确客观。合同分析的结果应准确、全面地反映合同内容。如果不能透彻、准确地分析合同，就不可能有效、全面地执行合同，从而导致合同实施产生更大失误。事实证明，许多工程失误和合同争议都起源于不能准确地理解合同。对合同的工作分析，划分双方合同责任和权益，都必须实事求是，根据合同约定和法律规定，客观地按照合同目的和精神来进行，而不能以当事人的主观愿望解释合同，否则必然导致合同争执。

2）简明清晰。合同分析的结果应采用不同层次管理人员、工作人员都能够接受的表达方式，使用简单易懂的工程语言，如图、表等形式，对不同层次的管理人员提供不同要求、不同内容的合同分析资料。

3）协调一致。合同双方及双方的所有人员对合同的理解应一致。合同分析实质上是

双方对合同的详细解释，由于在合同分析时要落实各方面的责任，很容易引起争执。因此，双方在合同分析时应尽可能协调一致，分析的结果应能为对方认可，以减少合同争执。

4）全面完整。合同分析应全面，即对全部的合同文件都要进行解释。对合同中的每一条款、每句话甚至每个词都应认真推敲、细心琢磨、全面落实。合同分析不能只观大略，以防错过一些细节问题。合同分析是一项非常细致的工作。在实际工作中，常常一个词甚至一个标点就能关系到争执的性质，关系到一项索赔的成败，关系到工程的盈亏。同时，应当从整体上分析合同，不能断章取义，特别是当不同文件、不同合同条款之间规定不一致或有矛盾时，更应当全面整体地理解合同。

（4）合同分析内容

合同分析应当在前述合同谈判前审查分析的基础上进行。按其性质、对象和内容，合同分析可分为合同总体分析与合同结构分解、合同的缺陷分析、合同的工作分析及合同交底。

2. 合同总体分析与合同结构分解

（1）合同总体分析

合同总体分析的主要对象是合同协议书和合同条件。通过合同的总体分析，将合同条款和合同规定落实到一些带有全局性的具体问题上。

对工程施工合同来说，承包方合同总体分析的重点包括承包方的主要合同责任及权利、工程范围，业主方的主要责任和权利，合同价格、计价方法和价格补偿条件，工期要求和顺延条件，合同双方的违约责任，合同变更方式、程序，工程验收方法，索赔规定及合同解除的条件和程序，争执的解决等。在分析中应对合同执行中的风险及应注意的问题做出特别的说明和提示。

合同总体分析的结果是工程施工总的指导性文件，应将它以最简单的形式和最简洁的语言表达出来，以便进行合同的结构分解和合同交底。

（2）合同结构分解

合同结构分解是指按照系统规则和要求将合同对象分解成互相独立、互相影响、互相联系的单元。合同的结构分解应与项目的合同目标相一致。根据结构分解的一般规律和施工合同条件自身的特点，作者认为施工合同条件结构分解应遵守如下规则：

1）保证施工合同条件的系统性和完整性。施工合同条件分解结果应包含所有的合同要素，这样才能保证应用这些分解结果时能够等同于应用施工合同条件。

2）保证各分解单元间界限清晰、意义完整、内容大体上相当，这样才能保证应用分解结果明确有序且各部分工作量相当。

3）易于理解和接受，便于应用。即要充分尊重人们已经形成的概念和习惯，只在根本违背合同原则的情况下才做出更改。

4）便于按照项目的组织分工落实合同工作和合同责任。

3. 工程合同文件的解释惯例

（1）合同文件优先顺序

《建设工程施工合同示范文本》中规定的解释顺序如下：

1）施工合同协议书。

2）中标通知书。

3）投标书及其附录。

4）施工合同专用条件。

5）施工合同通用条件。

6）标准、规范和其他有关的技术文件。

7）图纸。

8）报价工程量清单。

9）工程报价单或预算书。

双方有关工程的洽商、变更等书面协议或文件视为协议书的组成部分。

（2）第一语言规则

当合同文本是采用两种以上的语言进行书写时，为了防止因翻译问题造成两种语言所表达出来的含义出现偏差而产生争议，一定要在合同订立时预先约定何种语言为第一语言。这样，如果在工程实施时两种语言含义出现分歧，则以第一语言所表达出来的真实意思为准。

（3）其他规则

1）具体、详细的规定优先于一般、笼统的规定，详细条款优先于总论。

2）合同的专用条件、特殊条件优先于通用条件。

3）文字说明优先于图示说明，工程说明、规范优先于图纸。

4）数字的文字表达优先于阿拉伯数字表达。

5）手写文件优先于打印文件，打印文件优先于印刷文件。

6）对于总价合同，总价优先于单价；对于单价合同，单价优先于总价。

7）合同中的各种变更文件，如补充协议、备忘录、修正案等，按照时间最近的优先。

例如，某承包商就某办公楼装饰工程施工递交了投标书，依据招标文件采用单价合同的规定，该承包商的投标报价为 800 万元，其中营业大厅的正确报价为 100 万元。在投标书中以阿拉伯数字表示，正确应为 1000000 元，但由于疏忽，误写成 1000 元。结果，业主根据价格的文字表达优先于阿拉伯数字表达，单价合同中单价优先于总价的解释惯例，按照最低报价原则将装饰工程以 700.1（800-100+0.1）万元的标价向承包商授标。承包商拒绝承包该工程，为此，业主没收了其 16 万元的投标保证金。当然，这种情况下承包商可以运用诚实信用原则与业主进行谈判，争取将合同价格确定为 800 万元。但是，承包商必须承担因自身过错而造成的损失。

4. 合同工作分析及合同交底

（1）合同工作分析

合同工作分析是在合同总体分析和进行合同结构分解的基础上，依据合同协议书、合同条件、规范、图纸、工作量表等，确定各项目管理人员及各工程小组的合同工作，以及划分各责任人的合同责任。合同工作分析涉及承包商签约后的所有活动，其结果实质上是承包商的合同执行计划，它包括：

1）工程项目的结构分解，即工程活动的分解和工程活动逻辑关系的安排。

2）技术会审工作。

3）工程实施方案、总体计划和施工组织计划。在投标书中已包括这些内容，但在施工前，应进一步细化，进行详细安排。

4）工程详细的成本计划。

5）合同工作分析，不仅针对承包合同，而且包括与承包合同同级的各个合同的协调，包括各个分合同的工作安排和各分合同之间的协调。

根据合同工作分析，落实各分包商、项目管理人员及各工程小组的合同责任。对分包商，主要通过分包合同确定双方的责、权、利关系，以保证分包商能及时按质、按量地完成合同责任。如果出现分包商违约或完不成合同，可对他进行合同处罚和索赔。对承包商的工程小组可以通过内部的经济责任制来保证。落实工期、质量、消耗等目标后，应将其与工程小组经济利益挂钩，建立一套经济奖罚制度，以保证目标的实现。

合同工作分析的结果是合同事件表。合同事件表反映了合同工作分析的一般方法，它是工程施工中最重要的文件之一，从各个方面定义了该合同事件。合同事件表实质上是承包商详细的合同执行计划，有利于项目组在工程施工中落实责任，安排工作，进行合同监督、跟踪、分析和处理索赔事项。合同事件表（表 10-2）的各项内容具体说明如下：

表 10-2　合同事件表

<table>
<tr><th>子项目</th><th></th><th>事件编码</th><th></th><th>日期变更次数</th><th></th></tr>
<tr><td>事件名称和简要说明</td><td colspan="5"></td></tr>
<tr><td>事件内容说明</td><td colspan="5"></td></tr>
<tr><td>前提条件</td><td colspan="5"></td></tr>
<tr><td>本事件的主要活动</td><td colspan="5"></td></tr>
<tr><td>负责人（单位）</td><td colspan="5"></td></tr>
<tr><td colspan="2">费用：
计划
实际</td><td colspan="2">其他参加者</td><td colspan="2">工期：
计划
实际</td></tr>
</table>

① 事件编码。这是为了满足计算机数据处理的需要。计算机对事件的各种数据处理都靠编码识别。所以编码要能反映事件的各种特性，如所属的项目、单项工程、单位工程、专业性质、空间位置等。通常它应与网络事件（或活动）的编码有一致性。

② 事件名称和简要说明。对一个确定的承包合同，承包商的工程范围、合同责任是一定的，则相关的合同事件和工程活动也是一定的，在一个工程中，这样的事件通常可能有几百甚至几千件。

③ 变更次数和最近一次的变更日期。它记载着与本事件相关的工程变更。在接到变更指令后，应落实变更，修改相应栏目的内容。最近一次的变更日期表示从这一天以来的变更尚未考虑到，这样可以检查每个变更指令的落实情况，既防止重复又防止遗漏。

④ 事件内容说明。主要为该事件的目标，如某一分项工程的数量、质量、技术要求及

其他方面的要求。这由工程量清单、工程说明、图纸、规范等定义，是承包商应完成的任务。

⑤ 前提条件。该事件进行前应有哪些准备工作？应具备什么样的条件？这些条件有的应由事件的责任人承担，有的应由其他工程小组、其他承包商或业主承担。这里不仅确定了事件之间的逻辑关系，而且确定了各参加者之间的责任界限。

⑥ 本事件的主要活动。即完成该事件的一些主要活动和它们的实施方法、技术与组织措施。这完全是从施工过程的角度进行分析的，这些活动组成该事件的子网络。例如设备安装可包括如下活动：现场准备，施工设备进场、安装，基础找平、定位，设备就位，吊装，固定，施工设备拆卸、出场等。

⑦ 责任人（或负责人）。即负责该事件实施的工程小组负责人或分包商。

⑧ 费用（或成本）。这里包括计划费用和实际费用，有如下两种情况：若该事件由分包商承担，则计划费用为分包合同价格。如果在总包和分包之间有索赔，则应修改这个值，而相应的实际费用为最终实际结算账单金额的总和。若该事件由承包商的工程小组承担，则计划费用可由费用计划得到，一般为直接成本，而实际费用为会计核算的结果，在事件完成后填写。

⑨ 计划和实际的工期。计划工期由网络分析得到。这里有计划开始期、结束期和持续时间。实际工期按实际情况，在该事件结束后填写。

⑩ 其他参加者。即对该事件的实施提供帮助的其他人员。

（2）合同交底

合同交底是指合同管理人员在对合同的主要内容做出解释和说明的基础上，通过组织项目管理人员和各工程小组负责人学习合同条文及合同总体分析结果，使大家熟悉合同中的主要内容、各种规定、管理程序，了解承包商的合同责任和工程范围、各种行为的法律后果等，使大家都树立全局观念，避免执行中的违约行为，同时使大家的工作协调一致。

在我国传统的施工项目管理系统中，人们十分注重图纸交底工作，但却没有合同交底工作，所以项目组和各工程小组对项目的合同体系、合同基本内容不甚了解。我国工程管理者和技术人员有十分牢固的按图施工的观念，这本身无可厚非。但在现代市场经济中必须转变到"按合同施工"上来，特别是在工程使用非标准合同文本或本项目组不熟悉的合同文本时，这个合同交底工作就显得更为重要。

合同交底应分解落实如下合同和合同分析文件：合同事件表（任务单、分包合同）、设计图、设备安装图、详细的施工说明等。最重要的是以下几个方面的内容：

1）工程的质量、技术要求和实施中的注意点。

2）工期要求。

3）消耗标准。

4）合同事件之间的逻辑关系。

5）各工程小组（分包商）责任界限的划分。

6）完不成责任的影响和法律后果等。

合同交底的概念

合同管理人员应在合同的总体分析和合同结构分解、合同工作分析的基础上，按施工管理程序，在工程开工前，逐级进行合同交底，使每一个项目参加者都能够清楚地掌握自身的合同责任，以及自己所涉及的应当由对方承担的合同责任，以保证在履行合同义务过程中自己不违约。同时，如果发现对方违约，应及时向合同管理人员汇报，以便及时要求对方履行合同义务及进行索赔。在合同交底的同时，应将各种合同事件的责任分解落实到各分包商或工程小组直至每一个项目参加者，以经济责任制形式规范各自的合同行为，以保证合同目标能够实现。

10.3.3 工程项目合同控制

合同控制的概念

1. 合同控制概述

（1）合同控制的概念

要完成目标就必须对其实施有效的控制，控制是项目管理的重要职能之一。所谓控制就是行为主体为保证在变化的条件下实现其目标，按照实现拟定的计划和标准，通过各种方法，对被控制对象实施中发生的各种实际值与计划值进行检查、对比、分析和纠正，以保证工程实施按预定的计划进行，顺利地实现预定的目标。

合同控制是指承包商的合同管理组织为保证合同所约定的各项义务的全面完成及各项权利的实现，以合同分析的成果为基准，对整个合同实施过程进行全面监督、检查、对比和纠正的管理活动。工程合同控制程序如图 10-1 所示。

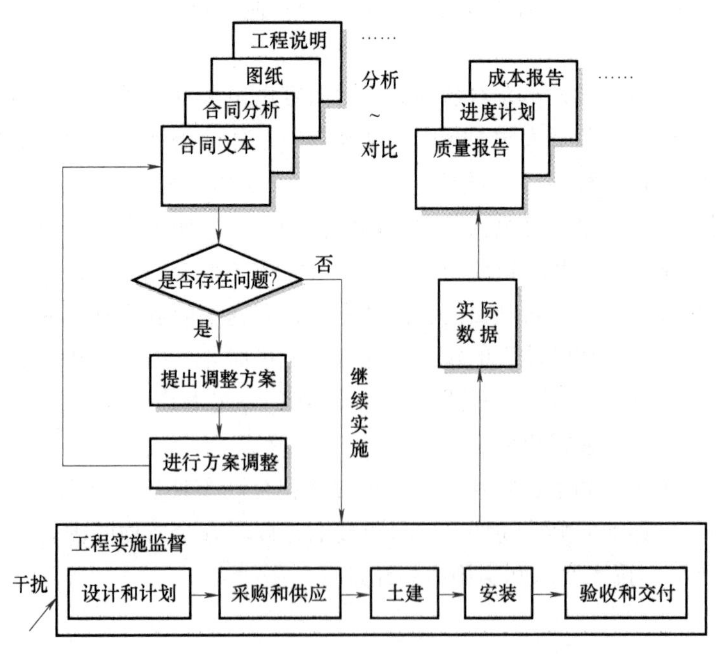

图 10-1 工程合同控制程序

它包括以下几个方面：

1）工程实施监督。工程实施监督是工程管理的日常事务性工作，首先应表现在对工程活动的监督上，即保证按照预先确定的各种计划、设计、施工方案实施工程。工程实施状况

反映在原始的工程资料（数据）上，如质量检查报告、分项工程进度报告、记工单、用料单、成本核算凭证等。

2）跟踪。即将收集到的工程资料和实际数据进行整理，得到能够反映工程实施状况的各种信息，如各种质量报告、各种实际进度报表、各种成本和费用收支报表及其分析报告。将这些信息与工程目标（如合同文件、合同分析文件、计划、设计等）进行对比分析，就可以发现两者的差异。差异的大小，即为工程实施偏离目标的程度。如果没有差异或差异较小，则可以按原计划继续实施工程。

3）诊断。即分析差异的原因，采取调整措施。差异表示工程实施偏离目标的程度，必须详细分析差异产生的原因和它的影响，并对症下药，采取措施进行调整，否则这种差异会逐渐积累，最终导致工程实施远离目标，甚至可能导致整个工程失败。所以，在工程实施过程中要不断进行调整，使工程实施一直围绕合同目标进行。

（2）合同控制与其他项目控制的关系

工程施工合同定义了承包商项目管理的主要目标，如进度目标、质量目标、成本目标、安全目标等。这些目标必须通过具体的工程活动实现。由于工程施工中的各种干扰作用，常常使工程实施过程偏离总目标。整个项目实施控制就是为了保证工程实施按预定的计划进行，顺利地实现预定的目标。一般而言，工程项目实施控制包括成本控制、质量控制、进度控制和合同控制。其中，合同控制是核心，它与项目其他控制的关系如下：

1）成本控制、质量控制、进度控制都由合同控制协调一致。成本、质量、工期是由合同定义的三大目标，承包商最根本的合同责任就是达到这三大目标，所以合同控制是其他控制的保证。通过合同控制可以使质量控制、进度控制和成本控制协调一致，形成一个有序的项目管理过程。

2）合同控制的范围较成本控制、质量控制、进度控制广得多。承包商除了必须按合同规定的质量要求和进度计划完成工程的设计、施工和进行保修外，还必须对实施方案的安全、稳定负责，对工程现场的安全、清洁和工程保护负责，遵守法律，执行工程师的指令，对自己的工作人员和分包商承担责任，按合同规定及时地提供履约担保、购买保险等。同时，承包商有权获得合同规定的必要的工作条件，如场地、道路、图纸、指令，要求工程师公平、正确地解释合同，有及时如数地获得工程付款的权利，有决定工程实施方案并选择更为科学、合理的实施方案的权利，有对业主和工程师违约行为的索赔权利等。这一切都必须通过合同控制来实施和保障。承包商的合同控制不仅包括与业主之间的工程承包合同，还包括与总合同相关的其他合同，如分包合同、供应合同、运输合同、租赁合同、担保合同等，而且包括总合同与各分合同之间及各分合同相互之间的协调控制。

3）合同控制较成本控制、质量控制、进度控制更具动态性。这种动态性表现在两个方面：一方面，合同实施受到外界干扰，常常偏离目标，要不断地进行调整；另一方面，合同目标本身不断改变，如在工程过程中不断出现合同变更，使工程的质量、工期、合同价格发生变化，导致合同双方的责任和权益发生变化。这样，合同控制就必须是动态的，合同实施就必须随变化了的情况和目标不断调整。各种控制的目的、目标和控制依据见表 10-3。

表 10-3 工程实施控制的内容

序号	控制内容	控制目的	控制目标	控制依据
1	成本控制	保证按计划成本完成工程，防止成本超支和费用增加	计划成本	各分部分项工程，总工程的计划成本，人力、材料、资金计划，计划成本曲线
2	质量控制	保证按合同规定的质量完成工程，使工程顺利通过验收，交付使用，达到预定的功能要求	合同规定的质量标准	工程说明、规范、图纸、工作量表
3	进度控制	按预定进度计划进行施工，按期交付工程，防止承担工期拖延责任	合同规定的工期	合同规定的总工期计划，业主批准的详细施工进度计划
4	合同控制	按合同全面完成承包商的责任，防止违约	合同规定的各项责任	合同范围内的各种文件，合同分析资料

（3）合同控制的方法

合同控制方法适用一般的项目控制方法。项目控制方法可分为多种类型：按项目的发展过程分类，可分为事前控制、事中控制、事后控制；按照控制信息的来源分类，可分为前馈控制、反馈控制；按是否形成闭合回路分类，可分为开环控制、闭环控制。归纳起来，可分为两大类，即被动控制和主动控制。

1）被动控制。被动控制是指控制者从计划的实际输出中发现偏差，对偏差采取措施，及时纠正的控制方式。因此，要求管理人员对计划的实施进行跟踪，将其输出的工程信息进行加工、整理，再传递给控制部门，使控制人员从中发现问题，找出偏差，寻求并确定解决问题和纠正偏差的方法。被动控制实际上是在项目实施过程中、事后检查过程中发现问题及时处理的一种控制，因此仍为一种积极的并且是十分重要的控制方式。合同被动控制流程如图 10-2 所示。

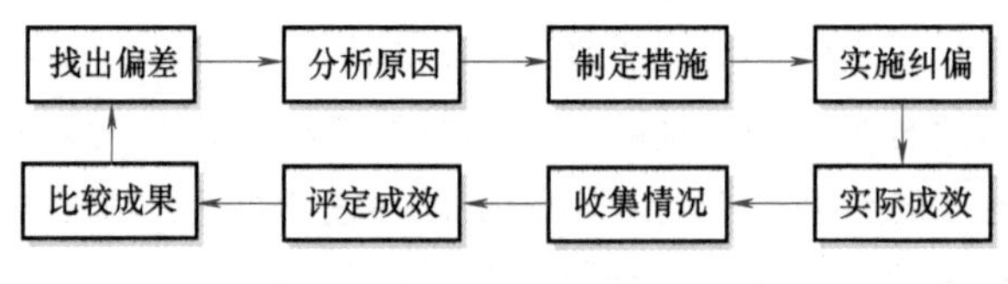

图 10-2 合同被动控制流程

被动控制的措施如下：

应用现代化方法、手段，跟踪、测试、检查项目实施过程的数据，发现异常情况及时采取措施。

建立项目实施过程中人员控制组织，明确控制责任，检查发现情况及时处理。

建立有效的信息反馈系统，及时将偏离计划目标值进行反馈，以使其及时采取措施。

2）主动控制。主动控制就是预先分析目标偏离的可能性，并拟定和采取各种预防性措施，以保证计划目标得以实现。主动控制是一种对未来的控制，它可以最大可能地改变即将

成为事实的被动局面，从而使控制更加有效。当它根据已掌握的可靠信息，分析预测得出系统将要输出偏离计划的目标时，就制定纠正措施并向系统输入，以使系统不发生目标的偏离。它是在事情发生之前就采取了措施的控制。主动控制措施一般如下：

① 详细调查并分析外部环境条件，以确定那些影响目标实现和计划运行的各种有利和不利因素，并将它们考虑到计划和其他管理职能当中。

② 识别风险，努力将各种影响目标实现和计划执行的潜在因素揭示出来，为风险分析和管理提供依据，并在计划实施过程中做好风险管理工作。

③ 用科学的方法制订计划，做好计划可行性分析，消除造成资源不可行、技术不可行、经济不可行和财务不可行的各种错误和缺陷，保障工程的实施能够有足够的时间、空间、人力、物力和财力，并在此基础上力求计划优化。

④ 高质量地做好组织工作，使组织与目标和计划高度一致，把目标控制的任务与管理职能落实到适当的机构和人员，做到职权与职责明确，使全体成员能够通力协作，为共同实现目标而努力。

⑤ 制定必要的应急备用方案，以对付可能出现的影响目标或计划实现的情况。一旦发生这些情况，则有应急措施做保障，从而减少偏离量或避免发生偏离。

⑥ 计划应留有余地，这样可避免那些经常发生而又不可避免的干扰对计划的影响，减少“例外”情况产生的数量，使管理人员处于主动地位。

⑦ 沟通信息流通渠道，加强信息收集、整理和研究工作，为预测工程未来发展提供全面、及时、可靠的信息。

合同主动控制与被动控制的关系如图 10-3 所示。

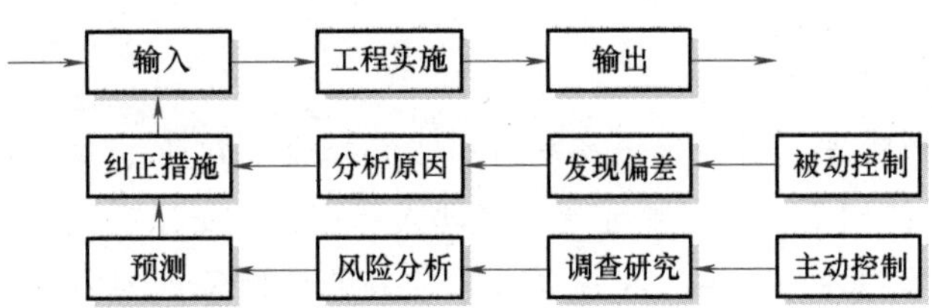

图 10-3　合同主动控制与被动控制的关系

主动控制与被动控制对于承包商进行项目管理而言缺一不可，它们都是实现项目目标所必须采用的控制方式。有效的控制是将被动控制和主动控制紧密地结合起来，力求加大主动控制在控制过程中的比例，同时进行定期、连续的被动控制。只有如此，方能完成项目目标控制的根本任务。

2. 合同控制的日常工作

1）参与落实计划。合同管理人员与项目的其他职能人员一起落实合同实施计划，为各工程小组、分包商的工作提供必要的保证，如施工现场的安排，人工、材料、机械等计划的落实，工序间的搭接关系和安排及其他一些必要的准备工作。

2）协调各方关系。在合同范围内协调业主、工程师、项目管理各职能人员、所属的各工程小组和分包商之间的工作关系，解决相互之间出现的问题，如合同责任界面的争执、工程活动之间时间和空间上的不协调。合同责任界面的争执是工程实施中很常见的问题。承包商与业主、与业主的其他承包商、与材料和设备供应商、与分包商，以及承包商的各分包商之间、工程小组与分包商之间，常常互相推卸合同中或合同事件表中未明确划定的工程活动的责任，这就会引起内部和外部的争执，对此，合同管理人员必须做好判定和调解工作。

3）指导合同工作。合同管理人员对各工程小组和分包商进行工作指导，做经常性的合同解释，使各工程小组都有全局观念，对工程中发现的问题提出意见、建议或警告。合同管理人员在工程实施中起“漏洞工程师”的作用，但他不是寻求与业主、工程师、各工程小组、分包商的对立，他的目标不仅仅是索赔和反索赔，而且还要将各方面在合同关系上联系起来，防止漏洞和弥补损失，更完善地完成工程。例如，促使工程师放弃不适当、不合理的要求（指令），避免对工程的干扰、工期的延长和费用的增加；协助工程师工作，弥补工程师工作的遗漏，如及时提出对图纸、指令、场地等的申请，尽可能提前通知工程师，让工程师有所准备，使工程更为顺利。

4）参与其他项目控制工作。合同项目管理的有关职能人员每天检查、监督各工程小组和分包商的合同实施情况，对照合同要求的数量、质量、技术标准和工程进度，发现问题并及时采取对策措施。对已完工程做最后的检查核对，对未完成的或有缺陷的工程责令其在一定的期限内采取补救措施，防止影响整个工期。按合同要求，会同业主及工程师等对工程所用材料和设备进行开箱检查或验收，看是否符合质量、图纸和技术规范等的要求，进行隐蔽工程和已完工程的检查验收，负责验收文件的起草和验收的组织工作，参与工程结算，会同造价工程师对向业主提出的工程款账单和分包商提交的收款账单进行审查和确认。

5）合同实施情况的追踪、偏差分析及参与处理。

6）负责工程变更管理。

7）负责工程索赔管理。

8）负责工程文档管理。对向分包商发出的任何指令，向业主发出的任何文字答复、请示，业主方发出的任何指令，都必须经合同管理人员审查，记录在案。

9）争议处理。承包商与业主、与总（分）包商的任何争议的协商和解决都必须有合同管理人员的参与，对解决方法进行合同和法律方面的审查、分析及评价，这样不仅可以保证工程施工一直处于严格的合同控制中，而且使承包商的各项工作更有预见性，更能及早地预测合同行为的法律后果。

3. 合同跟踪

在工程实施过程中，由于实际情况千变万化，会导致合同实施与预定目标（计划和设计）的偏离，如果不及时采取措施，这种偏差常常由小到大，日积月累，最终导致难以承受的后果。这就需要对合同实施情况进行跟踪，以便及时发现偏差，不断调整合同实施，使之与总目标保持一致。

（1）合同跟踪的依据

进行合同跟踪时，判断实际情况与计划情况是否存在差异的依据主要包括：合同和合同分析的结果，如各种计划、方案、合同变更文件等，它们是比较的基础，是合同实施的目标和方向；各种实际的工程文件，如原始记录、各种工程报表、报告、验收结果等；工程管理

人员每天对现场情况的直观了解，如对施工现场的巡视、与各种人谈话、召集小组会议、检查工程质量，通过报表、报告等。

（2）合同跟踪的对象

合同实施情况追踪的对象主要有如下几方面：

1）具体的合同事件。对照合同事件表的具体内容，分析该事件的实际完成情况。以设备安装事件为例进行分析：

① 安装质量。如标高、位置、安装精度、材料质量是否符合合同要求，安装过程中设备有无损坏。

② 工程数量。如是否全都安装完毕，有无合同规定以外的设备安装，有无其他附加工程。

③ 工期。如是否在预定期限内施工，工期有无延长，延长的原因是什么。该工程工期变化的原因可能是：业主未及时交付施工图纸；生产设备未及时运到工地；基础土建工程施工拖延；业主指令增加附加工程；业主提供了错误的安装图，造成工程返工；工程师指令暂停施工等。

④ 成本的增加和减少。将上述内容在合同事件表上加以注明，这样可以检查每个合同事件的执行情况。对一些有异常情况的特殊事件，即实际和计划存在大的偏离的事件，可以列特殊事件分析表做进一步的处理。从这里可以发现索赔机会，因为经过上面的分析可以得到偏差的原因和责任。

2）工程小组或分包商的工程和工作。一个工程小组或分包商可能承担许多专业相同、工艺相近的分项工程或许多合同事件，所以必须对它们实施的总情况进行检查分析。在实际工程中常常因为某一工程小组或分包商的工作质量不高或进度拖延而影响整个工程施工。合同管理人员在这方面应给他们提供帮助，如协调他们之间的工作，对工程缺陷提出意见、建议或警告，责成他们在一定时间内提高质量、加快工程进度等。作为分包合同的发包商，总承包商必须对分包合同的实施进行有效的控制。这是总承包商合同管理的重要任务之一。分包合同控制的目的如下：

① 控制分包商的工作，严格监督他们按分包合同完成工程任务。分包合同是总承包合同的一部分，如果分包商完不成他的合同任务，总包商就不能顺利完成总承包合同任务。

② 为向分包商索赔和对分包商反索赔做准备。总包和分包之间的利益是不一致的，双方之间常常有尖锐的利益争执。在合同实施中，双方都在进行合同管理，都在寻求向对方索赔的机会，所以双方都有索赔和反索赔的任务。

③ 对分包商的工程和工作，总承包商负有协调和管理的责任，并承担由此造成的损失。所以分包商的工程和工作必须纳入总承包工程的计划和控制中，防止因分包商工程管理失误而影响全局。

3）业主和工程师的工作。业主和工程师是承包商的主要工作伙伴，对他们的工作进行监督和跟踪十分重要。

① 业主和工程师必须正确、及时地履行合同责任，及时提供各种工程实施条件，如及时发布图纸、提供场地，及时下达指令、给出答复，及时支付工程款等，这常常是承包商推

卸工程责任的托词，所以要特别重视。在这里，合同工程师应寻找合同中及对方合同执行中的漏洞。

② 在工程中，承包商应积极主动地做好工作，如提前催要施工图、材料，对工作事先通知。这样可以让业主和工程师及时准备，以建立良好的合作关系，保证工程顺利实施。

③ 有问题及时与工程师沟通，多向工程师汇报情况，及时听取他的指示（书面的）。

④ 及时收集各种工程资料，对各种活动、双方的交流做好记录。

⑤ 对有恶意的业主提前防范并及时采取措施。

4）工程总的实施状况。这部分内容主要包括：

①工程整体施工秩序状况。如果出现以下情况，合同实施必定存在问题：现场混乱、拥挤不堪，承包商与业主的其他承包商、供应商之间协调困难，合同事件之间和工程小组之间协调困难，出现事先未考虑到的情况和局面，发生较严重的工程事故等。

② 已完工工程没有通过验收，出现大的工程质量事故，工程试运行不成功或达不到预定的生产能力等。

③ 施工进度未能达到预定计划，主要的工程活动出现拖期，在工程周报和月报上计划和实际进度出现大偏差。

④ 计划和实际的成本曲线出现大的偏离。在工程项目管理中，工程累计成本曲线对合同实施的跟踪分析起很大作用。计划成本累计曲线通常在网络分析、各事件计划成本确定后得到，在国外它又被称为工程项目的成本模型。而实际成本曲线由实际施工进度安排和实际成本累计得到，两者对比，可以分析出实际和计划的差异。

通过合同实施情况追踪、收集、整理，能反映工程实施状况的各种工程资料和实际数据，如各种质量报告、各种实际进度报表、各种成本和费用收支报表及其分析报告。将这些信息与工程目标，如合同文件、合同分析资料、各种计划、设计等进行对比分析，可以发现两者的差异。根据差异的大小确定工程实施偏离目标的程度。如果没有差异或差异较小，则可以按原计划继续实施工程。

4. 合同实施情况偏差分析

合同实施情况偏差表明工程实施偏离了工程目标，应加以分析调整，否则这种差异会逐渐积累、越来越大，最终导致工程实施远离目标，使承包商或合同双方受到很大的损失，甚至可能导致工程的失败。

合同实施情况偏差分析是指在合同实施情况追踪的基础上，评价合同实施情况及其偏差，预测偏差的影响及发展的趋势，并分析偏差产生的原因，以便对该偏差采取调整措施。合同实施情况偏差分析的内容包括：

（1）合同执行差异的原因分析

通过对不同监督跟踪对象计划和实际的对比分析，不仅可以得到合同执行的差异，而且可以探索引起这个差异的原因。原因分析可以采用鱼刺图、因果关系分析图（表）、成本量差、价差、效率差分析等方法定性或定量地进行。

例如，通过计划成本和实际成本累计曲线的对比分析，不仅可以得到总成本的偏差值，而且可以进一步分析差异产生的原因。引起上述计划和实际成本累计曲线偏离的原因可能有

整个工程加速或延缓；工程施工次序被打乱；工程费用支出增加，如材料费、人工费上升；增加新的附加工程，使主要工程的工程量增加；工作效率低下，资源消耗增加等。

上述每一类偏差原因还可进一步细分，如引起工作效率低下可以分为内部干扰和外部干扰，内部干扰如施工组织不利，夜间加班或人员调遣频繁；机械效率低，操作人员不熟悉新技术，违反操作规程，缺少培训；经济责任不落实，工人劳动积极性不高等。外部干扰如施工图出错，设计修改频繁；气候条件差；场地狭窄，现场混乱，施工条件如水、电、道路等受到影响等。在上述基础上还应分析出各原因对偏差影响的权重。

（2）合同差异责任分析

即这些原因由谁引起，该由谁承担责任。这常常是索赔的理由。一般只要原因分析有根有据，则责任分析自然清楚。责任分析必须以合同为依据，按合同规定落实双方的责任。

（3）合同实施趋向预测

分别考虑不采取调控措施和采取调控措施及采取不同的调控措施情况下合同的最终执行结果。

1）最终的工程状况，包括总工期的延误、总成本的超支、质量标准、所能达到的生产能力（或功能要求）等。

2）承包商将承担什么样的后果，如被罚款、被清算，甚至被起诉，对承包商资信、企业形象、经营战略的影响等。

3）最终工程经济效益（利润）水平。

5. 合同实施情况偏差处理

根据合同实施情况偏差分析的结果，承包商应采取相应的调整措施。调整措施可分为：

（1）组织措施

如增加人员投入，重新进行计划或调整计划，派遣得力的管理人员。

（2）技术措施

如变更技术方案，采用新的更高效率的施工方案。

（3）经济措施

如增加投入，对工作人员进行经济激励等。

（4）合同措施

如进行合同变更，签订新的附加协议、备忘录，通过索赔解决费用超支问题等。合同措施是承包商的首选措施，该措施主要由承包商的合同管理机构来实施。承包商采取合同措施时通常应考虑以下问题：

1）如何保护和充分行使自己的合同权利，例如通过索赔以降低自己的损失。如何利用合同使对方的要求降到最低，即如何充分限制对方的合同权利，找出业主的责任。如果通过合同诊断，承包商已经发现业主有恶意、不支付工程款或自己已经陷入合同陷阱中，或已经发现合同亏损，而且估计亏损会越来越大，则要及早确定合同执行战略，如及早解除合同。

2）降低损失；争取道义索赔，取得部分补偿；采用以守为攻的办法暂缓工程进度。因为在这种情况下，承包商投入的资金越多，工程完成得越多，承包商就越被动，损失会越大。等到工程完成交付使用，承包商的主动权就没有了。

10.3.4 工程合同变更管理

1. 概述

(1) 工程变更的概念及性质

工程变更一般是指在工程施工过程中，根据合同的约定对施工的程序、工程的数量、质量要求及标准等做出的变更。工程变更是一种特殊的合同变更。合同变更是指合同成立以后、履行完毕以前由双方当事人依法对原合同的内容进行的修改。通常认为工程变更是一种合同变更，但不可忽视工程变更和一般合同变更存在的差异。一般合同变更的协商发生在履约过程中合同内容变更之时；而工程变更则较为特殊；双方在合同中已经授予工程师进行工程变更的权力，但此时对变更工程的价款最多只能做原则性的约定；在施工过程中，工程师直接行使合同赋予的权力发出工程变更指令，根据合同约定承包商应该先行实施该指令，此后双方可对变更工程的价款进行协商。这种标的变更在前、价款变更协商在后的特点容易导致合同处于不确定的状态。

(2) 工程变更的起因

合同内容频繁变更是工程合同的特点之一。一项工程合同变更的次数、范围和影响的大小与该工程招标文件（特别是合同条件）的完备性、技术设计的正确性及实施方案和实施计划的科学性直接相关。合同变更一般主要有以下几个方面的原因：

1) 业主新的变更指令，对建筑的新要求。如业主有新的意图，业主修改项目总计划、削减预算等。

2) 由于设计人员、工程师、承包商事先没能很好地理解业主的意图或设计的错误，导致设计图修改。

3) 工程环境的变化，预定的工程条件不准确，要求实施方案或实施计划变更。

4) 由于产生新的技术和知识，有必要改变原设计、实施方案或实施计划，或由于业主指令及业主责任的原因造成承包商施工方案的改变。

5) 政府部门对工程新的要求，如国家计划变化、环境保护要求、城市规划变动等。

6) 由于合同实施出现问题，必须调整合同目标或修改合同条款。

(3) 工程变更的影响

工程变更对合同实施影响很大，主要表现在以下几个方面：

1) 导致设计图、成本计划和支付计划、工期计划、施工方案、技术说明和适用的规范等定义工程目标和工程实施情况的各种文件做相应的修改和变更。相关的其他计划如材料采购订货计划、劳动力安排、机械使用计划等也应做相应调整。所以它不仅会引起与承包合同平行的其他合同的变化，而且会引起所属的各个分合同（如供应合同、租赁合同、分包合同）的变更。有些重大的变更会打乱整个施工部署。

2) 引起合同双方、承包商的工程小组之间、总承包商和分包商之间合同责任的变化，如工程量增加，此时则增加了承包商的工程责任，也增加了费用开支并延长了工期。

3) 有些工程变更还会引起已完工程的返工、现场工程施工的停滞、施工秩序被打乱及已购材料出现损失。

按照国际工程中的有关统计，工程变更是索赔的主要起因。由于工程变更对工程施工过程影响较大，会造成工期的拖延和费用的增加，容易引起双方的争执，所以合同双方都应十分慎重地对待工程变更问题。

（4）工程变更的范围

按照国际土木工程合同管理的惯例，一般合同中都有一条专门的变更条款，对有关工程变更的问题做出具体规定。依据 FIDIC 合同条件相关条款，在颁发工程接收证书前，工程师可通过发布变更指示或以要求承包商递交建议书的方式提出变更。除非承包商马上通知工程师，说明他无法获得变更所需的货物并附上具体的证明材料，否则承包商应执行变更并受此变更的约束。变更的内容可包括：

1）改变合同中包括的任何工作的数量（但这种改变不一定构成变更）。

2）改变任何工作的质量和性质。如工程师可以根据业主要求，将原定的水泥混凝土路面改为沥青混凝土路面。

3）改变工程任何部分的标高、基线、位置和尺寸。如公路工程中要修建的路基工程，工程师可以指示将原设计图上原定的边坡坡度，根据实际的地质土壤情况改建成比较平缓的边坡坡度。

4）删减任何工作。

5）任何永久工程需要的附加工作、工程设备、材料或服务。

6）改动工程的施工顺序或时间安排。若某一工段因业主的征地拆迁延误，使承包方无法开工，那么业主对此负有责任。工程师应和业主及承包商协商，变更工程施工顺序，让承包商的施工队伍不要停工，以免对工程进展造成不利影响。但是，工程师不可以改变承包商既定的施工方法，除非工程师可以提出更有效的施工方法予以替代。

FIDIC 合同条件还规定，除非有工程师指示或同意变更，承包商不得擅自对永久工程进行任何改动。

根据我国现行合同示范文本的约定，工程变更包括设计变更和工程质量标准等其他实质性内容的变更。设计变更主要包括：

1）更改工程有关部分的标高、基线、位置和尺寸。

2）增减合同中约定的工程量。

3）改变有关工程的施工时间和顺序。

4）其他有关工程变更需要的附加工作。

工程变更只能是在原合同规定的工程范围内的变动，业主和工程师应注意不能使工程变更引起工程性质方面有很大的变动，否则应重新订立合同。从法律角度讲，工程变更也是一种合同变更，合同变更应经合同双方协商一致。根据诚实信用的原则，业主显然不能通过合同的约定而单方面的对合同做出实质性变更。从工程角度讲，工程性质若发生重大变更而要求承包商无条件地继续施工是不恰当的，承包商在投标时并未准备这些工程的施工机械设备，需另行购置或运进的，承包商有理由要求另签合同，而不作为原合同的变更，除非合同双方都同意将其作为原合同的变更。承包商认为某项变更指示已超出本合同的范围，或工程师的变更指示的发布没有得到有效的授权时，可以拒绝进行变更工作。

2. 工程变更的程序

(1) 工程变更的提出

1) 承包商提出工程变更。承包商在提出工程变更时，一种情况是工程遇到不能预见的地质条件或地下障碍，如原设计的某大厦的基础为钻孔灌注桩，承包商根据开工后钻探的地质条件和施工经验，认为改成沉井基础较好；另一种情况是承包商为了节约工程成本或加快工程施工进度，提出工程变更。

2) 业主方提出变更。业主一般可通过工程师提出工程变更。但如业主方提出的工程变更内容超出合同限定的范围，则属于新增工程，只能另签合同处理，除非承包方同意作为变更。

3) 工程师提出工程变更。工程师往往可以根据工地现场工程进展的具体情况，认为确有必要时，提出工程变更。工程承包合同施工中，因设计考虑不周或施工时环境发生变化，工程师本着节约工程成本和加快工程与保证工程质量的原则，提出工程变更。只要提出的工程变更在原合同规定的范围内，一般是切实可行的。若超出原合同，新增了很多工程内容和项目，则属于不合理的工程变更请求，工程师应和承包商协商后酌情处理。

(2) 工程变更的批准

由承包商提出的工程变更，应交与工程师审查并批准。由业主提出的工程变更，为便于工程的统一管理，一般可由工程师代为发出。而工程师发出工程变更通知的权力，一般由工程施工合同明确约定。当然，该权力也可约定为业主所有，然后业主通过书面授权的方式使工程师拥有该权利。如果合同对工程师提出工程变更的权力做了具体限制，而约定其余均应由业主批准，则工程师就超出其权限范围的工程变更发出指令时，应附上业主的书面批准文件，否则承包商可拒绝执行。但在紧急情况下，不应限制工程师向承包商发布其认为必要的此类变更指示。如果在上述紧急情况下采取行动，工程师应将情况尽快通知业主。例如，当工程师在工程现场认为出现了危及生命、工程或相邻第三方财产安全的紧急事件时，在不解除合同规定的承包商的任何义务和职责的情况下，工程师可以指示承包商实施他认为解除或减少这种危险而必须进行的所有这类工作。尽管没有业主的批准，承包商也应立即遵照工程师的任何此类变更指示。工程师应根据 FIDIC 合同条件，对每项变更应按合同中有关测量和估价的规定进行估价，并相应地通知承包商，同时将一份复印件呈交业主。

工程变更审批的一般原则为：首先，考虑工程变更对工程进展是否有利；第二，要考虑工程变更是否可以节约工程成本；第三，应考虑工程变更是否兼顾业主、承包商或工程项目之外其他第三方的利益，不能因工程变更而损害任何一方的正当权益；第四，必须保证变更工程符合本工程的技术标准；最后，有一种情况为工程受阻，如遇到特殊风险、人为阻碍、合同一方当事人违约等不得不变更工程。

(3) 工程变更指令的发出及执行

为了避免耽误工作，工程师在和承包商就变更价格达成一致意见之前，有必要先行发布变更指示，即分两个阶段发布变更指示：第一阶段是在没有规定价格和费率的情况下直接指示承包商继续工作；第二阶段是在通过进一步协商之后，发布确定变更工程费率和价格的指示。

工程变更指示的发出有两种形式：书面形式和口头形式。一般情况要求工程师签发书面变更通知令。当工程师书面通知承包商工程变更，承包商才执行变更的工程。当工程师发出

口头指令要求工程变更，例如增加框架梁的配筋及数量时，这种口头指示在事后一定要补签一份书面的工程变更指示。如果工程师口头指示后忘了补书面指示，承包商（须在 7 天内）应以书面形式证实此项指示，交与工程师签字，工程师若在 14 天之内没有提出反对意见，应视为认可。所有工程变更必须用书面或一定规格写明。对于要取消的任何一项分部工程，工程变更应在该部分工程还未施工之前进行，以免造成人力、物力、财力的浪费，避免造成业主多支付工程款项。

根据通常的工程惯例，除非工程师明显超越合同赋予其的权限，承包商应该无条件地执行其工程变更的指示。如果工程师根据合同约定发布了进行工程变更的书面指令，则不论承包商对此是否有异议，不论工程变更的价款是否已经确定，也不论监理方或业主答应给予付款的金额是否令承包商满意，承包商都必须无条件地执行此指令。即使承包商有意见，也只能一边进行变更工作，一边根据合同规定寻求索赔或仲裁解决。在争议处理期间，承包商有义务继续进行正常的工程施工和有争议的变更工程施工，否则可能会构成承包商违约。

（4）现行工程变更程序的评价

在实际工程中，工程变更情况比较复杂，一般有以下几种：

1）与变更相关的分项工程尚未开始，只需对工程设计进行修改或补充，如发现图纸错误，业主对工程有新的要求。这种情况下的工程变更时间比较充裕，价格谈判和变更的落实可有条不紊地进行。

2）变更所涉及的工程正在进行施工，如在施工中发现设计错误或业主突然有新的要求。这种变更通常时间很紧迫，甚至可能发生现场停工，等待变更指令。

3）对已经完工的工程进行变更，必须做返工处理。这种情况对合同履行将产生较大的影响，双方都应认真对待，尽量避免这种情况发生。

现行工程变更的程序一般由合同约定，该程序较为适用于上述第 2）、第 3）种情况。但现行的工程变更程序对较为常见的第 1）种情况并不恰当，并且是导致争议的重要原因之一。对该种情况，理想的程序是：在变更执行前，合同双方已就工程变更中涉及的费用增加和工期延误的补偿协商后达成一致，业主对变更申请中的内容已经认可，争执较少。图 10-4 为理想的工程变更程序。

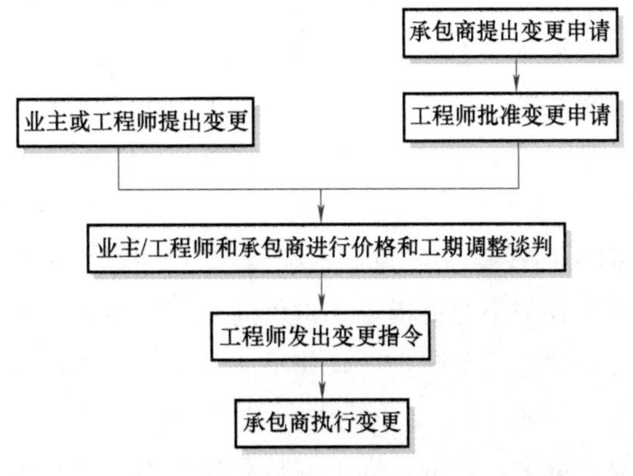

图 10-4　理想的工程变更程序

但按这个程序变更过程时间太长，合同双方对于费用和工期补偿谈判常常会有反复和争执，这会影响变更的实施和整个工程施工进度。在现行工程施工合同中，该程序较少采用，而是在合同中赋予工程师（业主）直接指令变更工程的权力，承包商在接到指令后必须执行变更，而合同价格和工期的调整由工程师（业主）和承包商协商后确定。

3. 工程变更价格调整

（1）工程变更责任分析

工程变更责任分析是工程变更起因与工程变更问题处理，即确定赔偿问题的桥梁。工程变更包括以下内容：

1）设计变更。设计变更会引起工程量的增加、减少，新增或删除分项工程，工程质量和进度的变化，实施方案的变化。一般工程施工合同赋予业主（工程师）这方面的变更权力，可以直接通过下达指令、重新发布图纸或规范实现变更。其责任划分原则如下：

① 由于业主要求、政府部门要求、环境变化、不可抗力、原设计错误等导致设计的修改，必须由业主承担责任。

② 由于承包商施工过程、施工方案出现错误、疏忽而导致设计的修改，必须由承包商负责。

③ 在现代工程中，承包商承担的设计工作逐渐多起来，承包商提出的设计必须经过工程师（或业主）的批准。对不符合业主在招标文件中提出的工程要求的设计，工程师有权不认可。这种不认可不属于索赔事件。

2）施工方案变更。施工方案变更的责任分析有时比较复杂。

在投标文件中，承包商就在施工组织设计中提出比较完备的施工方案，但施工组织设计不作为合同文件的一部分。对此有如下问题应注意：

① 施工方案虽不是合同文件，但它也有约束力。业主向承包商授标前，可要求承包商对施工方案做出说明或修改，以符合业主的要求。

② 施工合同规定，承包商应对所有现场作业和施工方法的完备、安全、稳定负全部责任。这一责任表示在通常情况下由于承包商自身原因（如失误或风险）修改施工方案所造成的损失由承包商负责。

③ 在施工方案变更作为承包商责任的同时，又隐含着承包商对决定和修改施工方案具有相应的权利，即业主不能随便干预承包商的施工方案；为了更好地完成合同目标（如缩短工期）或在不影响合同目标的前提下，承包商有权采用更为科学和经济合理的施工方案，业主也不得随便干预。当然，承包商应承担重新选择施工方案带来的风险以及获得的机会收益。

④ 在工程中，承包商采用或修改实施方案都要经过工程师的批准或同意。如果工程师无正当理由不同意可能会导致一个变更指令。这里的正当理由包括工程师有证据证明或认为使用这种方案承包商不能圆满完成合同责任，如不能保证工程质量、工期等；承包商要求变更方案（如变更施工次序、缩短工期），而业主无法完成合同规定的配合责任，如无法按此方案及时提供图纸、场地、资金、设备，则工程师有权要求承包商执行原定方案。

重大的设计变更常常会导致施工方案的变更。如果设计变更由业主承担责任，则相应的

施工方案的变更也由业主负责；反之，则由承包商负责。

由不利的异常的地质条件所引起的施工方案的变更，一般属于业主的责任。一方面，这是一个有经验的承包商无法预料的现场气候条件；另一方面，业主负责地质勘查和提供地质报告，他应对报告的正确性和完备性承担责任。

施工进度的变更十分频繁：在招标文件中，业主给出工程的总工期目标；承包商在投标文件中有一个总进度计划；中标后承包商还要提出详细的进度计划，由工程师批准（或同意）；在工程开工后，每月都可能有进度调整。通常只要工程师（或业主）批准（或同意）承包商的进度计划（或调整后的进度计划），则新的进度计划就有约束力。如果业主不能按照新进度计划完成按合同应由业主完成的责任，如及时提供图纸、施工场地、水电等，则属业主违约，业主应承担责任。

（2）工程变更价款的确定

按照国际土木工程合同管理的惯例，一般合同工程变更估价的原则如下：

1）对于所有按工程师指示的工程变更，若属于原合同中工程量清单上增加或减少的工作项目的费用及单价，一般应根据合同中工程量清单所列的单价或价格而定，或参考工程量清单所列的单价或价格来定。

2）如果合同中的工程量清单中没有包括此项变更工作的单价或价格，则应在合同的范围内使用合同中的费率或价格作为估价的基础。若做不到这一点，适合的价格要由工程师与业主和承包商三方共同协商解决而定。如协商不成，则应由工程师在其认为合理和恰当的前提下，决定此项变更工程的费率或价格，并通知业主和承包商。如业主和承包商仍不能接受，工程师可再行确定单价或价格，直到达成一致协议。如估价达不成最终的一致协议，在费率或价格未经同意或决定之前，工程师应确定暂时的费率或价格，以便有可能作为暂付款包括在按 FIDIC 合同条件签发的支付证书中。承包商一般同工程师协商，合理地要求到自己争取的单价或价格，或提出索赔。

3）当工程师需做决定的单项造价及费率，相对于整个工程或分项工程中工程性质和数量有较大变更，用工程量清单中的价格已不合理或不合适时。例如在概算工程量清单内已有 200 个同样的分部细目，而工程师又命令多做 10 个同样的分部细目，这毫无疑问可以用工程量清单内的价格；若倒过来讲，原工程量清单中只有 10 个同样的细目，这时多做 200 个同样的分部细目显然是对承包商有利的，可以用同样的施工机具、模板、支架等手段来施工时，引用原来的单价显然不合理，需要把单价调低一些。

我国施工合同示范文本所确定的工程变更估价原则如下：

① 合同中已有适用于变更工程的价格，按合同已有的价格变更合同价款。

② 合同中只有类似于变更工程的价格，可以参照类似价格变更合同价款。

③ 合同中没有适用或类似于变更工程的价格，由承包人提出适当的变更价格，经工程师确认后执行。

建设部 1999 年颁发的《建设工程施工发包与承包价格管理暂行规定》第 17 条规定变更价款的估价原则为：

① 中标价或审定的施工图预算中已有与变更工程相同的单价，应按已有的单价计算。

② 中标价或审定的施工图预算中没有与变更工程相同的单价时，应按定额相类似项目确定变更价格。

③ 中标价或审定的施工图预算或定额分项没有适用和类似的单价时，应由乙方编制一次性补充定额单价送甲方代表审定，并报当地工程造价管理机构备案。乙方提出和甲方确认变更价款的时间按合同条款约定，若双方对变更价款不能达成一致协议，则按合同条款约定的办法处理。

4. 工程变更的管理

（1）注意对工程变更条款的合同分析

对工程变更条款的合同分析应特别注意：工程变更不能超过合同规定的工程范围，如果超过这个范围，承包商有权不执行变更或坚持先商定价格后再进行变更。业主和工程师的认可权必须限制。业主常常通过工程师对材料的认可权提高材料的质量标准、对设计的认可权提高设计质量标准、对施工工艺的认可权提高施工质量标准。如果合同条文规定比较含糊或设计不详细，则容易产生争执。但是，如果这种认可权超过合同明确规定的范围和标准，承包商应争取业主或工程师的书面确认，进而提出工期和费用索赔。此外，与业主、总（分）包商之间的任何书面信件、报告、指令等都应由合同管理人员进行技术和法律方面的审查，这样才能保证任何变更都在控制中，不会出现合同问题。

（2）促成工程师提前做出工程变更

在实际工作中，变更决策时间过长和变更程序太慢会造成很大的损失。常有两种现象：一种现象是施工停止，承包商等待变更指令或变更会谈决议；另一种现象是变更指令不能迅速做出，而现场继续施工，造成更大的返工损失。这就要求变更程序尽量快捷，故即使仅从自身出发，承包商也应尽早发现可能导致工程变更的种种迹象，尽可能促使工程师提前做出工程变更。施工中如发现图纸错误或其他问题需要进行变更，首先应通知工程师，经工程师同意或通过变更程序后再进行变更；否则，承包商可能不仅得不到应有的补偿，而且还会带来麻烦。

（3）对工程师发出的工程变更应进行识别

特别是在国际工程中，工程变更不能免除承包商的合同责任。对已收到的变更指令，特别是对重大的变更指令或在图纸上做出的修改意见，应予以核实。对超出工程师权限范围的变更，应要求工程师出具业主的书面批准文件。对涉及双方责、权、利关系的重大变更，必须有业主的书面指令、认可或双方签署的变更协议。

（4）迅速、全面地落实变更指令

变更指令做出后，承包商应迅速、全面地落实变更指令。承包商应全面修改相关的各种文件，如有关图纸、规范、施工计划、采购计划等，使它们一直反映和包容最新的变更。承包商应在相关的各工程小组和分包商的工作中落实变更指令，提出相应的措施，对新出现的问题做解释和制定对策，并协调好各方面的工作。合同变更指令应立即在工程实施中贯彻并体现出来。在实际工程中，这方面的问题常常很多。由于合同变更与合同签订不同，没有一个合理的计划期，变更时间紧，难以详细地计划和分析，使责任落实不全面，容易造成计划、安排、协调方面的漏洞，引起混乱，导致损失。而这个损失往往被认为是由承包商管理

失误造成的，难以得到补偿。因此，承包商应特别注意工程变更的实施。

（5）分析工程变更的影响

合同变更是索赔机会，应在合同规定的索赔有效期内完成对它的索赔处理。在合同变更过程中就应记录、收集、整理所涉及的各种文件，如图纸、各种计划、技术说明、规范和业主或工程师的变更指令，作为进一步分析的依据和索赔的证据。

在实际工作中，最好事先能就价款及工程的谈判达成一致后再进行合同变更。在商讨变更、签订变更协议的过程中，承包商最好提出变更补偿问题，在变更执行前就应明确补偿范围、补偿方法、索赔值的计算方法、补偿款的支付时间等。但现实中，工程变更的实施、价格谈判和业主批准三者之间存在时间上的矛盾，往往是工程师先发出变更指令要求承包商执行，但价格谈判及工期谈判迟迟达不成协议，或业主对承包商的补偿要求不批准，此时承包商应采取适当的措施来保护自身的利益。对此可采取如下措施：

1）控制（即拖延）施工进度，等待变更谈判结果，这样不仅损失较小，而且谈判回旋余地较大。

2）争取以点工或按承包商的实际费用支出计算费用补偿，如采取成本加酬金方法，这样可以避免价格谈判中的争执。

3）应有完整的变更实施记录和照片，请业主、工程师签字，为索赔做准备。在工程变更中，应特别注意由变更引起返工、停工、窝工、修改计划等所造成的损失，注意这方面证据的收集。在变更谈判中应对此进行商谈，保留索赔权。在实际工程中，人们常常会忽视这些损失证据的收集，在最后提出索赔报告时往往因举证和验证困难而被对方否决。

10.3.5　工程项目合同信息管理

1. 工程合同信息管理的特点

在工程实施过程中，合同管理主要是对工程承包合同的签订、履行、变更和解除进行监督检查，对合同双方争议进行调解和处理，以保证合同的依法签订和全面履行。合同管理人员首先应对合同各类条款进行仔细认真的分析研究，建立合同网络，在工程实施过程中根据合同进行监督检查，并通过各种反馈信息及时准确地处理工程实际问题。这就要求合同管理人员加强信息管理，对合同管理过程中输出的各种信息进行收集、整理、处理、存储、传递和应用，以便及时、高效地发出各项正确指令。

为了提高合同管理的水平，全面、准确、及时地获取工程信息十分重要，这就需要设计一个以合同为核心的信息流结构，包括建立合同目录、编码和档案，建立完整的合同信息管理制度及包括会议制度在内的科学高效的合同管理信息系统。

所谓信息管理是指对信息的收集、加工整理、储存、传递与应用等一系列工作的总称。信息管理的目的就是通过有组织的信息流通，使决策者能够及时准确地获取相应的信息。建筑工程合同信息管理既有一般信息管理的特点，也有其特有的特点。

（1）时效性

在工程实施过程中，有大量的信息都是实时信息，而这些信息往往又与工程项目的总体目标是否能够实现休戚相关。如果不能及时得到这些瞬息万变的信息，并将这些信息迅速传

递到相关的单位、部门，势必对工程的实施产生重大影响，从而可能会导致项目总体目标不能按时、按质、按量实现。如工程师不能在规定的期限内做出指令就有可能导致工程停工，承包商的索赔不能及时解决可能会影响工程的实施。所以，及时准确地获取工程信息十分必要。

（2）综合性

在工程实施过程中，合同信息往往通过质量、进度和投资方面反映出来。合同既是业主与承包商连接的纽带，也是工程师实施监理的主要依据。但是，工程承包合同的主要条款则是关于双方当事人在质量、进度和投资等方面的权利义务约定。同时，要加强合同管理，也需要通过对大量其他各方面的信息进行分析处理来实现。

（3）复杂性

由于工程项目是一个复杂开放的系统，在所有的信息中既有项目内部信息，如合同的结构、合同管理制度，又有大量外部信息，如国家政策、法律法规等；既有固定信息，又有流动信息；既有现时信息，又有历史信息；既有生产信息，又有技术信息、经济信息。这就给信息管理增加了难度。

2. 合同管理信息系统主要功能与基础

（1）合同管理信息系统的主要功能

1）数据资料的收集。在工程实施过程中，每天都要产生大量的信息，如各种指令、信件、索赔报告等，必须确定收集什么样的信息，确定信息的结构，收集的方式及手续，考察信息的真伪并具体落实到责任人。通常由合同工程师负责，秘书、文档管理员等承担此任务。

2）数据资料的存储。原始数据资料不仅供目前使用，还有许多必须要保存。按照不同的使用和储存要求，数据资料储存于一定的信息载体上，要做到既安全可靠又使用方便。

3）信息的加工。即将原始数据资料经过信息加工处理，转变为可供决策使用的信息。

4）信息的传送、调用和输出。即将经过处理的信息流通到需要的地方，以便各决策者做出客观正确的决策。

（2）合同文档管理系统

文档管理是指对作为信息载体的资料进行有序的收集、加工、分解、编目、存档并为需要者提供专用和常用的信息的过程。文档管理系统是管理信息系统的基础，是管理信息系统有效运行的前提条件。合同文档管理系统的内容包括合同文本及附件，合同分析资料，指令，信件，会议纪要，各种原始工程文件，索赔文件，各种技术、经济、财务方面的资料等。

3. 合同管理信息系统分析与设计

（1）合同管理系统分析

要设计开发合同管理信息系统，首先必须对现行合同管理系统进行系统分析，其内容包括：

1）合同管理与工程项目其他管理职能的关系。工程项目管理包括进度管理、质量管理、成本管理、技术管理、资源管理、合同管理等，而合同管理几乎涉及项目管理的其他各个领域，与其他职能管理部门、索引文档业主及承包商之间都有着密切的联系。合同管理成

功与否，不仅在于合同管理人员，还依赖于其他人员的配合及管理工作的成效。合同管理信息系统开发成功与否，同样存在着其他职能管理部门的配合问题。而且，合同管理信息系统作为工程项目管理信息系统的一个子系统，它的应用深度，也受其他职能管理水平的影响。所以，应与其他系统同时开发，以提高工程项目管理水平。

2）合同管理组织模式及合同管理工作程序。通过上述合同管理与其他管理职能的关系分析，再结合工程管理组织机构形式，以确定项目的合同管理模式。

由于合同管理的涉及面较广，与其他管理职能部门联系较为密切，因此，可建立在项目经理的统一领导之下，专职合同管理工程师直接负责，各专业负责人积极配合，全员参加的组织管理模式。

（2）合同管理信息系统设计

1）系统总体数据结构模型设计。即从合同管理对数据的基本要求出发，对系统中有关数据进行分析与综合，包括对数据及其结构进行分类、分组、一般化和聚合处理等，从而构造出系统总体数据结构模型。系统总体数据结构模型设计包括编码结构设计和系统总体数据结构模型设计。

① 编码结构设计。为了对大量数据进行统一有效的处理，充分发挥计算机的优势，提高系统工作效率，必须有适当的编码体系。

② 系统总体数据结构模型设计。在对系统进行较为详细的数据调查分析的基础上，采用扩展实体关系模型描述出系统总体数据结构模型。

2）系统主要数据库设计。合同管理数据库主要可划分为合同管理、进度管理、质量管理、成本管理和文档管理几大部分，根据实际需要，再进行细分并确定各数据库名称。

3）系统功能子系统划分。在系统功能开发时采用结构化设计方法，首先将整个系统从上到下划分为若干个功能子系统，每个子系统再划分为若干个功能模块，自上而下逐步设计，再自下而上层层实现。在系统总体数据结构模型的基础上，可将合同管理信息系统划分为合同结构模式选用、合同日常管理、合同文档管理、索赔管理、合同管理知识导读和系统维护子系统。

4）系统各功能子系统及功能模块设计。在合同管理信息系统功能子系统划分确定之后，要将各功能子系统进一步划分为若干个功能模块。如索赔管理功能子系统又可划分为索赔事件跟踪管理、索赔报告审核、索赔事项管理、索赔值计算等功能模块；系统维护子系统可分为系统简介、操作说明、编码、文件管理、打印管理等功能模块等。

5）校验设计、密码设计及数据维护设计。

4. 合同管理信息系统的实施

系统实施是在系统设计基础上具体实现系统。主要工作有：

1）计算机程序设计。

2）系统的调试、运行与维护。

3）对专业人员进行使用前的培训。

总之，合同管理信息系统必须能够满足工程合同管理的实际需要，将所得到的信息进行分析筛选，排除无用甚至是干扰的信息，及时向合同管理人员提供一切所需要的信息，保证他们能够迅速、准确地处理各种合同问题，以提高其项目管理的能力与水平。

本章小结

本章主要介绍工程合同风险管理与履约管理的相关内容。

本章的重点是工程合同风险管理与履约管理。

思考题

1. 如何对工程合同的效力进行审查?
2. 工程合同审查的重点是什么? 具体应重点审查哪些方面的内容?
3. 工程合同审查的程序有哪些?
4. 工程合同谈判需要做哪些准备工作?
5. 结合实际工程，试述工程合同谈判的技巧和策略。
6. 工程合同谈判时应注意哪些问题?
7. 试述施工合同履行的基本原则。
8. 简述合同分析的作用。
9. 如何进行施工合同的结构分解?
10. 简述工程合同歧义的解释原则。
11. 如何做好合同交底工作?
12. 试述合同控制程序和方法。
13. 合同控制的日常工作有哪些?
14. 什么是工程变更? 工程变更包括哪些范围? 工程变更包括哪些程序?
15. 如何加强工程变更管理?
16. 如何进行工程合同信息管理系统设计?

第11章 建设工程索赔管理

本章导读

本章主要介绍索赔的基本概念、工程索赔的作用、索赔的处理与解决、工期索赔、费用索赔、索赔管理等相关内容。

建设工程，尤其是规模大、工期长、结构复杂的工程的施工，由于受到水文气象、地质条件变化的影响，以及规划变更和其他一些人为因素的干扰，超出合同约定的条件及相关事项的事情可谓层出不穷，当事人尤其是承包方往往会遭受意料之外的损失，这时，从合同公平原则及诚实信用原则出发，法律应该对当事人提供保护，允许当事人通过索赔对合同约定的条件进行公正、适当的调整，以弥补其不应承担的损失。建设工程合同索赔一般都为工期索赔及经济索赔。在国际工程承包中，工程合同索赔是十分正常的现象，一般情况下，工程索赔额往往占到工程总造价的7%左右。我国《合同法》《建筑法》中都对工程索赔进行了相应规定，各种合同示范文本中也有相应的索赔条款。

11.1 概述

工程索赔的概念

11.1.1 索赔的基本概念

工程索赔在国际建筑市场上是合同当事人保护自身正当权益、弥补工程损失、提高经济效益的重要和有效的手段。许多国际工程项目，承包商通过成功的索赔能使工程收入的增加达到工程造价的5%~10%，甚至有些工程的索赔额超过了合同额本身。“中标靠低标，盈利靠索赔”便是许多国际承包商的经验总结。索赔管理以其本身花费较小、经济效果明显而受到承包商的高度重视。在我国，由于对工程索赔的认识尚不够全面、正确，在有些地区、部门或行业，还不同程度地存在着业主忌讳索赔、不准索赔，承包商索赔意识不强、不敢索赔、不会索赔，而监理工程师不懂如何正确处理索赔等现象。因此，应当加强对索赔理论和方法的研究，在工程实践中健康地开展工程索赔工作。

1. 索赔的含义

索赔（Claim）一词具有较为广泛的含义，其一般含义是指对某事、某物权利的一种主张、要求、坚持等。

工程索赔通常是指在工程合同履行过程中，合同当事人一方因非自身责任或对方不履行或未能正确履行合同而受到经济损失或权利损害时，通过一定的合法程序向对方提出经济或时间补偿的要求。

2. 索赔的特征

索赔是一种正当的权利要求，它是发包人、工程师和承包人之间一项正常的、大量发生而且普遍存在的合同管理业务，是一种以法律和合同为依据的、合情合理的行为。索赔具有如下特征：

1）索赔是双向的，不仅承包人可以向发包人索赔，发包人同样也可以向承包人索赔。由于实践中发包人向承包人索赔发生的频率相对较低，而且在索赔处理中，发包人始终处于主动和有利的地位，他可以直接从应付工程款中扣抵或没收履约保函、扣留保留金甚至留置承包商的材料设备作为抵押等来实现自己的索赔要求，不存在“索”。因此在工程实践中，大量发生的、处理比较困难的是承包人向发包人的索赔，也是索赔管理的主要对象和重点内容。承包人的索赔范围非常广泛，一般认为只要因非承包人自身责任造成工程工期延长或成本增加，都有可能向发包人提出索赔。

2）只有实际发生了经济损失或权利损害，一方才能向对方索赔。经济损失是指发生了合同外的额外支出，如人工费、材料费、机械费、管理费等额外开支；权利损害是指虽然没有经济上的损失，但造成了一方权利上的损害，如由于恶劣气候条件对工程进度的不利影响，承包人有权要求工期延长等。因此发生了实际的经济损失或权利损害，应是一方提出索赔的一个基本前提条件。

3）索赔是一种未经对方确认的单方行为，它与工程签证不同。在施工过程中签证是承发包双方就额外费用补偿或工期延长等达成一致的书面证明材料和补充协议，它可以直接作为工程款结算或最终增减工程造价的依据，而索赔则是单方面行为，对对方尚未形成约束力，这种索赔要求能否得到最终实现，必须要通过确认（如双方协商、谈判、调解或仲裁、诉讼）后才能实现。

归纳起来，索赔具有如下一些本质特征：

① 索赔是要求给予补偿（赔偿）的一种权利、主张。

② 索赔的依据是法律法规、合同文件及工程建设惯例，但主要是合同文件。

③ 索赔是因非自身原因导致的，要求索赔一方没有过错。

④ 与原合同相比较，已经发生了额外的经济损失或工期损害。

⑤ 索赔必须有切实有效的证据。

⑥ 索赔是单方行为，双方还没有达成协议。

实质上索赔的性质属于经济补偿行为，而不是惩罚。索赔是一种正当的权利或要求，是合情、合理、合法的行为，它是在正确履行合同的基础上争取合理的偿付，不是无中生有、无理争利。索赔同守约、合作并不矛盾、对立，只要是符合有关规定的、合法的或者符合有

关惯例的，就应该理直气壮地、主动地向对方索赔。大部分索赔都可以通过和解或调解等方式获得解决，只有在双方坚持己见而无法达成一致时才会提交仲裁或诉诸法院求得解决，即使诉诸法律程序，也应当被看成是遵法守约的正当行为。索赔的关键在于“索”，你不“索”，对方就没有任何义务主动地来“赔”，同样“索”得乏力、无力，即索赔依据不充分、证据不足、方式方法不当，也是很难成功的。国际工程的实践经验告诉我们，一个不敢、不会索赔的承包人最终是要亏损的。

3. 索赔与违约责任的区别

1）索赔事件的发生，不一定在合同文件中有约定；而工程合同的违约责任，则必然是合同所约定的。

2）索赔事件的发生，既可以是一定行为造成的（包括作为和不作为），也可以是不可抗力事件所引起的；而追究违约责任，必须要有合同不能履行或不能完全履行的违约事实的存在，发生不可抗力可以免除追究当事人的违约责任。

3）索赔事件的发生，可以是合同当事人一方引起，也可以是任何第三人行为引起；而违反合同则是由于当事人一方或双方的过错造成的。

4）一定要有造成损失的结果才能提出索赔，因此索赔具有补偿性；而合同违约不一定要造成损失结果，因为违约（如违约金）具有惩罚性。

5）索赔的损失结果与被索赔人的行为不一定存在法律上的因果关系，如因业主（发包人）指定分包人原因造成承包人损失的，承包人可以向业主索赔等；而违反合同的行为与违约事实之间存在因果关系。

11.1.2　索赔的分类

1. 按索赔有关当事人分类

1）承包人与发包人间的索赔。这类索赔大多是有关工程量计算、变更、工期、质量和价格方面的争议，也有中断或终止合同等其他违约行为的索赔。

2）总承包人与分包人间的索赔。这类索赔的内容与上述第 1）项大致相似，但大多数是分包人向总承包人索要付款或赔偿及总承包人向分包人罚款或扣留支付款等。

以上两种涉及工程项目建设过程中施工条件或施工技术、施工范围等变化引起的索赔，一般发生频率高，索赔费用大，有时也称为施工索赔。

3）发包人或承包人与供货人、运输人间的索赔。这类索赔的内容大多是商贸方面的争议，如货品质量不符合技术要求、数量短缺、交货拖延、运输损坏等。

4）发包人或承包人与保险人间的索赔。此类索赔多系被保险人受到灾害、事故或其他损害或损失，按保险单向其投保的保险人索赔。

以上两种在工程项目实施过程中的物资采购、运输、保管、工程保险等方面活动引起的索赔事项，又称商务索赔。

2. 按索赔的依据分类

1）合同内索赔。合同内索赔是指索赔所涉及的内容可以在合同文件中找到依据，并可根据合同规定明确划分责任。一般情况下，合同内索赔的处理和解决要顺利一些。

2）合同外索赔。合同外索赔是指索赔所涉及的内容和权利难以在合同文件中找到依据，但可从合同条文引申含义和合同适用法律或政府颁发的有关法规中找到索赔的依据。

3）道义索赔。道义索赔是指承包人在合同内或合同外都找不到可以索赔的依据，因而没有提出索赔的条件和理由，但承包人认为自己有要求补偿的道义基础，而对其遭受的损失提出具有优惠性质的补偿要求，即道义索赔。道义索赔的主动权在发包人手中，发包人一般在下面四种情况下，可能会同意并接受这种索赔：

① 若另找其他承包人，费用会更大。

② 为了树立自己的形象。

③ 出于对承包人的同情和信任。

④ 谋求与承包人更理解或更长久的合作。

3. 按索赔目的分类

1）工期索赔。即由于非承包人自身原因造成拖期的，承包人要求发包人延长工期，推迟原规定的竣工日期，避免违约误期罚款等。

2）费用索赔。即要求发包人补偿费用损失，调整合同价格，弥补经济损失。

4. 按索赔事件的性质分类

1）工程延期索赔。因发包人未按合同要求提供施工条件，如未及时交付设计图、施工现场、道路等，或因发包人指令工程暂停或不可抗力事件等原因造成工期拖延的，承包人对此提出索赔。

2）工程变更索赔。由于发包人或工程师指令增加或减少工程量或增加附加工程、修改设计、变更施工顺序等，造成工期延长和费用增加，承包人对此提出索赔。

3）工程终止索赔。由于发包人违约或发生了不可抗力事件等造成工程非正常终止，承包人因蒙受经济损失而提出索赔。

4）工程加速索赔。由于发包人或工程师指令承包人加快施工速度，缩短工期，引起承包商人、财、物的额外开支而提出的索赔。

5）意外风险和不可预见因素索赔。在工程实施过程中，因人力不可抗拒的自然灾害、特殊风险及一个有经验的承包人通常不能合理预见的不利施工条件或客观障碍，如地下水、地质断层、溶洞、地下障碍物等引起的索赔。

6）其他索赔。如因货币贬值、汇率变化、物价、工资上涨、政策法令变化等原因引起的索赔。

5. 按索赔处理方式分类

1）单项索赔。单项索赔就是采取一事一索赔的方式，即在每一件索赔事项发生后，报送索赔通知书，编报索赔报告，要求单项解决支付，不与其他的索赔事项混在一起。单项索赔是针对某一干扰事件提出的，在影响原合同正常运行的干扰事件发生时或发生后，由合同管理人员立即处理，并在合同规定的索赔有效期内向发包人或工程师提交索赔要求和报告。

2）综合索赔。综合索赔又称一揽子索赔，即对整个工程（或某项工程）中所发生的数

起索赔事项，综合在一起进行索赔。一般在工程竣工前和工程移交前，承包人将工程实施过程中因各种原因未能及时解决的单项索赔集中起来进行综合考虑，提出一份综合索赔报告，由合同双方在工程交付前后进行最终谈判，以一揽子方案解决索赔问题。

11.1.3　索赔的原因与依据

1. 建设工程索赔的原因

在建设工程合同实施过程中，可以提起索赔的原因是很多的，主要有：

（1）合同风险分担不均

建设工程合同的风险，理应由双方共同承担，但受“买方市场”规律的制约，合同的风险主要落在承包方一方。作为补偿，法律允许他通过索赔来减少风险，有经验的承包商在签订建设工程合同中事先就会设定自己索赔的权利，一旦条件成熟，就可依据合同约定提起索赔。

（2）施工条件变化

建设工程施工是现场露天作业，现场条件的变化对工程施工影响很大。对于工程地质条件，如地下水、地质断层、熔岩孔洞、地下文物遗址等，业主提供的勘察资料往往是不完全准确的，预料之外的情况经常发生。不利的自然条件及一些人为的障碍导致设计变更、工期延长和工程成本大幅度增加时，即可提起索赔。

（3）工程师指令

工程师指令通常表现为工程师指令承包商加速施工、进行某项工作、更换某些材料、采取某种措施或停工等。工程师是受业主委托来进行工程建设监理的，其作用是监督所有工作按合同规定进行，督促承包商和业主完全合理地履行合同、保证合同顺利实施。为了保证合同工程达到既定目标，工程师可以发布各种必要的现场指令。相应地，因这种指令（包括错误指令）而造成的成本增加和（或）工期延误，承包商当然有权进行索赔。

（4）工程变更

在建设工程施工过程中，业主或监理工程师为确保工程质量及进度，或由于其他原因，往往会发出更换建筑材料、增加新的工作、加快施工进度或暂停施工等相关指令，造成工程不能按原定设计及计划进行，并使工期延长，费用增加，此时，承包方即可提出索赔要求。

（5）工期拖延

工程施工中，由于天气、水文或地基等原因的影响，使施工无法正常进行，从而导致工期延误、费用增加时，即可提起索赔。

（6）业主违约

当业主未按合同约定提供施工条件及未按时支付工程款，监理工程师未按规定时间提交施工图、指令及批复意见等违约行为发生时，承包方即可提起索赔。

（7）合同缺陷

由于合同约定不清，或合同文件中出现错误、矛盾、遗漏的情况时，承包方应按业主或监理工程师的解释执行，但可对因此而增加的费用及工期提出索赔。

（8）其他承包商干扰

其他承包商干扰通常是指其他承包商未能按时、按序进行并完成某项工作，各承包商之间配合协调不好等而给本承包商的工作带来的干扰。大中型土木工程往往会有若干承包商在现场施工。由于各承包商之间没有合同关系，工程师作为业主委托人，有责任组织协调好各个承包商之间的工作。否则，将会给整个工程和各承包商的工作带来严重影响，引起承包商索赔。比如，某承包商不能按期完成其工作，其他承包商的相应工作也会因此延误。在这种情况下，被迫延迟的承包商就有权向业主提出索赔。在其他方面，如场地使用、现场交通等，各承包商之间也都有可能发生相互干扰的问题。

（9）国家法令的变更

国家有关法律、政策的变更是当事人无法预见和左右但又必须执行的。当有关法律和政策的变更如法定休息日增加、进口限制、税率提高等造成承包方损失时，承包方都可提出索赔并理应得到赔偿。

（10）其他第三方面原因

其他第三方面原因通常表现为因与工程有关的其他第三方的问题而引起的对本工程的不利影响。比如，业主在规定时间内按规定方式向银行寄出了要求向承包商支付款项的付款申请，但由于邮递延误，银行迟迟没有收到该付款申请，因而导致承包商没有在合同规定的期限内收到工程款。在这种情况下，由于最终表现出来的结果是承包商没有在规定的时间内收到款项，所以承包商往往会向业主索赔。对于第三方原因造成的索赔，业主给予补偿之后，应根据其与第三方签订的合同或有关法律规定再向第三方追偿。

（11）其他

其他如不可抗力的发生、因业主原因造成的暂停施工或终止合同等，都可成为索赔的原因。

2. 建设工程索赔的依据

在索赔原因发生时，当事人一方应该有充分的依据，才能通过索赔的方式取得赔偿。在实践中，无论是索赔，还是反索赔，基本上都是围绕着索赔事实是否存在、索赔原因是否成立这一前提进行的。索赔的依据包括如下几个方面：

（1）构成合同的原始文件

构成合同的文件一般包括合同协议书、中标函、投标书、合同条件专用部分、合同条件通用部分、规范、设计图及标价的工程量表等。

合同的原始文件是承包商投标报价的基础，承包商在投标书中对合同涉及费用的内容均进行了详细的计算分析，是施工索赔的主要依据。

承包商提出施工索赔时，必须明确说明所依据的具体合同条款。

（2）工程师的指示

工程师在施工过程中会根据具体情况随时发布一些书面或口头指示，承包商必须执行工程师的指示，同时也有权获得执行该指示而发生的额外费用。但应注意，在合同规定的时间内，承包商必须要求工程师以书面形式确认其口头指示。否则，将视为承包商自动放弃索赔权利。工程师的书面指示是索赔的有力证据。

（3）施工现场记录

施工现场记录包括施工日志、施工质量检查验收记录、施工设备记录、现场人员记录、进料记录、施工进度记录等。施工质量检查验收记录要有工程师或由工程师授权的相应人员签字。

（4）会议记录

从商签施工合同开始，各方会定期或不定期地召开会议，商讨解决合同实施中的有关问题，工程师在每次会议后，应向各方送发会议纪要。会议纪要的内容涉及很多敏感性问题，各方均需核签。

（5）现场气候记录

在施工过程中，如果遇到恶劣的气候条件，除提供施工现场的气候记录外，承包商还应向业主提供政府气象部门对恶劣气候的证明文件。

（6）工程财务记录

在施工索赔中，承包商的财务记录非常重要，尤其是索赔按实际发生的费用计算时，更是如此。因此，承包商应记录工程进度款支付情况，各种进料单据，各种工程开支收据等。

（7）往来函件

合同实施期间，参与项目各方会有大量往来函件，涉及的内容多、范围广。但最多的还是工程技术问题，这些函件是承包商与业主进行费用结算和向业主提出索赔所依据的基础资料。

（8）市场信息资料

市场信息资料主要收集国际、国内工程市场劳务、施工材料的价格变化资料和外汇汇率变化资料等。

（9）政策法令文件

工程项目所在国或承包商国家的政策法令变化，可能给承包商带来益处，也可能带来损失。应收集这方面的资料，作为索赔的依据。

一般来说，与工程项目建设有关的公司法、海关法、税法、劳动法、环境保护法等法律及建设法规都会直接影响工程承包活动。当任何一方违背这些法律或法规时，或在某一规定日期之后发生的法律或法规变更，均可引起索赔。

11.1.4　工程索赔的作用

随着世界经济全球化和一体化进程的加快，我国加入 WTO 以后，引进外资和涉外工程被要求按照国际惯例进行工程索赔管理，我国建筑业走向国际建筑市场同样被要求按国际惯例进行工程索赔管理。工程索赔的健康开展，对于培育和发展建筑市场，促进建筑业的发展，提高工程建设的效益，发挥非常重要的作用。工程索赔的作用主要表现在以下几个方面：

1）索赔可以保证合同的正确实施。索赔的权利是施工合同法律效力的具体体现，如果没有索赔的权利和有关索赔的法律规定，则施工合同的法律效力会大大减弱，并且难以对业主、承包商双方形成约束，合同的正确实施也难以得到保证。索赔能对违约者起警示作用，使其能充分考虑到违约的后果，并可以尽力避免违约事件的发生。

2）索赔是合同和法律赋予合同当事人的权利。索赔是合同和法律赋予正确履行合同者免受意外损失的权利，索赔是当事人保护自己、避免损失、增加利润、提高效益的一种重要手段。事实证明，不精通索赔业务往往要蒙受较大的损失，直至不能进行正常的生产经营，导致破产。

3）索赔既是落实和调整合同当事人双方权利义务关系的有效手段，也是合同双方风险分担的又一次合理再分配。离开了索赔，合同当事人双方的权利义务关系便难以平衡。索赔促使工程造价更合理，索赔的正常开展，可以把原来打入工程报价中的一些不可预见费用，改为实际发生的损失支付，有助于降低工程报价，使工程造价更为实事求是。

4）索赔对提高企业和工程项目管理水平起着重要的促进作用。索赔有利于促进双方加强内部管理，严格履行合同，有助于双方提高管理素质，加强合同管理，维护市场正常秩序。

5）索赔有助于承发包双方更快地熟悉国际惯例。熟练掌握索赔和处理索赔的方法与技巧，有助于对外开放和对外工程承包的开展，有助于建筑企业提高国际竞争力。

11.1.5 索赔事件

索赔事件又称干扰事件，是指那些使实际情况与合同规定不符合，最终引起工期和费用变化的事件。不断地追踪、监督索赔事件就是不断地发现索赔机会。

1. 常见的承包商提出的索赔事件

在施工合同履行过程中，承包商的索赔内容主要包括以下几个方面：

索赔事件的概念

1）业主没有按合同规定交付设计资料、设计图纸，致使工程延期。在施工合同履行过程中由于上述原因引起索赔的现象经常发生，例如业主延迟交付上述有关资料、图纸，提供的资料有误或合同规定应一次性交付时，业主分批交付等。

2）业主没按合同规定的日期交付施工场地、行驶的道路，接通水电等，使承包商的施工人员和设备不能进场，工程不能按期开工而延误工期。

3）不利的自然条件与客观障碍。不利的自然条件和客观障碍一般是指有经验的承包人无法合理预料到的不利的自然条件和客观障碍。“不利的自然条件”中不包括气候条件，而是指投标时经过现场调查及根据发包人所提供的资料都无法预料到的其他不利自然条件，如地下水、地质断层、溶洞、沉陷等。“客观障碍”是指经现场调查无法发现、发包人提供的资料中也未提到的地下（上）人工建筑物及其他客观存在的障碍物，如下水道、公共设施、坑、井、隧道、废弃的旧建筑物、其他水泥砖砌物及埋在地下的树木等。由于不利的自然条件及客观障碍，常常导致涉及变更、工期延长或成本大幅度增加，承包人可以据此向业主提出索赔要求。

4）业主或监理工程师发布指令改变原合同规定的施工顺序，打乱施工部署。

5）工程变更。在合同履行过程中，业主或监理工程师指令增加、减少或删除部分工程，或指令提高工程质量标准、变更施工顺序、提高质量标准等，造成工期延长和费用增加，承包人可对此提出索赔。注意，由于工程变更减少了工作量，也要进行索赔。

6）附加工程。在施工合同履行过程中，业主指令增加附加工程项目，要求承包商提供合同规定以外的服务项目。

7）设计变更，设计错误，业主或监理工程师错误的指令造成工程修改、报废、返工、窝工等。设计错误、发包人或工程师错误的指令或提供错误的数据等造成工程修改、停工、返工、窝工，发包人或工程师变更原合同规定的施工顺序，打乱了工程施工计划等。由于发包人和工程师原因造成的临时停工或施工中断，特别是根据发包人和工程师不合理指令造成了工效的大幅度降低，从而导致费用支出增加，承包人可提出索赔。

8）由于非承包商的原因，业主或监理工程师指令终止合同施工。由于发包人不正当地终止工程，承包人有权要求赔偿损失，其数额是承包人在被终止工程上的人工、材料、机械设备的全部支出，以及各项管理费用、保险费、贷款利息、保函费用的支出（减去已结算的工程款），并有权要求赔偿其盈利损失。

9）由于业主或监理工程师的特殊要求，例如指令承包商进行合同规定以外的检查、试验，造成工程损坏或费用增加，而最终承包商的工程质量符合合同要求的。

10）业主拖延合同责任范围内的工作，造成工程停工。比如，业主拖延设计图的批准，拖延隐蔽工程验收，拖延对承包商所提问题的答复，造成工程停工。

11）业主未按合同规定的时间和数量支付工程款。一般合同中都有支付预付款和工程款的时间限制及延期付款计息的利率要求；如果发包人不按时支付，承包人可据此规定向发包人索要拖欠的款项并索赔利息，督促发包人迅速偿付。对于严重拖欠工程款，导致承包人资金周转困难，影响工程进度，甚至引起终止合同的严重后果，承包人则必须严肃地提出索赔，甚至诉讼。

12）合同缺陷。合同缺陷常常表现为合同文件规定不严谨甚至前后矛盾、合同规定过于笼统、合同中的遗漏或错误。这不仅包括商务条款中的缺陷，也包括技术规范和设计图中的缺陷。在这种情况下，一般工程师有权做出解释，但如果承包人执行工程师的解释后引起成本增加或工期延长，则承包人可以索赔，工程师应给予证明，发包人应给予补偿。一般情况下，发包人作为合同起草人，他要对合同中的缺陷负责，除非其中有非常明显的含糊或其他缺陷，根据法律可以推定承包人有义务在投标前发现并及时向发包人指出。

13）物价大幅度上涨，造成材料价格，工人工资大幅度上涨。由于物价上涨的因素，带来了人工费、材料费、施工机械费的不断增长，导致工程成本大幅度上升，承包人的利润受到严重影响，也会引起承包人提出索赔要求。

14）国家法令和计划修改，如提高工资税，提高海关税等。国家政策及法律法规变更，通常是指直接影响到工程造价的某些政策及法律法规的变更，比如限制进口、外汇管制或税收及其他收费标准的提高。就国际工程而言，合同通常规定：如果在投标截止日期前的第 28 天以后，由于工程所在国家或地方的任何政策和法规、法令或其他法律、规章发生了变更，导致承包人成本增加，对承包人由此增加的开支，发包人应予以补偿；相反，如果导致费用减少，则也应由发包人收益。就国内工程而言，因国务院各有关部门、各级建设行政主管部门或其授权的工程造价管理部门公布的价格调整，比如定额、取费标准、税收、上缴的各种费用等，可以调整合同价款；如未予调整，承包人可以要求索赔。

15）在保修期间，由于业主方使用不当或其他非承包商施工质量原因造成损坏，业主要求承包商予以修理，此时承包商可以提出索赔。

16）业主在验收前或交付使用前，使用已完工或未完工工程，造成工程损坏，承包商可以提出索赔。

17）不可抗力的发生，对承包商的工期和成本造成了影响，承包商可以提出索赔。

18）发包人（业主）应该承担的风险发生。由于业主承担的风险发生而导致承包人的费用损失增大时，承包人可据此提出索赔。许多合同规定，承包人不仅对由此而造成工程、业主或第三人的财产的破坏和损失及人身伤亡不承担责任，而且业主应保护和保障承包人不受上述特殊风险后果的损害，并免于承担由此而引起的与之有关的一切索赔、诉讼及其费用，而且承包人还可以得到由此损害引起的任何永久性工程及其材料的付款与合理的利润，以及一切修复费用、重建费用及上述特殊风险而导致的费用增加。如果由于特殊风险而导致合同终止，承包人除可以获得应付的一切工程款和损失费用外，还可以获得施工机械设备的撤离费用和人员遣返费用等。

案例分析

【案例分析 11-1】

A公司承建一栋大型办公楼。承包人计划将基础开挖的松土倒在需要填高修建停车场的地方，但由于开工的开始8个月当地下了大雨，土质非常潮湿，导致无法采用这种施工方法，承包人几次口头或书面要求发包人给予延长工期。如果延长工期，可以等到土质干燥后再使用原计划的以挖补填方法。但发包人坚持在承包人提交来自“认可部门”的证明文件证明该气候确实是非常恶劣之前，不批准延期。为了按期完成工程，承包人只得将基础开挖的湿土运走，再运来干土进行填筑。承包人因此而向发包人提出了额外成本索赔。在承包人第一次提出延期要求的16个月以后，发包人同意因大雨和湿土而延长工期，但拒绝承包人的上述额外成本补偿索赔，因为合同中并没有保证以挖补填法一定是可行的。承包人则坚持认为自己按发包人的要求进行了加速施工，为此就这一争议提交仲裁。

仲裁人考查了下列三个方面的因素，同意承包人的意见：

1）承包人遇到了可原谅延误。他没有从承包人所抱怨的天气情况是否已经构成有理的延期因素这一点本身来考虑，而是从发包人最终批准了延期，从而承认了气候条件特别恶劣这一点来推论的。

2）承包人已经及时提出了延长工期的要求。仲裁人认为承包人的口头要求及随后与发包人的会议已满足这一要求，何况之后也提交了书面材料。

3）承包人在投标时已将自己的施工方案列入投标书中，而发包人没有提出异议，那么实际上已形成合同条件。现在遇到的情况实际上属于不可预料的情况，而承包人已及时通报发包人，因此引起的工期延长和额外费用的增加，发包人应给予赔偿。具体数额可根据实际损失，双方协商解决。

案例分析

【案例分析 11-2】

某独立大桥工程，在施工桥梁的水下地基基础时，承包商使用的钢筋混凝土沉井在挖基下沉时，遇到了原招标文件提供的钻探资料中未显示的倾斜岩层，使沉井基础一边基脚已抵到岩层上，而另一边仍为粗砂岩土，且承包商施工人员不停地抽水，也无法排干沉井的水和泥沙，使沉井严重倾斜，难以纠偏。承包商就此上报业主和监理工程师，业主召集有关专家的专门咨询会议，确定使用煤矿矿井中的冷冻技术，来对桥梁基础施行冷冻，封住地下水和泥沙，制止沉井继续偏斜的解决方案，然后对先遇到岩石一侧进行炸挖，直至所有的沉井基角下至岩层为止。这一不可预料的地质条件使该工程的沉井工作延期了 3 个月才完成，且在工期的关键线路上，又因采用非常施工技术，使承包商的施工工程成本大增。因此，承包商提出了索赔要求。

【案例分析 11-3】

国外某路桥工程项目，施工时先修桥，后修筑引道，待桥梁工程完工后，测量时发现比预定路线标高低了 1m。原因是工程师属下的工作人员给指定的一个临时水准点低了 1m。但是，当时承包商并没有报临时水准点的正式资料经工程师批准，而经工程师书面提供的正式固定基准点都是对的。承包商对此事项提出索赔，要求将桥梁再修高 1m 的改正费用由业主承担。

工程师批复为：在桥梁工地附近确定临时基准点，应是承包商自己的责任，不应该依赖工程师属下的测量员所给的临时水准点，FIDIC 合同条件第 4.7 条款规定，由工程师用书面形式提供的测量资料是正确的，因此，承包商必须自费改正测量方面的错误，将桥梁标高提高，不允许索赔。

【案例分析 11-4】

某土木工程项目，施工开挖土方工作时，发现了汉俑等文物。监理工程师及时下令暂停工程，又专程派人及时赶到有关文物管理部门鉴定处理，以尽量减少工程延误，并妥善保护国家文物。文物鉴定处理的期间，承包商的人员和机具设备等发生闲置，造成时间和经济上的损失，承包商提出了索赔，监理工程师和业主给予承包商合理的费用补偿和工期延长。

2. 发包人可以提出的索赔事件

根据我国《建设工程施工合同（示范文本）》，因承包人原因不能按照协议书约定的竣工日期或工程师同意顺延的工期竣工，或因承包人原因工程质量达不到协议书约定的质量标准，或承包人不履行合同义务或不按合同约定履行义务或发生错误给发包人造成损失时，发包人也应按合同约定的索赔时限要求，向承包人提出索赔。发包人可以提出的索赔事件通常

有以下几种：

1）由于承包商的原因造成的工期延期。在工程项目的施工过程中，由于承包人的原因，使竣工日期拖后，影响发包人对该工程的使用，给发包人带来经济损失，发包人有权对承包人进行索赔，即由承包人支付延期竣工违约金。建设工程施工合同中的误期违约金，通常是由发包人在招标文件中确定的。

2）由于承包商的原因造成的施工质量低劣或使用功能不足。当承包人的施工质量不符合施工技术规程的要求，或在保修期未满以前未完成应该负责修补的工程时，发包人有权向承包人追究责任。如果承包人未在规定的时限内完成修补工作，发包人有权雇用他人来完成工作，发生的费用由承包人负担。

3）由于承包商的原因给第三方造成了影响。

4）属于承包商应该承担的风险发生。

5）承包商未给指定分包商付款。在工程承包人未能提供已向指定分包商付款的合理证明时，发包人可以直接按照工程师的证明书，将承包人未付给指定分包商的所有款项（扣除保留金）付给该分包商，并从应付给承包人的任何款项中如数扣回。

6）承包人不履行的保险费用。如果承包人未能按合同条款指定的项目投保，并保证保险有效，发包人可以投保并保证保险有效，发包人所支付的必要的保险费可在应付给承包人的款项中扣回。

7）发包人合理终止合同或承包人不正当地放弃工程。如果发包人合理地终止承包人的承包，或者承包人不合理地放弃工程，则发包人有权从承包人手中收回由新的承包人完成工程所需的工程款与原合同未付部分的差额。

8）其他。由于工伤事故给发包方人员和第三方人员造成的人身或财产损失的索赔，以及承包人运送建筑材料及施工机械设备时损坏了公路、桥梁或隧洞，交通管理部门提出的索赔等。上述这些事件能否作为索赔事件进行有效的索赔，还要看具体的工程和合同背景、合同条件，不可一概而论。

案例分析

【案例分析 11-5】

某工程项目的工业厂房于 2022 年 3 月 15 日开工，2022 年 11 月 15 日竣工，验收合格后即投产使用。2025 年 2 月该厂房供热系统的供热管道部分出现漏水，业主进行了停产检修。经检查发现漏水的原因是施工单位所用管材管壁太薄，与原设计文件要求不符。监理单位进一步查证施工单位报验的材料与其向监理工程师提供的日志记录也不相符。如果全部更换厂房供热管道所需费用为 30 万元，同时造成该厂部分车间停产的损失为 20 万元。

业主就此事件提出如下索赔要求：

（1）要求施工单位全部返工更换厂房供热管道，并赔偿停产损失的 60%（计 12 万元）。

（2）要求监理公司对全部返工工程免费进行监理，并对停产损失承担连带赔偿责任，赔偿停产损失的 40%（计 8 万元）。

施工单位对业主的索赔要求答复为：

该厂房供热系统已超过国家规定的保修期，不予保修，也不同意返工，更不同意赔偿停产损失。

监理单位对业主的索赔要求答复为：

监理工程师已对施工单位报验的管材进行了检查，符合质量标准，已履行了监理职责。施工单位擅自更换管材导致管道漏水，应由施工单位负责，监理单位不承担任何责任。

【问题】

依据现行法律和行政法规，请指出业主的要求和施工单位、监理单位的答复中各有哪些错误，为什么？施工单位和监理单位各应负哪些责任？为什么？

【分析】

本例应正确处理如下：

(1) 业主要求施工单位全部返工更换厂房供热管道是正确的，但要求“赔偿停产损失的 60%（计 12 万元）”是错误的，应要求施工单位赔偿停产的全部损失（计 20 万元）。业主要求监理公司对停产损失“承担连带赔偿责任”也是错误的，“赔偿停产损失的 40%（计 8 万元）”计算方法也是错误的。

(2) 施工单位对业主的索赔要求答复“该厂房供热系统已超过国家规定的保修期，不予保修”是错误的，“也不同意返工，更不同意赔偿停产损失”也是错误的。按国家法律与合同法要求，因施工单位使用不合格材料而造成的工程质量不合格，应承担全部责任并返工，还应赔偿业主全部损失。

(3) 监理单位对业主的索赔要求答复是错误的，因为监理工程师对施工单位擅自更换管材没有察觉，虽然由施工单位负责，但是监理单位也应承担其失职的过错责任。

【案例分析 11-6】竣工时间延误的业主索赔

某建设单位与施工单位按我国《建设工程施工合同（示范文本）》签订了施工承包合同，合同总金额为 1200 万元，合同工期为 1 年。合同约定竣工时间延误罚款为 50000 元/天，但罚款总额不得超过合同价的 10%。结果工程拖期 1.5 月，其中监理工程师按照合同规定批准的工期顺延时间为 0.5 月。

工程竣工时，业主向承包商索赔竣工时间延误费用的计算方法如下：

按延误天数计算罚款额 = 50000 元/天×30 天 = 150 万元

按合同总额计算罚款限额 = 1200 万元×10% = 120 万元

因此索赔额为 120 万元。

【案例分析 11-7】与施工缺陷有关的索赔

某建设单位与施工单位按我国《建设工程施工合同（示范文本）》签订了某高层住宅的施工合同。施工过程中，监理工程师在检查中发现已施工完毕的 12 层和 13 层钢筋混

凝土楼板出现严重裂缝，于是书面指示施工单位上报处理方案，待批准后进行裂缝处理。2天后监理工程师发现裂缝处已用水泥砂浆抹上。监理工程师向施工单位发出监理指令，指出此处理方法无法满足质量要求，而必须进行补强处理，但是，施工单位拒不执行该指示。经与建设单位协商，聘请双方合同中约定的质量检测机构进行鉴定，结论是楼板施工质量缺陷需要补强处理。对于此缺陷带来的鉴定和补强处理费用，建设单位向施工单位提出索赔，具体方式是从支付给施工单位的进度款中扣回。

【案例分析 11-8】承包商不遵守工程师指示的业主索赔

某业主与承包商签订了某一学校教学楼的施工承包合同，采用 FIDIC《施工合同条件》作为标准合同文本。在施工过程中检查出用于6层楼板的一批钢筋是从承包商总部仓库运到现场的旧钢筋，经检验不符合质量标准。于是工程师书面指示承包商在7天内将其运出现场，并重新购入钢筋。可是承包商迟迟不执行指示，到了第8天，业主请人将其运回承包商总部仓库，并就此向承包商索赔为此花费的人工费和机械费。由工程师向承包商发出通知，指出按照合同条款的规定，业主有权雇用其他人完成此项工作，从当月应支付给承包商的进度款中扣回此款项，并附上支付单据复印件。

11.2　索赔的处理与解决

索赔证据的概念

11.2.1　索赔的证据及要求

1. 索赔证据

索赔证据是当事人用来支持其索赔成立或和索赔有关的证明文件及资料。索赔证据作为索赔文件的组成部分，在很大程度上关系到索赔的成功与否。证据不全、不足或没有证据，索赔就很难获得成功。

在工程项目的实施过程中，会产生大量的工程信息和资料，这些信息和资料是开展索赔的重要依据。如果项目资料不完整，索赔就难以顺利进行。因此在施工过程中应始终做好资料积累工作，建立完善的资料记录和科学管理制度，认真系统地积累和管理合同文件、质量、进度及财务收支等方面的资料。对于可能会发生索赔的工程项目，从开始施工时就要有目的地收集证据资料，系统地拍摄现场，妥善保管开支收据，有意识地为索赔积累必要的证据材料。常见的索赔证据主要有：

1）各种合同文件，包括工程合同及附件、中标通知书、投标书、标准和技术规范、设计图、工程量清单、工程报价单或预算书、有关技术资料和要求等。

具体的如发包人提供的水文地质、地下管网资料，施工所需的证件、批件、临时用地占地证明手续、坐标控制点资料等。

2）经工程师批准的承包人施工进度计划、施工方案、施工组织设计和具体的现场实施情况记录。各种施工报表有：

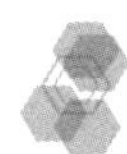

① 驻地工程师填制的工程施工记录表，这种记录能提供关于气候、施工人数、设备使用情况和部分工程局部竣工等情况。

② 施工进度表。

③ 施工人员计划表和人工日报表。

④ 施工用材料和设备报表。

3）施工日志及工长工作日志、备忘录等。施工中发生的影响工期或工程资金的所有重大事情均应写入备忘录存档，备忘录应按年、月、日顺序编号，以便查阅。

4）工程有关施工部位的照片及录像等。保存完整的工程照片和录像能有效地显示工程进度。因而除了标书上规定需要定期拍摄的工程照片和录像外，承包人自己应经常注意拍摄工程照片和录像，注明日期，作为自己查阅的资料。

5）工程各项往来信件、电话记录、指令、信函、通知、答复等。有关工程的来往信件内容常常包括某一时期工程进展情况的总结及与工程有关的当事人，尤其是这些信件的签发日期对计算工程延误时间具有很大的参考价值。因而来往信件应妥善保存，直到合同全部履行完毕，所有索赔均获解决时为止。

6）工程各项会议纪要、协议及其他各种签约、定期与业主雇员的谈话资料等。业主雇员对合同和工程实际情况掌握第一手资料，与他们交谈的目的是摸清施工中可能发生的意外情况，会碰到什么难处理的问题，以便做到事前心中有数，一旦发生进度延误，承包人即可说出延误原因，说明延误原因是业主造成的，为索赔埋下伏笔。在施工合同的履行过程中，业主、工程师和承包人定期或不定期的会谈所做出的决定或决议，是施工合同的补充，应作为施工合同的组成部分，但会谈纪要只有经过各方签署后方可作为索赔的依据。业主与承包人、承包人与分包人之间定期或临时召开的现场会议讨论工程情况的会议记录，能被用来追溯项目的执行情况，查阅业主签发工程内容变动通知的背景和签发通知的日期，也能查阅在施工中最早发现某一重大情况的确切时间。另外，这些记录也能反映承包人对有关情况采取的行动。

7）发包人或工程师发布的各种书面指令书和确认书，以及承包人要求、请求、通知书。

8）气象报告和资料。如有关天气的温度、风力、雨雪的资料等。

9）投标前业主提供的参考资料和现场资料。

10）施工现场记录。工程各项有关设计交底记录、变更图、变更施工指令等，工程图、图纸变更、交底记录的送达份数及日期记录，工程材料和机械设备的采购、订货、运输、进场、验收、使用等方面的凭据及材料供应清单、合格证书，工程送电、送水，道路开通、封闭的日期及数量记录，工程停电、停水和干扰事件影响的日期及恢复施工的日期等。

11）工程各项经业主或工程师签认的签证。如承包人要求预付通知、工程量核实确认单。

12）工程结算资料和有关财务报告。如工程预付款、进度款拨付的数额及日期记录、工程结算书、保修单等。

13）各种检查验收报告和技术鉴定报告。工程师签字的工程检查和验收报告反映出某

一单项工程在某一特定阶段竣工的程度，并记录了该单项工程竣工的时间和验收的日期，应该妥为保管。如质量验收单、隐蔽工程验收单、验收记录、竣工验收资料、竣工图。

14）各类财务凭证。需要收集和保存的工程基本会计资料包括工卡、人工分配表、注销薪水支票、工人福利协议、经会计师核算的薪水报告单、购料订单收讫发票、收款票据、设备使用单据、注销账应付支票、账目图表、总分类账、财务信件、经会计师核证的财务决算表、工程预算、工程成本报告书、工程内容变更单等。工人或雇请人员的薪水单据应按日期编存归档，薪水单上费用的增减能揭示工程内容增减的情况和开始的时间。承包人应注意保管和分析工程项目的会计核算资料，以便及时发现索赔机会，准确地计算索赔的款额，争取合理的资金回收。

15）其他。包括分包合同、官方的物价指数、汇率变化表及国家、省、市有关影响工程造价、工期的文件、规定等。

2. 索赔证据的基本要求

1）真实性。索赔证据必须是在实施合同过程中确实存在和实际发生的，是施工过程中产生的真实资料，能经得住推敲。

2）及时性。索赔证据的取得和提出应当及时，这种及时性反映了承包人的态度和管理水平。

3）全面性。所提供的证据应能说明事件的全部内容。索赔报告中涉及的索赔理由、事件过程、影响、索赔值等都应有相应证据，不能零乱和支离破碎。

4）关联性。索赔的证据应当与索赔事件有必然联系，并能够互相说明、符合逻辑，不能互相矛盾。

5）有效性。索赔证据必须具有法律效力。一般要求证据必须是书面文件，有关记录、协议、纪要必须是双方签署的，工程中重大事件、特殊情况的记录、统计必须由工程师签证认可。

11.2.2 索赔的程序

具体工程的索赔的程序，应根据双方签订的施工合同产生。在工程实践中，比较详细的索赔工作程序一般可分为以下主要步骤。

1. 发出索赔意向通知

索赔意向通知是一种维护自身索赔权利的文件。在工程实施过程中，承包人发现索赔或意识到存在潜在的索赔机会后，要做的第一件事，就是要在合同规定的时间内将自己的索赔意向用书面形式及时通知业主或工程师，也即向业主或工程师就某一个或若干个索赔事件表示索赔愿望、要求或声明保留索赔的权利。索赔意向的提出是索赔工作程序中的第一步，其关键是要抓住索赔机会，及时提出索赔意向。

FIDIC 合同条件及我国建设工程施工合同条件都规定，承包人应在索赔事件发生后的 28 天内，将其索赔意向以正式函件通知工程师。如果承包人没有在合同规定的期限内提出索赔意向或通知，承包人则会丧失在索赔中的主动和有利地位，业主和工程师也有权拒绝承包人的索赔要求，这是索赔成立的有效的、必备的条件之一。因此，在实际工作中，承包人应避免合理的索赔要求由于未能遵守索赔时限的规定而导致无效。在实际的工程承包合同中，对

索赔意向提出的时间限制不尽相同，只要双方经过协商达成一致并写入合同条款即可。

2. 索赔资料的准备

从提出索赔意向到提交索赔文件，是属于承包人索赔的内部处理阶段和索赔资料准备阶段。此阶段的主要工作有以下几种：

（1）事态调查

事态调查即寻找索赔机会。通过对合同实施的跟踪、分析、诊断，如发现索赔机会，则应进行详细的调查和跟踪，以了解事件经过、前因后果、掌握事件详细情况。

（2）损害事件原因分析

损害事件原因分析即分析这些损害事件是由谁引起的，责任应由谁来承担。一般只有非承包商责任的损害事件才有可能提出索赔。在实际工作中，损害事件的责任往往是多方面的，故必须进行责任分解，划分责任范围，按责任大小，承担损失。这里特别容易引起合同双方的争执。

（3）索赔依据

索赔依据即索赔理由，主要是指合同文件。必须按合同判明这些索赔事件是否违反合同，是否在合同规定的索赔范围之内。只有符合合同规定的索赔要求才有合法性、才能成立。例如，某合同规定，在工程总价 15%的范围内的工程变更属于承包商承担的风险，则业主指令增加的工程量在此范围内时，承包商不能提出索赔。

（4）损失调查

损失调查即为索赔事件的影响分析。它主要表现为工期的延长和费用的增加。如果索赔事件不造成损失，则无索赔可言。损失调查的重点是收集、分析、对比实际和计划的施工进度、工程成本和费用方面的资料，在此基础上计算索赔值。

（5）收集证据

索赔事件发生，承包商就应抓紧收集证据，并在索赔事件持续期间一直保持有完整的同期记录。同样，这也是索赔要求有效的前提条件。如果在索赔报告中提不出证明其索赔理由、索赔事件的影响、索赔值的计算等方面的详细资料，索赔要求是不能成立的。在实际工作中，许多索赔要求都因没有或缺少书面证据而得不到合理的解决。因此，承包商必须对这个问题有足够的重视。通常，承包商应按工程师的要求做好并保持同期记录，并接受工程师的审查。

（6）起草索赔报告

索赔报告是上述各项工作的结果和总括。它表达了承包商的索赔要求和支持这个要求的详细依据。它决定了承包商索赔的地位，是索赔要求能否获得有利和合理解决的关键。

编写索赔报告的基本要求有：

1）符合实际。索赔事件要真实、证据确凿。索赔的依据和款额应符合实际情况，不能虚构和扩大，更不能无中生有，这是索赔的基本要求。这既关系到索赔的成败，也关系到承包人的信誉。一个符合实际的索赔文件，可使审阅者看后的第一印象是合情合理，不会立即予以拒绝。相反，如果索赔要求缺乏依据，不切实际地漫天要价，会引起对方反感，导致有道理的索赔部分也被置之不理，不利于索赔问题的最终解决。

2）说服力强。

① 符合实际的索赔要求，本身就具有说服力，但除此之外索赔文件中责任分析应清楚、准确。一般索赔所针对的事件都是由于非承包人责任而引起的。因此，在索赔报告中要善于引用法律和合同中的有关条款，详细、准确地分析并明确指出对方应负的全部责任，并附上有关证据材料，不可在责任分析上模棱两可、含糊不清。对事件叙述要清楚明确，不应包含任何估计或猜测。

② 强调事件的不可预见性和突发性。说明即使一个有经验的承包人对它不可能有预见或有准备，也无法制止，并且承包人为了避免和减轻该事件的影响及损失已尽了最大努力，采取了能够采取的措施，从而使索赔理由更加充分，更易于对方接受。

③ 论述要有逻辑。明确阐述由于索赔事件的发生和影响，使承包人的工程施工受到严重干扰，并为此增加了支出，拖延了工期。应强调索赔事件、对方责任、工程受到的影响和索赔之间有直接的因果关系。

3）计算准确。索赔文件中应完整列入索赔值的详细计算资料，指明计算依据、计算原则、计算方法、计算过程及计算结果的合理性，必要的地方应做详细说明。计算结果要反复校核，做到准确无误，要避免高估冒算。计算上的错误，尤其是扩大索赔款的计算错误，会给对方留下不好的印象，其中可能会存在弄虚作假，进而直接影响索赔的成功。

4）简明扼要。索赔文件在内容上应组织合理、条理清楚，各种定义、论述、结论正确，逻辑性强，既能完整地反映索赔要求，又要简明扼要，使对方很快地理解索赔的本质。索赔文件最好采用活页装订，印刷清晰。同时，用语应尽量婉转，避免使用强硬、不客气的语言。

（7）索赔报告的递交

1）索赔报告的递交时间。在承包商察觉（或已察觉）引起索赔的事件或情况后 42 天内，或在承包商可能建议并经过工程师认可的其他期限内，承包商应向工程师递交一份充分详细的索赔报告，包括索赔的依据、要求延长的时间和（或）追加付款的全部详细资料，说明索赔款额和索赔的依据。如果索赔时间的影响持续存在，28 天内还不能算出索赔额和工期延展天数时，承包商应按工程师合理要求的时间间隔（一般为一个月），定期陆续报出每一个时间段内的索赔证据资料和索赔要求。在该项索赔事件的影响结束后的 28 天内，报出最终详细报告，提出索赔论据资料和累计索赔额。

工程师在收到索赔报告或对过去索赔的任何进一步证明资料后 42 天内，或在工程师可能建议并经承包商认可的此类其他期限内，做出回应，表示批准或不批准，并附具体意见。工程师还可以要求任何必需的进一步资料，但他仍要在上述期限内对索赔的原则做出回应。

2）索赔报告的编写。承包商的索赔可分为工期索赔和费用索赔。一般地，对大型、复杂工程的索赔报告应分别编写和报送，对小型工程可合二为一。一个完整的索赔报告应包括如下内容：

① 题目。索赔报告的标题应该能够简要、准确地概括索赔的中心内容，如“关于……事件的索赔”。

② 事件。详细描述事件过程，主要包括事件发生的工程部位、发生的时间、原因和经过、影响的范围及承包人当时采取的防止事件扩大的措施、事件持续时间、承包人已经向业

主或工程师报告的次数及日期、最终结束影响的时间、事件处置过程中的有关主要人员办理的有关事项等。也包括双方信件交往、会谈，并指出对方如何违约、证据的编号等。

③ 理由。索赔的依据，主要是指法律依据和合同条款的规定。合理地引用法律和合同的有关规定，建立事实与损失之间的因果关系，进而说明索赔的合理、合法性。

④ 结论。指出事件造成的损失或损害及其大小，主要包括要求补偿的金额及工期，这部分只需列举各项明细数字及汇总数据即可。

⑤ 详细计算书（包括损失估价和延期计算两部分）。为了证实索赔金额和工期的真实性，必须指明计算依据及计算资料的合理性，包括损失费用、工期延长的计算基础、计算方法、计算公式、详细的计算过程及计算结果。

⑥ 附件。包括索赔报告中所列举的事实、理由、影响等各种编过号的证明文件和证据、图表。例如，往来函件、施工日志、会议记录、施工现场记录、工程师的指示等。

3. 工程师审核索赔报告

工程师是受业主的委托和聘请，对工程项目的实施进行组织、监督和控制工作。在业主与承包人之间的索赔事件发生、处理和解决过程中，工程师是个核心人物。工程师在接到承包人的索赔文件后，必须以完全独立的身份，站在客观公正的立场上审查索赔要求的正当性，也必须对合同条件、协议条款等有详细的了解，以合同为依据来公平处理合同双方的利益纠纷。工程师应该建立自己的索赔档案，密切关注事件的影响和发展，有权检查承包人的有关同期记录材料，随时就记录内容提出他的不同意见或他认为应予以增加的记录项目。

工程师根据业主的委托或授权，对承包人索赔的审核工作主要分为判定索赔事件是否成立和核查承包人的索赔计算是否正确、合理两个方面，并可在业主授权的范围内做出自己独立的判断。

承包人索赔要求的成立必须同时具备如下四个条件：

1）与合同相比较，事件已经造成了承包人实际的额外费用增加或工期损失。

2）费用增加或工期损失的原因不是由于承包人自身的责任所造成。

3）这种经济损失或权利损害不是由承包人应承担的风险所造成。

4）承包人在合同规定的期限内提交了书面的索赔意向通知和索赔文件。

上述四个条件没有先后主次之分，并且必须同时具备，承包人的索赔才能成立。其后，工程师对索赔文件的审查重点主要有两步：

第一步，重点审查承包人的申请是否有理有据，即承包人的索赔要求是否有合同依据、所受损失确属不应由承包人负责的原因造成、提供的证据是否足以证明索赔要求成立、是否需要提交其他补充材料等。

第二步，工程师应以公正的立场、科学的态度，重点审查并核算索赔值的计算是否正确、合理，分清责任，对不合理的索赔要求或不明确的地方提出反驳和质疑，或要求承包人做出进一步的解释和补充，并拟定自己计算的合理索赔款项和工期延展天数。

4. 工程师与承包人协商补偿额和工程师索赔处理意见

工程师核查后初步确定应予以补偿的额度，往往与承包人索赔报告中要求的额度不一致，甚至差额较大，主要原因大多为对承担事件损害责任的界限划分不一致、索赔证据不充分、索赔计算的依据和方法分歧较大等，因此双方应就索赔的处理进行协商。通过协商达不成共识的，工程师有权单方面做出处理决定，承包人仅有权得到所提供的证据满足工程师认为索赔成立那部分的付款和工期延展。不论工程师通过协商与承包人达成一致，还是他单方面做出的处理决定，批准给予补偿的款额和延展工期的天数如果在授权范围之内，则可将此结果通知承包人，并抄送业主。补偿款将计入下月支付工程进度款的支付证书内，业主应在合同规定的期限内支付，延展的工期加到原合同工期中去。如果批准的额度超过工程师的权限，则应报请业主批准。

对于持续影响时间超过 28 天以上的工期延误事件，当工期索赔条件成立时，对承包人每隔 28 天报送的阶段索赔临时报告审查后，每次均应做出批准临时延长工期的决定，并于事件影响结束后 28 天内承包人提出最终的索赔报告后，批准延展工期总天数。应当注意的是，最终批准的总延展天数，不应少于以前各阶段已同意延展天数之和。规定承包人在事件影响期间每隔 28 天提出一次阶段报告，能使工程师及时根据同期记录批准该阶段应予延展工期的天数，避免事件影响时间太长而不能准确确定索赔值。

工程师经过对索赔文件的认真评审，并与业主、承包人进行较充分的讨论后，应提出自己的索赔处理决定。通常，工程师的处理决定不是终局性的，对业主和承包人不具有强制性的约束力。

我国建设工程施工合同条件规定，工程师收到承包人送交的索赔报告和有关资料后，应在 28 天内给予答复，或要求承包人进一步补充索赔理由和证据。如果在 28 天内既未予答复也未对承包人作进一步要求，则视为承包人提出的该项索赔要求已经认可。

5. 业主审查索赔处理

当索赔数额超过工程师权限范围时，由业主直接审查索赔报告，并与承包人谈判解决，工程师应参加业主与承包人之间的谈判，工程师也可以作为索赔争议的调解人。业主首先根据事件发生的原因、责任范围、合同条款审核承包人的索赔文件和工程师的处理报告，再依据工程建设的目的、投资控制、竣工投产日期要求及针对承包人在施工中的缺陷或违反合同规定等的有关情况，决定是否批准工程师的处理决定。例如，承包人某项索赔理由成立，工程师根据相应条款的规定，既同意给予一定的费用补偿，也批准延展相应的工期，但业主权衡了施工的实际情况和外部条件的要求后，可能不同意延展工期，而宁愿给承包人增加费用补偿额，要求其采取赶工措施，按期或提前完工，这样的决定只有业主才有权做出。索赔报告经业主批准后，工程师即可签发有关证书。对于数额比较大的索赔，一般需要业主、承包人和工程师三方反复协商才能做出最终处理决定。

6. 承包人是否接受最终索赔处理，可能仲裁或诉讼

如果承包人同意接受最终的处理决定，索赔事件的处理即告结束。如果承包人不同意，则可根据合同约定，将索赔争议提交仲裁或诉讼，使索赔问题得到最终解决。在仲裁或诉讼过程中，工程师作为工程全过程的参与者和管理者，可以作为见证人提供证据，做答辩。

工程项目实施中会发生各种各样、大大小小的索赔、争议等问题，应该强调，合同各方应该争取尽量在最早的时间、最低的层次，尽最大可能，以友好协商的方式解决索赔问题，不要轻易提交仲裁或诉讼。因为对工程争议的仲裁或诉讼往往是非常复杂的，要花费大量的

人力、物力、财力和精力，对工程建设也会带来不利，有时甚至是严重的影响。

具体工程的索赔工作程序，应根据双方签订的施工合同产生。某工程项目承包人的索赔工作程序如图 11-1 所示，可供参考。

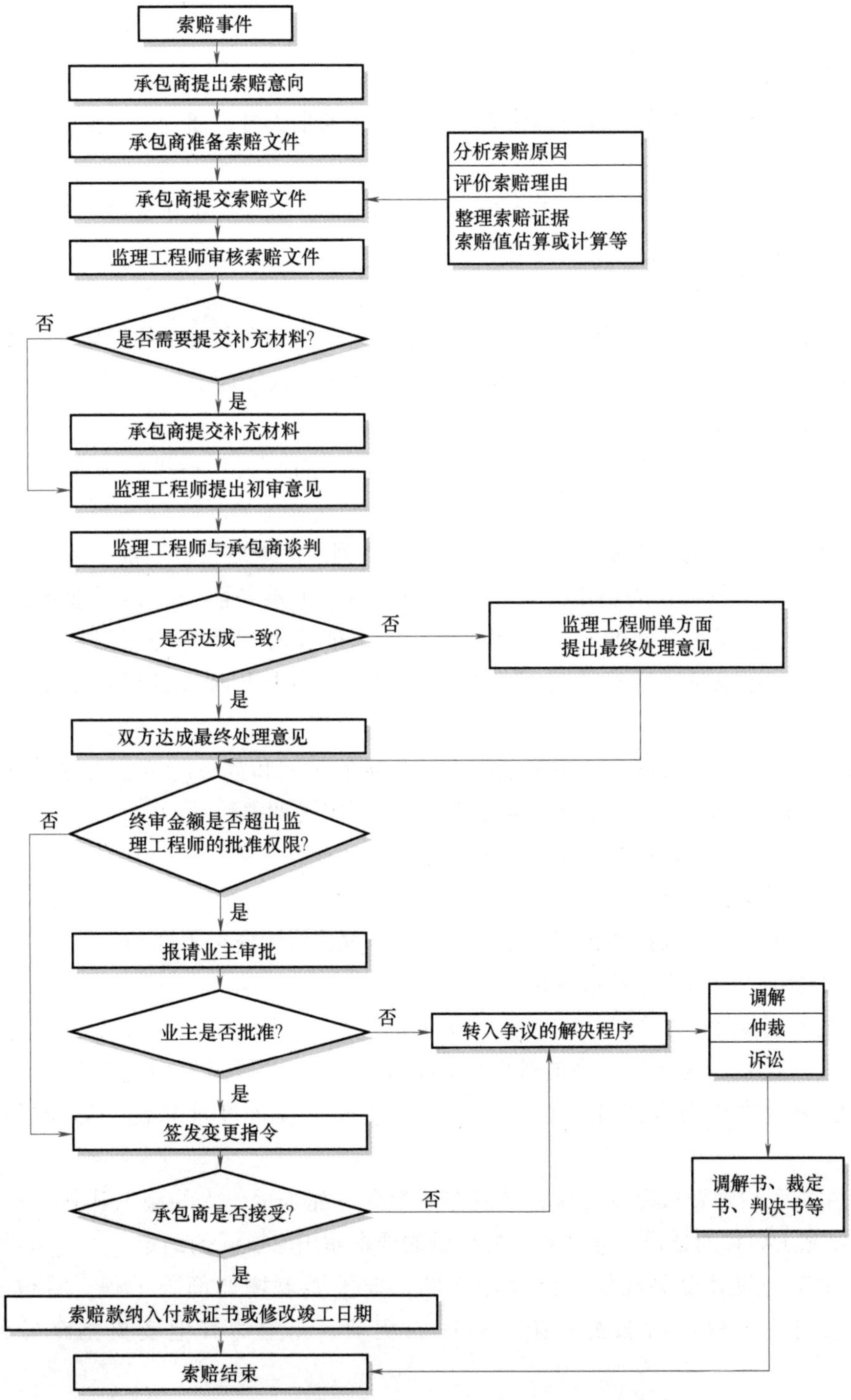

索赔事件
承包商提出索赔意向
承包商准备索赔文件
分析索赔原因
评价索赔理由
整理索赔证据
索赔值估算或计算等
承包商提交索赔文件
监理工程师审核索赔文件
是否需要提交补充材料?
否
是
承包商提交补充材料
监理工程师提出初审意见
监理工程师与承包商谈判
是否达成一致?
否
监理工程师单方面提出最终处理意见
是
双方达成最终处理意见
终审金额是否超出监理工程师的批准权限?
否
是
报请业主审批
业主是否批准?
否
转入争议的解决程序
调解
仲裁
诉讼
是
签发变更指令
承包商是否接受?
否
调解书、裁定书、判决书等
是
索赔款纳入付款证书或修改竣工日期
索赔结束

图 11-1　某工程项目承包人的索赔工作程序

11.3 工期索赔

11.3.1 工期索赔的概念

1. 工期索赔

工期索赔是指承包人在非自身因素影响下遭受工期损失时，通过一定的合法程序向业主提出补偿其工期损失的要求。

工程工期是业主和承包人经常发生争议的问题之一，工期索赔在整个索赔中占据了很高的比例，也是承包人索赔的重要内容之一。

2. 工程拖期的原因分析

在施工过程中，由于各种因素的影响，使承包人不能在合同规定的工期内完成工程，造成工程拖期。造成拖期的一般原因有非承包人原因和承包人原因。

(1) 非承包人原因

该原因可归结为三大类，即业主的原因、工程师的原因和不可抗力和不可控因素的原因。

1) 业主的原因。业主在施工过程中可能由于下列原因造成工程延误：

① 业主拖延交付合格的施工现场。在工程项目前期准备阶段，由于业主没有及时完成征地、拆迁、安置等方面的有关前期工作，或未能及时取得有关部门批准的施工执照或准建手续等，造成施工现场交付时间推迟，承包人不能及时进驻现场施工，从而导致工程拖期。

② 业主拖延交付施工图。业主未能按合同规定的时间和数量向承包人提供施工图，尤其是目前国内较多的边设计、边施工的项目，从而引起工期索赔。

③ 业主或工程师拖延审批施工图、施工方案、计划等。

④ 业主拖延支付预付款或工程款。

⑤ 业主提供的设计数据或工程数据延误，如有关放线的资料不准确。

⑥ 业主指定的分包人违约或延误。

⑦ 业主未能及时提供合同规定的材料或设备。

⑧ 业主拖延关键线路上工序的验收时间，造成承包人下道工序施工延误。工程师对合格工程要求拆除或剥露部分工程予以检查，造成工程进度被打乱，影响后续工程的开展。

⑨ 业主或工程师发布指令延误，或发布的指令打乱了承包人的施工计划。业主或工程师原因暂停施工导致的延误。业主对工程质量的要求超出原合同的约定。

⑩ 业主发起设计变更或要求修改施工图，业主要求增加额外工程，导致工程量增加，工程变更或工程量增加引起施工程序的变动。业主的其他变更指令导致工期延长等。

2) 工程师的原因。工程师在施工过程中可能由于下列原因造成工程延误：

① 工程师未在合同规定的时间内颁发施工图和指示。

② 工程师指示进行合同中未规定的检验。

③ 工程师指示暂时停工。

3）不可抗力和不可控因素的原因。在施工过程中可能由于下列原因造成工程延误：

① 遇到一个有经验的承包人无法合理预见到的障碍或条件。

② 处理现场发掘出具有地质或考古价值的遗迹或物品。

③ 异常恶劣的气候条件。

④ 不可抗力事件。

⑤ 不利的自然条件或客观障碍引起的延误等。如现场发现化石、古钱币或文物。

⑥ 施工现场中其他承包人的干扰。

⑦ 合同文件中某些内容的错误或互相矛盾。

⑧ 罢工及其他经济风险引起延误，如政府抵制或禁运而造成工程延误。

（2）承包人原因

承包人在施工过程中可能由于下列原因造成工程延误：

① 施工组织不当，如出现窝工或停工待料现象。

② 质量不符合合同要求而造成的返工。

③ 资源配置不足，如劳动力不足，机械设备不足或不配套，技术力量薄弱，管理水平低，缺乏流动资金等造成的延误。

④ 开工延误。

⑤ 劳动生产率低。

⑥ 承包人雇用的分包人或供应商引起的延误等。

3. 工程拖期的分类及处理措施

工程拖期可分为如下三种情况：

（1）由于承包人原因造成的工程拖期

由于承包人造成的工程拖期称为工程延误，承包人必须向业主支付误期损害赔偿费。工程延误也称为不可原谅的工程拖期。在这种情况下，承包商无权获得工期延长。

（2）由于非承包人原因造成的工程拖期

由于非承包人原因造成的工程拖期称为工程延期，承包人有权要求业主给予工期延长。工程延期也称为可原谅的工程拖期。它是由于业主、工程师或其他客观因素造成的，承包商有权获得工期延长，但是否能获得经济补偿要视具体情况而定。因此，可原谅的工程拖期又分为可原谅并给予补偿的拖期和可原谅但不给予补偿的拖期，前者拖期的责任者是业主或工程师，而后者拖期往往是由于客观因素造成的。

上述两种情况下的工期索赔可依据相关方式进行处理，见表 11-1。

（3）共同延误下工期索赔的有效期处理

承包商、工程师或业主，或某些客观因素均可造成工程拖期，但在实际施工过程中，工程拖期经常是由上述两种以上的原因共同作用产生的，称为共同延误。

表 11-1　工期索赔处理原则

索赔原因	是否可原谅	拖期原因	责任者	处理原则	索赔结果
工程进度拖延	可原谅拖期	（1）修改设计 （2）施工条件变化 （3）业主原因拖期 （4）工程师原因拖期	业主/工程师	可给予工期延长，可补偿经济损失	工期/经济补偿
		（1）异常恶劣气候 （2）工人罢工 （3）天灾	客观原因	可给予工期延长，不给予经济补偿	工期
	不可原谅拖期	（1）工效不高 （2）施工组织不好 （3）设备材料供应不及时	承包商	不延长工期，不补偿经济损失，向业主支付误期损害赔偿费	索赔失败 无权索赔

在共同延误情况下，要具体分析哪一种延误是有效的，即承包商可以得到工期延长，或既可延长工期，又可得到经济补偿。在确定拖期索赔的有效期时，可依据下述原则进行处理：

1）首先判别造成拖期的哪一种原因是最先发生的，即确定“初始延误”者，它应对工程拖期负责。在初始延误发生作用期间，其他并发的延误者不承担拖期责任。

2）如果初始延误者是业主，则在业主造成的延误期内，承包商既可得到工期延长，也可得到经济补偿。

3）如果初始延误者是客观因素，则在客观因素发生影响的时间段内，承包商可以得到工期延长，但很难得到经济补偿。

4. 工期索赔的分析与计算方法

（1）工期索赔的分析流程

工期索赔的分析流程包括原因分析、网络计划法（CPM）分析、业主责任分析和索赔结果分析等步骤，具体内容如图 11-2 所示。

1）原因分析。分析引起工期延误是哪一方的原因，如果由于承包人自身原因造成的，则不能索赔，反之则可索赔。

2）网络计划法分析。运用网络计划法（CPM）分析延误事件是否发生在关键线路上，以决定延误是否可索赔。注意：关键线路并不是固定的，随着工程进展，关键线路也在变化，而且是动态变化。关键线路的确定，必须是依据最新批准的工程进度计划。在工程索赔中，一般只限于考虑关键线路上的延误，或者一条非关键线路因延误已变成关键线路。

3）业主责任分析。结合 CPM 分析结果，进行业主责任分析，主要是为了确定延误是否能索赔费用。若发生在关键线路上的延误是由于业主原因造成的，则这种延误不仅可索赔工期，而且还可索赔因延误而发生的额外费用，否则，只能索赔工期。若由于业主原因造成的延误发生在非关键线路上，则只可能索赔费用。

4）索赔结果分析。在承包人索赔已经成立的情况下，根据业主是否对工期有特殊要

求，分析工期索赔的可能结果。如果由于某种特殊原因，工程竣工日期客观上不能改变，即对索赔工期的延误，业主也可以不给予工期延长。这时，业主的行为已实质上构成隐含指令加速施工。因而，业主应当支付承包人采取加速施工措施而额外增加的费用，即加速费用补偿。此处费用补偿是指因业主原因引起的延误时间因素造成承包人负担了额外的费用而得到的合理补偿。

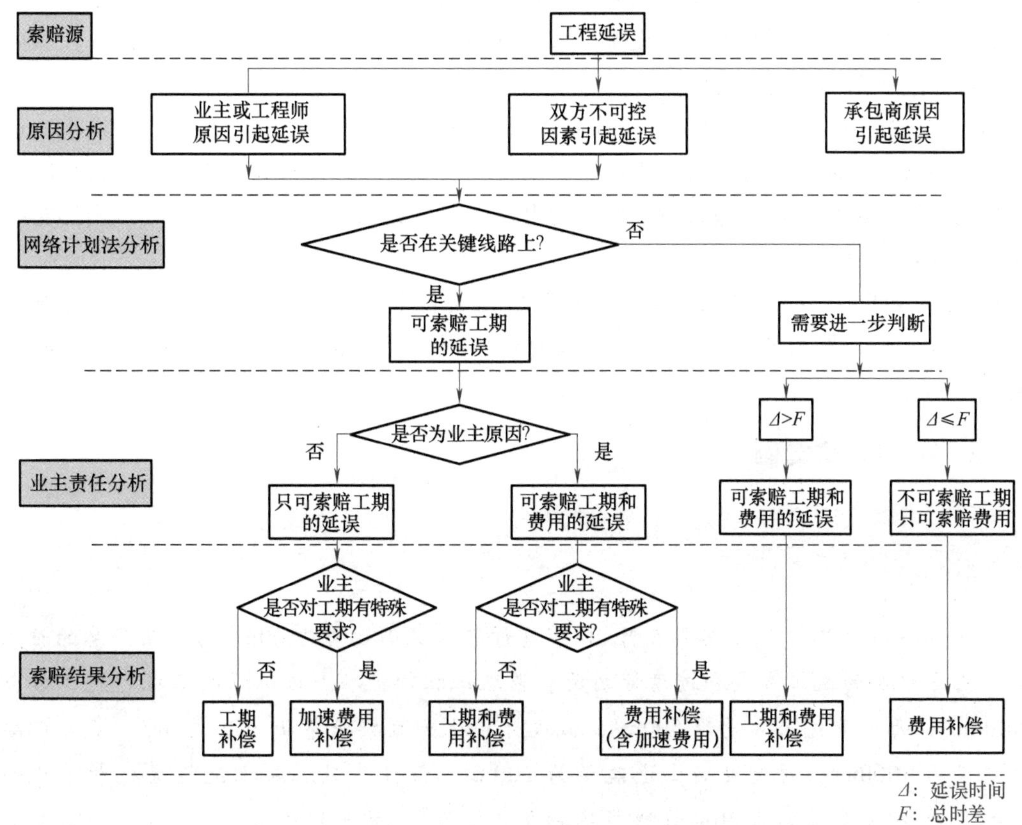

图 11-2　工期索赔的分析流程图

（2）工期索赔计算方法

1）网络计划分析法。承包人提出工期索赔，必须确定干扰事件对工期的影响值，即工期索赔值。工期索赔分析的一般思路是：假设工程一直按原网络计划确定的施工顺序和时间施工，当一个或一些干扰事件发生后，使网络中的某个或某些活动受到干扰而延长施工持续时间。将这些活动受干扰后的新的持续时间代入网络中，重新进行网络计划分析和计算，将会得到一个新工期。新工期与原工期之差即为干扰事件对总工期的影响，即为承包人的工期索赔值。网络计划分析是一种科学、合理的计算方法，它是通过分析干扰事件发生前、后网络计划的差异而计算工期索赔值的，通常可适用于各种干扰事件引起的工期索赔。但对于大型、复杂的工程，手工计算比较困难，需借助计算机来完成。

2）比例类推法。在实际工程中，若干扰事件仅影响某些单项工程、单位工程或分部分项工程的工期，要分析它们对总工期的影响，可采用较简单的比例类推法。比例类推法可分为以下两种情况：

① 按工程量进行比例类推。当计算出某一分部分项工程的工期延长后，还要把局部工期转变为整体工期，这可以用局部工程的工作量占整个工程工作量的比例来折算。

② 按造价进行比例类推。若施工中出现了很多大小不等的工期索赔事由，较难准确地单独计算且计算又麻烦时，可经双方协商，采用造价比较法确定工期补偿天数。

比例类推法简单、方便，易于被人们理解和接受，但不尽科学、合理，有时不符合工程实际情况，且对有些情况如业主变更施工次序等不适用，甚至会得出错误的结果。在实际工作中应注意正确掌握其适用范围。

3）直接法。有时干扰事件直接发生在关键线路上或一次性地发生在一个项目上，造成总工期的延误。这时可通过查看施工日志、变更指令等资料，直接将这些资料中记载的延误时间作为工期索赔值。如承包人按工程师的书面工程变更指令，完成变更工程所用的实际工时即为工期索赔值。

4）工时分析法。某一工种的分项工程项目延误事件发生后，按实际施工的程序统计出所用的工时总量，然后按延误期间承担该分项工程工种的全部人员投入来计算要延长的工期。

11.3.2 工期索赔案例

案例分析

【案例分析 11-9】

某建筑公司（乙方）于某年5月20日签订了建筑面积为4600m^{2}的工业厂房的施工合同。乙方编制的施工方案和进度计划已获监理工程师批准。该工程的基坑开挖土方量为5000m^3，每天开挖土方量为500m^3，假设开挖土方直接费单价为5元/m^3；基础混凝土浇筑量为3000m^3，每天混凝土浇筑量为200m^3，假设基础混凝土浇筑直接费单价为250元/m^3，综合费费率为20%（取费基础是直接费）。该基坑施工方案规定，土方工程采用租赁一台斗容量为1m^{3}的反铲挖掘机施工（租赁费为400元/台班，在开挖土方开挖当天进场）。甲乙双方合同约定6月11日开工，6月20日完工。在实际施工中发生了如下几项事件：

1）在施工过程中，因租赁的挖掘机出现故障，造成停工2天、人员窝工10个工日。

2）因业主延迟8天提交施工图，造成停工8天、人员窝工200个工日。

3）在基坑土方开挖过程中，因遇软土层，接到监理工程师停工5天的指令，进行地质复查，配合用工20个工日。

4）接到监理工程师的复工令，同时提出基坑开挖深度加深2m的设计变更通知单，由此增加土方开挖量1000m^3。

5）接到监理工程师的指令，同时提出混凝土基础加深2m的设计变更通知单，由此增加基础混凝土浇筑量800m^3。

【问题】

(1) 上述哪些事件建筑公司可以向业主要求索赔？哪些事件不可以向业主要求索赔？并说明原因。

(2) 每项事件工期索赔各是多少天？总计工期索赔多少天？

(3) 假设人工费单价为 20 元/工日，窝工损失为 10 元/工日，因增加用工所需的管理费为增加人工费的 30%，则合理的费用索赔总额是多少？

【分析】

(1) 问题 (1)。

事件 1)：不能提出索赔要求，因为租赁的挖掘机大修延迟开工，属承包商的责任。

事件 2)：可提出索赔要求，因为延迟提交施工图纸属于业主应承担的责任。

事件 3)：可提出索赔要求，因为地质条件变化属于业主应承担的责任。

事件 4)：可提出索赔要求，因为这是由设计变更引起的。

事件 5)：可提出索赔要求，因为这是由设计变更引起的。

(2) 问题 (2)。

事件 2)：可索赔工期 8 天。

事件 3)：可索赔工期 5 天。

事件 4)：可索赔工期 2 天。

事件 5)：可索赔工期 4 天。

小计：可索赔工期 19 (8+5+2+4) 天

(3) 问题 (3)。

事件 2)：①人工费 = 200 工日×10 元/工日 = 2000 元

②机械窝工损失费 = 挖掘机窝工 8 天，窝工损失费为 400 元/台班×8 台班 = 3200 元

事件 3)：①人工费 = 20 工日×20 元/工日×(1+30%) = 520 元

②机械费 = 400 元/台班×5 台班 = 2000 元

事件 4)：增加费用 = 1000m^3×5 元/m^3×(1+20%) = 6000 元

事件 5)：增加费用 = 800m^3×250 元/m^3×(1+20%) = 240000 元

可索赔费用总额 = (2000+3200+520+2000+6000+240000) 元 = 253720 元

【案例分析 11-10】

某建筑公司（乙方）于某年 5 月 20 日签订了建筑面积为 4600m^2 的工业厂房的施工合同。乙方编制的施工方案和进度计划已获监理工程师批准。该工程的基坑开挖土方量为 4500m^3，假设直接费单价为 5 元/m^3，综合费费率为 20%（取费基础是直接费）。该基坑施工方案规定，土方工程采用租赁一台斗容量为 1m^3 的反铲挖掘机施工（租赁费为 450 元/台班）。甲乙双方合同约定 6 月 11 日开工，6 月 20 日完工。在实际施工中发生了如下几项事件：

1) 因租赁的挖掘机大修，晚开工 2 天，造成人员窝工 10 个工日。

2）施工过程中，因遇软土层，接到监理工程师6月15日发出的停工指令，进行地质复查，配合用工15个工日。

3）6月19日接到监理工程师于6月20日复工令，同时提出基坑开挖深度加深2m的设计变更通知单，由此增加土方开挖量900m³。

4）6月20日至6月22日，因下大雨迫使基坑开挖暂停，造成人员窝工10个工日。

5）6月23日用30个工日修复冲坏的永久性道路，6月24日恢复基坑开挖工作，最终基坑于6月30日开挖完毕。

【问题】

（1）上述哪些事件建筑公司可以向业主要求索赔？哪些事件不可以向业主要求索赔？并说明原因。

（2）每项事件工期索赔各是多少天？总计工期索赔多少天？

（3）假设人工费单价为20元/工日，因增加用工所需的管理费为增加人工费的30%，则合理的费用索赔总额是多少？

（4）建筑公司应向业主提供的索赔文件有哪些？

【分析】

（1）问题（1）。

事件1）：不能提出索赔要求，因为租赁的挖掘机大修延迟开工，属于承包商的责任。

事件2）：可提出索赔要求，因为地质条件变化属于业主应承担的责任。

事件3）：可提出索赔要求，因为这是由设计变更引起的。

事件4）：可提出索赔要求，因为大雨迫使停工，需推迟工期。

事件5）：可提出索赔要求，因为雨后修复冲坏的永久道路，是业主的责任。

（2）问题（2）。

事件2）：可索赔工期5天（15~19日）。

事件3）：可索赔工期2［900m³÷(4500m³÷10天)］天。

事件4）：可索赔工期3天（20~22日）。

事件5）：可索赔工期1天（23日）。

小计：可索赔工期11（5+2+3+1）天

（3）问题（3）。

事件2）：①人工费=15工日×20元/工日×(1+30%)=390元

②机械费=450元/台班×5台班=2250元

事件3）：增加费用=900m³×5元/m³×(1+20%)=5400元

事件5）：①人工费=30工日×20元/工日×(1+30%)=780元

②机械费=450元/台班×1台班=450元（因为机械闲置1天）

可索赔费用总额=(390+2250+5400+780+450)元=9270元

（4）问题（4）。建筑公司向业主提供的索赔文件有索赔信、索赔报告、详细计算式、证据。

11.4　费用索赔

11.4.1　费用索赔的含义及特点

1. 费用索赔的含义

费用索赔是指承包人在非自身因素影响下遭受经济损失时向业主提出补偿其额外费用损失的要求。因此，费用索赔应是承包人根据合同条款的有关规定，向业主索取的合同价款以外的费用。索赔费用不应被视为承包人的意外收入，也不应被视为业主的不必要开支。实际上，索赔费用的存在是由于建立合同时还无法确定的某些应由业主承担的风险因素导致的结果。承包人的投标报价中一般不考虑应由业主承担的风险对报价的影响，因此一旦这类风险发生并影响承包人的工程成本时，承包人提出费用索赔是一种正常现象和合情合理的行为。

2. 费用索赔的特点

费用索赔是工程索赔的重要组成部分，是承包人进行索赔的主要目标。与工期索赔相比，费用索赔有以下一些特点：

1）费用索赔的成功与否及其大小事关承包人的盈亏，也影响业主工程项目的建设成本，因而费用索赔常常是最困难、也是双方分歧最大的索赔。特别是对于发生亏损或接近亏损的承包人和财务状况不佳的业主，情况更是如此。

2）索赔费用的计算比索赔资格或权利的确认更为复杂。索赔费用的计算不仅要依据合同条款与合同规定的计算原则和方法，而且还可能要依据承包人投标时采用的计算基础和方法，以及承包人的历史资料等。索赔费用的计算没有统一、合同双方共同认可的计算方法，因此索赔费用的确定及认可是费用索赔中一项困难的工作。

在工程实践中，常常是许多干扰事件交织在一起，承包人成本的增加或工期延长的发生时间及其原因也常常相互交织在一起，很难清楚、准确地划分开，尤其是对于一揽子综合索赔。对于像生产率降低损失及工程延误引起的承包人利润和总部管理费损失等费用的确定，很难准确计算出来，双方往往有很大的分歧。

3. 费用索赔的原因

引起费用索赔的原因是合同环境发生变化使承包人遭受了额外的经济损失。归纳起来，费用索赔产生的常见原因主要有：

1）业主违约。

2）工程变更。

3）业主拖延支付工程款或预付款。

4）工程加速。

5）业主或工程师责任造成的可索赔费用的延误。

6）非承包人原因的工程中断或终止。

7）工程量增加（不含业主失误）。

8）其他，如业主指定分包商违约，合同缺陷，国家政策及法律、法令变更等。

11.4.2 费用索赔的费用构成

1. 可索赔费用的分类

(1) 按可索赔费用的性质划分

在工程实践中，承包人的费用索赔包括额外工作索赔和损失索赔。额外工作索赔费用包括额外工作实际成本及其相应利润。对于额外工作索赔，业主一般以原合同中的适用价格为基础，或者以双方商定的价格或工程师确定的合理价格为基础给予补偿。实际上，进行合同变更、追加额外工作，可索赔费用的计算相当于一项工作的重新报价。损失索赔包括实际损失索赔和可得利益索赔。实际损失是指承包人多支出的额外成本；可得利益是指如果业主不违反合同，承包人本应取得的、但因业主违约而丧失的利益。计算额外工作索赔和损失索赔的主要区别：前者的计算基础是价格，而后者的计算基础是成本。

(2) 按可索赔费用的构成划分

可索赔费用按项目构成可分为直接费和间接费。其中，直接费包括人工费、材料费、机械设备费、分包费；间接费包括现场和公司总部管理费、保险费、利息及保函手续费等项目。可索赔费用计算的基本方法是按上述费用构成项目分别分析、计算，最后汇总求出总的索赔费用。

按照工程惯例，承包人对索赔事项的发生原因负有责任的有关费用；承包人对索赔事项未采取减轻措施，进而使损失扩大产生的费用；承包人进行索赔工作的准备费用；索赔金额在索赔处理期间的利息、仲裁费用、诉讼费用等是不能索赔的，因而不应将这些费用包含在索赔费用中。

2. 常见索赔事件的费用构成

索赔费用的主要组成部分，同建设工程施工合同价的组成部分相似。由于我国关于施工合同价的构成规定与国际惯例不尽一致，所以在索赔费用的组成内容上也有所差异。按照我国现行规定，建筑安装工程合同价一般包括直接费、间接费、计划利润和税金。而国际上的惯例是将建安工程合同价分为直接费、间接费、利润三部分。

从原则上说，凡是承包人有索赔权的工程成本的增加，都可以列入索赔的费用。但是，对于不同原因引起的索赔，可索赔费用的具体内容则有所不同。索赔方应根据索赔事件的性质，分析其具体的费用构成。表 11-2 列出了工程延误、工程加速、工程中断和工程量增加等索赔事件可能的费用项目。

表 11-2 索赔事件的费用项目构成示例

索赔事件	可能的费用项目	说明
工程延误	(1) 人工费增加	包括工资上涨、现场停工、窝工、生产效率降低，不合理使用劳动力等损失
	(2) 材料费增加	因工期延长引起的材料价格上涨
	(3) 机械设备费	设备因延期引起的折旧费、保养费、进出场费或租赁费等
	(4) 现场管理费增加	包括现场管理人员的工资、津贴等，现场办公设施，现场日常管理费支出，交通费等

（续）

索赔事件	可能的费用项目	说明
工程延误	（5）因工期延长的通货膨胀使工程成本增加	
	（6）相应保险费、保函费增加	
	（7）分包商索赔	分包商因延期向承包商提出的费用索赔
	（8）总部管理费分摊	因延期造成公司总部管理费增加
	（9）推迟支付引起的兑换率损失	工程延期引起支付延迟
工程加速	（1）人工费增加	因业主指令工程加速造成增加劳动力投入，不经济地使用劳动力，生产效率降低等
	（2）材料费增加	不经济地使用材料，材料提前交货的费用补偿，材料运输费增加
	（3）机械设备费	增加机械投入，不经济地使用机械
	（4）因加速增加现场管理费	也应扣除因工期缩短减少的现场管理费
	（5）资金成本增加	费用增加和支出提前引起负现金流量所支付的利息
工程中断	（1）人工费增加	如留守人员工资，人员的遣返和重新招雇费，对工人的赔偿等
	（2）机械使用费	设备停置费，额外的进出场费，租赁机械的费用等
	（3）保函、保险费、银行手续费	
	（4）贷款利息	
	（5）总部管理费	
	（6）其他额外费用	如停工、复工所产生的额外费用，工地重新整理等费用
工程量增加	费用构成与合同报价相同	合同规定承包商应承担一定比例（如 5%，10%）的工程量增加风险，超出部分才予以补偿 合同规定工程量增加超出一定比例时（如 15%～20%）可调整单价，否则合同单价不变

此外，索赔费用项目的构成会随工程所在地国家或地区的不同而不同，即使在同一国家或地区，随着合同条件具体规定的不同，索赔费用的项目构成也会不同。美国工程索赔专家 J. J. Adrian 在其“*Construction Claims*”一书中总结了索赔类型与索赔费用构成关系，见表 11-3，可供参考。

表 11-3 索赔类型与索赔费用构成关系

序号	索赔费用项目	索赔种类			
		延误索赔	工程范围变更索赔	加速施工索赔	现场条件变更索赔
1	人工工时增加费	×	√	×	√
2	生产率降低引起人工损失	√	○	√	○
3	人工单价上涨费	√	○	√	○

（续）

序号	索赔费用项目	索赔种类			
		延误索赔	工程范围变更索赔	加速施工索赔	现场条件变更索赔
4	材料用量增加费	×	√	○	○
5	材料单价上涨费	√	√	○	○
6	新增的分包工程量	×	√	×	○
7	新增的分包工程单价上涨费用	√	○	○	√
8	租赁设备费	○	√	√	√
9	自有机械设备使用费	√	√	○	√
10	自有机械台班费率上涨费	○	×	○	○
11	现场管理费（可变）	○	√	○	√
12	现场管理费（固定）	√	×	×	○
13	总部管理费（可变）	○	○	○	○
14	总部管理费（固定）	√	○	×	○
15	融资成本（利息）	√	○	○	○
16	利润	○	√	○	√
17	机会利润损失	○	○	○	○

注：√表示一般情况下应包含；×表示不包含；○表示可含可不含，视具体情况而定。

索赔费用主要包括的项目如下：

（1）人工费

人工费主要包括生产工人的工资、津贴、加班费、奖金等。对于索赔费用中的人工费部分来说，主要是指完成合同之外的额外工作所花费的人工费用；由于非承包人责任的工效降低所增加的人工费用；超过法定工作时间的加班费用；法定的人工费增长及非承包人责任造成的工程延误导致的人员窝工费；相应增加的人身保险和各种社会保险支出等。在以下几种情况下，承包人可以提出人工费的索赔：

1）因业主增加额外工程，或因业主或工程师原因造成工程延误，导致承包人人工单价的上涨和工作时间的延长。

2）工程所在国法律、法规、政策等变化而导致承包人人工费用方面的额外增加，如提高当地雇佣工人的工资标准、福利待遇或增加保险费用等。

3）若由于业主或工程师原因造成的延误或对工程的不合理干扰打乱了承包人的施工计划，致使承包人劳动生产率降低，导致人工工时增加的损失，承包人有权向业主提出生产率降低损失的索赔。

（2）材料费

可索赔的材料费主要包括：

1）由于索赔事项导致材料实际用量超过计划用量而增加的材料费。

2）由于客观原因导致材料价格大幅度上涨。

3）由于非承包人责任工程延误导致的材料价格上涨。

4）由于非承包人原因致使材料运杂费、采购与保管费用的上涨。

5）由于非承包人原因致使额外低值易耗品使用等。

在以下两种情况下，承包人可提出材料费的索赔：

① 由于业主或工程师要求追加额外工作、变更工作性质、改变施工方法等，造成承包人的材料耗用量增加，包括使用数量的增加和材料品种或种类的改变。

② 在工程变更或业主延误时，可能会造成承包人材料库存时间延长、材料采购滞后或采用代用材料等，从而引起材料单位成本的增加。

（3）机械设备使用费

可索赔的机械设备使用费主要包括：

1）由于完成额外工作增加的机械设备使用费。

2）非承包人责任致使的工效降低而增加的机械设备闲置、折旧和修理费分摊、租赁费用。

3）由于业主或工程师原因造成的机械设备停工的窝工费。机械设备台班窝工费的计算，如系租赁设备，一般按实际台班租金加上每台班分摊的机械调进调出费计算；如系承包人自有设备，一般按台班折旧费计算，而不能按全部台班费计算，因台班费中包括了设备使用费。

4）非承包人原因增加的设备保险费、运费及进口关税等。

（4）现场管理费

现场管理费是某单个合同发生的、用于现场管理的总费用，一般包括现场管理人员的费用，办公费，通信费，差旅费，固定资产使用费，工具用具使用费，保险费，工程排污费，供热、水及照明费等。它一般占工程总成本的 5%～10%。索赔费用中的现场管理费是指承包人完成额外工程、索赔事项工作及工期延长、延误期间的工地管理费。在确定分析索赔费用时，有时把现场管理费具体又分为可变部分和固定部分。可变部分是指在延期过程中可以调到其他工程部位（或其他工程项目）上去的那部分人员和设施；固定部分是指施工期间不易调动的那部分人员或设施。

（5）总部管理费

总部管理费是承包人企业总部发生的、为整个企业的经营运作提供支持和服务所发生的管理费用，一般包括总部管理人员费用、企业经营活动费用、差旅交通费、办公费、通信费、固定资产折旧、修理费、职工教育培训费用、保险费、税金等。它一般占企业总营业额的 3%～10%。索赔费用中的总部管理费主要指的是工程延误期间所增加的管理费。

（6）利息

利息又称融资成本或资金成本，是企业取得和使用资金所付出的代价。融资成本主要有两种：额外贷款的利息支出和使用自有资金引起的机会损失。只要因业主违约（如业主拖延或拒绝支付各种工程款、预付款或拖延退还扣留的保留金）或其他合法索赔事项直接引起了额外贷款，承包人有权向业主就相关的利息支出提出索赔。利息的索赔通常发生于下列情况：

1）业主拖延支付预付款、工程进度款或索赔款等，给承包人造成较严重的经济损失，承包人因而提出拖付款的利息索赔。

2）由于工程变更和工期延误增加投资的利息。

3）施工过程中业主错误扣款的利息。

（7）分包商费用

索赔费用中的分包费用是指分包商的索赔款项，一般也包括人工费、材料费、施工机械设备使用费等。因业主或工程师原因造成分包商的额外损失，分包商首先应向承包人提出索赔要求和索赔报告，然后以承包人的名义向业主提出分包工程增加费及相应管理费用索赔。

（8）利润

对于不同性质的索赔，取得利润索赔的成功率是不同的。在以下几种情况下，承包人一般可以提出利润索赔：

1）因设计变更等变更引起的工程量增加。

2）施工条件变化导致的索赔。

3）施工范围变更导致的索赔。

4）合同延期导致机会利润损失。

5）由于业主的原因终止或放弃合同带来的预期利润损失等。

（9）其他

包括相应保函费、保险费、银行手续费及其他额外费用的增加等。

3. 索赔费用的计算方法

索赔费用的计算没有统一、共同认可的标准方法，但计算方法的选择却对最终索赔金额影响很大，估算方法选用不合理容易被对方驳回，这就要求索赔人员具备丰富的工程估价经验和索赔经验。

对于索赔事件的费用计算，一般是先计算与索赔事件有关的直接费，如人工费、材料费、机械费、分包费等，然后计算应分摊在此事件上的管理费、利润等间接费。每一项费用的具体计算方法基本上与工程项目报价计算相似。

（1）基本索赔费用的计算方法

1）人工费。人工费是可索赔费用中的重要组成部分，其计算方法为

$$CL=CL_1+CL_2+CL_3$$

式中，CL 为索赔的人工费；CL_1 为人工单价上涨引起的增加费用；CL_2 为人工工时增加引起的费用；CL_3 为劳动生产率降低引起的人工损失费用。

2）材料费。材料费在工程造价中占据较大比重，也是重要的可索赔费用。材料费索赔包括材料耗用量增加和材料单位成本上涨两个方面，其计算方法为

$$CM=CM_1+CM_2$$

式中，CM 为可索赔的材料费；CM_1 为材料用量增加费；CM_2 为材料单价上涨导致的材料费增加。

3）施工机械设备费。施工机械设备费包括承包人在施工过程中使用自有施工机械所发生的机械使用费，使用外单位施工机械的租赁费，以及按照规定支付的施工机械进出场费用

等。施工机械设备费的计算方法为

$$CE = CE_1 + CE_2 + CE_3 + CE_4$$

式中，CE 为可索赔的施工机械设备费；CE_1 为承包人自有施工机械工作时间额外增加费用；CE_2 为自有机械台班费率上涨费；CE_3 为外来机械租赁费（包括必要的机械进出场费）；CE_4 为机械设备闲置损失费用。

4）分包费。分包费索赔的计算方法为

$$CS = CS_1 + CS_2$$

式中，CS 为索赔的分包费；CS_1 为分包工程增加费用；CS_2 为分包工程增加费用的相应管理费（有时可包含相应利润）。

5）利息。利息索赔额的计算方法可按复利计算法计算。至于利息的具体利率应是多少，可采用不同标准，主要有以下三种情况：按承包人在正常情况下的当时银行贷款利率，按当时的银行透支利率，或按合同双方协议的利率。

6）利润。索赔利润的款额计算通常是与原报价单中的利润百分率保持一致。即在索赔款直接费的基础上，乘以原报价单中的利润率，即作为该项索赔款中的利润额。

（2）管理费索赔的计算方法

在确定索赔事件的直接费用以后，还应提出应分摊的管理费。由于管理费金额较大，其确认和计算都比较困难和复杂，常常会引起双方争议。管理费属于工程成本的组成部分，包括企业总部管理费和现场管理费。在我国现行建筑工程造价构成中，将现场管理费纳入直接工程费中，企业总部管理费纳入间接费中。一般的费用索赔中都可以包括现场管理费和总部管理费。

1）现场管理费。现场管理费的索赔计算方法一般有两种情况：

① 直接成本的现场管理费索赔。对于发生直接成本的索赔事件，其现场管理费索赔额一般可按该索赔事件直接费乘以现场管理费费率，而现场管理费费率等于合同工程的现场管理费总额除以该合同工程直接成本总额。

② 工程延期的现场管理费索赔。如果某项工程延误索赔不涉及直接费的增加，或由于工期延误时间较长，按直接成本的现场管理费索赔方法计算的金额不足以补偿工期延误所造成的实际现场管理费支出，则可按如下方法计算：用实际（或合同）现场管理费总额除以实际（或合同）工期，得到单位时间现场管理费费率，然后用单位时间现场管理费费率乘以可索赔的延期时间，得到现场管理费索赔额。

2）总部管理费。目前常用的总部管理费的计算方法有：①按照投标书中总部管理费的比例（3%~8%）计算；②按照公司总部统一规定的管理费比率计算；③以工程延期的总天数为基础，计算总部管理费的索赔额。

索赔事件的总部管理费金额较大，常常会引起双方的争议，一般采用总部管理费分摊的方法计算，因此分摊方法的选择甚为重要。分摊方法主要有两种：

①总直接费分摊法。总部管理费一般首先在承包人的所有合同工程之间分摊，然后再在每一个合同工程的各个具体项目之间分摊。分摊系数的确定与现场管理费类似，即可以将总部管理费总额除以承包人企业全部工程的直接成本（或合同价）之和，据此比例即可确定

每项直接费索赔中应包括的总部管理费。总直接费分摊法是将工程直接费作为比较基础来分摊总部管理费。它简单易行，说服力强，运用面较广，其计算公式为

$$单位直接费的总部管理费率=\frac{总部管理费总额}{合同期承包商完成的总直接费}\times 100\%$$

$$总部管理费索赔额=单位直接费的总部管理费率\times 争议合同直接费$$

例如：某工程争议合同的实际直接费为500万元，在争议合同执行期间，承包人同时完成的其他合同的直接费为2500万元，该阶段承包人总部管理费总额为300万元，则：

$$单位直接费的总部管理费率=\frac{300万元}{500万元+2500万元}\times 100\%=10\%$$

$$总部管理费索赔额=10\%\times 500万元=50万元$$

总直接费分摊法的局限之处是，如果承包人所承包的各工程的主要费用比例变化太大，误差就会很大。如有的工程材料费、机械费比重大，直接费高，分摊到的管理费就多，反之亦然。此外如果合同发生延期且无替补工程，则延误期内工程直接费较小，分摊的总部管理费和索赔额都较小，承包人会因此而蒙受经济损失。

② 日费率分摊法。日费率分摊法又称Eichleay，得名于Eichleay公司一桩成功的索赔案例。其基本思路是按合同额分配总部管理费，再用日费率法计算应分摊的总部管理费索赔值，其计算公式为

$$争议合同应分摊的总部管理费=\frac{争议合同额}{合同期承包商完成的合同总额}\times 同期总部管理费总额$$

$$日总部管理费率=\frac{争议合同应分摊的总部管理费}{合同履行天数}$$

$$总部管理费索赔额=日总部管理费率\times 合同延误天数$$

例如：某承包人承包某工程，合同价为500万，合同履行天数为720天，该合同实施过程中因业主原因拖延了80天。在这720天中，承包人承包其他工程的合同总额为1500万，总部管理费总额为150万元。则有：

$$争议合同应分摊的总部管理费=\frac{500万元}{500万元+1500万元}\times 150万元=37.5万元$$

$$日总部管理费率=\frac{37.5万元}{720天}=520.8元/天$$

$$总部管理费索赔额=520.8元/天\times 80天=41664元$$

该方法的优点是简单、实用，易于被人理解，在实际运用中也得到一定程度的认可。存在的主要问题有：一是总部管理费按合同额分摊与按工程成本分摊结果不同，而后者在通常会计核算和实际工作中更容易被人理解；二是“合同履行天数”中包括“合同延误天数”，降低了日总部管理费率及承包人的总部管理费索赔额。

从上可知，总部管理费的分摊标准是灵活的，分摊方法的选用要能反映实际情况，既要合理，又要有利。

(3) 综合费用索赔的计算方法

对于由许多单项索赔事件组成的综合费用索赔，可索赔的费用构成往往很多，可能包括

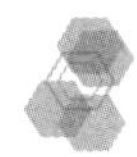

直接费用和间接费用，一些基本费用的计算前文已叙述。从总体思路上讲，综合费用索赔主要有以下计算方法：

1）总费用法。总费用法的基本思路是将固定总价合同转化为成本加酬金合同，或索赔值按成本加酬金的方法来计算，它是以承包人的额外增加成本为基础，再加上管理费、利息甚至利润的计算方法。表 11-4 为总费用法计算示例，可供参考。

表 11-4　总费用法计算示例

序号	费用项目	金额（元）
1	合同实际成本	
	（1）直接费	
	1）人工费	200000
	2）材料费	100000
	3）设备	200000
	4）分包商	900000
	5）其他	+100000
	合计	1500000
	（2）间接费	+160000
	（3）总成本［(1)+(2)］	1660000
2	合同总收入（合同价+变更令）	-1440000
3	成本超支（1-2）	220000
	加：（1）未补偿的办公费和行政费（按总成本的 10%）	166000
	（2）利润（总成本的 15%+管理费）	273000
	（3）利息	+40000
4	索赔总额	699000

总费用法在工程实践中用得不多，往往不容易被业主、仲裁员或律师等认可，该方法在应用时应该注意以下几点：

① 工程项目实际发生的总费用应计算准确，合同生成的成本应符合普遍接受的会计原则，若需要分配成本，则分摊方法和基础选择要合理。

② 承包人的报价合理，符合实际情况，不能是采取低价中标策略后过低的标价。

③ 合同总成本超支全系其他当事人行为所致，承包人在合同实施过程中没有任何失误，但这一般在工程实践中是不太可能的。

④ 因为实际发生的总费用中可能包括了承包人的原因（如施工组织不善、浪费材料等）而增加了的费用，同时投标报价估算的总费用由于想中标而过低，所以这种方法只有在难以按其他方法计算索赔费用时才使用。

⑤ 采用这个方法，往往是由于施工过程受到严重干扰，造成多个索赔事件混杂在一起，导致难以准确地进行分项记录和收集资料、证据，也不容易分项计算出具体的损失费用，只

能采用总费用法进行索赔。

⑥ 该方法要求必须出具足够的证据，证明其全部费用的合理性，否则其索赔款额将不容易被接受。

2）修正的总费用法。修正的总费用法是对总费用法的改进，即在总费用计算的原则上，去掉一些不合理的因素，使其更合理。修正的内容如下：

① 将计算索赔款的时段局限于受到外界影响的时间，而不是整个施工期。

② 只计算受影响时段内的某项工作所受影响的损失，而不是计算该时段内所有施工工作所受的损失。

③ 与该项工作无关的费用不列入总费用中。

④ 对承包人投标报价费用重新进行核算：按受影响时段内该项工作的实际单价进行核算，乘以实际完成的该项工作的工作量，得出调整后的报价费用。

按修正的总费用法计算索赔金额的公式如下：

索赔金额=某项工作调整后的实际总费用-该项工作的报价费用(含变更款)

修正的总费用法与总费用法相比，有了实质性的改进，能够较为准确地反映出实际增加的费用。

3）分项法。分项法是在明确责任的前提下，对每个引起损失的干扰事件和各费用项目单独分析计算索赔值，并提供相应的工程记录、收据、发票等证据资料，最终求和。这样可以在较短时间内分析、核实，确定索赔费用，顺利解决索赔事宜。该方法虽比总费用法复杂、困难，但比较合理、清晰，能反映实际情况，且可为索赔文件的分析、评价及其最终索赔谈判和解决提供方便，是承包人广泛采用的方法。表 11-5 给出了分项法计算示例，可供参考。分项法计算通常可分为以下三步：

① 分析每个或每类索赔事件所影响的费用项目，不得有遗漏。这些费用项目通常应与合同报价中的费用项目一致。

② 计算每个费用项目受索赔事件影响后的数值，通过与合同价中的费用值进行比较即可得到该项费用的索赔值。

③ 将各费用项目的索赔值汇总，得到总费用索赔值。分项法中索赔费用主要包括该项工程施工过程中所发生的额外人工费、材料费、施工机械使用费、相应的管理费，以及应得的间接费和利润等。由于分项法所依据的是实际发生的成本记录或单据，所以在施工过程中，对第一手资料的收集整理就显得非常重要。表 11-6 给出了工程延误的索赔额计算示例，其中每一项费用又有详细的计算方法、计算基础和证据等。

表 11-5　分项法计算示例

序号	索赔项目	金额（元）	序号	索赔项目	金额（元）
1	工程延误	256000	5	利息支出	8000
2	工程中断	166000	6	利润（1+2+3+4）×15%	69600
3	工程加速	16000	7	索赔总额	541600
4	附加工程	26000			

表 11-6　工程延误的索赔额计算示例

序号	索赔项目	金额（元）	序号	索赔项目	金额（元）
1	机械设备停滞费	95000	4	总部管理分摊	16000
2	现场管理费	84000	5	保函手续费、保险费增加	6000
3	分包商索赔	4500	6	合计	205500

11.5　索赔管理

11.5.1　索赔管理的特点和原则

1. 索赔管理的特点

开展索赔工作，必须全面认识索赔，完整理解索赔，端正索赔动机，这样才能正确对待索赔，规范索赔行为，合理地处理索赔事件。因此，发包人、工程师和承包人应对索赔工作的特点有全面的认识和理解。索赔管理的特点如下：

（1）索赔工作贯穿工程项目始终

合同当事人要做好索赔工作，必须从签订合同起，直至履行合同的全过程中，要注意采取预防保护措施，建立健全索赔业务的各项管理制度。

在工程项目的招标、投标和合同签订阶段，作为承包人应仔细研究工程所在国的法律、法规及合同条件，特别是关于合同范围、义务、付款、工程变更、违约及罚款、特殊风险、索赔时限和争议解决等条款，必须在合同中明确规定当事人各方的权利和义务，以便为将来可能的索赔提供合法的依据和基础。

在合同执行阶段，合同当事人应密切关注对方的合同履行情况，不断寻求索赔机会；同时，自身应严格履行合同义务，防止被对方索赔。

一些缺乏工程承包经验的承包人，由于对索赔工作的重要性认识不够，往往在工程开始时并不重视，等到发现不能获得应当得到的偿付时才匆忙研究合同中的索赔条款，汇集所需要的数据和论证材料，但已经陷入被动局面；有的经过旷日持久的争执、交涉乃至诉诸法律程序，仍难以索回应得的补偿或损失，影响了自身的经济效益。

（2）索赔是一门融工程技术和法律于一体的综合学问及艺术

索赔问题涉及的层面相当广泛，既要求索赔人员具备丰富的工程技术知识与实际施工经验，使索赔问题的提出具有科学性和合理性，符合工程实际情况，又要求索赔人员通晓法律与合同知识，使提出的索赔具有法律依据和事实证据，并且还要求在索赔文件的准备、编制和谈判等方面具有一定的艺术性，使索赔的最终解决表现出一定程度的伸缩性和灵活性。这就对索赔人员的素质提出了很高的要求，他们的个人品格和才能对索赔能否成功的影响很大。索赔人员应当是头脑冷静、思维敏捷、处事公正、性格刚毅且有耐心，并具有以上多种专业才能的综合人才。

（3）影响索赔成功的相关因素多

索赔能否获得成功，除了以上所述的条件外，还与企业的项目管理基础工作密切相关，主要有以下四个方面：

1）合同管理。合同管理与索赔工作密不可分，有的学者认为索赔就是合同管理的一部分。从索赔角度看，合同管理可分为合同分析和合同日常管理两部分。合同分析的主要目的是为索赔提供法律依据。合同日常管理则是收集、整理施工中发生事件的记录，包括图纸、订货单、会谈纪要、来往信件、变更指令、气象图表、工程照片等，并加以科学归档和管理，形成一个能够清晰描述和反映整个工程全过程的数据库，其目的是为索赔及时提供全面、正确、合法有效的各种证据。

2）进度管理。工程进度管理不仅可以指导整个施工的进程和次序，而且可以通过计划工期与实际进度的比较、研究和分析，找出影响工期的各种因素，分清各方责任，及时向对方提出延长工期及相关费用的索赔，并为工期索赔额的计算提供依据和各种基础数据。

3）成本管理。成本管理的主要内容有编制成本计划、控制和审核成本支出、进行计划成本与实际成本的动态比较分析等，它可以为费用索赔提供各种费用的计算数据和其他信息。

4）信息管理。索赔文件的提出、准备和编制需要工程施工中的各种信息，这些信息要在索赔时限内高质量地准备好，离开了当事人平时的信息管理是不行的，应该采用计算机进行信息管理。

2. 索赔应遵循的原则

（1）客观性原则

合同当事人提出的任何索赔要求，首先必须是真实的。合同当事人必须认真、及时、全面地收集有关证据，实事求是地提出索赔要求。

（2）合法性原则

当事人的任何索赔要求，都应当限定在法律和合同许可的范围内。没有法律上或合同上的依据不要盲目索赔，或者当事人所提出的索赔要求至少不为法律所禁止。

（3）合理性原则

索赔要求应合情合理，一方面要采取科学合理的计算方法和计算基础，真实反映索赔事件所造成的实际损失，另一方面也要结合工程的实际情况，兼顾对方的利益，不要滥用索赔，多估冒算，漫天要价。

11.5.2 反索赔

在国际通用的合同条件中，对施工合同双方都赋予合理地向对方索赔的权利，以维护经济利益受损害一方的正当经济利益。反索赔的概念是相对于索赔提出的。依据国际工程承包商施工的惯例，一般把承包商向业主提出的索赔称为施工索赔或费用与工期索赔；而把业主向承包商提出的索赔要求称为反索赔。

反索赔与索赔一样，都必须依据合同条款和工程实际发生的情况，有理有据地进行，而绝不是胡乱狡辩和随意地讨价还价或漫天要价。

1. 反索赔的含义及作用

（1）反索赔的含义

反索赔（Count Claim）顾名思义就是反驳、反击或防止对方提出的索赔，不让对方索

赔成功或全部成功。对于反索赔的含义一般有两种理解：一是认为承包人向业主提出补偿要求即为索赔，而业主向承包人提出补偿要求则认为是反索赔；二是认为索赔是双向的，业主和承包人都可以向对方提出索赔要求，任何一方对对方提出的索赔要求的反驳、反击则认为是反索赔。

（2）反索赔的作用

反索赔与索赔具有同等重要的地位，其作用主要表现在以下几个方面：

1）减少或预防损失的发生。由于合同双方利益不一致，索赔与反索赔又是一对矛盾体，如果不能进行有效、合理的反索赔，就意味着对方索赔获得成功，必须满足对方的索赔要求，支付赔偿费用或满足对方延长工期、免于承担误期违约责任等要求。因此，有效的反索赔可以预防损失的发生，即使不能全部反击对方的索赔要求，也至少可能减少对方的索赔额，保护自己正当的经济利益。

2）一次有效的反索赔不仅会鼓舞工程管理人员的信心和勇气，有利于整个工程的施工和管理，也会影响对方的索赔工作，使对方的索赔工作受到合理的"打击"。相反地，如果不进行有效的反索赔，则是对对方索赔工作的默许，会使对方索赔人员的"胆量"越来越大，被索赔者会在心理上处于劣势，处于被动地位，丧失工作中的主动权。

3）做好反索赔工作不仅可以全部或部分否定对方的索赔要求，使自己免于损失，而且可以从中重新发现索赔机会，找到向对方索赔的理由，有利于自己摆脱被动局面，变守为攻，达到更好的反索赔效果，并为自己的索赔工作顺利开展提供帮助。

4）反索赔工作与索赔一样，也要进行合同分析、事态调查、责任分析、审查对方索赔报告等工作，既要有反击对方的合同依据，又要有事实证据，离开了企业平时良好的基础管理工作，反索赔同样也是不能成功的。因此，有效的反索赔有赖于企业科学、严格的基础管理；反之，正确开展反索赔工作，也会促进和提高企业基础管理工作的水平。

2. 反索赔内容

反索赔的工作内容可包括两个方面：一是防止对方提出索赔；二是反击或反驳对方的索赔要求。

（1）防止对方提出索赔

要成功地防止对方提出索赔，应采取积极防御的策略。

1）严格履行合同中规定的各项义务，防止自己违约，并通过加强合同管理，使对方找不到索赔的理由和依据，使自己处于不能被索赔的地位。

2）如果在工程实施过程中发生了干扰事件，则应立即着手研究和分析合同依据，收集证据，为提出索赔或反击对手的索赔做好两手准备。

3）体现积极防御策略的常用手段是先发制人，首先向对方提出索赔。

（2）反击或反驳对方的索赔要求

如果对方先提出了索赔要求或索赔报告，则自己一方应采取各种措施来反击或反驳对方的索赔要求。常用的措施有：

1）抓住对方的失误，直接向对方提出索赔，以对抗或平衡对方的索赔要求，达到最终解决索赔时互相让步或互不支付的目的。

2）反击或反驳对方的索赔报告。针对对方的索赔报告，进行仔细、认真的研究和分析，找出理由和证据，证明对方索赔要求或索赔报告不符合实际情况和合同规定、没有合同依据或事实证据、索赔额计算不合理或不准确等问题，反击对方不合理的索赔要求或索赔要求中的不合理部分，推卸或减轻自己的赔偿责任，使自己不受或少受损失。

反击或反驳索赔报告，即根据双方签订的合同及事实证据，找出对方索赔报告中的漏洞和薄弱环节，以全部或部分否定对方的索赔要求。一般来说，对于任何一份索赔报告，总会存在这样或那样的问题，因为索赔方总是从自己的利益和观点出发，所提出的索赔报告或多或少会存在诸如索赔理由不足、引用对自己有利的合同条款、推卸责任或转移风险、扩大事实根据甚至无中生有、索赔证据不足或没有证据及索赔额计算不合理、漫天要价等问题。如果对这样的索赔要求予以认可，则自己会受到经济损失，也有失公正、公平、合理原则。因此，对对方提出的索赔报告必须进行全面、系统的研究、分析、评价，找出问题，反驳其中不合理的部分，为索赔及反索赔的合理解决提供依据。

对对方索赔报告的反驳或反击，一般可从以下几个方面进行：

① 索赔意向或报告的时限性。审查对方在干扰事件发生后，是否在合同规定的索赔时限内提出了索赔意向或报告，如果对方未能及时提出书面的索赔意向和报告，则将失去索赔的机会和权利，对方提出的索赔则不能成立。

② 索赔事件的真实性。索赔事件必须是真实可靠的，符合工程实际状况，不真实、不肯定或仅是猜测甚至无中生有的事件是不能提出索赔的，索赔当然也就不能成立。

③ 干扰事件原因、责任分析。如果干扰事件确实存在，则要通过对事件的调查，分析事件产生的原因和责任归属。如果事件责任是由于索赔者自己疏忽大意、管理不善、决策失误或因其自身应承担的风险等造成，则应由索赔者自己承担损失，索赔不能成立；如果合同双方都有责任，则应按各自的责任大小分担损失。只有确定属于自己一方的责任时，对方的索赔才能成立。在工程承包合同中，业主和承包人都承担风险，甚至承包人的风险更大。如遇到属于承包人合同风险的内容，如一般性干旱或多雨、一定范围内的物价上涨等，业主一般不会接受这些索赔要求。根据国际惯例，凡是遇到偶然事故影响工程施工时，承包人有责任采取力所能及的一切措施，防止事态扩大，尽力挽回损失。如确有事实证明承包人在当时未采取任何措施，业主可拒绝承包人要求的损失补偿。

④ 索赔理由分析。索赔理由分析就是分析对方的索赔要求是否与合同条款或有关法规一致，所受损失是否属于不应由对方负责的原因所造成。反索赔与索赔一样，要能找到对自己有利的法律条文或合同条款，才能推卸自己的合同责任，或找到对对方不利的法律条文或合同条款，使对方不能推卸或不能全部推卸其合同责任，这样可从根本上否定对方的索赔要求。

⑤ 索赔证据分析。索赔证据分析就是分析对方所提供的证据是否真实、有效、合法，是否能证明索赔要求成立。证据不足、不全、不当，没有法律证明效力或没有证据，索赔是不能成立的。

⑥ 索赔额审核。如果经过上述的各种分析、评价，仍不能从根本上否定对方的索赔要求，就应该对索赔报告中的索赔额进行认真细致的审核，审核的重点是索赔额的计算方法是

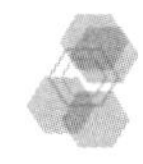

否合情合理，各种取费是否合理适度，有无重复计算，计算结果是否准确等。值得注意的是，索赔额的计算方法多种多样且无统一的标准，选用一种对自己有利的计算方法，可能会使自己获利不少。因此，审核者不能沿着对方索赔计算的思路去验证其计算是否正确无误，而是应该设法寻找一种既合理又对自己有利的计算方法，去反驳对方的索赔计算，剔除其中的不合理部分，减少损失。

【案例分析 11-11】

案例分析

某承包人通过投标获得一项工业厂房的施工合同，他是按招标文件中介绍的地质情况及标书中的挖方余土可用作道路基础垫层用料而计算的标价。工程开工后，发现挖出土方潮湿易碎，不符合路基垫层要求，承包人怕被指责施工质量低劣而造成返工，不得不将余土外运，并另外运进路基填方土料。为此，承包人提出了费用索赔。

但工程师经过审核认为，投标报价时，承包人已确认考察过现场，并已了解现场情况，包括地表以下条件、水文条件等，认为换土纯属承包人自己的事，拒绝补偿任何费用。承包人则认为这是业主提供的地质资料不实所造成。工程师则认为，地质资料是正确的，钻探是在干季进行，而施工时却处于雨季期，承包人应当预计到这一情况和风险，因此仍坚持拒绝索赔，认为事件责任不在业主，此项索赔不能成立。

3. 反索赔的种类和具体内容

依据工程合同的惯例和实践，常见的业主反索赔种类和主要具体内容如下：

（1）工程质量缺陷反索赔

对于工程承包合同，都严格规定了工程质量标准，有严格细致的技术规范和要求。因为工程质量的好坏直接与业主的利益和工程的效益紧密相关。业主只承担直接负责设计所造成的质量问题，监理工程师虽然对承包商的设计、施工方法、施工工艺工序及对材料进行过批准、监督、检查，只负间接责任，但并不能因而免除或减轻承包商对工程质量应负的责任。在工程施工过程中，承包商所使用的材料或设备不符合合同规定或工程质量不符合施工技术规范和验收规范的要求，或出现缺陷而未在缺陷责任期满之前完成修复工作，业主均有权追究承包商的责任，并提出由承包商所造成的工程质量缺陷所带来的经济损失的反索赔。

常见的工程质量缺陷表现如下：

1）由承包商负责设计的部分永久工程和细部构造，虽然经过监理工程师的复核和审查批准，仍出现了质量缺陷或事故。

2）承包商的临时工程或模板支架设计安排不当，造成了施工后的永久工程的缺陷。

3）承包商使用的工程材料和机械设备等不符合合同规定和质量要求，从而使工程质量产生缺陷。

4）承包商施工的分项分部工程，由于施工工艺或方法问题，造成严重开裂、倾斜等缺陷。

5）承包商没有完成按照合同条件规定的工作或隐含的工作，如对工程的保护和照管，安全及环境保护等。

对于工程质量所出现的缺陷，若承包商没按监理工程师的要求进行修补或返工，监理工程师可以拒绝签发月工程进度付款证书，业主可以暂停支付工程款。在缺陷责任期内，若承包商不修复由其造成的工程缺陷，业主和监理工程师有权雇用其他承包商来修理缺陷，所需款项可从保留金中支出（并扣回承包商的款项）。另外，业主向承包商提出工程质量缺陷的反索赔要求时，往往不仅包括工程缺陷所产生的直接经济损失，也包括该缺陷带来的间接经济损失。比如，承包商修建的桥梁工程，在交工验收时发现栏杆和照明灯具不符合合同中的规定，业主不仅提出修复和更换的直接费用损失要求，还提出由于更换栏杆和灯具而造成桥梁的推迟开通运营而造成的过桥费收入损失的补偿要求。

（2）拖延工期反索赔

土木工程施工承包合同和 FIDIC 合同条件规定，承包商必须在合同规定的时间内完成工程施工任务。如果由于承包商的原因造成不可原谅的完工日期拖延，影响业主对该工程的使用和运营生产计划，从而给业主带来了经济损失，FIDIC 合同条件规定，业主有权向承包商索取延期损失赔偿金。此项业主的索赔，并不是业主对承包商的违约罚款，而只是业主要求承包商补偿延期完工给业主造成的经济损失。承包商则应按签订合同时双方约定的赔偿金额及拖延时间长短向业主支付这种赔偿金，而不再需要去寻找和提供实际损失的证据去详细计算。对于大中型土木工程项目，延长工程的竣工期限是经常发生的事，一旦发生施工进度计划被打乱，施工的实施进度落后于计划进度，就应该分析原因，划清工程进度滞后的责任。若由于客观原因，如山洪暴发、地震或工人罢工等，则为可原谅的延期，监理工程师和业主应给予承包商正当的延长工期，而不给予经济补偿；若由于业主原因延误工期，如征地拆迁延误、供电不足等，承包商可向业主索赔延长工期和补偿费用；若查明是由于承包商原因拖延工期，如开工迟缓、开工不足、人员组织搭配不善等，业主和监理工程师有权警告承包商加快工程进度或提出索赔要求。有关对承包商拖期损失赔偿金的具体计算和规定数额，一般在各具体的工程合同中都有规定，每延期完工一天，应赔偿一定款额的损失赔偿费。例如广东省的公路桥梁项目合同，一般都规定承包商延期完工一天，要向业主支付 5000～10000 元不等的延期违约损失补偿金。在有些情况下，延期损失补偿金若按该工程项目合同价的一定比例计算，若在整个工程完工之前，监理工程师已经对一部分工程颁发了移交证书，则对整个工程所计算的延误补偿金数量应适当减少。

（3）经济担保的反索赔

经济担保是国际工程承包活动中的不可缺少部分，担保人要承诺在其委托人不适当履约的情况下代替委托人来承担赔偿责任或原合同所规定的权利与义务。在工程项目承包施工活动中，常见的经济担保有预付款担保和履约担保等，下面分别予以阐述。

1）预付款担保反索赔。预付款是指在合同规定开工前或工程价款支付之前，由业主预付给承包商的款项。预付款通常包括调遣预付款、设备预付款和材料预付款。预付款实质上是业主向承包商发放的无息贷款。对预付款的偿还，施工合同中都规定承包商必须对预付款提供等额的经济担保。若承包商不能按期归还预付款，业主就可以从相应的担保款额中取得补偿，这实际上是业主向承包商的索赔。另外，由于承包商的过失给业主的材料设备或人员造成了伤亡，业主也有权要求承包商给予补偿；若由于承包商严重违约，给业主造成重大经

济损失，用预付款担保也不足以补偿业主的损失时，业主还可行使留置权，留置承包商在工程现场的材料、设备、施工机械及临时工程等财产作为补偿。这些措施是为了保护业主的利益，同时也是对承包商如期履约的督促。

2）履约担保反索赔。履约担保是承包商和担保方为了业主的利益不受损害而做的一种承诺，担保承包商按施工合同所规定的条件进行工程施工。履约担保有银行担保和担保公司担保的方法，以银行担保较常见。担保金额一般为合同价的 10%~20%。担保期限为工程竣工期或缺陷责任期满。

当承包商违约或不能履行施工合同时，持有履约担保文件的业主，可以很方便地在承包商的担保人的银行中取得经济补偿。一般业主在向担保人索要金额之前及时通知承包商，给予承包商改正错误的机会，并为促使履行合同及正常进展工程着想，而不是乱用履约担保金的权利，去威胁承包商，这对于工程的开展是有害的。

（4）保留金的反索赔

保留金的作用是对履约担保的补充形式。一般的工程合同中都规定有保留金的数额，为合同价的 5%左右，FIDIC 合同条件也有相应规定。保留金是从应支付给承包商的月工程进度款中扣下一笔合同价百分比的基金，由业主保留下来，以便在承包商一旦违约时直接补偿业主的损失。所以说保留金也是业主向承包商索赔的手段之一。保留金一般应在整个工程或规定的单项工程完工时退还保留金款额的 50%，最后在缺陷责任期满后再退还剩余的 50%。

（5）业主其他损失的反索赔

合同规定，除了上述业主的反索赔外，当业主在受到其他由于承包商原因造成的经济损失时，业主仍可提出反索赔要求。比如：由于承包商的原因，在运输施工设备或大型预制构件时损坏了旧有的道路或桥梁；承包商的工程保险失效，给业主造成损失等。总之，业主的反索赔面也较广泛，业主要运用反索赔的权利保护自身利益并促使工程三大目标的实现，承包商应注意做好自己的工作，以尽量减少和避免业主反索赔。

4. 业主的反索赔方法

业主向承包商索赔的合同条款，比承包商向业主索赔的合同条款少得多。原因是业主在工程承包合同中处于主动地位，工程款支付多少，是否支付，只要由监理工程师认证承包商违约，业主就可直接从应付给承包商的工程进度款中扣除，可通知承包商，也可不通知承包商。因此，承包商一方面要踏踏实实干好工程，防止失误和违约造成业主的反索赔；另一方面，要对业主可以运用的合同条件中的索赔条款予以了解。下面对业主反索赔的方法分别予以介绍：

1）承包商未按合同要求办理任何保险或办理保险失效，业主可以直接去办理相关的保险并保持其有效，然后从应付给承包商的款项中扣回。

例如，某工程项目，依据合同规定，承包商办理了工程保险和第三方责任险，共支付了两百万元的保险金额。因所选择的保险公司不当，在工程还在进展过程中，该保险公司因资不抵债而破产。之后，业主又到另外的保险公司去办理了保险，交付了保险金，这笔保险金则要从承包商那里扣回。

2）承包商应采取一切合理的措施，防止承包商或分包商在运输工程材料、设备或临时工程设施的过程中损害已有的道路或桥梁。除非合同另有规定，为了便利承包商的设备或临时工程的运输，承包商应自费加固旧有道路或桥梁。若在运输过程中对旧有道路或桥梁造成不必要的损害或损伤，承包商应负责赔偿，并不因此伤害业主的利益。有些情况发生后，也可由监理工程师和业主与承包商三方协商讨论，确属承包商的失误造成，可由业主先出旧有道路与桥梁的损失赔款，然后再从应付或将付给承包商的款项中扣除。

3）当承包商没按合同规定时间、地点准备好供检查和检验的工程材料或设备，或检查检验不合格时，监理工程师有权拒收这些材料或设备。如果需要重复检查或检验时，所需的费用应由承包商支付。若承包商拒付，业主可从应付或将付给承包商的款项中扣除，监理工程师应书面通知承包商。

4）如果承包商一方不遵守监理工程师的指示，将不合格的工程材料或设备从工程现场运走，以及将不合格的工程返工，业主有权雇用其他人执行该项指示并向其支付有关费用。然后由监理工程师通知承包商，确定由此造成的或伴随产生的全部费用，由业主从承包商处扣回。

5）由于承包商原因造成工程进度太慢，在监理工程师发出警告后，承包商可以采取措施加快工程进度。由于承包商原因而采取加速施工的措施，导致业主付出任何额外的监理费用等，业主可以从承包商处扣款以得到补偿，有关款额可由监理工程师通知承包商。

6）由于承包商原因未能在合同规定的全部工程竣工期限内完成整个工程，则承包商应向业主支付投标书附件中写明的金额作为拖期违约损害赔偿金，此项金额可从工程结算款中由业主扣回，并不需要通知承包商。

7）承包商未在合理的时间内执行监理工程师的指示，在缺陷责任期内未及时修补工程缺陷，业主有权雇用其他人从事该修补工作并给予报酬。若经过监理工程师认为该项工作按合同规定应由承包商自费进行，则业主雇用他人产生的费用可由业主向承包商索赔，或由业主从其应支付或将要支付给承包商的款项中扣除，监理工程师应书面通知承包商，并将副本留给业主。

8）承包商在未能证明有正当的理由扣留或拒付给指定分包商的工程款项时，业主有权依据监理工程师的证明，直接向该指定的分包商支付指定分包合同中已规定的而承包商未曾向该指定分包商支付的费用，并以冲账方式从业主应付或将付给承包商的任何款项中将此款扣回。

9）当承包商严重违约时，经过业主和监理工程师的一再警告而不能继续进展工程时，业主有权终止对承包商的雇佣，进驻工程现场并尽快查清施工、竣工及修补任何缺陷的费用，进行清算。若承包商应得款额还不足以偿还业主已支付给他的款额，则应视为承包商欠业主的应付债务。业主有权进行索赔，讨要款项。

10）在施工期或缺陷责任期内，若发生与工程相关的紧急维修或抢救工作时，承包商无能力或不愿意立即进行此类工作时，业主有权雇用其他人员去从事该项工作并支付有关费用。如果监理工程师认为该项工作本应由承包商自费进行，但实际是由其他人员从事该项工作并由业主付出有关费用，可由业主将该抢救或维修工程的费用向承包商索赔，或从应付或将付给承包商的款项中扣回。

11）当发生特殊风险而导致合同终止时，在业主按监理工程师的认证，向承包商支付了应支付的任何费用外，也有权要求承包商偿还任何有关承包商的设备、材料和工程设备的预付款未结算余额，以及其他承包商应偿还业主的金额，并由监理工程师向承包商发出通知。

5. 业主防止和减少索赔的措施

在国际的建设工程施工承包合同中，发生索赔与反索赔的事情是很正常的。但由于索赔与反索赔事件容易引发合同争端，给工程项目进展带来不必要的麻烦与困难，因此，在合同履行中，业主、监理工程师和承包商三方都应积极采取措施，尽量预防和减少索赔事件的发生。下面从业主的角度，阐述业主方处理和预防索赔的责任，以及应采取的预防索赔措施。

业主是工程承包合同的主导方，关键问题的决策要由业主掌握。监理工程师受业主的信任和委托，代表业主管理工程。因此，若业主和监理工程师都积极主动地采取预防措施，防止和避免一些不必要事件发生，将会大大减少索赔争端。依据工程承包合同实际情况和 FIDIC 合同条件，业主和监理工程师能采取的措施如下：

（1）业主和监理工程师预防索赔的措施

1）由于意外风险和不可预见的地下条件发生的索赔事件，业主和监理工程师要加强工程的风险意识，尽早了解自然界和社会的风险来源的可能性，尽早采取措施，防患于未然。对于 FIDIC 合同条款所指的工程遇到不可预见的不良地质或人为阻碍情况，最好是在设计及招标阶段就尽可能将地质情况及地下障碍的资料收集齐，工程进展中还可及时补充地质调查研究情况。尽早采取措施，做好地下管线拆迁工作，以免延误工程。勘察设计工作本身要做细，资料要齐全，尽量避免因设计出错而影响工程施工。

2）由于工程变更引起索赔，若监理工程师本身不是设计者，应尽量避免设计变更。作为业主若提出变更，尽可能使监理方发出变更指令时，向承包商说明支付方式，协商取得一致意见，并在申报月进度工程款时予以支付，避免工程变更的价格调整款变成索赔款。

3）不要随意下达工程停工令干扰施工。有的业主随意要求增减工程或改变作业顺序，或不及时提供工程材料及必要的施工条件，从而引起工程进度延误。业主应该采取措施，保证和加强良好施工环境与条件的创造，尽量避免工程延期而引起索赔。

4）避免由于业主违约引起的索赔。监理工程师要及时地为业主做好参谋，及时提醒业主，做好征地拆迁，让设计单位按合同规定准时交图，及时支付工程进度款，以免给承包商造成工程流动资金不足的困难。若长期大量拖付工程款，势必迫使承包商投入新的流动资金，或向银行贷款，引起工程成本增加，从而导致承包商费用索赔。

5）严格控制工程范围。因为工程范围的变化，可能会引起工程投资失控，也会引起施工设计图、技术规范、施工工期等一系列的变化，都会引发索赔事件。为了避免索赔事件发生，就要求监理工程师的工作认真、细致和准确，基本上做到按投标文件施工；同时也要求业主不要轻易发出改变施工的指令，以免形成“可推定的工程变更”，引起承包商索赔。

6）应迅速及时处理好合同争端。在工程进展过程中，若出现业主和承包商双方的合同争端，业主首先要心平气和地与监理工程师一起，和承包商协商解决争端。争端的及时处理和解决，有助于工程的顺利进展，也可以避免许多不必要的索赔事件。

7）避免由于监理工程师失误和其他原因出现的索赔，如果发生监理工程师的指令错误而使工程受阻或损失，会非常严重地影响监理工程师的威信。因此，监理工程师必须严守职业道德，加强自身业务能力，严格把关，谨慎处事，兢兢业业，踏踏实实，不可粗心大意，使业主的利益受到影响，并在预防和避免索赔事件发生方面起积极作用。

（2）业主和监理工程师减少索赔的措施

在大型的土木工程施工过程中，如公路工程或独立大桥、隧道工程、水利工程等，一例索赔事件都不发生是不可能的。一旦发生了索赔事件，业主和监理工程师则应公正对待并处理索赔事件，并尽可能减少索赔所发生的款额。下面依据 FIDIC 合同条件进行讨论分析。

1）FIDIC 第 17.3 条关于索赔的处理。根据国际土木工程建设经验，因此条提出的索赔，由未知情况及地下障碍提出的索赔数额并不大，其中机械闲置而引起的费用索赔占一大部分。因此，当未知情况及障碍突然发生时，驻地工程师最好的方法是鼓励承包商计划干其他工作，以便在必须暂停一部分工作时，仍有其他工作可做，另外要毫不拖延地与承包商就解决问题和有关的费用达成协议，如果办不到的话，应该发出工程变更命令，并确定付款数额。

2）FIDIC 第 13 条关于工程变更引起索赔。承包商对监理工程师提出的就变更或增加工作所定的费用数额觉得少了，可以提出索赔要求。这种索赔要求往往是对费用多少发生争执，使索赔几乎不可避免。这时，监理工程师在定价格时，要从多方面予以慎重考虑，不应偏高或偏低，并应与业主和承包商反复协商再决定。

从减少工程变更的原因来看，可能主要在于标书和合同文件的不健全，进而导致一些工程变更及索赔。

3）因工程延期而引起的索赔。根据 FIDIC 合同文件中一些条款均可提出工期索赔，对此监理工程师及驻地监理工程师要特别注意。

4）因合同文件出错。经验表明：不论合同文件是否由专业人员拟定，几乎所有的文件都会出错，此种文件出错的有关支出额较大，应早日更正；若导致了承包商的额外支出费用，在经监理工程师证明合理后，业主应支付承包商索赔款项。

5）因施工图迟交或测量资料不准引起索赔会影响工程师和监理组织的声誉和威信。一般来讲，这类索赔应尽可能避免，必要时监理工程师可请设计人员前往工地。监理工程师要使用合格负责的测量员。资料交付与承包商后，要有记录并保证准确性。

6）有关样品与试验，工程揭露与开孔等引起的索赔，若监理工程师下令承包商做合同中未列明的事项时，这种索赔要求不能完全避免。但一般情况，若承包商的工作情况都令人满意，则应使这种命令保持较少的次数。

7）工程的中断或由于业主的延误而引起费用的索赔，这种索赔往往数额很大，监理工程师和驻地监理工程师应慎重处理。如果中断工程由业主引起的原因可以预见，监理工程师当用计划调整来加以避免。若这种原因不可预知又发生了，监理工程师便应采取以下适当措施以减少因业主延误而引起的支出：

① 尽可能缩短阻延的时间。

② 设法尽快把闲置的机具和人员转到其他工作上去。

③ 若有可能，工程师还可立即发出变更令。

综上所述，若要避免或减少索赔，监理工程师应尽早开始准备监理工作，最好在合同谈判前就着手准备。并应尽可能使自己熟悉有关工地及环境，工程进度计划，合同文件及附件，承包商的情况及招标投标等所有事务。业主也可在许多方面发挥积极和主导作用，尽量避免和减少索赔。

案例分析

【案例分析 11-12】

某建筑公司（乙方）于某年 5 月 28 日签订了建筑面积为 6100m^2 的工业厂房施工合同。乙方编制的施工方案和进度计划已获监理工程师批准。该工程的基坑开挖土方量为 4500m^3，单价为 10 元/m^3。该基坑施工方案规定，土方工程采用租赁一台斗容量为 1m^3 的反铲挖掘机施工（租赁费为 500 元/台班）。合同约定 7 月 11 日开工，7 月 20 日完工。在实际施工中发生了如下几项事件，并且建筑公司在规定的时间内提出了索赔要求：

事件 1：因租赁的挖掘机延期到施工现场，晚开工 4 天，造成人员窝工 20 个工日。

事件 2：施工过程中，因遇到了不良地质土层，7 月 15 日接到监理工程师停工的指令，进行地质复查，配合用工 30 个工日。

事件 3：7 月 19 日接到监理工程师于 7 月 20 日复工令，同时提出基坑开挖深度加深 3m 的设计变更通知单，由此增加土方开挖量 900m^3。

事件 4：7 月 20~7 月 22 日，因下了百年不遇的特大暴雨迫使基坑开挖暂停，造成人员窝工 20 个工日。

事件 5：7 月 23 日用 40 个工日修复冲坏的供电主干线，致使基坑开挖暂停，7 月 24 日恢复基坑开挖工作，最终基坑于 7 月 30 开挖完毕。

【问题】

（1）上述哪些事件建筑公司可以向业主要求索赔？哪些事件不可以向业主要求索赔？并说明原因。

（2）每项事件工期索赔各是多少天？总计工期索赔多少天？

（3）假设人工费单价为 20 元/工日，则合理的费用索赔总额是多少？

（4）编写索赔文件有哪些基本要求？（以上问题均不考虑管理费）。

【分析】

（1）问题（1）。

事件 1：不能提出索赔要求，因为租赁的挖掘机大修延迟开工，属于承包商的责任。

事件 2：可提出索赔要求，因为地质条件变化属于业主应承担的责任。

事件 3：可提出索赔要求，因为这是由设计变更引起的。

事件 4：可提出索赔要求，因为百年不遇的特大暴雨迫使停工，需推迟工期。

事件 5：可提出索赔要求，因为修复冲坏的供电主干线，是业主的责任。

（2）问题（2）。

事件 2：可索赔工期 5 天（7 月 15~7 月 19 日）。

事件 3：可索赔工期 2［900m^3÷(4500m^3÷10)］天。

事件 4：可索赔工期 3 天（7 月 20~7 月 22 日）。

事件 5：可索赔工期 1 天（7 月 23 日）。

小计：可索赔工期 11（5+2+3+1）天。

(3) 问题（3）。

事件 2：①人工费 = 30 工日×20 元/工日 = 600 元。

②机械闲置费 = 500 元/台班×5 天 = 2500 元（15 日～19 日为机械闲置）。

事件 3：增加土方开挖工作量费用 = $900m^3$×10 元/m^3 = 9000 元。

事件 5：①人工费 = 40 工日×20 元/工日 = 800 元

②机械闲置费 = 500 元/台班×1 天 = 500 元（因机械闲置 1 天）。

可索赔费用总额 = (600+2500+9000+800+500) 元 = 13400 元

(4) 问题（4）。编写索赔文件的基本要求有：①符合实际；②说服力强；③计算准确；④简明扼要。

【案例分析 11-13】

某建设工程实行施工总承包，合同约定赶工措施费为 1 万元/天。双方就某分部工程的施工计划达成一致。

施工过程中，C 工作完成后 G 工作开始前，因建设单位对 G 工作进行设计变更导致 G 工作延误 7 天（但 G 工作有 5 天的总时差），造成施工单位用于该工作的一台机械设备（租赁）窝工，该机械设备台班使用费为 1000 元/台班，租赁费为 700 元/台班，折旧费为 500 元/台班。建设单位要求施工单位采取赶工措施，使工程按原计划完成。施工单位提出赶工措施费 7 万元和施工机械窝工费 2000 元（2 天×1000 元/台班）的索赔（假设施工机械每天工作一个台班）。

【问题】

施工单位的索赔是否合理？请说明理由。

【分析】

(1) 施工单位提出的赶工措施费 7 万元不合理。因为设计变更造成 7 天工期延误虽然是非承包人责任，但 G 工作有 5 天的总时差，因此总工期只延长 2 天，所以承包人只需要赶工 2 天，相应地应提出 2 万元的赶工措施费。

(2) 施工单位提出施工机械窝工费 2000 元的索赔不合理。该机械属租赁使用，应按租赁费提出索赔，且可以索赔 7 天，所以应提出 7 天×700 元/台班 = 4900 元的费用索赔。

【案例分析 11-14】

某大学城工程，包括结构形式与建设规模一致的四栋单体建筑。A 施工单位与建设单位签订了施工总承包合同。合同约定，除主体结构外的其他分部分项工程施工，总承包单位可以自行依法分包，建设单位负责供应油漆等部分材料。

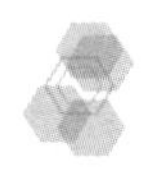

B 施工单位作为 A 施工单位的分包单位完成油漆作业之后，发现油漆成膜存在质量问题，经鉴定，原因是油漆材质不合格。B 施工单位就由此造成的返工损失向 A 施工单位提出索赔，A 施工单位以油漆属建设单位供应为由，认为 B 施工单位应直接向建设单位提出索赔。

B 施工单位直接向建设单位提出索赔。但建设单位认为油漆在进场时已由 A 施工单位进行了质量验证并办理了接收手续，其对油漆材料的质量责任已经完成，因油漆不合格返工的损失应由 A 施工单位承担，因而拒绝受理 B 施工单位的该项索赔。

【问题】

指出上述事件处理错误之处，并说明理由。

【分析】

（1）错误一：A 施工单位以油漆属建设单位提供为由，认为 B 施工单位应直接向建设单位提出索赔。

理由：B 单位与 A 单位有合同关系。而 B 单位作为分包单位与建设单位没有合同关系，不能提出索赔。

（2）错误二：建设单位认为油漆进场时已由 A 施工单位进行了质量验证并办理接收手续，其对油漆的质量责任已经完成，因油漆不合格而返工的损失应由 A 施工单位承担，建设单位拒绝受理该索赔。

理由：A 施工单位的验证不能取代业主（建设单位）对其采购物资的质量责任。

【案例分析 11-15】

某群体工程，建设单位分别与施工单位、监理单位按照《建设工程施工合同（示范文本）》（GF—2017—0201）、《建设工程监理合同（示范文本）》（GF—2012—0202）签订了施工合同和监理合同。合同履行过程中，发生了下列事件：

事件 1：某单位工程的施工进度计划网络图如图 11-3 所示。因工艺设计采用某专利技术，工作 F 需要工作 B 和工作 C 完成以后才能开始施工。监理工程师要求施工单位对该进度计划网络图进行调整。

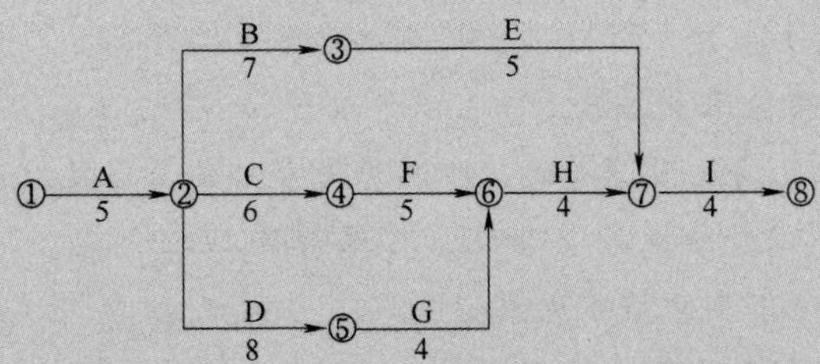

图 11-3　施工进度计划网络图（单位：月）

事件 2：施工过程中发生索赔事件如下：

(1) 由于项目功能调整变更设计，导致工作C中途出现停工，持续时间比原计划超出2个月，造成施工人员窝工损失13.6万元/月×2月=27.2万元。

(2) 当地发生暴雨引发泥石流，导致工作E停工，清理恢复施工共用3个月，造成施工设备损失费用为8.2万元、清理和修复过程费用为24.5万元。针对上述事件1、事件2，施工单位在有效时限内分别向建设单位提出2个月、3个月的工期索赔及27.2万元、32.7万元的费用索赔（所有事项均与实际相符）。

【问题】

(1) 绘制事件1中调整后的施工进度计划网络图，指出其关键线路（用工作表示），并计算其总工期。

(2) 针对事件2，施工单位提出的两项工期索赔和两项费用索赔是否成立？请说明理由。

【分析】

(1) 问题(1)。只需要将③~④之间增加一个虚工作即可，如图11-4所示，关键线路有两条，分别是A→B→F→H→I和A→D→G→H→I，总工期为(5+7+5+4+4)或(5+8+4+4+4)个月，即25个月。

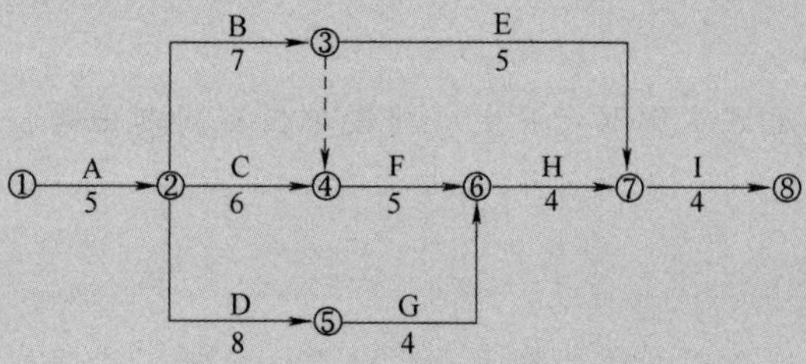

图11-4 调整后的施工进度计划网络图（单位：月）

(2) 问题(2)。

事件2中的第(1)项工期索赔2个月不成立（工期索赔成立，但是只可以索赔1个月）。

理由：该事件是非承包商原因造成的，且工作C延误2个月，使该项目总工期变成26个月，也就是总工期延长1个月，所以工期只可以索赔1个月。

事件2中的第(1)项费用索赔成立，可以索赔27.2万元。

理由：该事件是非承包商原因造成的，所以费用索赔成立，且工作C延误造成施工人员窝工损失13.6万元/月×2个月=27.2万元，可以索赔27.2万元。

事件2中的第(2)项工期索赔不成立。

理由：发生暴雨引发泥石流属于不可抗力，按照相关规定，虽然不可抗力造成的工期延误可以顺延，因为E为非关键工作，其总时差为4个月，不可抗力导致了工期延误3个月，可见延误时长未超过总时差，对总工期并没有造成影响，所以工期索赔不成立。

事件2中的第(2)项工作E索赔32.7万元费用不合理。

案例分析

理由：在 32.7 万元费用中，有 8.2 万元是不可抗力导致施工设备损失的费用。因不可抗力导致的施工单位人员和施工机械损失，不能向建设单位索赔，需要施工单位自己承担。

而 24.5 万元的清理和修复费用是可以索赔的，因为不可抗力发生后的清理和维修费用应该由建设单位承担。

【案例分析 11-16】

某施工单位与建设单位按《建设工程施工合同（示范文本）》签订了可调整价格施工承包合同，合同工期为 390 天，合同总价为 5000 万元。该工程在施工过程中出现了以下事件：

事件 1：因地质勘探报告不详，出现施工图中未标明的地下障碍物，处理该障碍物导致工作 A 持续时间延长 10 天（该工作处于非关键线路上且延长时间未超过总时差），发生人工费 2 万元、材料费 4 万元、施工机具使用费 3 万元。

事件 2：因不可抗力而引起施工单位的供电设施发生火灾，使工作 C 持续时间延长 10 天（该工作处于非关键线路上且延长时间未超过总时差），发生人工费 1.5 万元、其他损失费用 5 万元。

事件 3：结构施工阶段因建设单位提出工程变更，导致施工单位发生人工费 4 万元、材料费 6 万元、施工机具使用费 5 万元，工作 E 持续时间延长 30 天（该工作处于关键线路上）。针对上述事件，施工单位按程序提出了工期索赔和费用索赔。

【问题】

上述事件是否可以进行工期索赔和费用索赔？

【分析】

事件 1：施工图未标明的地下障碍物属于建设单位风险的范畴，当承包人遇到不利物质条件时可以合理得到工期和费用补偿。因为事件 1 中工作 A 位于非关键线路上，且延期都未超过该工作的总时差，所以工期索赔不成立，但可以进行费用索赔。

事件 2：建设单位承担不可抗力的工期风险，发生的费用由双方分别承担各自的费用损失，因此只能合理获得工期补偿。因为事件 2 中工作 C 位于非关键线路上，且延期都未超过该工作的总时差，所以工期索赔不成立。

事件 3：建设单位工程变更属于建设单位的责任，可以获得工期和费用补偿。该工作处于关键线路上，所以本例中施工单位得到的工期补偿为事件 3 中工作 E 的延期 30 天，能得到费用补偿的有事件 1 的 9(2+4+3) 万元和事件 3 的 15(4+6+5) 万元。

本章小结

本章主要介绍索赔的基本概念、工程索赔的作用、索赔的处理与解决、工期索赔、费用索赔、索赔管理等相关内容。

本章的重点是索赔的处理与解决、工期索赔和费用索赔。

本章的难点是索赔的处理与解决。

思考题

1. 什么是索赔？索赔有哪些特征？索赔管理有哪些特点？
2. 索赔的分类有哪些？
3. 索赔的原因与依据有哪些？
4. 开展索赔工作有哪些作用？
5. 在施工合同履行过程中，承包商可以提出的索赔事件有哪些？
6. 索赔的证据包括哪些内容？索赔证据有哪些基本要求？
7. 可索赔费用的组成有哪些？不允许索赔的费用有哪些？
8. 造成工程延期的非承包商原因有哪些？
9. 索赔管理的特点有哪些？
10. 什么是反索赔？它的作用是什么？
11. 监理工程师应该如何预防和减少索赔事件的发生？

第12章 工程合同争议处理

本章导读

本章介绍了工程合同争议产生的主要原因，工程建设过程中常见的几种合同争议，以及工程合同争议的四种解决方式：和解、调解、仲裁和诉讼。

12.1 工程合同争议的产生原因

在工程合同订立及履行过程中，合同双方发生纠纷屡见不鲜。导致合同双方当事人发生纠纷的原因很多，但综合起来，主要有以下几个方面：

（1）建设工程涉及的工作内容广泛而复杂

建设工程活动涉及勘察、设计、咨询、物资供应、施工安装、竣工验收、缺陷维护等全过程，有的工程项目还涉及设备采购、设备安装及调试、试车投产、人员培训、运营管理等工作内容。所有这些工作的责任和权利都要在合同中明确规定。想要得到各方的严格履行且不发生任何异议，这显然是很困难的。

（2）建设工程合同一般履行时间很长

在合同履行过程中，建设工程外部环境及发包人意愿很可能发生变化，这会导致工程变更和合同当事人履约困难，从而引起工程合同的争议与纠纷。

（3）合同各方的利益期望值相悖

需要指出的是，在工程项目招标投标与合同签订期间，发包人和承包人的期望值并不一致，发包人希望尽可能将合同价格压低并得到严格执行，而承包人为了获得夺标机会，虽然在价格上做出了让步，但寄希望于在执行合同过程中通过其他途径获得额外补偿。这种在项目初期的期望值的差异，为以后工程合同的全面履行埋下了争议隐患。

12.2 工程合同的常见争议

工程合同争议是指工程合同当事人对合同条款的理解产生异议或因当事人违反合同约定，不履行合同中应承担的义务等原因而产生的纠纷。工程合同纠纷主要是由于目前建筑市场不规范、建设法律法规不完善、市场主体行为不规范、合同意识和诚信意识薄弱等原因导致的，常见的争议主要有工程价款支付主体争议、工程价款结算争议、工程款拖欠争议、工程工期拖延争议、工程质量争议、工程质量保修金争议、合同中止及终止争议，以及诉讼时效争议。

12.2.1 工程价款支付主体争议

建设单位无端拖欠工程款，几乎是所有施工企业难以忘怀的锥心之痛。在实际工作中，工程的发包人有时并非工程真正的建设单位，不具备工程价款的支付能力。在此情况下，承包人应理顺关系，寻找真正的工程权利人，以保证合法权利不受侵害。

案例分析

【案例分析 12-1】

2017 年 12 月 26 日，上海某建设发展公司（下称 A 公司）受上海某商厦筹建处（下称筹建处）委托，并征得市建委施工处、市施工招标办的同意，与某建筑公司签订了某商厦工程施工承包合同。该合同写明施工内容包括该商厦的土建、装饰、水电及室外等工程，同时，就工程开竣工时间、工程造价及调整、预付款、工程量的核定确认和工程验收、决算等均做了具体约定。

合同签订后，建筑公司即按约组织施工，于 2021 年 12 月 28 日竣工，并在 2022 年 4 月 3 日通过上海市建设工程质量监督总站的工程质量验收。2022 年 11 月，建筑公司与筹建处就工程总造价进行决算，确认该工程总决算价为 50702440 元；之后，经过工程结算和建筑公司不懈地催讨，截至 2024 年 2 月 9 日，A 公司还欠付建筑公司工程款 950 万元。

经核查，该商厦的实际业主为某上市公司（下称 B 公司），且已于 2020 年 12 月 14 日取得上海市外销商品房预售许可证。2024 年 7 月，建筑公司即以 A 公司为施工合同的发包人，B 公司为该商厦的所有人为由，将两公司作为共同被告向人民法院提起诉讼，要求两公司承担连带清偿责任。

庭审中，A、B 两公司对于 950 万元的工程欠款均无任何异议。但 A 公司辩称：A 公司为代理筹建处发包，并于 2018 年 12 月致函建筑公司，施工合同委托方的名称已改为筹建处；之后，建筑公司一直与筹建处发生联系，事实上已承认了施工合同发包人的主体变更。同时 A 公司证实，筹建处为某局发文建立，并非独立经济实体，且筹建处资金来源于 B 公司。所以，A 公司不应承担支付 950 万元工程款项的义务。

B 公司辩称：B 公司与建筑公司无法律关系。施工合同的发包人为 A 公司；工程结算为建筑公司与筹建处间进行，与 B 公司不存在任何法律上的联系；筹建处有“筹建许可证”，

案例分析

系独立经济实体，应当独立承担民事责任。虽然B公司取得了预售许可，但B公司的股东已发生变化，故现在的公司对以前公司股东的工程欠款不应承担民事责任。庭审上，B公司向法庭出示了一份“筹建许可证”，以证明筹建处依法登记至今未撤销。

建筑公司认为：A公司虽接受委托，与建筑公司签订了施工合同，但征得了市建委施工处、市施工招标办的同意，该施工合同应当有效。而它作为施工合同的发包人，理应承担民事责任。而经查实，筹建处未经上海市工商行政管理局注册登记，它不具备主体资格，所以无法取代A公司在施工合同中的甲方地位。对于B公司，虽非施工合同的发包人，但他实际上已取得了该物业，是该商厦的所有权人，为真正的发包人，依法有承担支付工程款项的责任。

一审法院对原、被告出具的施工合同、筹建许可证、预售许可证及相关函件等证据进行了质证，认为：A公司实质上为建设方的代理人，合同约定的权利义务应由被代理人承担，并判由B公司承担支付所有工程欠款的责任。

12.2.2　工程价款结算争议

尽管施工合同中已列出了工程量，约定了合同价款，但实际施工中会有很多变化。对于这些变化，承包人通常在其每月的工程进度款报表中列出，但监理工程师常因不同意见而拒绝或拖延支付。在整个施工过程中，发包人在按进度支付工程款时往往会根据工程师的意见，扣除那些他们未予确认的工程量或存在质量问题的已完工程的应付款项。日积月累，这些未付款项累积起来有时会形成一笔很大的金额，使双方之间的争议越来越大。

案例分析

【案例分析 12-2】

某房地产开发有限公司（下称房地产公司）与某建筑集团有限公司（下称建筑公司）于2024年9月签订了一份施工协议，双方约定由建筑公司完成房地产公司开发建设的某小区C楼工程3个单元的具体施工工作，并对承包内容、承包范围、工期、质量及结算方式等相关内容进行了明确约定。协议签订后建筑公司如期施工，但没有完成约定的全部工程量。工程竣工后由于双方对工程款如何结算无法达成一致意见，房地产公司没有按期给付建筑公司工程款，于是建筑公司以拖欠工程款为由将房地产公司诉至法院。

房地产公司诉称：

1）其当时与建筑公司签订施工协议时，由于是要在冬季施工，施工队不好找，迫于形势其才与对方以包干价的形式约定了工程造价并签订了施工协议，而这个包干价高于建筑公司依其相应资质等级计取价费的标准。

2）双方约定包干价的同时也约定了包干价包含的各子项内容，由于建筑公司未完成全部包干内容，故不应以约定的包干价来计算其已完成工作量的工程价款，而应以建筑公司实际完成的工程量结合其相应的资质等级来核定其应收取的工程价款。

3）因建筑公司未按协议约定完成工程承包的内容，并且由于其没有按照协议约定按时完成自己承包的工程量，直接导致了整个工程的工期延误，给房地产公司造成了很大损失，对此损失建筑公司应予赔偿。

建筑公司辩称：施工协议约定的内容是双方真实意思的表示，并且该协议是合法有效的，故应以协议约定的包干价标准来计算工程款，在此基础上只是对自己未完成部分的包干内容不再计价而已。

此案双方争执的焦点问题是在建筑公司没有按施工协议完成包干工程量的情况下，双方最终应以什么标准来结算工程款。法院经过全面审查后认为，双方在协议中虽然约定了包干价，但同时也约定了包干价所包含的各项子内容，由于建筑公司没有按约定完成全部包干内容，故应以建筑公司完成的实际工作量来计价；同时，法院委托有关工程造价机构对建筑公司实际完成的工程量结合其相应的资质等级核定涉诉工程的实际造价。由于鉴证造价远远低于建筑公司的诉讼标的额，此案最终由建筑公司撤诉而结案。

案例分析

12.2.3 工程款拖欠争议

【案例分析 12-3】

某建筑工程公司（下称 A 公司）于 1995 年 7 月 14 日与本市某房地产开发公司（下称 B 公司）签订了建设工程施工合同。双方约定：A 公司承建位于该市某小区的某栋住宅楼工程（下称 C 工程）；工程价款按照该市 1990 年定额结算，总工期为 195 天。C 工程于 1996 年 3 月 15 日开工，1997 年 4 月 25 日竣工，并经验收于同年 4 月 29 日被评定为优良工程。1998 年 6 月 22 日，A 公司和 B 公司共同对该工程进行了竣工结算，确定工程总造价为 1366149. 84 元。从合同签订到工程竣工验收期间，B 公司先后向 A 公司支付工程款 734379 元，供应建筑材料折价款 474930. 84 元，共计支付工程款 1209309. 84 元，尚欠工程款 156840 元。在协商偿还欠款不成的情况下，A 公司根据所签合同中的相关仲裁条款，向该市仲裁委员会提起仲裁，要求 B 公司支付所欠工程款 156840 元及利息若干。

B 公司辩称：所欠工程款属实，但不同意支付利息；住宅楼存在渗漏等质量问题。庭审中，A 公司对 B 公司所提出的住宅楼渗漏问题进行了适当处理。仲裁庭审理认为，A 公司与 B 公司所签订的建设工程施工合同合法有效，应受法律保护；依照《中华人民共和国合同法》（现已废止）相关规定，B 公司应当给付所欠工程款，并支付逾期付款的利息。最后，仲裁庭做出如下裁决：B 公司给付 A 公司工程款 156840 元，并补偿逾期付款的利息 19532. 55 元；限 B 公司一个月内付清全部欠款，仲裁费用由 B 公司负担。

本例系建设工程施工合同纠纷，案情清楚。如果 B 公司再继续无理由拖欠工程款，则应适用《中华人民共和国合同法》（现已废止）第二百八十六条“发包人未按约定支付价款的，承包人可以催告发包人在合理期限内支付价款。发包人逾期不支付的，除按照建设

案例分析

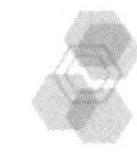

案例分析

工程的性质不宜折价、拍卖的以外，承包人可以与发包人协议将该工程折价，也可以申请人民法院将该工程依法拍卖。建设工程的价款就该工程折价或拍卖的价款优先受偿。”这样工程款拖欠者将得不偿失。相应的，如果承包人不尽工程质量担保义务，则也应适用该法第二百八十一条、第二百八十二条“因施工人的原因致使建设工程质量不符合约定的，发包人有权要求施工人在合理期限内无偿修理或者返工、改建。经修理或者返工、改建后，造成逾期交付的，施工人应当承担违约责任”，“因承包人的原因致使建设工程在合理期限内造成人身和财产损害的，承包人应承担损害赔偿责任”。这就是权利义务的对等。

12.2.4　工程工期拖延争议

工期延误往往是由错综复杂的原因造成的，要分清各方的责任往往十分困难。在合同条件中发包人一般要求承包人承担工程的逾期竣工违约责任，而承包人则经常因为诸多发包人及不可抗力的原因提出顺延工期的要求，而且承包人还就工期的延长要求发包人承担停窝工的损失。

案例分析

【案例分析 12-4】

某大型公共道路桥梁工程，跨越平原区河流。桥梁所在河段水深经常在 5m 以上，河床淤泥层较深。工程采用 FIDIC 标准合同条件，中标合同价为 7825 万美元，工期 24 个月。工程建设开始后，在桥墩基础开挖过程中，发现地质情况复杂，淤泥深度比文件资料中所述数据大得多，岩基高程较设计图纸高程降低 3.5m。咨询工程师多次修改施工图纸，而且推迟交付。因此，在工程将近完工时，承包商提出索赔，要求延长工期 6.5 个月，补偿附加开支约 3645 万美元。

业主与咨询工程师对该工程进行了分析，原来据业主自行计算，工程造价为 8350 万美元，工期 24 个月；承包商为了中标，将造价报为 7825 万美元，报价偏低 525（8350-7825）万美元，工期仍为 24 个月。根据实际情况来看，该工程实际所需工期为 28 个月，造价约为 9874 万美元。本来 1524（9874-8350）万美元为承包商可以索赔的上限，但在投标中承包商少报了 525 万美元，可视为承包商自愿放弃。因此，999（1524-525）万美元为目前承包商可以索赔的上限，工期补偿为 4（28-24）个月。承包商索赔工期超过合同工期 6.5 个月，其中 2.5 个月（计 76 天）应当由业主反索赔，根据原合同，承包商每逾期一天的“误期损害赔偿金”为 9.5 万美元。

经业主与承包商反复洽商，最后达成索赔与反索赔协议：

1）业主批准给承包商支付索赔款 999 万美元，批准延长工期 4 个月。

2）承包商向业主支付误期损害赔偿款 9.5 万美元/天×76 天 = 722 万美元。

3）索赔款与反索赔款两相抵偿后，业主一次向承包商支付索赔款 277 万美元。

12.2.5 工程质量争议

质量方面的争议包括工程中所用材料不符合合同约定的技术标准要求，提供的设备性能和规格不符，不能生产出合同规定的合格产品，或者是通过性能试验不能达到规定的产量要求，施工和安装有严重缺陷等。这类质量争议在施工过程中主要表现为工程师或发包人要求拆除和移走不合格材料，或者返工重做，或者修理后予以降价处置。对于设备质量问题，则常见于在调试和性能试验后，发包人不同意验收移交，要求更换设备或部件，甚至退货并赔偿经济损失。而承包人则认为缺陷是可以改正的，或者已改正；对生产设备质量则认为是性能测试方法错误，或者制造产品所投入的原料不合格或者是操作方面的问题等。

案例分析

【案例分析 12-5】

上海某装潢设计公司与日本客户盐某于 2023 年 10 月签订了装修合同。该合同约定，由装潢公司对盐某的别墅进行室内装修，总价款为 36 万，承包方式为包工包料，工期为 2023 年 10 月 10 日至 2024 年 1 月 15 日，共计 75 天；合同签订后开工前 3 天内支付 40%的装修款，施工过程中水、电、管线等隐蔽工程通过验收支付 35%装修款，工期过半油漆工进场前支付 20%装修款，工程竣工验收支付余款。盐某于合同签订后施工前支付了 40%的工程款 144000 元。2023 年 11 月月初，隐蔽工程通过验收，盐某支付了 35%的工程款 126000 元。之后盐某以资金紧张为由一直拖欠后续款项。施工过程中盐某要求增加项目，故工程延至 2024 年 2 月 2 日结束，但盐某拒绝验收，并以装修存在质量问题为由拒绝支付余款 9 万元及项目增加项目款 16 万元，共计 25 万元。同年 3 月，盐某入住别墅。装潢公司多次催讨无果后诉讼至法院，盐某收到诉状后提起反诉，认为装修存在质量问题。

在法院庭审过程中，双方就争议的焦点进行了辩论，同时诉讼中盐某申请工程质量鉴定。法院经审理认为，装潢公司履行了双方签订的装修合同，对于施工过程中增加的项目，盐某应当确认其相关费用，并合理延长工期。对于装修工程中存在的质量问题，由于盐某没有依据合同及时验收，故应当允许装潢公司在质量保修期内及时修复。法院判决支持装修公司价款支付的请求，同时要求其进行工程整改，并驳回盐某的质量赔偿要求。

12.2.6 工程质量保修金争议

保修期内的缺陷修复问题及保修金的支付问题往往是发包人和承包人争议的焦点，特别是发包人要求承包人修复工程缺陷而承包人拖延修复，或发包人未经通知承包人就自行委托第三人对工程缺陷进行修复。在上述第二种情况下，发包人要在预留的保修金中扣除相应的修复费用，而承包人则主张产生缺陷的原因不在承包人或发包人未履行通知义务且其修复费用未经其确认而不予同意。

【案例分析 12-6】

2019 年 6 月 18 日、2020 年 3 月 23 日、2020 年 5 月 31 日，某开发公司与某工程公司签订了三份施工合同，约定由工程公司负责开发公司某办公楼，门面房，一期商店 1 号楼、2 号楼及 B、C 型公寓的建筑施工及水电安装工程的施工，合同对房屋建筑工程质量保修问题进行了约定。合同签订后，工程公司进行了施工并已交付使用。其中，商业店面（南楼）于 2020 年 4 月 17 日竣工验收；商业店面（北楼）于 2020 年 4 月 27 日竣工验收，商业店面 C 楼（花店）于 2020 年 10 月 11 日竣工验收；办公楼于 2021 年 4 月 26 日竣工验收；B、C 型公寓于 2021 年 6 月 19 日竣工验收。

上述工程竣工验收时均确定为优良等级，工程总造价为 16106713. 33 元，按照双方合同约定预留的保修金为 483201 元，其中，屋面防水工程、有防水要求的卫生间、房间和外墙面防渗漏的保修期未满。2024 年 1 月 5 日，工程公司起诉到法院，要求开发公司返还到期质保金 443201 元。

以上事实，有双方当事人的当庭陈述、工程公司提交的建设工程施工合同三份、某会计师事务所的审核报告三份、企业法人营业执照、单位工程竣工验收证明书 11 份、屋面应扣保修金的计算清单；开发公司提交的修缮工程预算书、保修通知、照片等证据予以证实。

法院经审理认为，首先，本案涉及的所有工程经该市质量监督部门会同有关单位进行了综合验收，结论为优良工程。双方当事人对于按照合同约定预留的保修金数额无异议，但对于工程公司要求返还到期保修金的诉讼请求，开发公司以房屋存在质量问题予以抗辩，但其只向法院提交了部分照片，开发公司主张工程在使用过程中存在的质量问题，不能推翻质检部门对工程质量等级的认定。根据本案查明的事实，工程公司施工的工程已竣工验收并交付使用，即使工程在使用过程中出现质量问题，也应当依照建筑工程保修的有关规定进行处理。因此，开发公司关于房屋存在质量问题，保修金不应返还的主张，证据不足，法院不予采信。

其次，开发公司提出房屋存在质量瑕疵需要维修及未到保修期部分的维修问题。双方可以按照合同约定由工程公司履行保修义务，如果工程公司未履行保修义务，开发公司可以自行维修并提供其实际支付维修金的票据，在预留的保修金中予以扣除。开发公司虽然提交了修缮工程预算书，但未提交实际发生维修费用的票据，因此，其主张已自行维修的证据不足，导致法院无法从预留的保修金中扣除该费用。

再次，关于应该返还保修金的数额。双方合同约定预留的保修金为 483201 元，其中屋面防水工程、有防水要求的卫生间、房间和外墙面防渗漏的保修期未满，因双方合同只约定按照施工合同价的 3% 预留保修金，未对具体需要保修的部位分别约定保修金数额。对于工程公司主张的未到期保修金数额，开发公司虽然对该数字有争议，但未提供具体的计算依据及数字。在此种情况下，法院根据工程公司提供的计算清单及诉讼请求，在扣除未到期的保修金后，判决开发公司返还工程公司到期质保金443201元。开发公司主张地基基础工程和主体结构部分未到保修期，保修金最快应在5年后返还，因此该部分费用现在不应返还。我国《建筑法》及《房屋建筑工程质量保修办法》均规定，我国实行房屋建筑工程质量保修制度。其中，地基基础工程和主体结构工程的保修期限，为设计文件规定的该工程的合理使用年限。该规定是法律强制性规定，要求承包人必须确保地基基础工程和主体结构质量在建筑物合理使用寿命内不能出现问题，这是承包人依照法律规定必须履行的工程质量保证义务，否则就必须承担民事责任。如果开发公司认为工程公司施工的地基基础工程和主体结构存在质量问题，可以在建筑物设计使用年限内要求工程公司按照上述法律规定履行保修义务，但不能因此拒绝返还该部分保修金，其主张应于5年后返还，也无法律依据，法院不予采纳。

案例分析

12.2.7 合同中止及终止争议

合同中止造成的争议有承包人造成的损失得不到足够的补偿，发包人对承包人提出的费用补偿计算有异议；承包人因设计错误或应付工程款被拖欠而提出中止合同时，发包人不承认承包人提出的中止理由，也不同意承包人的补偿要求等。

合同终止一般都会给某一方或者双方造成严重的损害；除不可抗力外，任何终止合同的争议往往都是由难以调和的矛盾造成的。如何合理处置合同终止后双方的权利和义务，往往是这类争议的焦点。合同终止可能有以下几种情况：

1）属于承包人责任引起的终止合同。例如，发包人认为并证明承包人不履约，承包人严重拖延工程进度并证明已无能力履行合同等。发包人可能宣布终止合同，或将承包人逐出现场，并要求承包人赔偿工程终止造成的损失；而承包人则维护自己的权益，要求取得其已完工程的付款，补偿其已运到现场的材料、设备和各种设施的费用，还要求发包人赔偿其各项经济损失，并退还被扣留的银行保函等。

2）属于发包人责任引起的终止合同。例如，发包人不履约、严重拖延应付工程款并被证明已无力支付欠款，发包人破产或无力清偿债务，发包人严重干扰或阻碍承包人的工作，等等。在这种情况下，承包人可能宣布终止合同，并要求发包人赔偿其因合同终止而遭受的损失。

3）由于不可抗力而使任何一方不得不终止合同。尽管一方可以引用不可抗力宣布终止合同，但如果另一方对此有不同看法，或者合同中没有明确规定这类终止合同的后果处理办法，双方应通过协商处理，若达不成一致则按争议处理方式申请仲裁或诉讼。

4）由于一方的自身需要而非对方的过失，要求终止合同。这种情况基本上发生在工程开始的初期，而且要求终止合同的一方通常会认识到并且会同意给予对方适当补偿，但是仍然可能在补偿范围和金额方面发生争议。例如，在发包人因自身原因要求终止合同时，可能会承诺给承包人补偿的范围只限于其实际损失，而承包人可能要求还应补偿其失去承包其他工程机会而遭受的损失和预期利润。

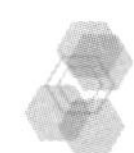

案例分析

【案例分析 12-7】

某市建筑工程公司与 A 娱乐公司签订了一份建筑歌舞厅的建设工程承包合同。合同约定：由建筑公司包工包料完成一座 3 层高、建筑面积为 1405m^2 的歌舞厅工程的施工，工程造价为 230 万元，工期为 1 年。当第 1 层建设至一半时，A 娱乐公司不能按期支付工程进度款，建筑公司被迫停工。在停工期间，A 娱乐公司被 B 公司收购。B 公司根据市场行情，决定将正在建设的歌舞厅改建成保龄球城，不仅重新进行设计，而且与某国家级建筑公司重新签订了建设工程承包合同，同时欲解除与市建筑公司签订的原建设工程承包合同。在协议解除原建设工程承包合同时，双方因工程欠款及停工停建等损失问题未能达成一致意见。至此，市建筑公司已停工 8 个月。为追回工程欠款，要求 B 公司赔偿损失，市建筑公司起诉到法院，法院判决 B 公司赔偿损失。

因为 B 公司收购了 A 公司，所以 B 公司应承接 A 公司原订立合同的权利与义务，并承担 A 公司因拖欠工程款而导致的在建工程停工损失。B 公司变更原设计导致工程停建，依法应当承担给市建筑公司造成的损失。《民法典》第八百零四条规定，因发包人的原因致使工程中途停建、缓建的，发包人应当采取措施弥补或者减少损失，赔偿承包人因此造成的停工、窝工、倒运、机械设备调迁、材料和构件积压等损失和实际费用。因此，B 公司应当：①采取措施弥补或减少市建筑公司的损失，将积压的材料和构件按实际价值买回；②按已完工的工程量结算工程价款；③赔偿市建筑公司的停工损失，如支付停工期间的工人工资等；④赔偿因中途停建而发生的实际费用，如机械设备调迁的费用等；⑤支付合同约定的一方单方提前解除合同的违约金。

12. 2. 8　诉讼时效争议

案例分析

【案例分析 12-8】

2020 年 1~7 月，某房地产公司向某阀门公司先后采购数批阀门，供货完成后，房地产公司在供货结算书中确认货款总额为 98. 68 万元，并约定于当年 10 月月底前付款。同年 11 月 7 日，房地产公司向阀门公司支付了部分款项，剩余 53. 18 万元未付。2024 年 9 月，阀门公司以拖欠货款未付为由，将房地产公司告上法庭，请求法院判令房地产公司给付欠款 53. 18 万元及利息。

庭审中，房地产公司主张阀门公司诉称的买卖关系发生在 2020 年，已超过诉讼时效，依法丧失胜诉权，请求法庭驳回阀门公司的诉讼请求。2025 年 2 月 25 日，法院做出一审判决，以阀门公司起诉时已超过诉讼时效，其提交的证人证言不能证明发生过诉讼时效中断的情形，阀门公司未在法定期限内依法行使诉权而丧失胜诉权为由，驳回了阀门公司的诉讼请求。

案例分析

诉讼时效是指民事权利受到侵害的权利人在法定的时效期间内不行使权利，当时效期间届满时，人民法院对权利人的权利不再进行保护的制度。在法律规定的诉讼时效期间内，权利人提出请求的，人民法院就强制义务人履行所承担的义务。诉讼时效适用于请求权，如果超过一定期间不行使权利，就会导致丧失“胜诉权”。而在法定的诉讼时效期间届满之后，权利人行使请求权的，人民法院就不再予以保护。当事人超过诉讼时效后起诉的，人民法院受理后查明无中止、中断、延长事由的，判决驳回其诉讼请求。

《民法典》规定，向人民法院请求保护民事权利的诉讼时效期间为两年，法律另有规定的除外。一般民事债权（比如工程款、材料款、设备租赁款）的诉讼时效即为两年。这个两年的时效，对绝大多数企业的应收款而言至关重要，上述案例的阀门公司，就是因为起诉时已超过两年的诉讼时效而被判决驳回起诉。

按照法律规定，诉讼时效从请求成立之日起计算；诉讼时效可因提起诉讼、当事人一方提出要求或者同意履行义务而中断，即可以因为起诉、请求或认诺行为导致时效中断，使已经经过的时效期间归零，诉讼时效期间重新起算。

工程实践证明，工程合同的争议呈现逐步上升并愈演愈烈的趋势，这是建筑市场不规范，各种主客观原因综合形成的，不以人的意志为转移。因此，合同双方都应该高度重视、密切关注并研究解决争议的对策，从而促使合同争议尽快合理地解决。

12.3 工程合同争议的解决方式

《仲裁法》第四十九条规定，当事人申请仲裁后，可以自行和解。该法第五十一条还规定，仲裁庭在做出裁决前，可以先行调解。《民事诉讼法》第九十六条对调解有规定：“人民法院审理民事案件，根据当事人自愿的原则，在事实清楚的基础上，分清是非，进行调解。”《民事诉讼法》第一百二十五条规定，当事人起诉到人民法院的民事纠纷，适宜调解的，先行调解，但当事人拒绝调解的除外。从上面这些法律的规定可以看出，合同纠纷是可以通过和解或调解解决的。

当事人不愿和解、调解或者和解、调解不成的，可以根据仲裁协议向仲裁机构申请仲裁，或当没有订立仲裁协议或者仲裁协议无效时，可以向人民法院起诉。当事人应当履行发生法律效力的判决、仲裁裁决、调解书；拒不履行的，对方可以请求人民法院强制执行。

在我国，合同争议解决的方式主要有和解、调解、仲裁和诉讼四种。

12.3.1 和解

1. 和解的概念

和解是指发生争议后，合同当事人在自愿互谅基础上，依照法律、法规的规定和合同的约定，就已经发生的争议进行谈判并达成协议，自行解决争议的一种方式。和解是一种解决合同争议的最常见、最简便、最有效、最经济的方式。所以，发生合同争议后，应当提倡双

方当事人进行广泛、深入的协商，争取通过和解解决争议。

2. 通过和解解决争议的注意要点

（1）坚持原则

在工程合同争议的协商过程中，双方当事人要杜绝损害国家利益、社会公共利益及自身利益的行为，尤其是对解决合同争议中的行贿受贿行为，要进行揭发、检举，积极追究违约方的违约责任。

（2）分清责任

当事人双方要以充分的证据材料和相应的合同条款作为处理争议的法定依据，实事求是地分析争议产生的原因，不能一味地推卸责任，否则，不利于争议的解决。

（3）公平合理、平等互利

合同中双方的权利和义务是对等的，处理纠纷同样要坚持权利和义务的平衡。对于履行了合同义务的部分，应当坚持获得偿付的权利；对于自己履行义务中的缺陷，应当主动予以改善，切忌采取“蛮不讲理”的态度；当双方理解不一致时，应耐心解释，必要时借助国际惯例予以说明，使对方容易接受和采纳。

（4）做好谈判解决纠纷的各项准备

首先，要准备谈判解决纠纷所需的各项证明材料。承包人应当提交有说服力的索赔清单，并附有其合同依据和计算依据，包括施工记录、往来函件、文件图纸以及工程师的书面指示等。其次，要准备有妥协余地的预备方案。任何谈判协商过程都是相互妥协的过程，即使每一项具体主张都是有根有据和合法合理的，也需要在适当的时候做出一定让步，以换取对方的妥协解决。尽管让步可能使经济利益局部受到损害，但比较采取其他解决纠纷方式的费时、费事和费钱，也许还是有利的。

（5）进行多层次协商

先进行低层次谈判，再逐步扩展到高层次协商。凡是能在工程现场商定的问题，尽可能就地协商解决。不能在工程现场解决的问题，可以与业主代表或有关部门讨论解决。最后才是双方高层次的正式协商与谈判，以解决重大问题的纠纷。这种多层次的协商与谈判，可以促使对方低层人员说服其上层人员，并使高层次谈判有一定的回旋余地。

（6）注意把握和解的技巧

首先要诚实信用，以礼相待，不使用过激的或模棱两可的语言，处处表现出宽容和善意。其次在协商时，一定要抓主要矛盾，争取解决合同争议的主要问题。另外，在某些情况下还要注意“得理让人”，对非原则问题，可以做一些必要的让步，以使对方当事人感到诚意，便于问题的解决。

（7）利用中间人进行说服工作

通过中间人周旋，往往可以避免谈判桌上的过早摊牌，各方还可通过中间人传递妥协退让意图，寻求对方妥协让步的可能性。

（8）及时解决

如果谈判达成谅解，应及时将谈判结果写成书面文件，并经双方正式签署，以便合同纠纷能够顺利解决。如果双方当事人在协商过程中出现僵局，争议迟迟得不到解决时，就不应该继续坚持和解，在此情况下，应当及时采取其他方法解决合同争议。

12.3.2 调解

1. 调解的概念

调解是指在合同当事人发生争议后，在第三人的参加与主持下，通过查明事实、分清是非和说服劝导等方式，使争议双方互谅互让，自愿达成解决方案，从而公平、合理地解决纠纷。调解方式具有方法灵活，程序简便，节省时间和费用，能缓和争议双方矛盾的特点。

调解的基础是双方自愿，因而调解能否成功必须依赖于双方的善意和同意。当争议涉及重大经济利益或双方严重分歧时，这种方式的效果就非常有限。

2. 调解方式的种类

调解是通过第三者进行的，这里的“第三者”可以是仲裁机构及法院，也可以是仲裁机构及法院以外的其他组织和个人。因参与调解的第三者不同，调解的性质也就不同。就一般而言，调解主要有以下几种方式：

（1）仲裁机构调解

仲裁机构调解是指争议双方将争议事项提交仲裁机构后，由仲裁机构依法进行的调解。仲裁机构在接受争议当事人的仲裁申请后，仲裁庭可以先行调解；如果双方达成调解协议，仲裁庭即制作调解书并结束仲裁程序；如果达不成调解协议，仲裁庭应当及时做出裁决。《仲裁法》规定：调解达成协议的，仲裁庭应当制作调解书或者根据协议的结果制作裁决书。

（2）法院调解

法院调解又称司法调解，是指在合同争议的诉讼过程中，在法院的主持和协调下，双方当事人进行平等协商，自愿达成协议，并经法院认可从而终结诉讼程序的活动。调解书经双方当事人签收后，即具有法律效力，当事人不得反悔，必须自觉履行。调解未达成协议或者调解书送达前当事人一方或双方反悔的，调解即告终结，法院应当及时判决。调解书具有法律效力后，如果一方不履行时，另一方当事人可以向人民法院申请强制执行。

（3）专门机构调解

工程合同发生争议后，根据双方当事人的申请，在有关专门机构的主持下，双方自愿达成协议，解决合同争议。专门机构一般是一方或双方当事人的业务主管部门，或者是国家或地方的调解服务机构。该机构根据争议当事人的意愿，按照该机构的调解规则或当事人商定的调解规则，居间公正地进行调解。

（4）其他民间组织和个人调解

除了仲裁机构、法院或者专门机构调解外，其他任何组织和个人都可以对合同争议进行调解。这种调解可以制作书面的调解协议，也可以是双方当事人口头达成的调解协议。无论是书面的还是口头的调解协议，均没有法律约束力，靠当事人自觉履行，以双方当事人的信誉、道德良心，以及调解人的人格力量、威望等来保证履行。

律师和专业人士具有一定的专业知识和法律水平，熟悉政策与规范，有利于说服当事人，有可能使合同双方的争议在更加合乎法律和情理的情况下解决。

12.3.3　仲裁

1. 仲裁的概念及特点

仲裁是指由合同双方当事人自愿达成仲裁协议、选定仲裁机构，由仲裁机构对合同争议依法做出裁决的解决合同争议的方法。在我国境内履行的工程合同，双方当事人申请仲裁的，适用 1995 年 9 月 1 日起施行的《中华人民共和国仲裁法》。仲裁具有如下特点：

（1）仲裁的方式灵活

仲裁的灵活性表现在合同争议双方有许多选择的自由，只要是双方事先达成协议的，基本上都能得到仲裁庭的尊重，这包括双方当事人可以事先约定提交仲裁的争议范围，以此决定仲裁庭的管辖和裁决范围；双方可以事先选择适用的法律、仲裁机构、仲裁规则和仲裁地点及仲裁程序所使用的语文等；双方可以自己选择仲裁员，许多仲裁机构备有仲裁员名单，他们都是有关方面的专家、学者，有利于争议案件得到准确、公正的处理。

（2）仲裁的保密程度高

仲裁程序一般都是保密的，仲裁程序从开始到终结的全过程中，双方当事人和仲裁员及仲裁机构的案件管理人员都负有保密的责任。除非双方当事人一致同意，仲裁案件的审理并不公开进行，不允许旁听或者采访，这非常适合于涉及商业秘密或者当事人不愿意因处理争议而影响日后商业信誉和活动的案件。

（3）仲裁的效率高，费用低

仲裁裁决是终局的，它不像法院判决那样往往要进行二审，甚至再审，仲裁有利于争议的快速解决，还能节省时间和减少费用。

2. 仲裁的原则

（1）独立公正原则

仲裁机构一般多为民间性质，它只能根据双方当事人的仲裁协议或仲裁条款受理案件。《仲裁法》第十四条规定，仲裁委员会独立于行政机关，与行政机关没有隶属关系，仲裁委员会之间也没有隶属关系。各个仲裁机构应该严格地依照法律和事实独立地对合同争议进行仲裁，做出公正的裁决，保护当事人的合法利益。

（2）意思自治原则

仲裁必须是完全自愿的，这种自愿原则体现在许多方面，例如，是否选择使用仲裁的方式解决争议，选择哪一个仲裁机构进行仲裁，仲裁是否公开进行，在仲裁的过程中是否要求调解、是否进行和解、是否撤回仲裁申请，等等，都是由当事人自愿决定的，并且应该得到仲裁机构的尊重。任何仲裁机构或临时仲裁庭对案件的管辖权完全来自双方当事人的授权。如果双方当事人同意选择仲裁的方式解决争议，必须用书面的形式将这一意愿表达出来，即应在争议发生前或后达成仲裁协议。没有书面的仲裁协议，仲裁机构就无权受理对该争议的解决。

（3）或裁或审原则

《仲裁法》第五条规定："当事人达成仲裁协议，一方向人民法院起诉的，人民法院不予受理，但仲裁协议无效的除外。"《民事诉讼法》第一百二十七条第2款规定："依照法律规定，双方当事人达成书面仲裁协议申请仲裁、不得向人民法院起诉的，告知原告向仲裁机构申请仲裁。"这两部法律均明确了合同争议实行或裁或审制度。因为仲裁和诉讼都是解决合同争议的方法，既然合同争议当事人双方自愿选择了仲裁方法解决合同争议，仲裁委员会和法院都要尊重合同争议当事人的意愿。一方面仲裁委员会在审查当事人申请仲裁符合仲裁条件时，就应予受理。另一方面法院则依法告知因双方有有效的仲裁协议，应当向仲裁机构申请仲裁，法院不受理起诉。

（4）一裁终局原则

《仲裁法》第九条规定："仲裁实行一裁终局制的制度。"一裁终局是指裁决做出之后，当事人就同一争议再申请仲裁或者向法院起诉的，仲裁委员会或者法院不应受理。但是当当事人对仲裁委员会做出的裁决不服，并提出足够的证明、证据时，可以向法院申请撤销裁决，裁决被法院依法裁定撤销或者不予执行的，当事人可以就已裁决的争议重新达成仲裁协议申请仲裁或向法院起诉。如果撤销裁决的申请被法院裁定驳回，仲裁委员会做出的裁决仍然要执行。

（5）先行调解原则

先行调解就是仲裁机构先于裁决之前，根据争议的情况或双方当事人自愿而进行说服教育和劝导工作，以便双方当事人自愿达成调解协议，解决合同争议。

3. 仲裁协议

仲裁协议是指合同当事人自愿将争议提交仲裁机构解决的书面协议。它是当事人申请仲裁及仲裁机构受理仲裁申请的依据，也是强制执行仲裁裁决的前提条件。仲裁协议通常表现为合同中的仲裁条款、专门的仲裁协议及其他形式的仲裁协议。

仲裁协议或条款应当包括以下内容：

（1）仲裁范围

即提交仲裁的事项范围。例如规定"由合同引起的有关的一切纠纷都通过仲裁解决"。如果各方不愿意将某些纠纷事项提交仲裁程序解决，那么，应当列出不属仲裁范围的问题清单。

（2）仲裁机构

在国际商事仲裁中有两种做法，一是提交常设仲裁机构仲裁，另一是组成临时仲裁庭仲裁。常设仲裁机构有正式颁布的仲裁程序规则，有专门履行各种职能的下属组织，可以办理有关的仲裁的一切行政事务，包括立案、提供有资格的仲裁员名册、协助组庭、分发文件和证据材料、安排开庭会议室、速记和翻译、递送裁决书及其他秘书性质工作。

（3）仲裁地点

仲裁地点和仲裁机构的选择是相联系的，选择合适的仲裁地点不仅要注意往来方便、费用高低，还要特别注意该地的仲裁程序和某些强制性法律规定。

（4）仲裁裁决的效力

协议应当明确仲裁裁决是终局的，对纠纷各方均有约束力。

（5）仲裁程序规则

仲裁协议中应当说明，是随仲裁地点和仲裁机构而采用其仲裁程序规则，还是指定采用某国际组织的仲裁程序规则。应当注意，某些国家的仲裁机构只允许采用其本机构的仲裁程序规则，而另有些仲裁机构则允许纠纷双方指定采用其他成文的仲裁规则。

4. 仲裁程序

（1）仲裁申请

只有当事人在合同内订立仲裁条款或以其他书面形式在争议发生前或者争议发生后达成了请求仲裁的协议，仲裁委员会才会受理仲裁申请。仲裁协议应当包括请求仲裁的意思表示、仲裁事项和选定的仲裁委员会。仲裁协议对仲裁事项约定不明确的，当事人可以补充协议；达不成补充协议的，仲裁协议无效。

当事人申请仲裁必须符合下列条件：有仲裁协议；有具体的仲裁请求和事实、理由；属于仲裁委员会的受理范围。在申请仲裁时，应当向仲裁委员会提交仲裁协议、仲裁申请书及副本。

仲裁申请书应当载明下列事项：

1）当事人的姓名、性别、年龄、职业、工作单位和住所、法人或其他组织的名称、住所和法定代表人或者主要负责人的姓名、职务。

2）仲裁请求和所根据的事实、理由。

3）证据和证据来源、证人姓名和住所。

（2）仲裁受理

受理是指仲裁委员会依法接受对争议的审理。仲裁委员会在收到仲裁申请书之日起 5 日内，认为符合受理条件的，应当受理，并通知当事人；认为不符合受理条件的，应当书面通知当事人不予受理，并说明理由。

仲裁委员会在受理仲裁申请后，应当在仲裁规则规定的期限内将仲裁规则和仲裁员名册送达申请人，并将仲裁申请书的副本和仲裁规则、仲裁员名册送达被申请人。被申请人收到仲裁申请书副本后，应当在仲裁规则规定的期限内向仲裁委员会提交答辩书。仲裁委员会收到答辩书后，应当在仲裁规则规定的期限内将答辩书副本送达申请人。被申请人未提交答辩书的，不影响仲裁程序的进行。

（3）组成仲裁庭

仲裁委员会受理仲裁申请后，应当组成仲裁庭进行仲裁活动。仲裁庭不是一种常设的机构，其组成的原则是一案一组庭。仲裁庭有两种组成方式：

1）仲裁庭由三名仲裁员组成，即合议制的仲裁庭。采用这种方式，应当由当事人双方各自选择或者各自委托仲裁委员会主任指定一位仲裁员。第三名仲裁员即首席仲裁员由当事人共同选定或者共同委托仲裁委员会主任选定。

2）仲裁庭由一名仲裁员组成，即独任制的仲裁庭。这名仲裁员由当事人共同选定或者共同委托仲裁委员会主任指定。

在具体的仲裁活动中，采取上述两种方法中的哪一种，由当事人在仲裁协议中协商决定。当事人没有在仲裁规则规定的期限内约定仲裁庭的组成方式或者选定仲裁员的，由仲裁委员会主任指定。仲裁庭组成后，仲裁委员会应当将仲裁庭的组成情况书面通知当事人。组成仲裁庭的仲裁员，依《仲裁法》规定需要回避的应当回避，当事人也有权提出回避申请。

（4）开庭和裁决

开庭是指仲裁庭按照法定的程序，对案件进行有步骤有计划的审理。《仲裁法》第三十九条规定“仲裁应当开庭进行”，也就是当事人应共同到庭，经调查和辩论后进行裁决。同时，该条还规定：“当事人协议不开庭的，仲裁庭可以根据仲裁申请书、答辩书以及其他材料作出裁决。”

在仲裁过程中，原则上应由当事人承担对其主张的举证责任。证据应当在开庭时出示，当事人可以质证。当事人在仲裁过程中有权进行辩论。辩论终结时，首席仲裁员或者独任仲裁员应当征询当事人的最后意见。仲裁庭在做出裁决前，可以先行调解，当事人自愿调解的，仲裁庭应当调解；当事人不愿调解或调解不成的，仲裁庭应当进行裁决。调解达成协议的，仲裁庭应当制作调解书，调解书应当写明仲裁请求和当事人协议的结果。调解书由仲裁员签名，加盖仲裁委员会印章，送达双方当事人。

仲裁裁决是指仲裁机构经过当事人之间争议的审理，依据争议的事实和法律，对当事人双方的争议做出的具有法律约束力的判定。仲裁裁决应当按照多数仲裁员的意见做出，少数仲裁员的不同意见可以记入笔录；仲裁庭不能形成多数意见时裁决按照首席仲裁员的意见做出。裁决应当制作裁决书，裁决书应当写明仲裁请求、争议事实、裁决结果、仲裁费用的负担和裁决日期。裁决书由仲裁员签名加盖仲裁委员会印章，仲裁书自做出之日起发生法律效力。

（5）执行

调解书和仲裁裁决书均为具有法律效力的仲裁文书，一经送达当事人即发生法律效力，当事人应主动履行。一方当事人不自动履行时，另一方当事人可以向有管辖权的人民法院申请执行。

（6）法院对仲裁的协助

1）财产保全。财产保全是指为了保证仲裁裁决能够得到实际执行，以免利害关系人的合法利益受到难以弥补的损失，在法定条件下所采取的限制另一方当事人、利害关系人处分财物的保障措施。财产保全措施包括查封、扣押、冻结及法律规定的其他方法。

2）证据保全。证据保全是指在证据可能毁损、灭失或者以后难以取得的情况下，为保存其证明作用而采取一定的措施加以确定和保护的制度。证据保全是保证当事人承担举证责任的补救方法，在一定意义上也是当事人取得证据的一种手段。证据保全的目的就是保障仲裁的顺利进行，确保仲裁庭做出正确裁决。

3）强制执行仲裁裁决。仲裁裁决具有强制执行力，对双方当事人都有约束力，当事人应该自觉履行。我国《仲裁法》规定，一方当事人不履行仲裁裁决的，另一方当事人可以依照民事诉讼法的有关规定向人民法院申请执行，受申请的人民法院应当执行。这时，法院将只审查仲裁协议的有效性、仲裁协议是否承认仲裁裁决是终局的及仲裁程序的合法性等，

而不审查实体问题。

（7）法院对仲裁的监督

为了提高仲裁员的责任心，保证仲裁裁决的合法性、公正性，保护各方当事人的合法权益，我国《仲裁法》规定了法院对仲裁活动予以司法监督的制度。司法监督的实现方式主要是允许当事人向法院申请撤销仲裁裁决和不予执行仲裁裁决。

1）撤销仲裁裁决。当事人提出证据证明裁决有下列情形之一的，可以在自收到仲裁裁决书之日起 6 个月内向仲裁委员会所在地的中级人民法院申请撤销仲裁裁决：没有仲裁协议的；裁决的事项不属于仲裁协议的范围或者仲裁委员会无权仲裁的；仲裁庭的组成或者仲裁的程序违反法定程序的；裁决所根据的证据是伪造的；对方当事人隐瞒了足以影响公正裁决证据的；仲裁员在仲裁该案时有索贿受贿、徇私舞弊、枉法裁决行为的。此外，法院认定仲裁裁决违背社会公共利益的应当裁定撤销。法院应当在受理撤销裁决申请之日起两个月内做出撤销裁决或者驳回申请的裁定，法院裁定撤销裁决的，应当裁定终止执行；撤销裁决的申请被裁定驳回的，法院应当裁定恢复执行。

2）不予执行仲裁裁决。在仲裁裁决执行过程中，如果被申请人提出证据证明裁决有下列情形之一的，经法院组成合议庭审查核实，裁定不予执行该仲裁裁决：当事人在合同中没有订有仲裁条款或者事后没有达成书面仲裁协议的；裁决的事项不属于仲裁协议的范围或者仲裁机构无权仲裁的；仲裁庭的组成或者仲裁的程序违反法定程序的；认定事实和主要证据不足的；适用法律有错误的；仲裁员在仲裁该案时有贪污受贿、徇私舞弊、枉法裁决行为的。

12.3.4　诉讼

1. 民事诉讼的概念与主要原则

（1）诉讼的概念

诉讼俗称“打官司”，是指人民法院在案件当事人和其他诉讼参与人的参加下，依照法定程序和方式，处理案件，解决纠纷的活动。诉讼参与人包括原告、被告、诉讼代理人、第三人、证人、鉴定人、勘验人等。

诉讼包括民事诉讼、刑事诉讼和行政诉讼。工程合同争议引起的诉讼主要是民事诉讼，依据《民事诉讼法》进行审理。

（2）民事诉讼的主要原则

1）人民法院依法独立行使审判权的原则。

2）人民法院审理案件必须以事实为依据，以法律为准绳的原则。

3）人民法院审理案件实行两审终审、公开审判、合议制度、回避制度的原则。

4）人民检察院对诉讼实行法律监督的原则。

5）诉讼应当遵循地域管辖、级别管辖和专属管辖的原则。

6）当事人在诉讼中法律地位平等的原则。

7）当事人可以使用本民族语言文字进行诉讼的原则。

8）当事人自愿合法地接受调解的原则。

9）当事人进行辩论的原则。

10）当事人依法处分自己的民事权利和诉讼权利的原则。

2. 民事诉讼的主要程序

（1）普通程序

普通程序是指人民法院审理第一审民事案件通常适用的程序。普通程序是第一审程序中最基本的程序，是整个民事审判程序的基础。

1）起诉与受理。起诉是指合同争议当事人请求法院通过审判保护自己合法权益的行为。起诉必须符合下列条件：原告是与案件有直接利害关系的公民、法人和其他组织；有明确的被告；有具体的诉讼请求和事实、理由；请求的事由属于法院的收案范围和受诉法院管辖；原、被告之间没有约定合同仲裁条款或达成仲裁协议。起诉应在诉讼时效内进行。起诉在原则上是使用书面形式，即原告向人民法院提交起诉状。

起诉状是原告表示诉讼请求和事实根据的一种诉讼文书。起诉状中应记明以下事项：当事人的基本情况；诉讼请求和所根据的事实与理由；证据和证据来源、证人姓名和住处。此外，起诉状还应说明受诉法院的名称、起诉的时间，最后由起诉人签名或盖章。

受理是指法院对符合法律条件的起诉决定立案审理的诉讼行为。法院接到起诉状后，经审查，认为符合起诉条件的，应当在 7 日内立案，并通知当事人；认为不符合起诉条件的，应当在接到起诉状之日起 6 日内裁定不予受理；原告对裁定不服的，可以提起上诉。

2）审理前的准备。法院应当在立案之日起 5 日内将起诉状副本送达被告；被告在收到之日起 15 日内提出答辩状。法院在收到被告答辩状之日起 5 日内将答辩状副本送达原告，被告不提出答辩状的，不影响审判程序的进行。如被告对管辖权有异议的，也应当在提交答辩状期间提出，逾期未提出的，视为被告接受受诉法院管辖。

法院受理案件后应当组成合议庭，合议庭至少由 3 名审判员或至少由一名审判员和两名陪审员组成，不包括书记员。合议庭组成后，应当在 3 日内将合议庭组成人员告知当事人。

告知当事人的诉讼权利和义务，当事人享有委托诉讼代理人、申请回避、收集提出证据、进行辩论、请求调解、提起上诉和申请执行的权利。当事人应当承担的诉讼义务有：当事人必须依法行使诉讼权利，遵守诉讼程序，履行具有法律效力的判决裁定和调解协议。

当事人可以查阅本案的有关资料，并可以复制本案的有关资料和法律文书；双方当事人可以自行和解；原告可以放弃或变更诉讼请求，被告可以承认或反驳诉讼请求，被告也有权提起反诉等。

人民法院受案后，应由承办人员认真审阅诉讼材料，进一步了解案情。同时受诉人民法院既可以派人直接调查收集证据，也可以委托外地人民法院调查，两者具有同等的效力。当然，进行调查研究，收集证据工作，应以直接调查为原则，委托调查为补充。

人民法院受案后，如发现起诉人或应诉人不合格，应将不合格的当事人更换成合格的当事人。在审理前的准备阶段，人民法院如发现必须共同进行诉讼的当事人没有参加诉讼，应通知其参加诉讼，当事人也可以向人民法院申请追加。

3）开庭审理。开庭审理是指在法院审判人员的主持下，在当事人和其他诉讼参与人的参加下，法院依照法定程序对案件进行口头审理的诉讼活动，开庭审理是案件审理的中心环

节。审理合同争议案件，除涉及国家秘密或当事人的商业秘密外，均应公开开庭审理。

① 宣布开庭。法院应在 3 日前将通知送达当事人及有关人员。对公开审理的案件 3 日前应贴出公告。开庭前，由书记员查明当事人和其他诉讼参与人是否到达法庭及其合法身份，同时宣布法庭纪律。开庭审理时，由审判长或独任审判员宣布开始，同时核对当事人并告知当事人诉讼权利和义务。

② 法庭调查。这是开庭审理的核心阶段，主要任务是审查、核对各种证据，以查清案情认定事实。其顺序是：当事人陈述，先由原告陈述，再由被告陈述；证人作证，法庭应告知证人的权利义务，对未到庭的证人应宣读其书面证言；出示书证、物证和视听资料；宣读鉴定结论；宣读勘验笔录。当事人在法庭上可以提供新证据，可以要求重新调查、鉴定或勘验，是否准许，由法院决定。

③ 法庭辩论。法庭辩论是由当事人陈述自己的意见，通过双方的辩论，使法院进一步查明事实，分清是非。具体的顺序是：原告及其诉讼代理人发言；被告及其诉讼代理人答辩；第三人及其诉讼代理人发言或者答辩；互相辩论。法庭辩论终结，由审判长按照原告、被告、第三人的先后顺序征询各方最后意见。

④ 评议审判。法庭辩论结束后，由合议庭成员退庭评议，按照少数服从多数原则做出判决。评议中的不同意见，必须如实记入笔录。评议除对工程合同争议案件做出处理决定外，还应对物证的处理、诉讼费用的负担做出决定。判决当庭宣告的，在合议庭成员评议结束重新入庭就座后，由审判长宣判，并在 10 日内向当事人发送判决书。定期宣判的，审判长可当庭告知双方当事人定期宣判的时间和地点，也可以另行通知。定期宣判后，立即发给判决书。宣判时应当告知当事人上诉权利、上诉期限和上诉法院。

法院的生效判决在法律上具有多方面的效力，主要体现在：

① 判决对人的支配力：判决具有确认某一主体应当为一定行为或不应当为一定行为的效力。

② 判决对事的确定力：判决一经生效，当事人不得以同一事实和理由提起诉讼，对实体权利义务也不得争执，随意改变。

③ 判决的执行力：判决具有作为执行根据、从而进行强制执行的效力。

4）法院调解。经过法庭调查和法庭辩论后，在查清案件事实的基础上，当事人愿意调解的，可以当庭进行调解，当事人不愿调解或调解不成的，法院应当及时裁决。当事人也可以在诉讼开始后至裁决做出之前，随时向法院申请调解，法院认为可以调解时也可以随时调解。当事人自愿达成调解协议后，法院应当要求双方当事人在调解协议上签字，并根据情况决定是否制作调解书。对不需要制作调解书的协议，应当记入笔录，由争议双方当事人、审判人员、书记员签名或盖章后，即具有法律效力。多数情况下，法院应当制作调解书，调解书应当写明诉讼请求、案件的事实和调解结果。调解书应由审判人员、书记员签名，加盖法院印章，送达双方当事人。

根据民事诉讼法的有关规定，第一审普通程序审理的案件应从立案之日起 6 个月内审结。有特殊情况需要延长的，由本法院院长批准，可以延长 6 个月。还需要延长的，报请上级法院批准。

5）简易程序。基层法院和它的派出法庭收到起诉状经审查立案后，认为事实清楚、权利义务关系明确，争议不大的简单合同争议案件，可以适用简易程序进行审理。在简易程序中可以口头起诉、口头答辩。原被告双方同时到庭的，可以当即进行审理，当即调解。可以用简便方式传唤另一当事人到庭；简易程序中由审判员一人独任审判，不用组成合议庭，在开庭通知、法庭调查、法庭辩论上不受普通程序有关规定的限制。适用简易程序审理的合同争议案件，应当在立案之日起 3 个月内审结。

（2）第二审程序

第二审程序又称终审程序，是指民事诉讼当事人不服地方各级人民法院未生效的第一审裁判，在法定期限内向上级人民法院提起上诉，上一级人民法院对案件进行审理所适用的程序。

上诉期限：不服判决的为 15 日，不服裁定的为 10 日。逾期不上诉的，原判决、裁定即发生法律效力。

第二审法院应当组成合议庭开庭审理，但合议庭认为不需要开庭审理的，也可以直接进行判决、裁定。第二审法院对上诉或者抗诉的案件，经审理后依不同情况分别处理：

1）原判决认定事实清楚、适用法律正确的，判决驳回上诉，维持原判。

2）原判决适用法律错误的，依法改判。

3）原判决认定事实错误，或者原判决认定事实不清、证据不足，裁定撤销原判决，发回原审法院重审，或者查清事实后改判。

4）原判决违反法定程序，可能影响案件正确判决的，裁定撤销原判决，发回原审法院重审。当事人对重审案件的判决、裁定，可以上诉。

第二审法院做出的判决、裁定是终审判决、裁定，当事人没有上诉权。二审法院对判决、裁定的上诉案件，应当分别在案件立案之日起 3 个月内和 1 个月内审结。第二审法院可以对上诉案件进行调解。调解达成协议的，应当制作调解书，调解书送达后，原审法院的判决即视为撤销。调解不成的，依法判决。

（3）审判监督程序

审判监督程序即再审程序，是指由有审判监督权的法定机关和人员提起，或由当事人申请，由人民法院对发生法律效力的判决、裁定、调解书再次审理的程序。具体有以下三种情况：

1）各级法院院长对本院已经发生法律效力的判决、裁定，发现确有错误，认为需要提起再审的，应当提交审判委员会讨论决定，决定再审，即做出裁定撤销原判，另组成合议庭再审。

2）最高法院对地方各级法院已经发生法律效力的判决、裁定，发现确有错误，有权提审或指令下级法院再审。

3）上级法院对下级法院已经发生法律效力的判决、裁定，发现确有错误，有权提审或指令下级法院再审。

按照审判监督程序决定再审的案件，应做出中止执行原判决、原裁定的裁定，通知执行人员中止执行。

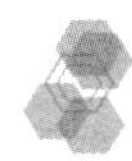

当事人申请不一定引起审判监督程序，只有在同时符合下列条件的前提下，才由人民法院依法决定再审：

① 只有当事人才有提出申请的权利。如果当事人为无诉讼行为能力的人，可由其法定代理人代为申请。

② 只能向做出生效判决、裁定、调解书的人民法院或它的上一级人民法院申请。

③ 当事人的申请，应在判决、裁定、调解书发生法律效力之日起两年内提出。

④ 有新的证据，足以推翻原判决、裁定的；或原判决、裁定认定事实的主要证据不足的；或原判决、裁定适用法律确有错误的；或人民法院违反法定程序，可能影响案件正确判决、裁定的；或审判人员在审理该案件时有贪污受贿、徇私舞弊、枉法裁判行为的。

当事人的申请应以书面形式提出，指明判决、裁定、调解书中的错误，并提供申请理由和证据事实。人民法院经对当事人的申请审查后，认为不符合申请条件的，驳回申请；确认符合申请条件的，由院长提交审判委员会决定是否再审；确认需要补正或补充判决的，由原审人民法院依法进行补正判决或补充判决。

人民检察院抗诉是指人民检察院对人民法院发生法律效力的判决、裁定，发现有提起抗诉的法定情形，提请人民法院对案件重新审理。最高人民检察院对各级人民法院，上级人民检察院对下级人民法院已经发生法律效力的判决、裁定，发现有下列情形之一的，应当按照审判监督程序提出抗诉：

① 原判决、裁定认定事实的主要证据不足的。

② 原判决、裁定适用法律确有错误的。

③ 人民法院违反法定程序，可能影响案件正确判决、裁定的。

④ 审判人员在审理该案件时有贪污受贿、徇私舞弊、枉法裁判行为的。

法院审理再审案件，应当另行组成合议庭，如果发生法律效力的判决、裁定是由第一审法院做出的，再审按第一审普通程序进行，所做出的判决、裁定当事人可以上诉；如果发生法律效力的判决、裁定是由第二审法院做出的，或者上级法院按照审判监督程序提审的，按第二审程序进行，所做出的判决、裁定，即为生效的判决、裁定，当事人没有上诉权。

（4）执行程序

执行是法院依照法律规定的程序，运用国家强制力，强制当事人履行已生效的判决和其他法律文书所规定的义务的行为，又称强制执行。对于已经发生法律效力的判决、裁定、调解书、支付令、仲裁裁决书、公证债权文书等，当事人应当自动履行。一方当事人拒绝履行的，另一方当事人有权向法院申请执行，也可以由审判人员移送执行人员执行。申请执行的期限，双方或一方当事人是公民的为一年，双方是法人或其他组织的为六个月，从法律文书规定履行期限的最后一日起计算。

在执行中，双方当事人自行和解达成协议的，执行员应当将协议内容记入笔录，由双方当事人签名或盖章。一方当事人不履行和解协议的，经对方当事人申请恢复对原生效法律文书的执行，执行中被执行人向法院提供担保并经申请执行人同意的，法院可以决定暂缓执行及暂缓执行的期限。被执行人逾期仍不履行的，法院有权执行被执行人的担保财产或者担保人的财产。

《民事诉讼法》规定，强制执行措施有法院有权扣留、提取被执行人应当履行义务部分的收入；有权向银行等金融机构查询被执行人的存款情况，冻结、划拨被执行人的存款，但不得超出被执行人应履行义务的范围；查封、扣押、冻结、拍卖、变卖被执行人应当履行义务部分的财产；对被执行人隐匿的财产进行搜查；执行特定行为等。

执行根据是当事人申请执行，人民法院移交执行，以及人民法院采取强制执行措施的依据。执行根据是执行程序发生的基础，没有执行根据，当事人就不能向人民法院申请执行，人民法院也不得采取强制措施。执行根据主要有：

1）人民法院做出的民事判决书和调解书。

2）人民法院做出的先予执行的裁定、执行回转的裁定及承认并协助执行外国判决、裁定或外国仲裁裁决的裁定。

3）人民法院做出的要求债务人履行债务的支付命令。

4）人民法院做出的具有财产内容的刑事判决、裁定书。

5）仲裁机构做出的裁决和调解书。

6）公证机构做出的依法赋予强制执行效力的公证债权文书。

7）我国行政机关做出的法律明确规定由人民法院执行的行政决定。

延伸思考

中国企业首次告倒美国政府机构

中国企业第一起因知识产权贸易壁垒状告美国联邦国际贸易委员会（下称ITC）的案件经过多次抗争，最终获得胜诉。这是中国企业首次诉美国政府机构获得全胜。

自2004年1月起，中国温州民营企业通领科技集团（下称通领集团）生产的漏电保护断路器（GFCI）开始销往美国市场。美国500强莱伏顿公司先后于2004年、2005年以侵犯其相关专利为由，分别起诉通领集团和美国经销商。2007年7月10日，美国新墨西哥州联邦分区法院下达判决书，通领集团等被告胜诉。这被称为中美知识产权官司中国企业胜诉第一案。

2007年8月16日，美国莱伏顿的行业同盟帕西西姆公司，又以专利侵权为由，将通领集团等4家中国企业诉至ITC，要求对来自中国的GFCI产品进行专利侵权的相关调查，同时向美国纽约联邦北部分区法院提起了专利侵权诉讼。

2009年3月30日，ITC裁定通领集团侵犯帕西西姆公司的相关专利，并向美国海关下达了有限禁止令，禁止通领集团等中国制造商生产的涉案GFCI产品通过美国海关进口。

2009年9月17日，通领集团向美国联邦巡回法院起诉ITC，并打赢了官司。

【评析】

通领集团上述胜诉案的意义不仅仅是通领集团一家企业得以成功打破贸易壁垒，开拓美国市场，对其他中国企业更有鼓舞激励的作用。律师代表说："我们的底气来源于通过对企业提供的产品样品解剖分析，通领确实有自己的核心技术。"

本章小结

通过对本章内容的学习，可以了解工程合同争议产生的主要原因，熟悉工程建设过程中常见的几种合同争议，掌握工程合同争议的四种解决方式：和解、调解、仲裁和诉讼。其中，对于工程合同的常见争议的理解，应当紧密结合相关工程合同案例的分析与讲解。在工程合同争议的解决方式中，应当重点掌握仲裁和诉讼两种争议解决方式，特别是仲裁和诉讼的概念、原则及程序。

思考题

1. 工程合同争议有哪几种常见类型？
2. 和解的概念是什么？通过和解解决争议需要注意什么？
3. 调解的概念是什么？调解解决争议有哪几种方式？
4. 仲裁的概念、特点、原则和程序是什么？
5. 民事诉讼的概念是什么？有哪些主要原则？
6. 民事诉讼的程序有哪些，它们的含义分别是什么？

参考文献

[1] 李启明. 土木工程合同管理 [M]. 4 版. 南京：东南大学出版社，2019.

[2] 李启明. 土木工程合同管理 [M]. 5 版. 南京：东南大学出版社，2023.

[3] 沈中友. 工程招投标与合同管理 [M]. 2 版. 北京：机械工业出版社，2021.

[4] 金国辉. 工程招投标与合同管理：修订版 [M]. 北京：北京交通大学出版社，2020.

[5] 朱宏亮，成虎. 工程合同管理 [M]. 2 版. 北京：中国建筑工业出版社，2018.

[6] 李启明. 建设工程合同管理 [M]. 3 版. 北京：中国建筑工业出版社，2018.

[7] 王卓甫. 工程招投标与合同管理 [M]. 3 版. 北京：中国建筑工业出版社，2018.

[8] 沈中友. 工程招投标与合同管理 [M]. 3 版. 武汉：武汉理工大学出版社，2018.

[9] 刘黎红，金国辉. 工程招投标与合同管理 [M]. 4 版. 北京：机械工业出版社，2022.

[10] 刘伊生. 建设工程招投标与合同管理 [M]. 2 版. 北京：北京交通大学出版社，2014.

[11] 朱宏亮，成虎. 工程合同管理 [M]. 北京：中国建筑工业出版社，2006.

[12] 成虎. 工程合同管理 [M]. 北京：中国建筑工业出版社，2005.

[13] 雷俊卿，杨平. 土木工程合同管理与索赔 [M]. 武汉：武汉理工大学出版社，2003.

[14] 佘立中. 建设工程合同管理 [M]. 2 版. 广州：华南理工大学出版社，2005.

[15] 金国辉. 工程招投标与合同管理 [M]. 北京：北京交通大学出版社，2012.